农村合作金融机构
计算机审计

主　编　姚世新
副主编　冯俭青　高建军

中国金融出版社

责任编辑：戴早红　张怡妲
责任校对：张志文
责任印制：陈晓川

图书在版编目（CIP）数据

农村合作金融机构计算机审计（Nongcun Hezuo Jinrong Jigou Jisuanji
Shenji）／姚世新主编 . —北京：中国金融出版社，2013.3
　ISBN 978 – 7 – 5049 – 6755 – 8

　Ⅰ.①农…　Ⅱ.①姚…　Ⅲ.①农村金融—合作金融组织—计算机审
计—中国　Ⅳ.①F832.35

中国版本图书馆 CIP 数据核字（2013）第 015078 号

出版 发行	中国金融出版社

社址　北京市丰台区益泽路 2 号
市场开发部　（010)63266347，63805472，63439533（传真）
网 上 书 店　http://www.chinafph.com
　　　　　　　（010)63286832，63365686（传真）
读者服务部　（010)66070833，62568380
邮编　100071
经销　新华书店
印刷　保利达印务有限公司
装订　平阳装订厂
尺寸　169 毫米×239 毫米
印张　26.75
字数　434 千
版次　2013 年 3 月第 1 版
印次　2013 年 3 月第 1 次印刷
定价　56.00 元
ISBN 978 – 7 – 5049 – 6755 – 8/F.6315
如出现印装错误本社负责调换　联系电话（010）63263947

前　　言

　　信息技术在农村合作金融机构的广泛应用，经营业务和信息系统的迅猛发展，经营管理信息化、交易数据集中化、机构网点虚拟化和凭证资料影像化，对公司治理、内部控制和风险管理提出了新的挑战，传统的审计理念和技术手段受到了强力的冲击和影响。如何实现对信息化数据的有效分析，并使各种各样的原始数据转化为对审计人员有用的信息，发挥计算机审计这一现代金融审计的"利器"，成为当前浙江农信系统急需破解的一项重要课题和首要考虑的问题。

　　数据质量是计算机审计的基础和生命。信息化的飞速发展、数据大集中和 OCR 电子凭证影像系统（事后监督系统）的相继实现为计算机审计提供了广阔的平台，为推广运用以风险为导向，以数据流为主线，以查问题为核心的计算机审计系统奠定了坚实的基础。计算机审计技术既可解决详查问题，也可以解决测试问题，面对海量和诸多类型数据，关键的问题在于是否能将数据转化为有用的信息，核心的方法是数据分析运用。为此，我们在深入调查和集思广益的基础上，提出了"先易后难、抓住机遇、加快融合、全面实践"的计算机审计的总体要求，在推进审计流程规范化、审计对象数据化、审计作业软件化方面进行了积极的探索，抓住全省农村合作金融机构新一代核心业务系统上线推广的历史机遇，制定并实施"三步走"战略，明确计算机审计的工作思路和努力方向，探索和完善信息化环境下的审计方式。经过打基础、建框架、搭平台，以审计技术创新带动观念、模式、方法创新：

　　2005 年实现了审计工作管理办公自动化。

　　2006 年探索了"人机融合"的计算机审计。

　　2007 年推进"面向数据"的计算机审计。在借鉴学习浙江省审计厅计算机审计经验的基础上，开始了以 SQL 数据库作为计算机辅助审计的数据库模式，形成了相对固定的六步作业标准体系和统一的审计模型、模块，实现了业务数据的采集转换和分析运用。

2008 年建立了抽样标准体系，生成符合审计需要的基础中间表，实现审计线索的快速检索。通过"小程序、小工具、小软件"的开发，总结计算机审计专家经验和计算机审计模型，努力发掘"免疫系统"预警、揭示、反馈功能的信息化实现方式，在省农信联社组织实施的项目中全部运用计算机审计。

2009 年实施面向数据的审计作业模式，形成了相对固定的计算机审计模型，并在对高频业务、重点客户、大额异常交易、大额贷款资金流向等方面的审计中取得了初步成效。同年 6 月，计算机审计系统建设在平湖农村合作银行试点并取得较好的成效，得到了中国银监会和浙江审计厅的好评。

2010 年开展了"计算机辅助审计技术在农村合作金融的应用研究与发展探索"的课题研究，在总结"小程序、小工具、小软件"成效的基础上，提出了审计建模的方法思路，并进一步明确，农村合作金融机构计算机审计要走在其他行业审计的前面，模型法应成为计算机审计的创新方法并得到全面应用。同时，积极稳妥地推进平湖农村合作银行试点基础上的计算机审计系统的改造升级，将 2007 年以来全省科学的审计技术和优秀审计人员的宝贵经验、审计分析模型固化到计算机审计系统中。通过开发运用计算机审计系统，利用系统设定的数据模型对一定时段的业务数据进行分析性测试，导出可疑线索，发现并提示风险隐患和薄弱环节，提升审计效率，控制审计质量，降低审计风险，解决了审计项目多、业务复杂、工作量大的手工审计困境。在完成嘉兴地区上线的基础上，启动计算机审计系统集中建设项目，在余杭农村合作银行、杭州联合农村商业银行率先进行试运行，目前已在全省 73 家行（社）推广上线。计算机审计系统上线后，针对业务流程、产品和技术创新，审计模型相对数据滞后，固化的审计模型无法一劳永逸，面对海量数据无从下手的状况，我们在黄岩农村合作银行对系统进行了优化升级，并开展了"利用数据挖掘工具创新内部审计技术研究"（详见附录二）的课题研究，经过长达一年的数据挖掘技术在审计中的运用后，通过借鉴国内外审计理论及实务研究的成果，提出了新的数据分析方法——数据挖掘技术，以查找业务经营风险在数据上的具体表现——"数据差异"来识别风险，利用数据挖掘技术创新审计分析模型，并作为"风险探测器"实现对风险的排查、识别。

利用计算机审计，弥补了很多因手段落后和业务量大而不能审、审不了的缺陷，什么时候审、什么地方审，不受时间、地点限制，拓展了审计的空间。在浙江农信系统实施的内部员工交易和信贷资金流向两个专项审计中，通过下发疑点数据，核查违规问题，重点对那些风险高、风险不断增强而风险管理能力又较弱的机构进行现场审计，减少了审计时间，降低并节约了审计成本，增强了审计对象选择的代表性、疑点线索的准确性和审计结果的客观性，较好地适应了形势发展和工作需要。

在《农村合作金融审计操作指南》（2005 年）、《农村合作金融机构内部控制》（2007 年）、《农村合作金融领导干部经济责任审计》（2009 年）出版的基础上，2009 年，我就着手组织编写《农村合作金融机构计算机审计》。2011 年，省农信联社审计委员会将编写《农村合作金融机构计算机审计》一书列入工作规划，目的是加强对计算机审计操作方法的总结，努力积累标准化数据，以标准化促进审计信息化建设。同时，努力总结出一套不但计算机审计人才能用，而且其他审计人员都能用的经验和方法，然后推广开来，在全省推广应用计算机审计。一年来，我们组织计算机审计人员整合计算机审计模块、总结计算机审计方法、提炼计算机审计经验、撰写计算机审计案例，对计算机辅助审计开展几年来的成果进行了总结、归纳和提升，并在一些新的领域进行探索。

本书同时还精心选编了几年来计算机审计实践中的 34 个经典案例，以案例介绍为主，通过案例介绍提出解决问题的思路、方法和经验。案例经典、来源实际、内容丰富、步骤详细、层层深入，从创建中间表到构建系统、类别、个体分析模型，从把握总体到重点突破，每个案例都涵盖了计算机审计的全部流程，具有借鉴性、启发性，对农村合作金融机构内部审计人员学习计算机辅助审计具有一定的指导性，同时，又从实例出发，用实实在在的成果来阐述审计方式创新，加大计算机审计推广力度的重要性、必要性，以促进计算机审计技术在审计实务中的运用。

本书是将审计人员提出的分析模型结构与思路同技术人员从技术角度结合电子数据的特点与规律，进行数据挖掘、构建分析模型、总结经验的结晶，是对浙江农信系统八年多审计实践工作的梳理、总结和提升。计算机审计系统已正式投入运行，但我们改进审计手段、完善审计方法、提升审计水平、提高审计工作有效性的探索之路还正在继续。今后，我们将继续运用审计模型法、数据挖掘法等技术，进一步完善审计线索的特征发现和特征分析这一课题的研究，将审计线索共性的特征形成可读、可看、可用的经验。希望本书能帮助审计人员提高计算机应用能力，为全面推广计算机技术在审计实务中的应用提供借鉴和帮助。

《农村合作金融机构计算机审计》一书能够顺利出版，是大家共同努力的结果，参与本书编写的同志有（按姓氏笔画）：孔令国、叶蓁、叶奕、刘蒽、刘静霞、朱侗、吕宏翔、李恒、陈君、杨建军、郑建华、郑洪泉、金银助、金利江、罗邦其、林刚、林文多、姚玉沿、姚建文、赵伟兴、倪水良、徐庆国、龚跃辉、梁旭明、黄世哲、韩学峰、熊竹民、蔡建领、蔡忠平。

浙江省农信联社审计委员会委员冯俭青、高建军、陈博恺、徐国兴、施群力、姚玉沿、孟国萍等分别对有关章节进行了审核。同时，邀请了以下专家（排名不分先后）：浙江财经学院原党委书记童本立、浙江省财政厅副厅长王广兵、浙江省审计厅副厅长王小龙、浙江工商大学硕士生导师王宝庆、人民银行杭州中心支行审计处处长鲍声荣、中国银监会浙江监管局合作农金非现场处处长郑联胜、浙江省审计厅科研所所长叶青、浙江省审计厅金融处处长顾涛、浙江省公安厅总工程师蔡林、浙江省农信联社科技处处长周黎明等进行了论证，并提出了许多宝贵的意见。在此，对他们的热情帮助，表示诚挚的感谢。

浙江农信计算机审计系统的建设与推广，是在浙江省农信联社党委确立"一条道路，两场革命"战略构想，即坚持走做强做优之路，推进"战略转型革命"与"信息科技革命"推动下的成功实践与发展，同时，也是浙江农信人积极探索与不断创新的智慧结晶。最后需要说明的是，由于审计分析模型的构建和数据挖掘技术在农村合作金融机构审计中的运用是一项全新的工作，无先例可供借鉴，加上时间仓促和水平所限，有些方面研究得还不够深入和透彻，书中难免存在错误及不当之处，恳请专家、同仁及广大读者给予批评指正。

二〇一二年十一月十八日

目　　录

第一章 农村合作金融机构计算机审计概述

信息技术的广泛应用，经营业务和信息系统的迅猛发展，农村合作金融机构经营管理信息化、交易数据集中化、机构网点虚拟化和凭证资料影像化，对公司治理、内部控制和风险管理提出了新的挑战，传统的审计理念和技术手段正受到强力的冲击和影响，审计人员面临"门进不了、账打不开"的无奈局面，面临失去审计资格的巨大行业风险。内部审计作为公司治理、风险管理和内部控制体系的重要组成部分，审计方法如果仍停留在传统的现场审计上，将难以适应新环境下的业务发展。计算机审计作为一种主要且有效的审计工作方式和手段，发挥着越来越重要的作用，并已经成为推动内部审计发展的核心动力。

第一节 计算机审计概述

根据国际内部审计协会对内部审计的定义，内部审计是一种独立、客观的确认和咨询活动，旨在增加价值和改善组织的运营；它通过应用系统的、规范的方法，评价并改善风险管理、控制和治理过程的有效性，帮助组织实现其目标。

审计是一门专门的学问，发现问题的过程与一般的统计分析有很大不同。计算机审计的目标不是简单地将现场翻传票的过程搬到计算机上以满足审计人员一般的查询需求，而是借助系统或计算机工具软件进行信息化的"一个业务数据采集和分析的过程"，即通过采集审计对象存在的问题、疑点和异常情况，评估审计对象的风险状况，为制订审计计划及审计方案提供支

1

撑，进而揭示银行内部控制体系中的重大风险，为现场审计提供线索和资料，从而有效降低审计风险以及恶性案件的发生，为健全的内部控制体系作出贡献。

一、计算机审计的基本概念

计算机审计包括计算机信息系统审计和计算机数据审计。本书介绍的主要是计算机数据审计，是指以计算机为工具，以被审计单位计算机信息系统和底层数据库原始数据为切入点，在对信息系统进行检查测评的基础上，通过对底层数据的采集、转换、清理、验证，形成审计中间表，并运用查询分析、多维分析、数据挖掘等多种技术的方法构建模型进行数据分析，发现趋势、异常和错误，把握总体、突出重点、精确延伸，收集审计证据，以确定被审计单位经济活动的真实性、合法性、效益性的一种技术方法。

农村合作金融机构计算机审计主要是指通过利用数据库中的数据，对各农村合作金融机构的经营情况、业务流程、合规性和风险状况进行监测、评价，进而分析造成违规或风险的缘由，并进行风险预警，提出控制风险的对策。向董事会、高管层和相关部门人员提出改进建议，以促使银行强化管理、落实内控，保证各项业务合规、稳健地经营，实现银行安全性、流动性和效益性目标的均衡发展。

自 1999 年以来，我国金融行业计算机审计大致经历了三个发展阶段：

第一阶段，以计算机应用推广为中心。这一阶段主要利用计算机辅助完成手工审计无法或难以完成的审计操作，主要是被审计单位以 Execl \ FoxPro Acess 等方式提供数据，然后由审计人员进行简单的数据汇总、排序、计算和关键字检索查找，做一些比较粗糙的复核工作，计算机技术只是一种辅助手段。

第二阶段，以数据分析为中心。伴随着金融行业信息化技术的飞速发展，计算机系统和网络已经从辅助工具升级成为金融机构的核心竞争力，商业银行的经营模式和理念已经与信息技术融为一体，各业务系统通过网络建立了紧密的联系。信息技术的广泛运用提高了商业银行的经营能力，同时也带来了更多新的风险。各商业银行陆续开发和应用了信贷管理、国际业务、中间业务等辅助生产系统，这些系统极大程度地丰富了计算机审计的数据内容，特别是信贷管理系统数据的使用，为审计工作开拓了新的分析领域，使审计人员对大量信贷资产的分析思路得以实现，并在应用中取得了直接效果。这一阶段的特征是，计算机审计的概念初步形成，并积累了一些技术方法，具体包括数据准备、数据验证和数据分析模型的完整的计算机辅助审计流程。开发的审计模块比较单一、零散，不成体系，缺乏科学性的通用性。

第三阶段，以审计分析系统为中心。这一阶段完成金融机构数据大集中，提出"以客户为中心、以资金流为导向"的数据分析监测思路，制定统一、通用、固定的数据化监测指标和风险预警体系，着手建设计算机审计专家系统，将一些成熟的审计经验和方法加以总结，形成统一标准的审计模块，提供给软件公司开发成相应的审计系统，将经营管理绩效、数据统计分析、风险分类预警、日常监督检查、审计成果运用等全部纳入审计信息系统处理，利用审计标准菜单实现快速查询、统计、分析和判断，形成审计结果，实现审计管理和审计过程信息化目标。初步形成"集中分析，分散核查"的计算机审计新模式。

二、计算机审计的辅助工具

计算机审计工具也称计算机审计软件，目前，计算机审计的辅助工具主要有 Execl（电子表格）、Access、ACL 软件、IDEA 软件、SAS 数据库、Oracle 数据库、FoxPro、VBA、SQL 查询语句等，这些通用或审计专用工具、软件具有查询、筛选、关联、排序和聚类等功能，可以对数据库进行分析，发现疑点数据，获取审计分析结果。国内商业银行采取的主要非现场审计工作方式，包括外购工具软件、开发并部署审计模型固化的应用系统和建立非现场审计自定义分析平台三类。无论采取哪种方式，数据分析工具都是计算机审计的核心。下面简单介绍几种常用的计算机辅助审计软件。

（一）一般办公软件

例如 Excel、Access、Word 等软件。

（二）使用被审计单位的信息系统自带的查询功能进行分析

例如各大核心业务系统的查询功能、财务软件的查询功能菜单。

（三）审计专用软件

1. ACL 软件。ACL（Audit Command Language，审计命令语言）是由加拿大 ACL 公司开发的面向大中型企业的审计软件。国际内部审计协会曾经组织了审计软件调查，ACL 软件连续多年被评为数据分析和提取、舞弊欺诈行为侦测和持续监测领域的首选审计软件。

ACL 在支持审计行业不断加强法律法规，遵从和评估内部控制与企业业务流程的有效性方面发挥了重要作用，特别适合金融、电信、保险等行业海量数据的分析。借助 ACL 技术的灵活性和可扩展性，内部审计可以进行大数据量处理，同时可以处理几千万条数据；能采集各种类型数据文件中的数据；可读取、转换任何类型的被审计数据。除了常规功能，在数据分析过程中，ACL 软件还可以不断增加并存贮其灵活的程序或命令，使用者可以结合自己的工作经验或业务需要，充分运用 ACL 提供的广泛分析解决方案、交互式数据分析、可再编辑的命令程序，直接进行全面数据分析。ACL 可通过日志文件等方式归类各种分析，记录各类数据分析，进行信息的整合。同时，ACL 还可以连续监控被审计单位的数据，预防新的舞弊现象的发生，使审计人员从大量的重复性工作中解脱出来，可以更关注于风险的防范和预防。ACL 软件已经应用于美国微软公司及汇丰银行等众多知名企业。

2. IDEA 审计软件。IDEA 审计软件是由加拿大的 CaseWare 公司（快思维国际有限公司）开发并推出的数据分析产品。IDEA 是 Interactive Data Extraction and Analysis 的缩写，意思是交互式数据抽取与分析，它体现了强大的分析功能和能够给用户提供一个方便的微软界面，并支持多项数据导入方式，无须程序编写的知识，只要用户使用按钮就可以运用分析功能，具有很强的数据安全性。在实际应用中，IDEA 的一个突出的优点就是它不会更改原始数据，相对于传统工具软件 Excel 具有无可比拟的优势，因此可以防止审计人员的舞弊行为，具有很强的数据安全性。对于每一项审计测试，IDEA 都能提供操作轨迹，这为以后数据跟踪以及提供可靠的法律效力提供了依据。IDEA 有许多新的特性及功能，例如可视连接器、索引提取、关键值的提取以及计划列表等其他实用的功能。用户在使用 IDEA 审计软件时，可以阅读、显示、分析、操作、采样和提取数据，能协助审计专业人员快捷地完成各种审计测试，把复杂的工作变得简单快捷。

3. SAS 数据库和 SAS EG 工具。SAS 数据库和 SAS EG 工具是 SAS 公司为帮助各个行业的企业透过表面数据深入洞察企业绩效、客户、市场、风险等方面的情况而开发的工具软件。

SAS 数据库可以用于商业银行内部审计开展非现场业务数据的调集与分析，通过调集被审计对象的业务数据，进行连续、全面、逐层深入的分析，

4

及时发现审计对象的风险问题。SAS EG 工具是 SAS 公司针对 SAS、Oracle、DB2 等数据库提供的一种智能化工具软件，采取字符、图形、菜单等方式操作并提供统计分析，其内容包括数据的输入输出和整理、描述性统计、假设检验、图形的制作、回归分析、多元统计分析、方差分析、协方差分析和时间序列分析等。

4. Oracle 数据库。Oracle 是以高级结构化查询语言（SQL）为基础的大型关系数据库，通俗地讲，它是用方便逻辑管理的语言操纵大量有规律数据的集合，是目前最流行的客户/服务器（Client/Server）体系结构的数据库之一，具有海量数据高速处理的能力，对于复杂的数据关联统计有极高的处理效率。各家商业智能软件开发商针对 Oracle 数据库推出了许多具有字符界面和图形界面的工具软件。商业银行要基于海量交易数据开展基于风险为导向的审计监测，就必然离不开关系数据库的有力支持。Oracle 数据库是商业银行开展非现场审计监测的一种选择工具。

（四）SQL 查询语言

结构化查询语言（Structured Query Language，SQL），是一种数据库查询和程序设计语言，用于存取数据以及查询、更新和管理关系数据库系统；同时也是数据库脚本文件的扩展名。结构化查询语言是高级的非过程化编程语言，允许用户在高层数据结构上工作。它不要求用户指定对数据的存放方法，也不需要用户了解具体的数据存放方式，所以具有完全不同底层结构的不同数据库系统可以使用相同的结构化查询语言作为数据输入与管理的接口。结构化查询语言语句可以嵌套，这使它具有极大的灵活性和强大的功能。

无论是主机的 DB2 还是服务器的 Sybase、Oracle 数据库，或是 PC 上的 FoxPro、Win Access，以及 ACL 软件，均采用这一基本一致的编程语法结构。由于其有易学习、使用灵活、运行效率高的特点，以及掌握其语法后可很快适应上述不同的数据库产品环境，因此，非现场审计人员普遍掌握及使用 SQL 编写审计程序。

应该说，每家商业银行都有自己的职能定位、需求和特色，任何一种技术模式都不可能全面满足商业银行计算机审计的内在需求，对此，我们认为，对于计算机审计工具的选用，各家商业银行可以结合自身信息技术的技术规划、审计师计算机操作技术的熟练程度，选择适合自身需要的工具软件。

国内最早的计算机辅助应用是由审计署各特派办来开发的。部分外流的成果也形成了中审、用友等审计软件。这些成果主要模拟账表的分析过程，政府审计的特点较明显。由于内审的环境所限，这些成果在商业银行没有形成应用。最早的商业银行计算机审计系统是由中国农业银行和审计署联合开发的，主要以现场检查的电子化为主。这一可贵的探索，为后来者提供了积极的参考意义。后来中国建设银行开发了最接近现代意义的非现场审计系统并一直延伸使用到现在，系统以 SAS 为基础，不断开发监测程序。与此同时，中国工商银行和中国银行以省分行为单位，开发了各具特色的非现场审计系统。2009 年浙江银监局开始使用以 SAS 为基础的 EAST 现场检查系统，并探索对辖内农村合作金融机构的监管检查，其代表的以风险为导向的审计理念，给当时还是以抽样翻传票为主的内审人员带来了新的启示。此后，浙江省农村信用社联合社开始探索建立非现场审计系统。在审计过程中使用计算机，与核心业务系统和各个管理系统对接，直接从中导出数据，利用专用的审计软件和工具直接对业务数据进行实时分析和监测，把有可能存在问题的环节锁定，对有风险的领域进行现场审计，形成以风险为导向的精确审计体系，大大提高审计工作的效率，形成现场审计、非现场审计相互配合、相互支持的现代化审计方式。

三、计算机审计产生的背景

（一）传统的审计线索发生重大变化

随着农村金融系统计算机化程序的日趋加大，计算机运用已不是过去的机械化操作，覆盖范围也不再局限于柜面、结算等操作层次，而是提升到整个业务流程的方方面面，计算机技术的广泛运用，使得银行的业务操作、流程管理、账务记载等都发生了很大的改变。手工环境下，数据处理一般通过纸质表现，审计线索是可见的。在信息化环境下，数据处理由计算机系统中设定程序完成，几乎所有的业务数据都储存在计算机里面，传统纸质账簿和文字记录被磁性介质取代，可见的审计线索很少，审计人员已经无法按传统的审计方法发现线索。现阶段，随着全省档案电子存储的实现，审计对象也无法提供全部的纸质账页、会计凭证、账册和登记簿，面对错综复杂的业务及海量、异构、有别于传统信息表现形式的电子信息，审计人员使用传统的审计方法和工具,一是达不到及时发现问题的目标,二是根本不可能完成工作任务。只有尽快掌握先进的审计技术,善于利用计算机工具而不局限于手工操作层面,逐步取代传统的纸质报表账簿审计,才能适应发展的要求,以较少的人力和时间消耗完成更多的审计任务。

（二）审计资源有限的矛盾日益突出

农村合作金融机构近年来资产规模增长迅速,业务量急剧膨胀,在一些业务量大的行社,日均交易量也达十几万笔。同业竞争日益激烈,新的金融产品和服务不断推出,银行业务的复杂程度大大提高。近年来,虽然在机构压缩方面作了很大的努力,但仍然具有机构跨度广、网点众多的特点。在监督各个业务和部门合理合法稳健经营方面,内部审计部门承担着越来越大的责任。为了加大审计力度,审计部门必须增加审计的覆盖面和频度。限于内部审计人员的数量、工具和所使用技术,用以往传统的现场审计方法,要想准确、全面地发现问题,犹如大海捞针一般。审计手段落后,审计工作量大,使得审计队伍不堪重负,边远地区的机构网点等的审计频度越来越低。在现有资源下,单纯依靠传统的审计方式已难以保证内部审计质量和审计工作的全面性。只有加快审计信息化建设的步伐,以现代审计方法和手段提高审计效率和质量,才能弥补人力资源的不足。

（三）对内部审计的期望值不断提高

金融业在走向市场,进而与世界接轨的趋势中所面对的风险种类远远超出了原有的范围,风险的程度也不断地增加。这使得各级监管部门对农村合作金融机构的经营加大了监管力度,也促使内部审计业务的重点从简单的合规性审计向风险性审计转换。2009年以来,浙江银监局持续按年分批采集全省农村合作金融机构年度、半年度的业务数据,进行非现场分析和现场检查。限于内部审计技术手段,内部掌握的情况往往比不上外部监管发现的问题。同时,网上银行、第三方托管等新型金融产品和服务手段不断出现,业务数据、业务流程复杂度不断提高,交易信息和管理信息不断膨胀,传统内审手段对电子化后新出现的问题无法控制,因此迫切需要利用科技手段提高审计手段。2009年运用银监会现场检查系统（简称 EAST 系统）对全省数据进行分析后,运用计算机审计手段,加快计算机审计系统建设,提高内部审计项目质量与效率、增强内部审计工作效能和提升内部审计形象,以保证最终审计目标的实现,已成为全省内审部门的共同呼声。加大计算机技术在审计工作中的推广应用，规范审计工作流程，提高审计效率，改善审计手段，提高审计质量，降低审计成本，促进内控水平和风险防范能力的全面提升，同样成为各级领导对内部审计部门的期望。利用专用的审计软件和工具直接对业务数据进行分析和监测，形成现场审计、非现场审计相互配合、相互支持的现代化审计方式，已成为全省内部审计部门的一项重要工作。

第二节　在内部审计中运用计算机技术的意义

计算机审计没有改变审计的目标和基本原则，但改变了达到审计目标所应用的审计技术和方法，对审计工作提出了新的发展要求。依据预定的审计分析模型或程序，连续、全面地分析、评价和监测被审计对象的相关数据及其所反映的现状、发展趋势、经济活动和内部控制，及时发现被审计对象存在的问题，评估被审计对象所处的风险状况，可以为现场审计提供线索及资料，为制订审计计划提供支持。

农村金融计算机审计是基于"新一代"的全省数据大集中和信息不分区域、地界的网络化和网点虚拟化而迅速发展起来的一种全新的审计监督方式，顺应了时代的要求，代表了农村金融内部审计的发展方向。与传统的现场审计相比，它具有时效性强、效率性高、强调过程的连续性等特点，因此，它在节约审计成本、加强风险管理、增加组织价值等方面都具有传统现场审计无可比拟的优势。

一、减轻劳动强度，提高审计效率

计算机审计技术能够克服手工检查的弊端，利用计算机技术对从被审单位采集的电子数据进行转换或整合，按业务数据的钩稽关系、业务逻辑关系、规章制度的规定和审计人员的自身经验等构建审计分析模型，通过数据分析，确定审计重点，圈定问题线索，直观、快速地发现"嫌疑数据"，及时识别风险状况和风险变化情况，提高审计监督的针对性、时效性和准确性。通过对同一特征的数据进行拼接和筛选，使重新组合后的数据达到审计（调查）的要求，强化对关联事项的监控，提高审计数据处理效率，使审计人员能够从容应对被审计单位海量的财务、业务信息，从大量原始、繁杂、重复性的手工操作中解脱出来，有效地推进审计工作的深度和广度。

二、简化审计取证，规范审计程序

计算机审计简化了审计的取证记录和整理汇总。通过会计电子账簿取数，免去了取证、摘抄等大量烦琐的手工操作；通过引入影像缩微技术，实现远程调阅会计传票凭证、信贷资料等电子资料档案，利用光学字符识别系统（Optical Character Recognition，OCR）凭证影像的精确索引，按发生日期、录入日期、网点号、柜员号、账号、金额、凭证号等影像索引要素的组合进行查询，可迅速查询到指定的档案影像，并利用引用、复制和粘贴等文档编辑功能完成资料调阅与采集，免去了翻阅、复印等大量烦琐的取证工作；利用计算机技术，形成格式化的工作底稿、审计通知书、审计方案、取证记录、审计报告等文书制作的标准化模板，可从审计技术手段上促进审计工作的规范化。

三、定时监测预警，防范化解风险

在手工审计方式下，由于机构众多，工作量较大，加之审计人员力量有限，大规模、全方位的检查很难实施。即使再科学的抽样检查方法，也无法规避审计风险。而计算机审计能够运用先进的计算机技术和网络通信技术，通过建立一套完整的经营监测指标体系，定时对经营业务进行监督，及时发现异常情况并报警提示，对经营管理绩效、风险分类预警、数据变化趋势等进行信息化管理，将"看不见、摸不着"的风险转换为一目了然的数据和指标，发挥动态监测、预警作用，及时防范和化解风险。

四、方便统计查询，提供决策参考

对被审计单位的经营、管理、资产、负债、质量、效益、发展等主要业务和管理指标进行定量统计或定性分析，归纳整理得出总体经营状况，实现资本充足状况、资产质量状况、盈利状况、流动性状况等数据的采集、筛选、汇总、分析的自动化，通过量化查询统计，分析辖内机构存在的共性和个性问题，对经营风险和经营状况及时提出警示报告，为管理层提供比较可靠的决策参考。

五、共享经验成果，提升审计能力

可以充分利用全省农村金融数据中心的建设及数据大集中等优势，实施非现场审计分析，根据审计需要，把有经验、高水平审计人员的工作思路和工作技巧以程序的方式定义出来，利用统一的审计分析模型，对原始底层海量数据进行查询、挖掘、分析，研究数据的趋势、异常、错误，扩大检查范围，把握总体情况，锁定重点目标，层层延伸分析，筛选问题线索，共享经验成果，在全省范围归纳同类同质问题，提出审计建议及意见，更好地保证审计工作的质量。

第三节 浙江农信系统计算机审计的发展历程

2004 年，浙江农信联社在深入调查和集思广益的基础上，提出了先易后难、抓住机遇、加快融合、全面实践的总体要求，以审计技术创新带动观念、方法创新，实现"三个发展"，为提升审计质量和水平插上了腾飞的翅膀。

一、打基础，加快审计工作管理办公自动化发展

2004 年，通过对计算机审计的发展思路和工作重点的分析，及时提出了审计工作管理办公自动化的需求。加大计算机应用的培训力度，在组织全省审计处（科）长的计算机培训的同时，还积极推动和协助各级审计部门搞好计算机培训，以培训促发展；2005 年启动了审计信息管理（审计数据采集与分析）系统需求的研究，引领各办事处、行社审计部门负责人及业务骨干对数据采集、汇总、查询、筛选、抽样等功能进行了交流讨论，并形成了新一代核心业务系统——《审计管理》的初稿，唱响审计信息化建设的前奏。

二、建框架，探索"人机融合"的计算机审计发展

2006 年，抓住新一代核心系统上线推广的历史机遇，开始有组织地探索计算机审计，在运用 OA 系统实现办公自动化的基础上，制定并实施三步走战略：一是系统各级审计人员运用 OA 系统实现办公自动化，并能够有效管

理审计过程，实现从立项到项目结束的全过程管理与控制。二是审计人员运用"审计软件"系统和系统思维方法对被审计单位的财务数据和业务数据进行关联审计，并进行数据分析，同时也具备对管理数据的计算机系统进行审计的能力。三是审计人员通过系统平台、网络和远程交流平台的建设，最终实现 OA 和"审计软件"的互通。规划审计信息化建设的蓝图，明确计算机审计的工作思路和努力方向。

三、搭平台，推进"面向数据"的计算机审计发展

2007 年，以计算机信息系统为切入点，完成信息系统科技风险的内外部评价审计，总结信息科技风险内外部审计的实践经验，把有关概念、工作流程和技术方法固定、统一，初步形成配套的信息科技风险审计的业务标准及工作流程，为计算机审计提供实践平台；通过信息系统科技风险内外部评价审计，在锻炼并培养出一批熟悉审计业务及信息系统风险控制的复合型人才的基础上，于 2007 年 8 月组织了一期计算机审计培训班，将一批业务骨干推到计算机审计的前沿，为面向数据计算机审计搭建人才平台；2007 年 5 月，确定 SQL 数据库为计算机审计数据库的模式，开始计算机技术在审计业务中的应用步伐，构筑面向数据计算机审计的应用平台。初步形成审计信息化的建设体系。

四、建系统，模型创新推动审计信息化快速发展

2008 年以来，随着我国审计事业的发展，农村合作金融机构的审计目标和内容也发生了变化，从最初的财务收支真实、合规审计，到发展以防范和化解金融风险、确保金融安全为最终目标，围绕农村合作金融机构"风险、管理、效益"，将审计业务经营与审计财务收支结合起来，突出对农村合作金融机构资产质量、内部控制、会计信息和遵守法规等情况的全面审计。在此背景下，数据分析方法也在不断创新，主要体现在以下方面：

一是从单一业务分析到综合业务分析。最初农村合作金融机构审计中的数据分析基本上是围绕银行内部会计核算的账户开立合规性进行的审计，如账表核对与部分核对、对贷款利息收入进行复算、对户名进行检索发现可疑账户，等等，所涉及的业务类型相对单一。而随着"风险、管理、效益"等审计方向和以资产质量为主线的审计方法的明确，数据分析的内容和思路日

11

益丰富，演变为综合性的业务分析。一方面，信贷、国际业务、票据业务、信用卡业务等数据均被纳入审计的范畴；另一方面，跨系统的数据关联分析也成为计算机审计的重要方法，尤其值得提出的是，在近两年的数据分析中，还着重关注了银行作为资金流转中介的经营特性，对对公及个人银行账户的大额可疑交易进行分析。可以说，农村合作金融机构计算机审计通过综合业务分析，有效地实现了农村合作金融机构业务流、资金流、控制流审计的全面整合，成为真正面向数据的审计。

二是审计分析技术的运用逐渐系统化、规范化。在农村合作金融机构计算机审计中，从最初的总分核对到之后的单业务查询，再到后来的关联业务分析，审计人员不断探索如何将精确复核、分析性复核、重大项目详查等重要审计技术在数据环境中予以体现的方法，特别是计算机环境，为一些数理统计方法的实现提供了比手工环境下便利得多的条件，正态分布分析、回归分析等逐步成为重要的审计分析方法。这些审计分析技术的运用正逐步成为重要的审计分析方法，而且，这些审计分析技术的运用正逐步系统化、规范化，成为贯穿农村合作金融机构计算机审计始终的核心方法，如通过精确复核和分析性复核的结合，实现报表层次真实性评价的目标；通过以分析性复核为主的方法，查找需重点核查的机构和业务种类；通过重大项目详查，发现重大的违法违规问题。

三是以模型开发为核心，探索了审计专家系统的建立方式。农村合作金融机构计算机审计开展的水平，最终取决于审计人员的经验和思路能在多大程度转化为计算机语言。因此，如何把成功的审计经验用计算机语言表现出来，并成为可反复调用的程序，形成审计专家系统，是金融审计人员始终在探索的重要课题，并取得了一定成效，主要是：开发了一批分析模块，其涉及银行经营的各个方面，都是针对银行某一特定经营环节所形成的数据审计思路，是审计专家系统的基础；探索建立审计模型，部分审计机关在自行开发模块的基础上又形成了较为系统的审计模型，如总体风险评价模型、基层分支机构审计模型等，这些模型涵盖了银行内部和外部的主要业务，并提出了数据中间表的标准，向审计专家系统的开发又前进了一步。计算机应用技术的发展和审计人员大量专家经验的智能化、审计业务的模型化，这些都为建立我国农村合作金融机构审计专家系统奠定了坚实的基础。

四是初步研究了核心业务信息系统审计的思路和方法。由于农村合作金融机构信息系统异常复杂，在较长的时间里，农村合作金融机构计算机审计都是以数据为对象直接开展审计，对信息系统内部控制关注很少，直到近两年，才开始逐步探索信息系统审计的方法。目前主要是通过测试核心业务系统内部控制关键点在信息系统中是否有所体现，输入、处理、存储、输出的电子数据是否真实完整，来评价信息系统的合法性、可靠性、安全性和有效性，为开展数据审计打下基础、提供线索。在此基础上，在2010年对全省农村合作金融机构中的80家行社的审计中，又开始研究信息系统管理制度不规范、系统间关联对比不完善、系统重要功能尤其是校验功能的缺失等问题，分析评价信息系统的薄弱环节，将信息系统审计向前推进了一大步。

2009年6月，辖内部分行社开始尝试设置数据化监测指标，建立固定的审计模块。将一些成熟的审计经验和方法加以总结，形成统一标准的审计模块，提供给软件公司开发成相应的审计系统，利用审计标准菜单实现快速查询、统计、分析和判断，形成审计结果。建立实时下载数据通道。建立审计部门与核心业务数据中心之间的数据下载通道，方便不熟悉数据结构和数据库内容的非计算机审计人员同样可以实施计算机审计。涌现了一批符合当前审计业务需要的优秀软件和工具。在领导的重视下，开始在嘉兴地区推广。2010年，在组织力量对平湖农村合作银行的计算机审计系统进行全面的评估、测试和优化，并对禾城农村合作银行、新昌农村合作银行有关计算机审计工作进行专题调研的基础上，启动全系统计算机审计系统集中建设项目。通过融合各行社计算机审计系统开发的优点，依托软件公司前期开发技术，积极稳妥地推进浙江农村信用社计算机审计系统的改造升级。2011年，完成了全省73家行社的推广上线，进一步提高了监督技术的手段与水平，为审计决策、审计实施和审计管理提供信息支持。

总体来说，经过五年的探索，农村合作金融机构计算机审计的内容和方法不断发展，已经成为一种内容丰富、意义深远的审计技术手段。它以农村合作金融机构计算机信息系统和底层数据库为切入点，在对信息系统进行检查测评的基础上，通过对底层数据的采集、转换、清理、验证，形成审计所需的数据表，从而实现审计目标。这一技术手段的实践应用取得了极为显著的成就，在查处大要案、发现重大违纪违规问题、揭露农村信用社（合作银行）经营中的风险隐患等方面作出了重要贡献。

第四节 计算机审计流程

计算机审计是在审计信息化环境下发展的一种崭新的审计方式。计算机审计没有改变审计的目标和基本原则,但改变了达到审计目标所应用的审计技术和方法,对审计工作提出了新的发展要求。面对错综复杂的数据,审计人员在实务操作中应遵循什么规范和工作标准,避免随意性、无序性,是审计实务中必须解决的紧迫问题。

将计算机审计作业按业务流程进行界定,使之程序化、规范化、标准化,形成经济责任审计等的计算机审计作业"流水线",提高审计工作效率与质量,降低审计风险,保证最终审计目标的实现。

在内部审计中,从采集转换被审计单位的业务数据与财务数据,构建审计数据化平台,到通过系统分析、比较和测试,选择薄弱环节和风险领域作为审计重点,找出核心问题,确立审计疑点,进行验证核查,这是一个逐步深入、逐步细化的审计过程,只有踏实、细致地做好每一步的工作,走好"六步曲",才能以"技术"提高"质量",真正落实"全面审计,突出重点"的指导方针,实现审计管理和审计过程信息化目标,做好领导干部的经济责任、内部控制评价等审计工作。

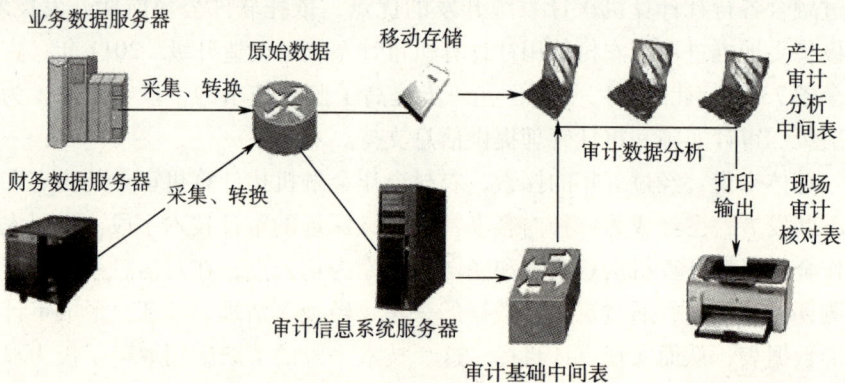

图1-1 计算机审计流程

一、采集转换，搭建数据化平台

内部审计开展计算机审计具有其他审计没有的先天优势。只要组织充分授权，就不存在数据的采取与转换的难题，但仍要做到"两个提前"：一是计算机专业人员要提前十五天向信息技术部门提出采集数据的申请，及时介入审计项目；二是要提前导入、转换被审计单位的电子数据。2011年，经与省农信联社信息技术处沟通协调，已在数据中心搭建了数据采集平台，定制了数据采集处理模板，建立了审计数据下载通道，通过编写统一的数据转换接口（汉化标准）脚本，过滤掉与审计无关的数据表、字段，实现业务数据成功导入 SQL 数据库和相关审计软件。在完成数据采集与转换后，要面向分析主题，由计算机审计技术人员通过编写一些 SQL 语句来实现字段选取、联合查询、多表连接等，解决信息系统数据的分裂，把反映某项经济业务的主要信息集中到一张表中（如普通贷款分户账、贷款结算账户表、贷款核销登记簿、贷款明细账、柜员信息表、贷款担保情况表等），搭建数据化平台，以方便非计算机审计人员直接从 SQL 数据库中取数、实时转换为 Execl 表格、读懂相关字段、理清表结构的关系等，实施计算机审计。

二、把握总体，实施重要性筛选

运用数据化平台，由计算机审计技术人员与专业审计人员将所获的数据信息和审计思路进行融合与加载，寻找计算机审计的切入点和衔接点，只要技术掌握好，在现场审计实施前就可以把整个资料都掌握住，不怕被审计单位不配合，不怕被审计单位作假、提供假资料。基本实现从"瞎子摸象、进点以后摸线索"到"把握总体，进点之前做试审"，充分利用电子数据的特点和规律，通过对业务数据与财务数据的系统比较、分析和筛选，把握总体，有的放矢，发现趋势，寻找异常，筛选出其中最薄弱、最可疑的部分作为重点，找出核心问题，确立审计重点，探索审计线索，明确审计范围，初步制订出目标明确、针对性强、重点突出、标准统一、易于操作的审计实施方案，达到带着被审计单位数据和审计思路进点的目标，节约审计时间和成本。如在审前对存量不良贷款、新增不良贷款、十大户自然人（法人）贷款、借新还旧贷款、正常有欠息贷款、关联企业贷款、非正常挂账、大额异常现金交易等重大风险领域进行覆盖性常规模拟审计，利用计算机处理数据快速、准确的特点，实施数据筛选，初步产生审前分析结果表。

三、锁定重点，执行关键点测试

对采集转换的审前分析结果表进行具体分析研究，为审计分工提供依据。按贷款、存款、结算、财务费用、计算机控制等各类抽样标准分别抽取样本，结合审前分析结果表的不同的数据规模，选取不同的数据分析工具执行关键点测试，生成符合审计需要的基础性中间表（现场审核表）。数据量较少的，从 SQL 数据库中取数后，选用 Execl 软件重新组织整理即可；数据规模较大的，在 SQL 数据库平台（服务器）进行分割与切片，确定审计重点和整理审计线索，将复杂数据可视化、明晰化、类别化为简单的现场审核表，方便进行现场核对和填写。如对新增不良贷款审前结果分析表，仅凭有限的审计资源不可能实现全面审计，但通过按信贷员、贷款余额、贷款种类等进行分类测试，如信贷员为张某、贷款余额超过 500 万元、担保类贷款等关键指标就可以锁定新增不良贷款重点，缩小测试（审核）范围，集中分析结果，细化审计实施方案，进而提高审计效率。

四、筛选线索，构建分析类模型

应用计算机审计技术的核心在于数据分析。数据分析是指通过审计分析模型对数据进行核对、检查、复算、判断等操作，将被审计单位数据的现实状态与理想状态进行比较，从而发现审计线索，搜集审计证据的过程。第三阶段产生的基础性中间表，仅是一个数据资源平台的数据集合体，要真正对锁定的重点进行进一步的深入分析，达到核查问题与筛选线索的目的，就必须构建分析模型，进而建立审计分析性中间表。建立审计分析模型是一项技术能力与业务能力紧密结合的过程，两者缺一不可，审计人员依靠丰富的经验就某一项审计事项和业务内容提出分析模型的结构与思路，而技术人员从技术角度结合电子数据的特点与规律，构建分析模型。通过设定审计模型等方式，对基础性中间表进行记录选择、字段选取、表间连接等处理，以便检索分析，筛选分析结果，圈定问题线索，为延伸取证提供具体的目标。具体构建时，主要根据业务数据的钩稽关系、业务逻辑关系、规章制度的规定、审计人员的自身经验进行。如按业务流程建立分析模型，通过针对存款总量与类别的变化趋势，构建"年末放贷虚增存款分析模型"，分析年末人为调节存款的问题。将普通贷款分户账、贷款结算账户（还款）文件、客户基本信息表、活期存款分户明细表以"客户内码"进行关联，以发放日期小于等于 2007 年 12 月 31 日，还款日期大于等于 2008 年 1 月 1 日，分组列出 30 天内提前还款的所有记录，对其中的期限较短、放款金额较大的贷款进行核实，抓住这些特征，就可以比较容易地发现异常进而揭露问题。又如根据《中华人民共和国担保法》第八条"国家机关不得为保证人，但经国务院批准为使用外国政府或者国际经济组织贷款进行转贷的除外"和第九条"学校、幼儿园、医院等以公益为目的的事业单位、社会团体不得为保证人"的规定，建立以"担保人名称中含有'学校'、'幼儿园'、'医院'、'政府'、'管理委员会'"等为条件的担保主体不符分析模型，通过筛选，列出所有担保主体不符的担保贷款。再如，按审计经验建立滚动签发银行承兑汇票分析模型。根据审计经验，违规滚动签发银行承兑汇票具有几个明显的特征：前后承兑汇票到期日期与出票日期相同或相近、不是全额保证金、没有真实贸易背景。因此，以到期日与出票日的时间间隔、担保方式，则可发现违规滚动签发银行承兑汇票的线索，并确定开票金额大、笔数多的企业作为重点延伸，检查是否有增值税发票，验证是否有真实贸易背景，则可发现滚动签发银行承兑汇票问题。

五、精确延伸，进行验证式核查

通过非现场初审，在基本查清主要问题或找出问题线索后，进入现场核查、验证。对运用审计模型进行数据分析中直接发现和查实的问题或问题的线索，区别不同情况，在延伸的时候采取直接取证或进一步核查的方式取证，验证和落实问题。对于可以直接查实的问题，审计人员直接将数据分析的结果具体化为纸质材料，交由被审计单位征求意见，签字确认后作为审计工作记录单归档，对于不能直接查实的问题，根据线索进行延伸审计，获取相关证明材料。

六、总结经验，形成标准化模块

总结审计专家经验，提炼计算机审计应用案例，组织开展计算机审计情况交流总结，通过将一些问题具体化，展现计算机审计中核查违法、违规问题的思路、方法和模型，方便遇到类似问题时直接运行（修改）该模型，形成成熟的审计经验、方法和相对固定的通用审计模块，为尽快提高计算机审计的整体水平提供有力保障，为今后将关键控制点植入核心业务系统中，实现对被审计对象的"全过程、全方位、全要素"的"事前"、"事中"、"事后"立体化审计监控和风险预警奠定基础，同时也为核心业务系统加强计算机控制提供依据与参考。如根据已核销贷款仍有存款余额的审计分析模块，核心业务系统中可考虑设置"已核销贷款户存款情况表查询"菜单，以方便信贷员及时查询催收；又如根据多头贷款审计分析模块，核心业务系统中可考虑在贷款发放前以"客户号"进行搜索，查询其他机构是否有贷款，如有，则拒绝发放，并提示"该客户在××支行已有贷款，请到××支行贷款"，从源头上对风险进行控制。

第二章 计算机审计系统管理

第一节 计算机审计系统概述

随着数据大集中的实现，网上银行、银行卡、OCR 事后监督系统等新型金融产品和服务手段不断出现，业务数据、业务流程复杂度不断提高，交易信息和管理信息不断膨胀，机构类型与数量不断增加，风险分析的方法与技术日益复杂，审计对象的信息化要求审计手段必须信息化。

一、建设计算机审计系统的意义

建设计算机审计系统，一是可以将一些成熟的审计经验和方法加以总结，形成统一标准的审计模块，将经营管理绩效、数据统计分析、风险分类预警、日常监督检查、审计成果运用等全部纳入审计信息系统处理；二是可以从核心业务系统、信贷管理系统、财务管理系统等多个系统中调取数据，引入影像缩微技术，实现远程调阅信贷资料、会计凭证等电子基础业务档案，从而有效拓展审计内容，通过连续、全面、系统的分析，及时发现被审计对象存在的问题、疑点和异常，评估被审计对象的风险状况和变化趋势；三是可以逐步实现对被审计对象的"全过程、全方位、全要素"的事前、事中、事后立体化审计监控和风险预防，明确问题发生的源头，有针对性地采取措施，从而实现"精确定位"和"精确打击"，提高审计监督效率。

二、计算机审计系统的主要目标

建设计算机审计系统，可以为审计人员提供一个安装在便携式计算机或服务器上，对被审计单位开展非现场审计与现场审计的计算机审计软件。系统构架包括审计管理系统和审计业务系统，审计业务系统包括现场审计实施系统、联网审计实施系统和非现场审计系统，包含项目管理、数据采集、审计分析、审计抽样和审计底稿等审计作业必要的工具。开发成功后的计算机辅助系统使用目前流行和普及的开发语言和数据库，支持单机和联机作业模式，适应不同审计项目数据处理量，能提供统一的审计作业环境和审计分析平台，可满足各级内部审计部门开展计算机审计的需要。

三、计算机审计系统的设计要求

（一）开放式

非现场审计系统的使用者初期主要是审计工作人员，包括主管审计工作的行领导、总行及分行审计人员。在系统运用熟练，指标、模型渐趋成熟时，系统的使用者逐步延伸到总行业务主管部门、被审计对象等相关主体。

（二）可扩展

数据集市和功能模块的结构设计是开放式、可扩展，以便于根据银行业务和管理等方面的变化，对数据内容、功能实现等进行修改或者添加。

（三）易维护

各功能模块必须具备很强的定制功能，业务人员可以根据业务流程和管理的变化自行对基础参数进行适当维护，使审计业务流程、行政管理模式等可灵活调整。

（四）易操作

各功能模块应具有通俗、友好的用户界面，操作方便、简单、易学易懂。

（五）可转换

各相关功能模块之间要能进行转换，且转换要便捷。

（六）科学管理

各功能实现上要具有强大的管理功能，而不仅是手工作业流程的电子化，真正实现管理水平的提高。

（七）稳定安全

系统运行要稳定，数据集市和各功能模块中数据的访问、传输、下载、分析、应用等过程必须具有加密功能或设置严格的权限控制。

第二节 计算机审计系统功能

计算机审计系统是借助科技技术，对庞大的数据进行排查分析，为审计业务提供有效的资源，提高审计工作效率，并将审计资源进行合理配置，以提高审计工作质量。

一、计算机审计系统的主要功能

计算机审计系统包括数据分析和审计管理两大主要功能，具体包含十大功能模块：系统管理、非现场审计、现场审计、风险监测平台、审计依据、审计信息管理、数据管理、我的工作台、模型配置、数据分析提取。

二、计算机审计系统的数据功能

计算机审计系统的数据分析功能，是通过对农村合作金融机构各个业务数据系统的批量数据和实时数据以及其他第三方数据进行采集、加工后形成统一格式的审计业务数据，运行预先设定的审计模型，对数据进行分析、排查，为审计人员提供审计线索的过程。

（一）数据采集

1. 系统通过数据采集工具每天自动下载省中心下发的业务数据，经过导入、抽取、转换、整理、验证，形成统一格式的审计业务数据库；

2. 对社会数据、政府公开数据等第三方外部数据，经过自定义方式，通过补充信息维护工具方便地导入审计数据库；

3. 系统提供数据库管理、数据库备份、数据库恢复；

4. 系统提供行内其他系统调用非现场审计系统的数据调用接口和导出接口；

5. 系统提供与影像档案和数码录像平台的连接耦合接口。

（二）风险预警平台

1. 系统提供灵活的风险预警模型配置与管理功能。

2. 系统提供灵活的模型运行分类，模型树与检索功能相结合。

3. 系统以信用风险、操作风险、员工道德风险为出发点，从质量、效益、发展等多个维度分析存在的各类风险，建立风险监测指标体系，实现风险的量化以及灵活的指标管理。

4. 系统根据风险指标体系，以系统风险为主，结合内控薄弱环节，设置预警指标，实现自动预警机制。

5. 系统在风险量化指标的基础上，实现预警规则及各项预警规则指标的灵活定义和参数化管理，指标预警周期可以根据业务需要设定，满足日、周、旬、月、季、半年、年的需要。

6. 系统实现风险监测管理的流程化，根据各类业务条块进行监测，及时发现违规操作、道德风险等带来潜在损失的行为，并对这些行为进行有效的控制，避免带来损失。提供对业务风险的监测、预警、调查、分析、跟踪、报告等处理流程，实现风险规避和风险案例的管理。

7. 风险预警适应 T + 1 批量处理模式。

（三）非现场审计模型平台

1. 系统提供灵活的查询模型、指标模型和分析模型配置与管理功能；

2. 系统提供灵活多样的模型运行功能；

3. 系统提供灵活的模型分类、专题，模型树与检索功能相结合；

4. 系统在预警和检测模型的基础上，实现对具体问题的调查、跟踪和报告；

5. 系统提供审计模型运行结果与审计项目的关联，便于审计项目的后续处理；

6. 系统提供图形化数据查询工具，实现数据深入挖掘，使监管人员可以由最初的监管疑点、监管问题出发，追踪分析到最细节的原始交易流水或凭证影像，从而获得有利的风险监管证据，存入问题库，并关联到后续的审计项目。

（四）查询查证

1. 系统提供丰富、灵活的账务查询、追踪查询、影像查询、分析工具，用于快速、简单、方便地落实问题；

2. 系统提供经验库管理。

（五）数据模型配置流程

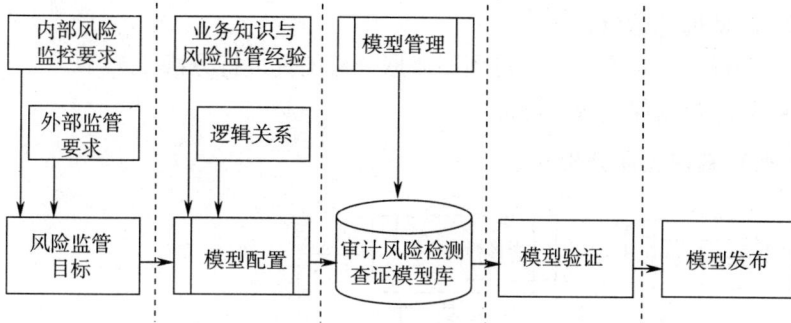

图 2-1　数据模型配置流程

具体流程如下：

1. 根据内部风险监控要求和外部监管要求形成风险监管目标；

2. 风险管理人员根据业务知识和审计经验以及各系统数据逻辑关系进行建模；

3. 建立好的模型存储在模型库中；

4. 模型经过验证后进行发布。

（六）模型分析过程

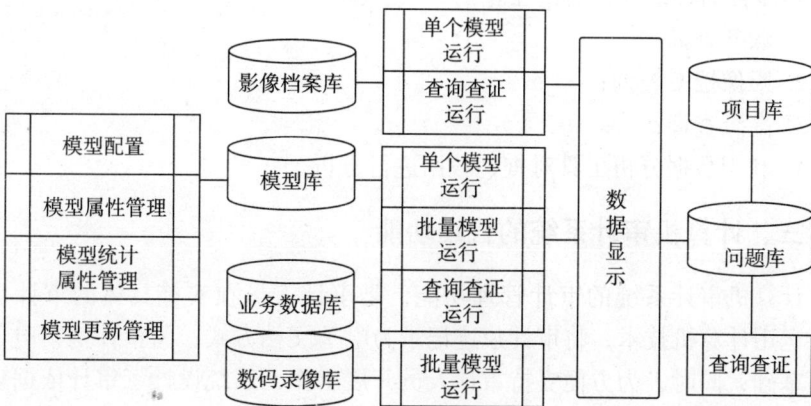

图 2-2　模型分析过程

具体分析过程如下：

1. 模型抽样运行；

2. 模型批量运行；

3. 运行结果查询查证，可利用数据分析工具进行分析；

4. 问题数据保存至问题库中。

（七）查询查证分析

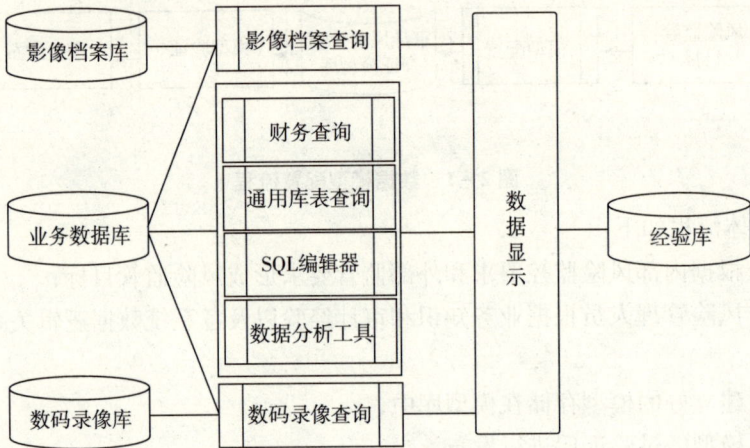

图 2 - 3　查询查证分析图

具体查询查证分析的途径有：

1. 账务查询；

2. 影像档案查询；

3. 高级查询；

4. 利用数据分析工具对查询数据进行分析。

三、计算机审计系统的管理功能

计算机审计系统的审计管理功能，是审计人员在实施具体的审计项目时，运用计算机技术，将审计痕迹记录为电子文档方式，为审计档案电子化打下基础；同时，为方便支持审计人员开展工作，系统设计了审计依据功能模块，并实行分类管理。

系统审计管理功能包括审计项目管理、审计流程管理、审计成果管理和审计依据管理。

（一）审计项目管理

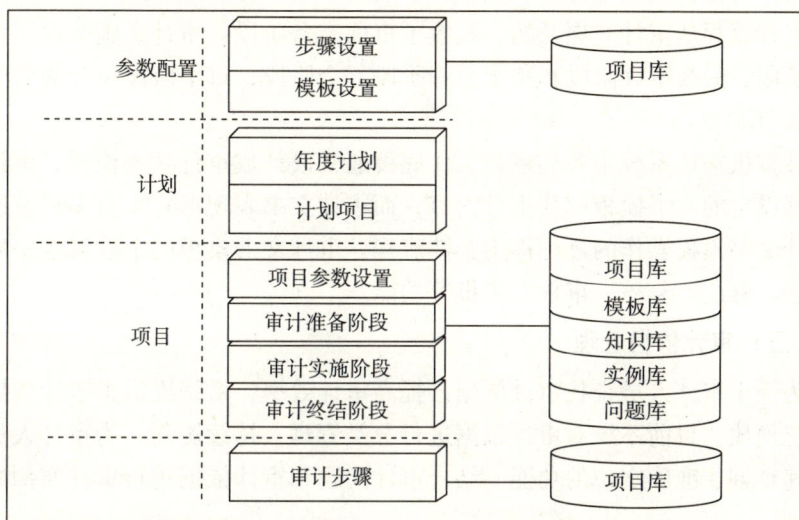

图 2 - 4 审计项目管理

审计项目管理流程：

1. 系统提供审计项目相关参数配置管理；

2. 系统提供审计计划功能；

3. 系统提供审计立项和项目管理功能；

4. 系统提供审计文档模板的定制配置功能；

5. 系统提供审计项目的立项、实施、终结功能，并提供灵活审计项目步骤配置；

6. 系统提供项目质量控制与进度管理；

7. 系统提供多样的审计项目文档产生模式，包括按模板产生、外部电子文档导入、纸质文档扫描；

8. 系统提供审计项目文档产生、审核、归档功能；

9. 系统提供完整的审计项目档案管理、调阅的功能；

10. 系统提供审计项目报表功能；

11. 系统提供审计实例管理功能。

（二）审计流程管理

审计人员通过审计实践，提出科学的、可操作性的审计流程，固定于计算机审计系统，将审计过程中需要使用的审计文书设计为电子模板，审计人员运用审计模板记录审计活动过程，形成电子版本的审计资料。

审计流程从审计立项开始，设置了审前准备阶段、审计实施阶段、审计报告阶段、后续审计阶段和档案整理阶段五个阶段，每个阶段又分为若干个操作环节。

计算机审计系统中各类审计工作底稿通常设计成审计文书模板，审计人员依据设定的文书模板记载审计内容，而审计文书表现形式丰富多样，因而将审计文书模板操作的过程称为个性流程。审计文书模板的个性流程一般包括新建、修改、复核、审核、审批等功能。

（三）审计依据管理

为便于审计人员查找审计依据，提高审计效率，系统提供了审计依据管理功能模块。目前系统对审计依据进行分类管理、持续更新，为审计人员提供快速查询、准确定位的功能。结合审计问题和审计依据进行审计实例的综合管理。

四、计算机审计系统的其他功能

1. 系统提供知识库管理功能，知识库是经验积累和传播的平台，包括各业务线的情况和流程介绍、业务单元的风险矩阵、专家经验、审计依据、审计案例、审计报告等，操作功能包括更新、上传、检索等。

2. 系统提供方便的单机版功能，实现审计项目文档的脱机处理。

第三节 计算机审计系统环境

一、系统硬件环境

根据计算机审计系统的应用环境，系统硬件主要由以下几个部分组成：

（一）数据库服务器

采用 PC Server 服务器或者 ATX 小型机。

（二）Web 服务器

采用 PC Server 服务器。

（三）审计工作站

采用普通的 PC 机器。

（四）扫描仪

采用主流的低速扫描仪，支持 A3 纸大小扫描即可。

二、系统软件环境

（一）数据库环境

系统采用主流的大型数据库：DB2 V8.2 64 位数据库。

（二）操作系统环境

1. 数据库服务器。数据库服务器采用红旗 Linux SP3 64 位操作系统。

2. Web 服务器。Web 服务器采用 Windows Server 2003 或 Windows Server 2008。

3. 审计工作站。审计工作站采用 Windows XP 或 Windows 7 操作系统。

（三）开发工具

系统采用的开发工具主要有：Java 和 C。

（四）Web 服务容器

Web 服务容器采用 Tomcat 或者 WebLogic。

三、系统安全环境

计算机审计系统从以下三个方面来控制系统的安全：

（一）系统网络安全

计算机审计系统采用行内应用网络，严格遵循行内网络安全要求。

（二）系统应用层安全

1. 系统访问控制机制。建立完善的系统访问控制机制，严格限定系统使用人员和访问权限，通过用户角色权限和用户登录方式等进行安全控制。

2. 授权机制。

（1）本系统权限从机构、数据和功能等几个方面全面控制用户的权限。我们从两个方面来进行描述：

①权限控制体系：权限控制体系描述了怎样从机构、数据和功能等几个

方面来控制用户的使用权限。

②授权：完成灵活的权限赋予、更改和合并功能。

（2）本系统的权限控制，从功能、机构和数据三个维度来控制一个用户的权限，其中：

①功能权限：控制了系统菜单上的每个功能是否可以有权限访问。

②机构权限：控制一个用户访问数据的权限，这种数据权限以机构为单位。例如，分行用户只能访问分行的相关数据。

③数据权限：数据权限从数据字段的级别来控制一个用户对于数据的访问权限。

（三）系统运维安全

1. 系统运行监控。系统提供全方位的系统运行监控，主要包括登录用户的监控、后台 ETL 监控和后台计算分析引擎监控。系统专门设计了监控模块，管理员可方便地监控系统运行状态。

（1）用户监控。系统可方便查看所有登录用户信息和登录 IP，一旦发现非法用户登录本系统，系统管理员可随时终止该非法用户使用本系统。

（2）ETL 监控。监控数据加载服务模块每个进程的处理状态，包括每个数据表的加载情况，发现有失败的，系统管理员根据系统提供的详细的日志信息进行相应处理。

（3）计算监控。监控后台计算分析引擎的预警、指标、跑批的线程的运行状态。

2. 系统备份清理策略。

（1）备份策略。依据审计系统数据量大的特点，系统设定如下备份方式进行备份：

①数据库全备份：在周日自动备份数据库的全量；

②数据库增量备份：每晚数据采集后进行数据库增量备份，由系统管理员触发或者设定系统自动进行。

（2）数据清理。根据审计系统数据使用特点，清理数据部分包括如下数据：

①各业务明细数据；

②各明细衍生数据；

③各预警、指标模型产生的结果数据。

第四节　计算机审计系统项目管理

一、计算机审计系统项目管理概述

计算机审计系统项目管理就是由审计部门和审计人员按照审计流程和工作标准，对审计项目操作的全过程，运用计算机辅助系统，进行计划、立项、执行、控制、分析、汇总、监督和反馈等一系列的自我约束活动。

审计项目是审计人员根据审计工作计划安排，在一定的条件下，围绕特定的审计对象，为达到既定的审计目标，所承担的具体审计任务。本节所指的审计项目，是指农信系统各级审计部门开展的，以现场审计和非现场审计为主要工作方式的各类常规审计、专项审计和审计调查。本节所述的计算机审计系统项目管理主要包括审计计划管理、审计立项管理和审计项目管理三部分。

二、审计计划管理

审计计划管理是指通过计算机审计系统对年度审计计划和本年度新增的审计项目进行科学分类和有序控制。年度审计计划是指内部审计部门和人员为完成内部审计任务，达到预期的审计目的，对一段时间内的审计工作任务或具体审计项目作出的事先规划。本年度新增审计项目是指年度审计计划外，根据单位领导需求设置或监管当局、上级管理单位临时布置的审计项目。

（一）年度审计计划

1. 年度审计计划，是对年度审计任务所作的事先规划，是组织年度工作计划的重要组成部分，由内部审计机构负责人负责制订，并报分管领导批准。年度审计计划应当包括以下基本内容：

（1）内部审计工作目标；

（2）内部审计工作措施；

（3）具体内部审计项目及其先后顺序；

（4）后续审计的必要安排；

（5）其他主要事项。

2. 在制订年度审计计划时，都需确立审计项目计划，明确全年需要开展的审计项目。这些项目通常是如何确定的呢？从实践摸索看，要使得每年的工作有价值，按供需平衡模式设计审计项目计划是比较合适的，所谓供需平衡就是指审计项目既要满足企业所需，又要适应内审机构自己之所能，前者属于需求范畴，后者属于供给范畴。

（二）审计计划管理

1. 年度审计计划管理。年度审计工作计划经过审计管理委员会讨论通过后，应及时录入计算机审计系统，通过系统对年度审计计划进行科学归类和实施情况控制。

2. 年度计划外审计项目管理。根据管理当局、单位领导和上级主管部门要求临时增加的审计项目，也视同年度审计计划，及时录入计算机审计系统管理，并注明增加或调整原因（见表2－1）。

表2－1　　　　　　　**20××年度审计项目计划表**

填报单位：　　　　　　　　　填报人：　　　　　　　　填报时间：

序号	项目名称	项目类别	项目级别	立项审批人	计划开始时间	计划完成时间	审计组长	审计组主审	是否年度计划内	是否外聘	备注
1											
2											
3											
4											
5											
6											
7											
8											
9											
10											
11											
12											

三、审计立项管理

审计立项是指对应当出具审计报告或审计事项作出评价的审计项目的确立。

内部审计立项工作应在农村合作金融机构董（理）事会审计委员会和主管审计工作领导的领导下进行，审计部实施的审计项目必须经主管领导批准方可进行。

审计立项过程应使用"审计立项书"予以书面记录。

1. 审计立项的依据。

审计立项的依据主要源于年度审计工作计划、人力资源部门下发的审计任务书和主管领导的临时指令。根据任务书或审计函等在审计系统内对项目进行立项。

2. 审计立项的目标。

审计立项应实现以下目标：

（1）确定审计项目的名称、项目类型和项目编号；

（2）确定被审计对象；

（3）明确审计目的和范围；

（4）组建审计组和项目质量评审人员；

（5）规划审计项目实施时间。

3. 由审计系统通过"审计立项"功能完成审计立项的所有目标信息管理。［示例2-1］为由系统建立的审计立项书示例。

［示例2-1］

审计立项书

索引号： 第 页共 页

项目名称	本项目的名称	项目类型	经济责任审计（内控评价审计、专项审计）
项目编号	按照审计项目编号规则编列	审计方式	现场审计、非现场审计、审计调查
立项依据	审计任务书（年度审计工作计划、主管领导临时指令）		
依据文号	年度审计工作计划或审计任务书的发文字号，在系统中便于建立连接		
审计目的	描述本审计项目成立的目的，所要达成的目标，按重要性排列。注意：审计目的必须详细具体、可实现，并且可以衡量和评价，避免空洞、不可衡量和评价的描述。		

续表

审计范围	本审计项目涉及的业务范围，或审计重点			
审计对象	本次审计涉及的被审计单位或个人			
审计期间	××××年××月××日至××××年××月××日，必要时将追溯或延伸			
时间安排	准备阶段			
	实施阶段			
	报告阶段			
审计组	组长	×××	主审	×××
	成员	×××、×××、×××、×××、×××		
评审组	组长	×××		
	成员	×××、×××		

审计小组分工			人员分工	业务分工
	小组1	组长	×××	
		成员	×××、×××	
	小组2	组长	×××	
		成员	×××、×××	
	小组3	组长	×××	
		成员	×××、×××	
	小组4	组长	×××	
		成员	×××、×××	

审计部负责人审核意见	立项依据充分，审计目的明确，审计范围合理，时间安排恰当，同意立项。 审批人（签名）： 日期：　年　月　日
主管领导审批意见	 审批人（签名）： 日　期：　年　月　日

拟制人（签名）：　　　　　　　　　　　　拟制日期：　年　月　日

四、审计项目管理

审计项目管理是建立在审计流程管理的基础上，对所有本机构的审计项目进行后续分析、跟踪和管理，从而为下年度、下阶段审计工作的开展提供参考依据。同时，加强整改、处罚、纠错等管理，进一步提升对审计成果的运用。

（一）审计项目实施情况管理

根据审计流程实施情况，计算机审计系统自动归集当年度审计部门实施的所有审计项目，并按照审计类型、审计对象、审计人员、审计项目、审计文书、审计整改意见、审计决定等进行统计分析，从而有效地提高审计质量和效果。

1. 审计类型归类管理。主要是把所有审计项目按照专项审计、经济责任审计、岗位履职审计、内控评价审计和非现场审计进行归类，在系统中点击任何一类型审计，都可以清楚地反映该类所有审计项目的项目名称、审前调查、审计方案、审计通知、审计组人员、审计报告、审计整改意见和审计工作底稿等。

2. 审计对象归类管理。主要是把所有审计项目按照被审计单位、个人进行归类，在系统中点击被审计单位名称或被审计个人姓名，都可以清楚地反映该单位或个人所有的审计项目。

3. 审计人员归类管理。主要是把所有审计项目按照审计组组长、主审人和审计人员进行归类，在系统中点击审计组组长、主审人或审计人员姓名，都可以清楚地统计审计组组长、主审人或审计人员所做的所有审计项目的名称、审计工作底稿等。

4. 审计项目名称归类管理。主要是把所有审计项目按照项目名称进行归类管理，只要在系统中点击某审计项目名称，都能把该审计项目的所有文档反映出来。

5. 审计文书名称归类管理。主要是把所有审计项目按照审计通知、审计报告、审计整改意见、审计决定等文书名称进行归类管理，在系统中点击审计通知、审计报告等文书名称，都可以直观地反映当年度所有审计项目的审计通知、审计报告等文书档案。

6. 审计实施进程归类管理。主要是把所有审计项目的主要步骤按照审计实施进度与是否完成情况进行归类管理，通过系统管理及时了解审计工作的进程，并可以有效地监督审计工作质量。

（二）审计项目成果运用情况管理

审计项目成果运用情况管理主要是通过对审计问题、审计通报、审计公告和审计纠错的系统管理，可以全面反映历年和本年度审计成果运用情况，从而督促和提高审计成果的最好、最大运用。

1. 审计类型归类管理，主要是把所有的审计项目按照专项审计、经济责任审计、岗位履职审计、内控评价审计和非现场审计进行归类，在系统中点击任何一类型审计，都可以清楚地反映该类所有审计项目的项目名称、审计问题、审计通报、审计公告和审计纠错等情况。

2. 审计对象归类管理，主要是把所有审计项目按照被审计单位、个人进行归类，在系统中点击被审计单位名称或被审计个人姓名，可以反映该单位或个人所相关的审计项目的项目名称、审计问题等情况。

3. 审计问题归类管理，主要是把审计发现的所有问题，根据审计工作记录单记载内容，按照业务种类自行由计算机审计系统进行归类管理，这样不但可以简化完成审计报告时审计问题的汇总，而且还可以在系统中点击审计问题类别，可以清楚地反映该类问题在其所存在的项目的项目名称、详细的审计问题表述和在审计通报、审计公告及审计纠错整改的运用情况。

4. 审计文书名称归类管理。主要是把所有审计项目按照审计通报、审计公告、审计纠错等归类，在系统中点击审计通报、审计公告、审计纠错等文书名称，可以反映当年度所有审计项目的审计通报、审计公告和审计纠错情况，以督促其审计成果的最佳运用。

5. 审计年度归类管理。主要是把所有审计项目按照审计年度进行归类，选择不同的年度，就可以清楚地反映不同年度的审计类型、审计项目名称、审计问题、审计通报、审计公告和审计纠错等情况。

（三）审计项目总结管理

通过对每个审计项目的总结，计算机审计系统可以自动归集和管理任何时点的审计工作情况，为审计工作总结和审计报表提供正确的依据。

1. 审计人员归类管理。主要是把审计实施过程中审计人员所经办的审计底稿和审计文书，按照经办审计人员归类管理，并由经办审计人员把审计实施过程中形成的有价值的数据，如审计工作量、审计金额、审计发现问题的数量、违规金额等手工录入系统，为审计期间所有审计项目的统计做好基础准备工作。

2. 审计期间归类管理。主要是把本年度开展的审计项目按照一定的期间，如可以按季、半年或年度进行归类，并由主审人在审计人员分别录入审计实施过程中形成的有价值数的基础上，补充录入审计整改意见和数量、处理处罚人数和金额、已经整改问题个数和金额等，从而为审计总结和审计提供正确、详尽的第一手资料。

第五节　计算机审计系统审计依据管理

根据我们多年的审计实践，相关审计依据的查询渠道多种多样，主要有有关部门编制的文字版和电子版法规汇编、互联网上的政府网站，以及审计人员在审计工作中收集等多种渠道，但每个渠道都有一定的局限性和时效性，无法单独满足审计人员的需要，为此，我们每年收集相关的制度依据等进行汇编，加入系统审计依据查询模块中，通过集成制度依据，减轻了审计依据查询的工作量，提高了查询的效率。

一、审计依据的含义

审计依据是指查明审计客体的行为规范总和，是审计人员在审计过程中用来衡量被审计事项是非优劣的准绳，是据以作出审计结论、提出处理意见和建议的客观尺度。审计依据不同于审计准则，审计准则是规范审计行为、确保审计工作质量，是审计依据的重要组成部分。

审计证据是审计人员在执行审计业务过程中采用各种方法获取的真实凭据，用于证实或否定被审计单位会计报表所反映的财务状况和经营成果的公允性、合法性的一切资料。审计证据是审计依据的支柱，是评价、解除或追究被审计人经济责任的依据，也是控制审计工作质量的关键。从某种意义上讲，审计活动就是收集、鉴定、综合和运用审计证据，提出审计意见和建议，作出审计结论的过程。没有审计证据，审计人员就无法了解和证实被审计事项的真实情况，无法作出审计结论。

审计依据具有层次性、相关性、地域性、时效性。选用审计依据时，必须遵循准确性原则、针对性原则、辩证性原则、有效性原则和可靠性原则。

二、审计依据的分类

审计依据可按不同的标准进行分类，不同种类的审计依据有着不同的用途。对审计依据进行适当的分类，审计系统遵循方便定位查找原则对审计依据进行划分。

（一）按审计依据来源的渠道分类

1. 外部制定的审计依据。包括：国家制定的法律、法规、条例、政策、制度；地方政府、上级主管部门颁发的规章制度和下达的通知、指示文件等；涉及国际业务事项，所引用国际惯例的条约；等等。

2. 内部制定的审计依据。包括被审单位制定的经营方针、任务目标、计划预算、各种定额、经济合同、各项指标和各项规章制度等。

（二）按审计依据的性质和内容分类

1. 法律、法规。法律是国家立法机关依照立法程序制定和颁布，由国家强制保证执行的行为规范总称。如宪法、刑法、民法、会计法、审计法、预算法、税收征管法、海关法、各种税法、企业法、公司法、经济合同法等。法规是由国家行政机关制定的各种法令、条例、规定等，如《中华人民共和国价格管理条例》、《企业会计准则》、《企业财务通则》、《金融企业国有资产转让管理办法》等。

2. 规章制度。主要有：国务院各部委根据法律和国务院的行政法规制定的规章制度；省、自治区、直辖市根据法律和国务院的行政法规制定的规章制度；被审单位上级主管部门和被审计单位内部制定的各种规章制度；等等。如国家主管部门制定的各项财务会计制度、单位内部制定的各项内部控制制度等。

3. 预算、计划、合同。如国家机关事业单位编制的经费预算、企业单位制订的各种经济计划、被审单位与其他单位签订的各种经济合同等。

4. 业务规范、技术经济标准。如人员配备定额、工作质量标准、原材料消耗定额、工时定额、能源消耗定额、设备利用定额等。此外，还有国家制定的等级企业标准、优秀企业的管理条例等。

（三）按审计依据衡量对象分类

1. 财务审计依据。财务审计的主要目标是对被审单位经济活动的真实性和合法性作出审计和评价。因此，财务审计的主要依据：有国家的法律、法规；国家主要部门或地方各级政府制定的规章制度；单位自己制定的会计控制制度、财务制度、财务计划、财务预算、经济合同；等等。

2. 经济效益审计依据。经济效益审计的主要目标是对被审计单位经济活动的有效性作出审计和评价。因此，经济效益审计的主要依据有被审计单位的管理控制制度、预算、计划、经济技术规范、经济技术指标，可比较的各种历史数据、同行业的先进水平、上级企业的标准、优良企业的管理规范，上级主管部门下达的经营目标责任制完成情况，等等。

3. 经济责任审计依据。经济责任审计的主要目标是对各级领导班子成员的履行职责、经营决策和管理行为作出全面、客观、公正的评价。因此，经济责任审计的主要依据有被审计单位的权力机构会议、高级管理层办公会议、专业委员会会议决策事项，被审计单位内部控制制度建设和执行情况评价等。

三、审计依据的管理

计算机审计系统审计依据管理，有利于促进依据的系统管理，方便审计人员使用，提高审计效率。目前浙江农村信用社系统对审计依据进行分类管理、持续更新，为审计人员提供快速查询、准确搜索的功能。

（一）审计依据分类管理、持续更新

根据文件的发文机构不同和单位组织结构的特点，将审计依据文件分为监管部门的审计依据和自己行社的审计依据两大类，并对两大类的审计依据进行划分，分为综合管理、计划资金、业务管理、银行卡管理、政策研究及风险管理、财务会计、审计、科技信息管理、组织人事、安全保卫、纪检监察。系统为用户提供了批量上传和编辑功能，系统管理员指定专人负责文件的分类管理，并对部分文件进行废止和持续更新，确保审计依据的有效性和完整性。

（二）审计依据快速查询、准确搜索

为确保审计人员能快速查询相关依据，系统为每个文件建立索引号，提供文件的检索查询，可以按文件名或文件号进行查询或某些字段进行模糊查询等，提高审计依据检索效率。

（三）审计实例综合管理

审计实例是一个完整的问题记录单形式，在计算机审计系统中，我们逐步充实审计实例，通过录入以前项目发现的各类审计实例，不但为审计新手提供一个学习的平台，还为审计人员提供类似审计问题的依据参考。

第三章 计算机审计技术方法

"审计信息化是一场革命"。在审计实践中，审计技术方法是十分重要的。正如毛泽东同志曾经指出的："我们不但要提出任务，而且要解决完成任务的方法问题。我们的任务是过河，但是没有桥或没有船就不能过。不解决桥和船的问题，过河就是一句空话。不解决方法问题，任务也只是瞎说一顿。"① 国家审计署提出的加强"人、法、技建设"，其中，技就是指审计的技术方法。

第一节 审计数据采集与验证技术

一、数据采集

（一）数据采集的概念

数据采集是指根据审前调查所提出的数据需求，按照审计目标，采取一定的方法和工具对被审计单位数据库中的数据进行采集的工作。数据采集具有选择性、目的性、可操作性、复杂性的特点，选择性是指审计人员面对复杂的数据，应明确审计的范围、内容和重点，结合审前调查提出的数据需求，确定本次数据采集的范围、内容和重点。目的性是指审计人员应根据审计的目的，在掌握第一手资料，把握总体的情况下，为审计准备基础数据。可操作性是指审计人员通过一系列方法和策略，对被审计单位的复杂数据进

———————
① 《毛泽东选集》第一卷，第139页。

行采集。

（二）数据采集的步骤

数据采集是计算机数据审计的前提和基础，审计人员有针对性地、有序地选择适当的技术和方法进行采集，提高数据采集的效率，确保数据真实、正确和完整。数据采集步骤可分为以下五步：

1. 对被审计单位进行审计调查；
2. 向被审计单位提出数据需求；
3. 制订审计数据采集方案；
4. 完成对目标数据的采集；
5. 对采集的数据进行验证。

二、数据采集的方法和策略

（一）数据选择策略

审计数据采集策略一般可分为数据选择策略和数据采集策略。对被审计单位各类复杂数据进行选择时，一般要遵循以下原则：

1. 选择的数据应满足审计方案的要求。
2. 了解被审计单位信息系统及其业务流程。
3. 可利用外部数据进行关联分析。

（二）数据采集方法

数据采集需综合考虑采集的效率与成本、审计数据需求时间等因素，根据被审计单位数据的存放模式、数据保存时间、业务特征和审计周期等，恰当地选择数据采集点和数据采集频率。被审计单位的数据存放基本上可以分为集中式存放和分散式存放，对集中式存放的数据，采集点应选在数据集中点。采集时只需在审计数据中心与被审计系统之间建立一条数据连接就可以满足数据采集的需要。这种模式不但可以将审计需要的数据全面采集下来，而且在通信费用方面也比较节约。对分散式存放的数据，可以采用两种方式进行数据采集：一种是与每个数据存放点建立数据连接，单独采集，然后到审计数据中心进行整合；另一种是在数据采集前，请被审计单位先将数据集中后供审计部门集中采集。对被审计单位，无论何种数据存放方式都可采用以下方法进行数据采集。

1. 直接读取和复制。当被审计单位和审计单位所使用的数据库相同，或

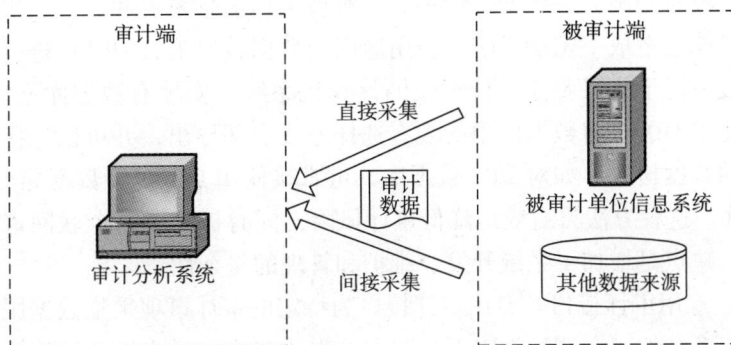

图 3-1 数据采集方法

是不相同，但审计人员数据库引擎可以直接访问被审计单位的数据库时，可以选择直接读取和复制方式采集数据。

2. 采集备份文件。审计人员可使用应用软件生成数据备份或直接在数据库系统中生成数据备份，以备份的方式采集数据。此种数据采集方式快速有效，可避免用 ODBC 连接等其他方式采集数据时遇到的因数据字段内容引发的各种问题。直接在数据库系统中生成数据备份，是获取审计数据时常用的策略，从被审计信息系统数据库（例如 Microsoft SQL Server）获取备份文件后，可以在审计数据服务器上建立与被审计单位相同版本的数据库系统，然后把备份文件恢复到数据库系统中。利用 Microsoft SQL Server 2005 数据库，可以直接采集其数据文件（后缀名为 . MDF）和日志文件（后缀名为 . LDF），然后在审计人员的 Microsoft SQL Server 库中使用"附加数据库"功能加载数据库。

3. 通过数据接口采集。数据接口是通过已有的数据接口访问和采集被审计单位数据的方法。一般可分为通用审计接口和专用审计接口。

（1）通用审计接口。通用审计接口的使用可通过直接连接目标数据库采集或使用工作站联网远程采集。

直接连接目标数据库是指被审计信息系统和审计系统两者采用数据库连接件（如 ODBC、OLEDB）直接相连，直接从被审计信息系统的数据服务器中采集数据，并保存在审计系统的数据服务器中。审计数据服务器要同时完成数据采集和数据存储工作。这种方式的特点是系统结构相对简单，便于实现、维护和管理。缺点是审计数据服务器与被审计信息系统的数据服务器直接相连，没有隔离，系统安全性不高，对被审计信息系统和审计应用系统的安全性可能会造成一定的影响。使用通用的数据转出工具 ODBC 进行数据采集，一般情况下，只要被审计单位的计算机系统中安装有数据库系统软件，都可以使用 ODBC 将数据库中的表有选择地或全部导出，并可以选择导出多种常见的数据格式。如对 DB2 数据库，可直接使用 ODBC 将数据导出为 Access 文件。这种方法将有效地降低审计风险，同时提高了整个联网审计系统的安全，缺点是增加了系统开发、维护和管理的复杂性。

（2）专用审计接口。专用审计接口为特定的审计事项采集数据服务，通常处理交换文件。在这种策略下，双方首先约定要通过交换文件传输的数据内容、格式和规范，然后在被审计信息系统中开发数据文件的前处理器。前处理器从信息系统的数据库中读取审计数据，转换成交换文件。在审计系统中开发数据文件的后处理器，后处理器读取交换文件中的数据，清理转换后放入审计系统的数据库中。在这种方式下，专用审计接口的开发工作主要包括交换文件内容、格式、规范的确定和前后处理器的开发。

（三）数据采集工具

审计数据采集工具目前比较常见的有 Excel、Access、FoxPro、SQL Server、Oracle、Sybase 等，审计人员应根据采集对象和方法选择不同的工具。

三、数据验证

数据验证主要是要保证电子数据的真实性、正确性和完整性，它在计算机数据审计中占有很重要的地位，始终贯穿于计算机数据审计的每一步骤。其重要性主要体现在以下几个方面。

（一）验证采集数据的真实性、正确性和完整性

确认被审计单位提供的信息系统所存储的源数据是真实的、正确的和完整的。验证电子数据对被审计单位实际经济业务活动的真实反映程度，排除被审计单位有意识隐瞒、修改部分数据的可能。

（二）验证数据采集过程中数据的完整性

当电子数据在信息系统数据库之间进行转移时，由于信息系统的数据输入输出控制多样性，数据采集人员对相关知识、源数据库特性所掌握程度的不同等，可能导致采集的数据发生遗漏。所以，审计人员在对采集到的电子数据进行数据审计的相关操作前，必须对数据进行充分的验证，确认数据的

正确性、完整性。

（三）减少数据采集和预处理过程中人为造成的失误

避免数据在清理转换过程中被破坏。为了满足不同的审计需求，审计人员必须对采集到的电子数据进行数据清理和数据转换。由于数据清理和数据转换时编写的程序存在逻辑错误和对数据的操作不规范，都可能导致部分数据遗漏和错误，使得随后进行的数据分析结果发生错误。因此，审计人员在完成每一步数据操作后，必须对被操作的电子数据进行数据验证，确保数据的正确性和完整性。

（四）不同阶段的数据验证

数据验证主要是利用数据库的完整性约束来进行验证、利用数据总量和主要变量的统计指标进行验证、利用业务规则进行验证、利用抽样方法进行验证等。

1. 数据采集阶段的验证。此阶段的数据验证可以分为采集之前验证和采集之后验证。

数据采集之前验证主要是确保审计所需数据的真实和完整，保证数据采集工作准确有效。验证的主要内容包括数据库的创建日期、总数据量、数据内容、采集接口的正确性和有效性，并记录数据采集前的相关参数。

①验证数据库的创建日期。为了确保采集对象的原始性，需通过查看数据库文件的创建日期来实现。对于不同的数据库，可以采用不同的实现方法。对于 SQL Server 数据库管理系统，可以通过企业管理器查看该数据库属性中的"创建日期"项，或在查询分析器中通过执行"SP_ HELPDB"存储过程了解服务器上全部数据库的基本信息，包括数据库名称、文件的总大小、创建日期等。例如：对于 Oracle 数据库管理系统，可以在 SQL * Plus 工具中输入 SELECT created FROM v $ database 命令来查看当前连接的数据库的创建日期。

②验证总数据量。在验证总数据量的时候，可以首先查看物理数据库文件和表空间的大小。如果和预期的大小相差较大，可以进一步查看数据库中全部基本表所包含的数据行数是否与审计人员在审前调查的估算的行数相近。如果相差较大，则表明数据有可能不是原始真实数据。

③验证数据内容。主要验证采集到的数据是否为审计人员所需要的数据，审计人员可打开数据库，查看表、视图，以及字段等，验证数据是否包

含了审计所需的相关数据。

④验证数据采集接口。主要是验证数据采集接口的正确性和有效性。正确性的验证可以通过对接口源代码的分析或与正确的接口源代码进行比较实现；有效性验证则验证其数据转换是否正确，是否存在效率问题等。

数据采集之后的验证主要是对采集的数据进行确认，验证其是否存在遗漏和异常。一般采取的验证方法有技术验证和业务验证，技术验证有核对总记录数、主要变量统计指标等；业务验证有连续性验证、数据平衡验证等。这一阶段的验证可通过与数据采集前记录的参数或与纸质凭证、报表进行核对，检查数据是否存在异常等方法实现。

2. 数据清理和转换阶段的验证。数据清理和转换关系到数据分析的全过程，可能会影响到数据的完整性和正确性，这一阶段的验证主要确保在数据清理和转换目标实现的同时没有损害数据的正确性和完整性。清理转换过程中可能会存在目标数据模式设计不合理、数据清理转换策略和工具不当，以及转换过程不规范等问题。审计人员可通过主要变量核对法、记录数验证、业务规则验证等方法进行验证，提高数据清理转换过程的正确性和有效性。

四、数据验证的技术和方法

审计数据验证的方法大致分为四种，分别为关系模型完整性约束验证、数据总量和主要变量统计指标的验证、业务规则的验证、统计抽样方法的验证。

（一）关系模型完整性约束的验证

利用关系模型中一定的完整性约束条件定义和检查，可以实现一部分数据验证，在关系数据模型中，基本结构是关系，可以对关系实施以下完整性约束。

1. 实体和主键约束。每个关系中必须有主键（一个或多个字段的组合），关系中每个元组的主键取值不能为空，每一个元组的主键在关系中必须唯一。

2. 引用约束。一个关系的元组引用另一个关系的元组的数据，引用约束确保被引用的数据必须存在。例如，凭证表（关系）中的科目编号引用科目表（关系）中的科目编号，凭证表（关系）中的每个记录（元组）的科目编号必须在科目表（关系）中存在。

3. 用户定义的完整性约束。用户定义的完整性约束包括属性的值域约束和关系上的完整性约束。

属性的值域约束：对象的属性取值范围。例如，借贷方向只能取值为"借方"和"贷方"或相应的表示借贷方向的代码。

关系上的完整性约束：与一个实体的实例相联系的另一个实体的实例最大数和最小数。例如，一张海关报关单上申报的货物最少必须有一项，最多可以有 N 项。

（二）数据总量和主要变量统计指标的验证

对数据总量和主要变量统计指标进行验证是常用的方法，主要内容如下：

1. 核对总记录数。数据采集后，首先要将取得的电子数据的记录数与被审计单位信息系统中反映的记录数进行核对，验证其完整性。验证方法：一是直接利用被审计单位提供的查询终端，在一定权限的许可范围内统计出所采集的各张数据表的记录数；二是利用数据库管理系统提供的数据备份日志文件；三是利用数据采集之前的验证过程中获得的各张数据表的记录数量进行核对。

2. 核对主要变量的统计指标。主要变量验证存在于计算机数据审计的每个环节，其通常是对采集到的数据进行简单清理和转换后，通过编写 SQL 语句，利用 SUM 等统计函数来生成一定层次上的统计列，并与数据采集之前的验证过程中获得的相应参数进行核对，必要时需要被审计单位技术人员从源系统上计算出这些统计量。对数据清理、转换后形成的审计中间表进行主要变量统计指标的验证，主要目的是确认数据清理和转换操作的正确性。

（三）业务规则的验证

业务规则是一个系统正常处理业务活动所必须满足的一系列约束的集合。这些约束有来自系统外部的，如国家政策和法律法规；有来自系统内部的，如借贷记账法要求的借贷平衡，以及各账户之间的钩稽关系；有些约束还作为系统的控制手段，如凭证号的连续性约束，利用这些约束可以对采集到的数据实施一定程度的验证。

1. 借贷平衡验证。检查借贷平衡是审计人员常用的一种简单有效的数据验证方法，它与核对主要变量的统计指标方法相辅相成。不同系统对于借贷金额的表示方法不尽相同。一种金额存储方式为"借方金额"与"贷方金额"，这时可以通过 SQL 语句按月汇总出目的数据表的"借方金额"和"贷方金额"，分月验证数据的借贷平衡关系。另一种金额存储方式为"借贷方向＋金额"，可以通过 SQL 语句按月份和借贷方向汇总目的数据表的"借方金额"和"贷方金额"，分月验证数据的借贷平衡关系。

2. 凭证号唯一性和连续性验证。在会计信息系统中，凭证号是典型的顺序码，凭证号每月按照凭证类型连续编制，不同的凭证使用不同的凭证号，凭证号中间不能有断号、空号或重号出现，确保凭证号的唯一性和连续性。审计人员可通过编写 SQL 语句进行凭证号断号、重号验证。重号分析用来查找被审计数据某个字段（某些字段）中重复的数据。断号分析主要是对某字段在数据记录中是否连续进行分析。

3. 钩稽关系验证。钩稽关系一般体现为机械准确性，是不同经济变量之间在量上的依赖、对应关系。钩稽关系验证是数据验证的重要方法。例如，现金流量表与资产负债表、利润表之间存在的钩稽关系，损益表及利润分配表中的未分配利润＝资产负债表中的未分配利润。审计人员在使用这三张报表前，可以通过编写 SQL 语句对上述钩稽关系进行验证。

4. 法律法规约束。法律法规约束构成了一种特殊的业务规则。利用这种约束，既可以建立一定的数据分析模型，也可以进行数据验证。

（四）统计抽样方法验证

数据验证的另一类方法是利用统计抽样的方法。当数据量巨大或者前面所述的方法无法使用时，可以考虑利用统计抽样方法。利用统计抽样方法进行验证一般分为以下两种。

1. 从被审计单位的纸质资料或系统中按照抽样的规则抽取一些样本，从采集后的数据中进行匹配和验证。

2. 从采集后的数据中按照抽样的规则抽取一些样本，对被审计单位提供的纸质资料和系统中的数据进行匹配和验证。

第二节　审计中间表的建立与规范

一、审计中间表

（一）审计中间表的概念

审计中间表是指将转换、清理和验证后的源数据，按照提高审计分析效率、实现审计目的的要求，进一步选择、整合而形成的数据集合。它是面向具体审计项目的电子数据的目标存储模式，是审计人员进行数据分析的对象资源，是将被审计单位的电子数据，在进行清理、转换和验证后，进一步进行投影、连接等操作，创建的适合审计人员进行数据分析的表。

（二）审计中间表的特点

审计中间表的"源数据"不仅包括从被审计单位获取的内部数据，还包括从与被审计单位相关联的外部单位获取的与审计项目相关的外部数据。具有以下两个明显的特点：一是面向分析主题。审计中间表的构建总是针对具体的审计项目进行的。同样的数据库，如果审计目的不同，构建的中间表也不相同。在构建的过程中，审计人员应该依据审计方案既定的审计目标进行数据的选择、整合，构建出面向主题、满足审计目标的数据集合。二是相对稳定。审计中间表是在具体的审计项目实施过程中形成的，是对采集到的被审计单位数据进行清理、转换，并进一步根据审计目标选择、整合而形成的数据集合。由于这些集合具有比较固定的结构，并且保存的是被审计单位的历史数据，任何对审计中间表的创建都不应该增加和修改其历史数据，而只能是对历史数据的选择和整理，所以审计中间表是相对稳定的。

（三）审计中间表的分类

审计中间表可以分为基础性审计中间表和分析性审计中间表。各种电子数据经过清理、转换和验证后，经过一些处理如删除与审计无关的字段、建立表与表之间的连接，模拟出审计人员可以直接查阅的数据表，就可以得到基础性审计中间表，基础性审计中间表又分为以下几种：主表：根据被审计单位的业务类别定义，存储某项业务类别的主要信息；附表：对应主表反映的业务类别，存储主表中反映信息之外的与该业务类别相关的其他信息；代码表：解释说明代码字段中的代码；补充表：不适合归类到某项具体业务类别中的表，作为审计数据的补充信息。对基础性审计中间表进一步进行处理，如按照审计分析模型进行字段选择、连接处理，就可以得到分析性审计中间表。分析性审计中间表的主要目的是实现分析模型，得到审计结果。

二、审计中间表创建规范

（一）格式规范

创建审计中间表应参照被审计单位的数据字典，字段名称应能够明确地体现字段值的含义，字段类型应与字段所要表达内容的格式相一致，字符型字段的长度应大于或等于该字段中值的最大长度，数值型字段小数点后的位数应达到相应字段有关精度的要求，分布在不同表中的含义相同的字段的名称、类型和长度应定义一致。

（二）名称规范

审计中间表的命名，应按照"数据时点（或期间）__表类别__业务类别__表内容"的格式来命名。

数据时点（期间）：体现时点数据所反映的时点，用"年月日"的形式表示（期间数据所反映的期间，用"起始年月日__结束年月日"的形式表示）。如果在采集电子数据时，已明确数据的时点（或期间），根据具体情况，数据的时点（或期间）在审计中间表的名称中可以省略。如果审计中间表为补充表，则表名中的业务类别可以省略。

表类别：体现该表所属的类别。

业务类别：体现该表存储信息所反映的业务类别。

表内容：体现该表所存储信息的具体内容。

（三）存储规范

为保证审计中间表数据库的正常使用，将数据库建立在操作系统所在硬盘分区之外的分区上。数据库所在硬盘分区的格式应选择 NTFS 等安全性较高、单个文件空间较大的格式。应及时对源数据、原始数据库、审计中间表数据库进行备份，保证数据安全。

（四）管理规范

审计人员可通过网络，利用查询分析器，以一定的用户身份登录服务器，访问审计中间表数据库；或者通过数据转换服务向导将所需数据从服务器导入个人保密计算机中进行操作。系统设置审计人员访问审计中间表数据库的权限。

（五）使用规范

审计人员以审计中间表数据库作为共享的数据，应存放在审计项目组搭建的局域网服务器上，或者分别复制到审计人员的个人保密电脑中，为全体审计人员所共享。

三、审计中间表创建步骤

（一）审计数据的备份

在创建审计中间表前，应做好数据全量备份，避免操作中对基础数据造成影响与破坏。

（二）设计审计中间表

在创建审计中间表前，要对数据字段的含义及数据表间的关系进行分析，通过掌握被审计单位提供的数据字典，了解基础数据中和各表中存储数据的内容、各字段的含义以及各表之间的关联关系，主要包括主表、附表、代码表和补充表，这个准备是创建审计中间表最基础的工作。通过掌握的表结构和审计目的，设计能够体现业务特征、审计目标，并且方便审计人员数据分析的审计中间表。

（三）创建审计中间表

一般而言，满足审计要求的数据可能会分散在不同的数据库的各个数据表中，因此需要通过投影、连接等操作把审计要求相关的数据整合起来。常见的整合方式有把数据代码与具体业务整合起来、把不同流程的业务数据整合起来、将不同时间段的业务数据整合起来以及将财务数据和业务数据整合起来等。通过表与表之间的数据连接和运算操作，将这些数据整合在一起，就形成了审计中间表。

（四）验证审计中间表

最后应对创建中间表前后的数据进行验证，观察有无误删除了应保留的字段或保留了应删除的字段，观察连接条件有没有逻辑错误，连接操作有没有问题。

（五）整理审计中间表

验证审计中间表无误后，为其设置主键，整理成可审性、易懂性、简洁性、突出重点性审计中间表，绘制各业务类别涉及的主表、附表和代码表之间的关系图。最后将数据库中的审计中间表导出至一般的办公软件，如 Excel、Word 等。

（六）撰写审计中间表说明

整理好审计中间表后，写出数据使用说明书，对创建中间表的结果以及数据分析的初步思路和建议作出说明。

第三节　总体分析模型的构建方法

按照在审计中的不同功能，审计分析模型可分为总体分析模型和个体分析模型。其中总体分析模型由系统分析模型和类别分析模型构成，类别分析模型是系统分析模型的细化和延伸。系统分析模型是从整体、系统的层次上对被审计单位进行总体经营状况或财务收支状况的分析和评估，主要用于把握被审计单位的主要特点、运营规律和发展趋势，初步确定审计重点范围。类别分析模型是从业务类别的层次上对被审计单位的主要业务类别进行分析，查找薄弱与异常环节，用于锁定各业务类别的审计重点，为进一步分析提供依据。个体分析模型是在总体分析模型锁定审计重点的基础上，通过对审计重点进行不同角度的深入分析，达到核查问题、筛选线索的目的，为下一步延伸取证提供明确、具体的目标。

运用模型分析法审计的过程，就是通过建立总体分析模型，到建立类别分析模型，再到建立个体分析模型，由总体到个体，层层递进、步步深入的审计过程。

一、总体分析模型的构建

构建总体分析模型经常用到结构分析法、趋势分析法和比率分析法。更多情况下是对各种方法的综合运用。

（一）系统分析模型构建方法

1. 结构分析法是通过计算各个组成部分占总体的比重来揭示总体的结构关系和各个构成项目的相对重要程度，从而确定重点构成项目，提示进一步分析的方向。

2. 趋势分析法是指审计人员将被审计单位若干期相关数据进行比较和分析，判断整体走势的变化情况并分析其原因，从中找出变化规律或发现异常变动的方法。

结构分析法和趋势分析法可结合运用，形成结构比例趋势分析法，即将被审计单位通过结构分析法获得的结构比例作为分析对象进行趋势分析的方法。

3. 比率分析法是指审计人员利用被审计单位的财务数据和业务数据，通过选取、计算相关的比率并加以比较分析的方法。审计人员在实践中应该根据审计的具体需要采用不同的方法。

（二）系统分析模型构建的内容

系统分析模型构建在内容上大致可以分为资产、负债、损益分析模型构建和财务、业务指标分析模型构建两部分。结合各种分析方法，具体内容如下：

1. 资产、负债、损益分析模型构建具体内容。

（1）资产负债结构分析：根据不同详略程度的分析需要，审计人员可以对被审计单位资产、负债构成大项的占比情况进行简要结构分析，也可以对各具体构成项目的占比情况进行较为详细的结构分析。

（2）资产负债趋势分析：可对资产负债项目的绝对值进行趋势分析，也可分析各项目当年的变化趋势及过去年度的变化趋势。当年变化趋势分析，是对资产、负债和所有者权益的年末数同年初数相比的增减变动情况的评价分析。过去年度变化趋势分析，是通过对企业历年来资产和负债项目的绝对值进行环比或定基比，分析各项目历年来的发展变化趋势。

（3）资产负债结构趋势分析：通过对企业历年的资产负债项目的构成比例进行纵向比较分析，揭示企业资产、负债结构的变化发展趋势。

（4）损益结构分析：通过计算各项目金额占销售收入的百分比来分析判断各项目对被审计单位收入的影响程度。可通过分析各业务类别收入、支出在收支总额中的占比，来分析不同业务类别对被审计单位经营发展的影响度。也可通过分析各业务类别所创造的利润在利润总额中的占比，来分析不同业务类别对被审计单位盈利的贡献度。

（5）损益趋势分析：通过对历年来损益项目数据变化的分析，了解盈利能力发展趋势，从而评价经营业绩。

（6）损益结构趋势分析：将关键项目作为基值（100%），将其余项目分别换算为对该关键项目的百分比，然后通过对比分析各项目结构比例的发展变化趋势，以发现审计重点。

2. 财务业务指标分析模型构建具体内容。

（1）分析指标的选择：根据不同行业的经营管理特点和规律，针对不同的审计目标和审计分析目的，选择最能揭示问题、满足分析需求的分析指标。

（2）分析指标的诠释：一是对比分析，将被审计单位有关分析指标的计算结果与标准值进行比较，获得实际值与标准值的差异，并对造成差异的因素作进一步分析，从而判断被审计单位的经营状况；二是异动趋势分析，在诠释分析指标的计算结果时，将趋势分析法结合进来，关注有关指标的异动趋势。

此外，还可以结合现有的综合分析模型，如杜邦模型、沃尔比重综合评分模型、现代综合评价模型、国际通行的骆驼评级体系（CAMELS）以及我国的《股份制商业银行风险评级体系（暂行)》等综合评价体系，对被审计单位开展综合分析。

（三）系统分析模型构建实例

本小节以某农村合作金融机构为例，构建一个完整的系统分析模型，读者可借此对照前文，帮助理解构建系统分析模型的方法与过程。

1. 资产结构分析。

表3—1　　　某农村合作金融机构 2010 年资产结构分析表　单位：万元、%

项目	期末数	占比
1. 现金	12 130.79	1.07
2. 贵金属	0.00	0
3. 存放中央银行款项	198 306.98	17.54
4. 存放同业款项	96 008.42	8.49
4.1 境内同业	96 008.42	8.49
4.2 境外同业	0.00	0
5. 应收利息	331.04	0.03
6. 贷款	707 871.06	62.60
7. 贸易融资	3 552.00	0.31
8. 贴现及买断式转贴现	0.00	0
9. 其他贷款	0.00	0
10. 拆放同业	2 571.30	0.23
11. 其他应收款	475.36	0.04
12. 投资	13 798.28	1.22

续表

项目	期末数	占比
12.1 债券	12 998.28	1.15
12.2 股票	0.00	0
12.3 其他	800.00	0.07
12.3.1 其中：长期股权投资	800.00	0.07
13. 买入返售资产	109 910.00	9.72
13.1 境内外金融机构	109 910.00	9.72
13.2 境内外非金融机构	0.00	0
14. 长期待摊费用	283.27	0.03
15. 固定资产原价	19 507.90	1.73
16. 减：累计折旧	8 641.60	0.76
17. 固定资产净值	10 866.30	0.96
18. 固定资产清理	0.00	0
19. 在建工程	1 605.42	0.14
20. 无形资产	2 467.05	0.22
21. 抵债资产	0.00	0
22. 递延所得税资产	7 604.81	0.67
23. 其他资产	146.33	0.01
23.1 投资性房地产	146.33	0
23.2 衍生金融资产	0.00	0
23.3 商誉	0.00	0
24. 减：各项资产减值损失准备	37 104.74	3.28
25. 资产总计	1 130 823.67	100

表 3 - 1 显示，该农村合作金融机构 2010 年底资产合计 113.08 亿元，其中贷款占比 62.6%、存放中央银行款项 17.54%、存放同业款项 8.49%、买入返售资产 9.72%，四项合计占比 98.35%，说明该金融机构以贷款业务为主，同时有一定的资金业务存量。

2. 主要资产项目趋势分析。对影响上述总体资产状况较大的主要资产项目作进一步分析，从额度和占比的变化趋势角度分析。

表3－2　　　某农村合作金融机构主要资产项目结构趋势分析表

单位：万元、%

项　目	2008 年		2009 年		2010 年	
	期末数	占比	期末数	占比	期末数	占比
现金	11 848.26	1.54	9 890.10	1.09	12 130.79	1.07
存放中央银行款项	117 179.93	15.26	189 742.06	20.92	198 307	17.54
存放同业款项	119 057.55	15.5	87 787.23	9.68	96 008.42	8.49
贷款	490 818.44	63.91	599 006.81	66.05	707 871.1	62.60
贸易融资	0	0	0	0	3 552	0.31
拆放同业	0	0	0	0	2 571.3	0.23
债券投资	37 581.58	4.89	33 562.89	3.7	12 998.28	1.15
买入返售资产	0	0	0	0	109 910	9.72
无形资产	0	0	1 688.94	0.19	2 467.05	0.22
减：各项资产减值损失准备	22 704.51	2.96	29 131.96	3.21	37 104.74	3.28
资产总计	767 955.56	100	906 940.71	100	1 130 824	100

表3－2 显示，2008—2010 年，影响该农村合作金融机构流动性的三项指标，即现金、存放中央银行款项、存放同业款项，总体考虑，在金额上逐年递增，在占比上呈逐年递减趋势。在贷款金额上逐年递增，占比逐年递减。债券投资在金额与占比上均呈现逐年递减趋势。2010 年该金融机构新开办了贸易融资与资金业务，总资产逐年递增。

3. 负债结构分析。

表3－3　　　某农村合作金融机构 2008 年负债结构分析表　　单位：万元、%

项目	期末数	占比
单位存款	82 380.54	11.83
储蓄存款	569 399.17	81.77
向中央银行借款	0.00	0
同业存放款项	4.36	0
同业拆入	0.00	0
卖出回购款项	0.00	0

续表

项目	期末数	占比
汇出汇款	1 594.79	0.23
应解汇款	183.30	0.03
存入保证金	27 971.25	4.02
应付利息	6 367.27	0.91
应交税金	2 811.77	0.40
应付工资	0.00	0
应付福利费	0.00	0
应付利润（股利）	0.76	0
其他应付款	4 740.81	0.68
预提费用	0.00	0
递延收益	0.00	0
预计负债	0.00	0
转贷款资金	0.00	0
发行债券	0.00	0
其他负债	868.55	0.12
递延税项：递延税款贷项	0.00	0
负债合计	696 322.57	100

如表3-3显示：2008年底该农村合作金融机构负债合计69.63亿元，其中储蓄存款占比81.77%，单位存款占比11.83%，合计占比93.6%，该金融机构当年负债以存款为主。

4. 主要负债项目趋势分析。

表3-4　某农村合作金融机构2010年主要负债项目增长趋势分析表

单位：元、%

项目名称	2009年余额	2010年余额	环比增长
各项存款合计	8 018 286 469.01	9 665 567 968.60	20.54
按流动性：1. 活期存款	5 174 961 378.13	6 038 747 631.41	16.69
2. 定期存款	2 843 325 090.88	3 626 820 337.19	27.56
按存款人：1. 对公存款	1 564 242 407.71	2 115 229 814.54	35.22
2. 对私存款	6 454 044 061.30	7 550 338 154.05	17.26
按品种：1. 单位活期存款	1 311 235 730.92	1 583 618 579.64	20.77
其中：应解汇款	6 682 605.11	6 015 394.40	-9.98

续表

项目名称	2009 年余额	2010 年余额	环比增长
保证金活期部分	353 374 561.49	345 710 187.23	-2.17
2. 财政性存款	20 599 627.28	28 984 859.84	40.71
3. 单位定期存款	247 470 558.91	502 626 375.06	103.11
其中：保证金定期部分	56 762 184.06	307 377 518.94	441.52
4. 活期储蓄	3 843 126 019.93	4 426 144 191.92	15.17
其中：个人银行卡存款	202 395 297.29	462 526 041.14	128.53
5. 定期储蓄	2 595 854 531.97	3 124 193 962.13	20.35
其中：教育储蓄存款	20 000.00	0.00	-100
拆入资金	0.00	31 438 791.66	—
其他负债	225 858 947.51	220 828 030.76	-2.23

表 3-4 显示，2009—2010 年定期存款增长较快，尤其以单位定期存款增长速度最快，而单位定期存款中保证金定期部分增长最为迅猛，增长率是平均存款增长率的 21 倍，相比之下，保证金活期部分却在减少；银行卡存款以及财政性存款增长率也均远高于平均存款增长率。考虑 2010 年国家利率不断上调，以及当地地方政府土地出让收入等环境因素，能在一定程度上解释上述趋势异常现象，但还欠说服力，其背后是否隐藏着客户优惠政策或业绩考核政策等其他原因，还需要深入分析调查。

5. 损益结构分析。

表 3-5 　　某农村合作金融机构 2009 年财务损益表 　　单位：万元、%

项目名称	2009 年	占比
1. 营业收入	54 587.32	97.68
1.1 利息收入	49 712.58	88.96
1.2 金融机构往来收入	3 958.19	7.08
1.3 手续费收入	829.27	1.48
1.4 其他营业收入	87.28	0.16
2. 营业支出	31 958.70	57.19
2.1 利息支出	9 837.64	17.60
2.2 金融机构往来支出	403.12	0.72
2.3 手续费支出	554.35	0.99

续表

项目名称	2009 年	占比
2.4 营业费用	12 267.83	21.95
2.5 其他营业支出	8 895.76	15.92
3. 营业税金及附加	1 735.56	3.11
4. 营业利润	20 893.06	37.39
5. 加：投资收益	871.58	1.56
6. 加：营业外收入	91.51	0.16
7. 减：营业外支出	975.95	1.75
8. 加：以前年度损益调整	331.68	0.59
收入小计	55 882.09	100.00
支出小计	34 670.21	62.04
9. 利润总额	21 211.88	37.96
10. 减：所得税	7 280.41	13.03
11. 净利润	13 931.47	24.93

表 3 - 5 显示，该农村合作金融机构 2009 年度收入合计 5.59 亿元，主要收入来源于利息收入和金融机构往来收入；支出合计 3.47 亿元，主要支出用于利息支出、营业费用和其他营业支出；盈利总额 2.12 亿元。

6. 重要损益项目趋势分析。

表 3 - 6　　　某农村合作金融机构重要损益项目结构趋势分析表

单位：万元、%

项目名称	2007 年	占比	2008 年	占比	2009 年	占比
1. 营业收入	40 110.67	95.72	49 405.47	96.77	54 587.32	97.68
1.1 利息收入	37 790.07	90.18	45 314.56	88.75	49 712.58	88.96
1.2 金融机构往来收入	1 903.89	4.54	3 179.88	6.23	3 958.19	7.08
2. 营业支出	24 132.58	57.59	30 994.56	60.71	31 958.70	57.19
2.1 利息支出	8 570.42	20.45	7 056.37	13.82	9 837.64	17.60
2.4 营业费用	9 169.63	21.88	11 398.20	22.32	12 267.83	21.95
2.5 其他营业支出	5 871.87	14.01	12 024.69	23.55	8 895.76	15.92
4. 营业利润	14 663.29	34.99	16 821.67	32.95	20 893.06	37.39
5. 加：投资收益	1 587.44	3.79	1 506.33	2.95	871.58	1.56
7. 减：营业外支出	572.30	1.37	454.13	0.89	975.95	1.75

续表

项目名称	2007 年	占比	2008 年	占比	2009 年	占比
收入小计	41 905.61	100.00	51 057.10	100	55 882.09	100.00
支出小计	26 019.68	62.09	33 037.93	64.71	34 670.21	62.04
9. 利润总额	15 885.93	37.91	18 019.17	35.29	21 211.88	37.96
10. 减：所得税	7 366.95	17.58	7 132.76	13.97	7 280.41	13.03
11. 净利润	8 518.98	20.33	10 886.41	21.32	13 931.47	24.93
13. 盈余金额	15 885.93	37.91	18 019.17	35.29	21 211.88	37.96

表 3-6 显示，该农村合作金融机构营业收入占比在逐年小幅增长，其中主要原因是金融机构往来收入占比逐年增加；2008 年度利润总额占比较另外两年小，主要原因是 2008 年其他营业支出占比较高；总体上该金融机构净利润占比呈逐年上升趋势。

7. 主要指标计算分析。《股份制商业银行风险评级体系（暂行）》（银监发〔2004〕3 号）所设置的各项指标，不仅对商业银行的静态风险进行评价，同时也对商业银行的发展态势进行评价；不仅对商业银行的风险状况进行评价，同时也对商业银行识别、监测、管理、控制风险的能力进行评价；不仅对商业银行的风险状况进行定量分析，同时也进行以判断为主的定性分析。依据该评级体系作出的评级结果，可作为对被审计单位全面风险评价的重要依据。

表 3-7   某农村合作金融机构 2010 年度机构监管评级综合评分表

单位：分、%

单项要素名称	得分	权重	加权得分
一、资本充足状况（小计）	87	20	17.4
二、资产质量状况（小计）	77.2	20	15.44
三、管理状况（小计）	66.7	25	16.68
四、盈利状况（小计）	89.8	10	8.98
五、流动性状况（小计）	85	15	12.75
六、市场风险状况（小计）	69	10	6.9
总计			78.15
综合评级等次			2C

表 3-7 显示，该金融机构资本充足率和盈利状况较好，流动性能够保

证，管理水平和应对市场风险的能力有待提高。

二、类别分析模型的构建

（一）构建类别分析模型的常用分析方法

构建类别分析模型的常用分析方法有结构分析法和趋势分析法，区别在于系统分析模型中的用法，在构建类别分析模型时，结构分析法主要从一定角度统计某业务类别的结构分布情况，如在不同地区的分布、不同行业的分布、不同客户层次上的分布等。在构建类别分析模型时，趋势分析法重点关注的是某业务类别在审计期间内按不同时间粒度划分的分布情况与变化趋势。从中发现异常变化的时间段，从而圈定审计重点。另外，由于业务类别的多样性，以及分析角度的多样性，要求灵活运用各种分析方法。

（二）类别分析模型构建的内容

首先要确定主要业务类别。对一个审计项目来说，涉及的业务类别多种多样，而审计的实施时间有限，必须抓住重点，才能在保证效率的同时发现问题。要确定主要业务类别，可以根据被审计单位的经营特点和经营状况来确定，也可以根据被审计单位经济业务的性质和相关数据的结构，在细化主要业务大类的基础上来确定。

其次要明确构建思路。在确定主要业务类别后，从什么角度来进行分析，找准切入点，一定程度上决定着能否揭示问题和揭示问题的深度。在确定分析角度时，审计人员要关注业务品种的重要度、异常度和风险度等因素，同时要结合业务品种的地区分布、机构分布特点，并综合考虑结构分析法、趋势分析法在该角度上分析的可行性和有效性等。

（三）单位存款类别分析模型构建实例

存款是存款人基于对银行的信任而将资金存入银行，并可以随时或按约定时间支取款项的一种信用行为。存款是银行对存款人的负债，是银行最主要的资金来源。存款业务是银行的传统业务，是银行永续经营的基础。存款规模决定着贷款规模的上限，也就很大程度上决定着银行的经营效益。存款增长一直是银行经营的目标之一。存款按存款人的不同可分为个人存款、单位存款、财政性存款。在一般存款统计口径中，不包含财政性存款。因此，在进行类别分析时，可以分别构建单位存款类别分析模型和个人存款类别分析模型。本节以单位存款为例，进行类别分析模型构建实例的演示。

要对单位存款业务进行类别分析，锁定该业务类别的审计重点，纵向以地区（分、支行）为主线，横向以业务品种、期限、增长率等为主线，从不同角度进行统计分析。依据这些角度，我们分别构建了单位存款总量及增长率分析模型、单位存款地区分布及增长率分析模型、单位存款品种分布及增长率分析模型，这些子模型构成了单位存款类别分析模型。

依照上述类别分析思路，需完成以下工作：

1. 做好单位存款类别分析模型构建基础工作。整理分析单位存款业务相关数据。根据对某农村合作金融机构核心业务系统数据库表的了解，知道单位存款数据涉及的数据表有活期存款账户主档、活期存款余额主档、定期存款账户控制文件、定期模块账户分户余额信息。根据这些表，建立单位存款中间表。

（1）建立单位活期存款账户中间表：采集活期存款账户主档、活期存款余额主档两表连续三个年度的年末时点数据，运用以下 SQL 语句建立中间表的方式，分别建立各年度年末单位活期存款账户中间表。

SQL 语句（参考）：SELECT DISTINCT A. 账号，A. 客户内码，A. 账户全名，A. 开户证件种类，A. 开户证件号码，A. 业务类别码，A. 产品类别代码，A. 产品代码，A. ［企业/个人标志］，A. 账户类型，A. 账户性质，A. 保证金业务种类，A. 凭证号码，A. 账户状态，A. 挂失状态，A. 支取证件类型，A. 支取证件号码，A. 通兑级别，A. 通存级别，A. 最后动户交易日期，A. 开户日期，A. 统计机构，A. 归属网点，A. 核算主体行，A. 账户可支取日期，A. 失效日期，A. 记录状态，B. 币种，B. 钞汇属性，B. 存款科目号，B. 透支科目号，B. 交易标志，B. 部分冻结止付标志，B. 昨日余额，B. 日切余额，B. 当前余额，B. 透支额度，B. 冻结金额，B. 止付金额，B. 保留金额，B. 授权金额，B. 存折承接余额，B. 最后存取款日期，B. 起息日期，B. 结清日期，B. 外币账户性质，B. 收息账号，B. 浮动利率，B. 浮动利率方式，B. 浮动利率类型，B. 余额积数，B. 余额积数累计起日期，A. 销户日期 INTO 单位活期存款账户中间表 FROM 活期存款账户主档 A INNER JOIN 活期存款余额主档 B ON A. 账号 = B. 账号 WHERE A. ［企业/个人标志］ = ' 2 ' AND A. 账户状态 = ' 1 '。

（2）建立单位定期存款账户中间表：采集定期存款账户控制文件、定期模块账户分户余额信息两表同上述活期存款账户同期的连续三个年度的年末时点数据，运用以下 SQL 语句建立中间表的方式，分别建立各年度年末单位定期存款账户中间表。

SQL 语句（参考）：SELECT DISTINCT A. 账号，A. 客户内码，A. 账户全名，A. 账户简称，A. ［企业/个人标志］，A. 存单折类型，A. 保证金业务种类，A. 凭证状态，A. 账户状态，A. 支取方式，A. 支取证件种类，A. 支取证件号码，A. 凭证号码，A. 通兑级别，A. 通存级别，A. 开户日期，A. 销户日期，A. 统计机构，A. 归属网点，A. 核算主体，A. 外汇账户性质代码，A. 开户核准书编号，A. 开户证件类型，A. 开户证件号码，A. 记录状态，B. 币种，B. 外汇客户类别，B. 钞汇属性，B. 册号，B. 账户类型，B. 业务类别码，B. 产品类别代码，B. 产品代码，B. 存款科目号，B. 账户状态，B. 交易标志，B. 部分冻结止付标志，B. 自动转存标志，B. 存期，B. 起息日期，B. 到期日期，B. 最后交易日期，B. 开户金额，B. 昨日余额，B. 日切余额，B. 当前余额，B. 控制金额，B. 止付金额，B. 存折或存单金额，B. 部支或违约次数，B. 计息方式，B. 结清日期，B. 信息编码，B. 开户渠道，B. 调整利息，B. 调整利息的利息税，B. 利率，B. 浮动利率，B. 浮动利率方式，B. 浮动利率类型，B. 协定提前利率，B. 协定逾期利率 INTO 单位定期存款账户中间表 FROM 定期存款账户控制文件 A INNER JOIN 定期模块账户分户余额信息 B ON A. 账号 = B. 账号 WHERE A. ［企业/个人标志］ = ' 2 ' AND A. 账户状态 = ' 1 ' 。

（3）建立单位存款账户中间表：按年度合并上述得到的活期中间表与定期中间表，统一成单位存款账户中间表（分年度）。

SQL 语句（参考）：SELECT 账号，客户内码，账户全名，开户证件种类，开户证件号码，产品代码，账户类型，保证金业务种类，凭证号码，账户状态，开户日期，销户日期，统计机构，归属网点，核算主体行，记录状态，币种，存款科目号，昨日余额，日切余额，当前余额，结清日期 INTO 单位存款账户中间表 FROM 单位活期存款账户中间表 UNION SELECT 账号，客户内码，账户全名，开户证件类型，开户证件号码，产品代码，账户类型，保证金业务种类，凭证号码，账户状态，开户日期，销户日期，统计机构，归属网点，核算主体，记录状态，币种，存款科目号，昨日余额，日切余额，当前余额，结清日期 FROM 单位定期存款账户中间表。

2. 分别构建各子模型。针对各个子模型的特定分析主题，做好审计需求分析，明确审计思路，构建子模型，根据结果，确定审计重点。

（1）构建单位存款总量及增长率分析模型：求取各年度年末单位存款总额。SQL语句如下：SELECT SUM（当前余额）AS 存款总额 FROM 单位账户中间表；求得各年度年末单位存款总额后，通过简单比较，求取各年度存款总额增长率环比。

（2）单位存款地区分布及增长率分析模型：求取按字段统计机构分组统计的各机构年末存款额。SQL语句如下：SELECT 统计机构，SUM（当前余额）AS 存款额 FROM 单位账户中间表 GROUP BY 统计机构；求得各年度年末分机构单位存款额后，便可通过简单比较，求取各年度地区分布（分机构）存款额增长率环比。

（3）单位存款品种分布及增长率分析模型：求取按字段产品代码分组统计的各存款品种年末存款额。SQL语句如下：SELECT 产品代码，SUM（当前余额）AS 存款额 FROM 单位账户中间表 GROUP BY 产品代码；求得各年度年末分产品单位存款总额后，便可通过简单比较，求取各年度品种分布存款额增长率环比。

比较以上得到的环比数据，从中发现异常比率，锁定为审计重点，为进一步分析调查圈定审计对象。

第四节　个体分析模型的构建方法

在建立系统分析模型和类别分析模型对被审计单位进行总体分析后，基本把握了整体层次和业务类别层次上的情况，锁定了审计重点。接着，我们利用对相关法律法规的掌握、对业务数据钩稽关系的认识、对被审计对象业务处理逻辑的了解、对外部数据与内部数据的关联关系的分析以及审计实践中积累的审计经验，建立起指向问题和违规线索的个体分析模型，为现场审计取证提供明确目标。

一、构建个体分析模型步骤

（一）审计需求分析

根据系统分析模型和类别分析模型锁定的审计重点，提出深入分析要达到的审计目标。

（二）确定建模思路

根据审计需求，结合分析可行性，确定建模思路，利用法律法规、数据钩稽关系、业务处理逻辑、外部数据关联关系或审计经验建模。

（三）准备分析数据

根据建模的思路、特点以及审计目标，梳理出所涉及的相关数据，为构建分析模型做好数据准备。

（四）构建审计模型

根据构建思路，结合数据特点，构建模型。运行构建的模型，对运行结果进行分析，达成审计目标。

二、个体分析模型构建运用

（一）利用法律规章制度构建审计分析模型

对于金融机构经营的业务来说，都有非常具体的法律法规制度规定，以这些法律法规中明确的定量或定性的具体边界为筛选条件，可建立起个体分析模型。下面以法律中对借款人的年龄限制规定为例加以说明。

需求分析：在贷款审计中，首先要关注借款人的主体资格条件是否符合要求，年龄条件是其中的一项。年龄不足的客户，往往是借户贷款的载体，有必要从年龄角度对存量贷款进行分析排查。

相关法规：《个人贷款管理暂行办法》（中国银监会令 2010 年第 2 号）第十一条规定："个人贷款申请应具备以下条件：（一）借款人为具有完全民事行为能力的中华人民共和国公民或符合国家有关规定的境外自然人。"《中华人民共和国民法通则》第十一条规定："十八周岁以上的公民是成年人，具有完全民事行为能力，可以独立进行民事活动，是完全民事行为能力人。十六周岁以上不满十八周岁的公民，以自己的劳动收入为主要生活来源的，视为完全民事行为能力人。"《最高人民法院关于贯彻执行〈中华人民共和国民法通则〉若干问题的意见（试行）》第三条规定："十六周岁以上不满十八周岁的公民，能够以自己的劳动取得收入，并能维持当地群众一般生活水平的，可以认定为以自己的劳动收入为主要生活来源的完全民事行为能力人。"

数据准备：普通贷款分户文件。

构建模型：根据以上法律规定，要筛选出年龄不足 16 周岁和 16 至 18 周岁之间借款客户的贷款明细。我们知道贷款发放日期可在普通贷款分户文件中获得，借款人的生日可从其身份证编号中获得，而普通贷款分户文件中包含了借款人的身份证编号信息。所以，要构建贷款客户年龄分析模型，只要获取完整的普通贷款分户文件，并新增一列客户的生日即可。

步骤一：截取普通贷款分户文件中个人贷款客户号字段的出生年月日信息，增加为新列"客户生日"，形成客户年龄不符合要求贷款中间表。

步骤二：筛选出客户年龄不符合要求贷款中间表中贷款发放日期与借款人生日之差小于 16 周岁的存量贷款明细，形成违规问题线索_客户年龄不符合要求的客户发放贷款结果表一；筛选出贷款发放日期与借款人生日之间在 16 至 18 周岁之间的贷款明细，形成违规问题线索_客户年龄不符合要求的客户发放贷款结果表二。

步骤三：以分析结果为线索，结合现场核查，发现 16 周岁以下客户和非以自己的劳动收入为主要生活来源的 16 至 18 周岁的客户，确定违规情况。

（二）利用数据钩稽关系构建审计分析模型

电子数据是经济业务的反映和记录，每一类数据都有其明确的经济含义，并且数据间往往存在着某种明确的固定对应关系，这些对应关系便是钩稽关系。钩稽关系指不同经济变量之间在量上的依赖和对应关系。如资产负债表中资产合计等于负债加所有者权益之和。下面以某机构第二季度单位活期保证金利息计算与支付核对分析模型为例说明。

审计需求：当前银行业务多已实现会计电算化，存款利息等数据计算均由电脑在后台自动运算完成，利息支付的正确与否未作过核对，有必要通过校验，核实利息支付是否符合规定，验证后台程序的正确性与相关内部账户是否有异常。

钩稽关系分析：根据利息计算值和支付额的钩稽关系，两个值理论上应该相等。利息支付额等于某网点单位活期保证金利息支付内部账在第二季度上累计支出利息的总额。利息计算值等于该网点第二季度单位活期保证金日余额累计数乘以当时的活期日利率。

数据准备：内部账明细文件；内部账分户文件；利率调整表。

构建模型：计算并比较利息支付额与利息计算值是否一致。

步骤一：从内部账明细文件中累计出某机构第二季度单位活期保证金实际利息支付额。

步骤二：统计该机构第二季度单位活期保证金存款日余额累计额，并与日利率相乘获得利息计算值。

步骤三：对比两组结果数据看是否一致，要结合考虑单笔保证金余额先四舍五入再各笔求和，与先各笔保证金求和再四舍五入之间的差别。

（三）利用业务处理逻辑关系构建审计分析模型

业务的处理都有一定的流程和规则，流程的上下游之间存在着内在的联系与规律。利用流程与规则的要点与衔接要求，是建立分析模型的一种思路。下面以利用业务处理逻辑构建虚增存贷款分析模型为例加以说明。

审计需求分析：近年来各金融机构业务发展竞争日趋激烈，经营目标要求较高，业务指标细化到个人，部分基层行社存在编造虚假业绩的情况，虚增存贷款现象也趋于频繁，业务发展的真实性受到影响，对金融机构合理规划今后的发展目标不利。有必要通过构建模型，剔除虚增部分，还原真实的经营成果。

业务处理逻辑关系：虚增存贷款有多种方式，其中一种方式是在指标考核日终突击发放贷款，以达到存贷款齐增的目的。根据业务办理的合理性，一般贷款发放应该在上班时间完成，即早上 8 点之后，下午 6 点之前。而通过虚增来完成考核任务的特点是要求精确完成，精确完成的意思是指不可少完成，不会过多完成。这是因为如果当期多完成，后期任务基数会增大，所以超额完成对其今后完成任务不利。虚增存贷款的行为一般都会完成在对外营业结束，业务数据进行匡算后。根据这样的逻辑，筛选出营业时间之外发生的存贷款业务，就能抓住通过此方式虚增存贷款现象。

数据准备：活期存款账户交易明细表；活期存款账户主档；柜员信息文件。

构建模型：通过贷款发放的具体时间以及流水在活期存款账户交易明细表中的记录，筛选出对方账号为贷款账号的客户入账记录，以及入账时间发生在下班后的贷款发放数据，结合季末、月末、旬末等考核时点，获得疑似虚增存贷款数据。

步骤一：通过将活期存款账户交易明细表、活期存款账户主档、柜员信息文件进行关联,筛选出交易时间发生在下午 6 时之后的柜面活期业务,形成非营业时间办理活期业务中间表。

步骤二:筛选非营业时间办理活期业务中间表中对方账号为贷款账号的贷款入账业务结果表。

步骤三:结合该机构的考核任务指标与当日日终存贷款余额,判断虚增的可能性。

(四) 利用外部数据关联关系构建个体分析模型

除了被审计单位的内部数据外,还可以利用来自相关部门的外部数据来建立模型。相关部门的外部数据与内部数据之间存在着相互查考、核对的联系,这种联系构成了一个经济活动的大系统。审计人员要树立系统论的观念,既要审计被审计单位本身的经济行为,又要分析与外部的联系,从而更全面地对审计对象作出客观公正的评价。所以利用外部数据与内部数据的关联关系来构建个体分析模型,在审计中也颇为重要。下面以人民银行对公账户开户数据与内部对公账户开户数据关联关系为例说明。

审计需求分析:《人民币银行结算账户管理办法》(中国人民银行令〔2003〕第 5 号)第六条规定:"存款人开立基本存款账户、临时存款账户和预算单位开立专用存款账户实行核准制度,经中国人民银行核准后由开户银行核发开户登记证。但存款人因注册验资需要开立的临时存款账户除外。"依据该规定,有必要对被审计单位开立的对公结算账户进行排查,以发现应该经过人民银行核准而未核准的对公账户情况。

内外部数据关联关系分析:采集被审计单位经人民银行核准的账户开户数据,以及内部对公存款账户主档文件。两者的数据关系是,被审计单位对公存款账户中的基本存款账户、临时存款账户(验资临时户除外)、专用存款账户应该与人民银行核准开立的账户一一对应。

构建模型:账户一一对应包括账户户名的一一对应以及账户性质的一一对应,所以模型的构建条件是匹配两组数据的账户户名和账户性质,看是否一致。

步骤一:将人民银行核准对公账户的数据表中等字段参数调整到与被审计单位自身参数一致,如账户性质字段,人民银行表述为中文名称:基本存款账户、一般存款账户等,而被审计单位数据中表述为 * *21、* *22 等。

步骤二:将调整后的人民银行核准对公账户与被审计单位的对公账户开

户数据匹配，筛选出未经核准开户的对公账户。

（五）利用审计经验构建审计分析模型

审计人员在长期的审计过程中，摸索总结出某类问题的表现特征，抓住这些特征，锁定重点，深入分析，往往能发现此类问题的本质。将这些经验特征转化为可分析的条件，构建出模型，筛选出疑似问题数据，结合经验、现场核实来判断，确定问题，这就是利用审计经验构建个体分析模型。下面以如何利用审计经验构建虚增发卡量分析模型为例说明。

需求分析：银行卡因其方便性，在近几年发展迅速，并逐步代替存折的功能，成为消费结算的主要载体。各金融机构在发卡量上有较重的考核任务，并与绩效薪酬挂钩。为获得奖金，难免会出现虚增发卡量来完成考核任务的情况。作为审计人员，应该关注此类经营真实性的问题。本处以虚增借记卡发卡量为例，说明如何利用审计经验构建个体分析模型。

根据审计经验，虚增发卡量具体有以下几种特征：一是银行卡集中在一天内由同一柜员高密度发放，明显超出自然状态下单位时间的办卡数量；二是开卡存款金额较小；三是开卡后长期不发生资金交易或交易额很小。因此，只要以单位时间内的开卡数量、开卡时的存款金额，以及开卡后的交易笔数与金额为基本判断要素，即可发现虚增发卡量的违规情况。

数据准备：借记卡信息文件；借记卡交易明细表。

构建模型：

步骤一：统计出单人单日开卡超过 10 张（可调整）的卡明细，对借记卡信息主档文件按开卡日期和卡启用柜员分组统计，将卡计数大于 10 的罗列出来。

步骤二：看这些卡的开卡存款金额是否小于 10 元，关联到活期存款账户交易明细表，对应到每笔开卡交易，判断交易金额，获得开卡小于 10 元的批量开卡清单。

步骤三：从活期存款账户交易明细中筛选出开卡后 3 个月内（可调整）无交易或交易额小于 100 元的卡清单。

步骤四：将该清单与前两步获得的卡清单匹配，同时满足的即为疑似虚增发卡清单。

第五节 审计线索特征的发现方法

一、审计线索特征

所谓特征，是指事物可供识别的特殊的征象或标志等。在被审计单位提供的海量数据中，往往蕴涵着极其丰富的信息，其中就有一些能够为揭示审计线索而表现出蛛丝马迹的数据，它们和其他数据相比显得有些"异常"和"特别"。通过捕捉到的这些不同的数据特征，筛选出数据源中显著不同于其他数据或行为的异常数据和异常行为，是计算机审计的一种有效方法。

审计之所以能够发现问题，首先要有审计线索。数据式审计环境下，传统的审计线索因会计电算化系统而中断甚至消失。在手工会计系统中，从原始凭证到记账凭证，从过账到财务报表的编制，每一步都有文字记录，都有经手人签字，其纸质业务轨迹，是重要的审计线索与审计证据的来源，审计线索十分清楚。但在会计电算化系统中，传统的账簿、相关的文字记录被磁盘和磁带取代，加上从原始数据进入计算机，到财务报表的输出，会计处理集中由计算机按程序自动完成，传统的审计线索在这里消失。但在电子数据或者信息系统中仍会存在一些蛛丝马迹，这些蛛丝马迹就是信息化条件下审计线索的特征。从海量的电子数据中发现特征和分析特征，是计算机审计在理论上一直研究和探索的一个问题，也是在审计实务中必须解决的一个问题。只有解决好这个问题，才能引导审计人员自觉地、有效地在把握总体的基础上，突出重点，捕捉审计线索，收集证据，对经济活动作出客观公正的评价。

二、数据分析法

数据分析按照其操作方法、实现工具、与审计经验结合程度的高低等方面的不同，可以分为三种类型：查询型分析、验证型分析和挖掘型分析。查询型分析和验证型分析的操作方法多采用 SQL 查询技术，实现工具为数据库系统自带的查询分析器或通用审计软件，与审计经验的结合程度较高。而挖掘型分析的操作方法多采用 OLAP 多维技术，实现工具为数据仓库及其衍生产品，与审计经验的结合程度较低。查询型分析和验证型分析的方法主要有筛选、排序、重算、检查、核对、抽样、统计等，挖掘型分析的方法主要有分类、聚类、异常、演化等。

筛选：将数据表中符合审计人员设定条件的所有记录查找出来。如对教育储蓄合规性进行审查，审计人员可以筛选出储蓄人身份有效证明不规范、本金超过 2 万元限额、储户本人年龄明显与在校学生合理年龄不符等数据记录。再如金融审计中，通过对贷款期限、展期期限、还款金额的条件筛选，查找商业银行贷款业务中展期不合规的记录等。

排序：将所有数据记录按升序或降序排列。一般而言，相同性质的数据，金额大的应加以更多的关注。

重算：对数据按照与被审计单位相同或相似的处理方法重新计算，常用于验证被审计单位提供资料的真实性和正确性。

检查：对数据或处理流程进行审核，目的是检查被审计单位执行相关政策、法规或制度的情况。

核对：将具有内在联系的数据，按其钩稽关系进行核对与排查。如财务审计中总账与明细账之间的核对，海关审计中出口申报货物重量与码头过磅货物重量之间的核对，城建税、教育费附加是否成比例关系等。

抽样：将审计人员关注的或具有代表性的一部分数据挑选出来，缩小审计范围，降低审计风险。通过计算机进行数据抽样不仅效率高，而且能很大程度地减少手工抽样中难以避免的主观因素。

统计：对数据记录进行分组求和、求平均值、求最大值、求最小值、求标准差等操作。如在金融审计中，对商业银行贷款按其方向进行分组统计，看其是否存在信贷集中的风险，是否将贷款投放在少数几个行业或企业上。

分类：先在主观上设定不同的类别，再根据数据的属性将其分派到相应的类别中，以便能够预测未知数据的归属。

聚类：将相似性高、离散度小的数据分组，观察各组客观上所具有的不同特征。聚类分析与分类分析明显的不同之处在于，后者所使用的数据是已知类别归属，而前者的类别归属是要审计人员自己从数据的分布中归纳出来。

异常：找出明显与其他数据偏差较大的"噪声"记录。

演化：基于数据的类似性和规律性，对数据记录随时间变化的发展趋势进行推断。

审计人员在实际工作中，对上述的数据分析方法，往往需要根据不同情况，灵活地加以选择和搭配使用。

三、数据分析的技术和工具

（一）SQL 查询语句

SQL（Structured Query Language）结构化查询语句，是操作关系数据库的标准语句。目前被审计单位的数据大多是关系型的电子数据，因此 SQL 查询语句非常切合，是计算机审计环境下建立个体分析模型的常用技术工具。

利用 SQL 查询语句，既可以提高审计的正确性与准确性，也可以使审计人员从冗长乏味的计算工作中解放出来，告别以前手工翻账的作业模式。另外，运用 SQL 查询语句的强大查询功能，通过构建一些复杂的 SQL 语句，可以完成模糊查询以及多表之间的交叉查询等功能，从而可以完成复杂的数据分析功能。如以 SQL 语句进行凭证号断号、重号验证。检查一个数据表中是否存在相同的发票被重复多次记账，以及重要空白凭证是否跳号使用等。

（二）多维分析技术

多维分析技术是以海量数据为基础的复杂技术，是当前最先进的数据分析技术之一。维是看问题的角度，多维就是构建总体分析模型，从多角度观察被审计单位的相关信息。多维分析技术是构建总体分析模型的一种方法，有利于进行总体把握和分析，找出审计线索。运用多维分析技术构建总体分析模型是计算机审计的重要方法。

多维分析可以对以多维形式组织起来的数据进行上卷、下钻、切片、切块、旋转等各种分析操作，以便剖析数据，使分析者、决策者能从多个角度、多个侧面观察数据库中的数据，从而深入了解包含在数据中的信息和内涵。

（三）数据挖掘法

数据挖掘（Data Mining，DM）是指从数据库、数据仓库或其他信息库中的大量数据中挖掘有趣知识的过程，因此也称为数据库中知识发现（Knowledge Discovery in Database，KDD）。数据挖掘是从大量数据中挖掘出隐含的、先前未知的、对决策有价值并能被人们所理解的"知识"的高级数据处理过程。它给出了数据的特征或数据之间的关系，是对数据所包含的信息的抽象描述。这些"知识"的表示形式主要为：概念、规则和规律等。这些形式不仅可用文字或表达式来表达，还可通过声音、图形、图像以及影视等多媒体形式来表达。"知识"发现可以是对现有知识进行验证或描述，也可以是对已有的知识进行拓展以得到更全面和更具实际意义的"知识"，但最重要的是发现新的"知识"。

四、数据分析技术在审计线索特征发现中的运用

（一）审计模型法的运用

数据式审计的核心方法是数据分析技术的运用。审计分析模型是审计人员用于数据分析的技术工具，是通过设定判断和限制条件来建立起数学的或逻辑的表达式，建立审计分析模型，并用于验证审计事项实际的时间或空间状态。

在农村合作金融计算机审计中，对模型法的研究和探索是初步的，但运用模型法进行数据分析已显示出强大的生命力。2007年以来，全省各级审计部门在经济责任审计、内部控制评价审计、新增不良贷款和大额现金交易专项审计等方面广泛尝试利用计算机审计，对下载、转换、分析数据形成了比较成熟的方法；总结出直接按照法律法规、利用业务处理逻辑、利用数据间的钩稽关系、利用内部数据与外部数据的关联等具体算法来构建审计分析模型的方法体系，审计思路有效转化为计算机语言，一些成熟的审计专家经验逐步形成了计算机审计分析模型。

1. 从业务的逻辑性入手来发现特征。从业务的逻辑性入手来发现特征是一种非常有效的方法。根据审计人员的经验，以下几种情况都是不符合逻辑的。如财务收支审计中，税务批准的同意延期纳税的金额都是整数，比如都是10 000的倍数。内部员工报销的大额日用品、办公用品不是统一由办公室或指定部室经办，而由内部员工个人名义报销，且相关费用发票等额的较多，一般这些发票的真实内容大多是购买的购物卡用于发放职工福利，或是以个人购买日常生活用品、衣服的发票换开的，用于虚报冒领公款。信贷业务审计中，发放的贷款大多转入内部员工账户或担保人账户，明显不符合贷款规定的要求。这些不符合逻辑的情况，背后往往隐藏着一些违规操作，比如截留代扣个人所得税税款、违反费用规定、发放借冒名贷款等。

2. 从勾稽关系入手来发现特征。电子数据是对被审计单位经济业务的反

映和记录，现实中的联系，在系统中往往体现为数据间的明确而固定的对应关系，这就是钩稽关系。如果数据不符合这种钩稽关系，不符合的记录就将作为我们的审计线索，有待进一步审计落实。

3. 从政策法规入手来发现特征。政策法规是审计的基础，也是衡量审计结果的标尺。依照政策法规来检查后台数据，有理有力。如根据信贷管理有关规定，不得对同一借款人在不同分支机构发放贷款；不得对法人（或经济组织）及其法定代表人（或主要经营者）分别以法人（或经济组织）及自然人的名义发放贷款；不得对同一家庭不同成员同时发放贷款。将以上规定在系统中具体化为一条 SQL 语句，我们可以很简单地筛选出发放多头贷款、向法人及自然人发放的贷款、一户多贷的情况。

4. 从内外部数据对比来发现特征。将外部数据与内部数据进行对比是系统论的思想在审计中的一个具体体现。一个单位的经济活动不是孤立进行的，总要和外部的相关单位、部门发生千丝万缕的联系。在当前的审计实践中，越来越多的审计项目不仅需要我们采集被审计单位内部的电子数据，还要尽可能地采集其他相关单位、部门的数据，在内外部数据的对比过程中往往能发现审计的线索。

如在确定贷款资金流向过程中，应用审计模型法，构建信贷资金流向审计分析模型，并与其他各种检查手段相结合，通过筛选信贷资金集中流入信贷员账户、担保人账户、第三方存管账户（股市）、保证金账户等不符合贷款使用流向的数据，发现了贷款"三查"等基础工作不实，导致信贷资金被挪用流入保证金账户和股市的违规行为；由借款人承贷，贷款资金归担保人使用的借冒名贷款；信贷人员借用占用客户贷款资金或者操纵客户账内资金、为民间借贷牵线搭桥等违规情况和行为。

（二）数据挖掘法的运用

传统的审计方法往往依附于系统的内部控制，应用的审计工具和审计程序多是利用审计人员的经验和计算机查询技术相结合的方法进行处理，而内部控制常常在遭遇风险后才被一步步完善，审计人员的经验和知识是"有限的"，随着业务流程、产品和技术的创新，审计人员的经验和业务技能会逐渐进入"尾随"状态。审计模型相对数据滞后，"魔高一尺、道高一丈"和"道高一尺、魔高一丈"的循环往复过程，会容易导致审计模型被审计单位摸清编程规律后进行规避、单纯的工具软件不能满足审计的要求、固化的系统无法应对业务经常性变化、面对海量数据无从下手的现象。异常的数据和异常的事件以及异常的发生频率等非一般性的情况，有可能隐藏着违法违规的行为特征，或者反映出相关系统可能存在着某些缺陷和问题。

数据挖掘工具的运用可以在无审计经验可循之处发掘海量数据中的异常，在原有审计经验的基础上预言未来的风险及趋势等。要促使内部审计尽快跟上金融业务、服务创新的脚步，甚至在风险发生前就可以形成对风险数据的分类统计和分析。通过数据挖掘技术对电子数据高效、准确地进行统计、分析，能提高对风险的预测能力，为及时防范和化解风险提供科学的依据，同时，还可以为领导决策提供及时的审计信息，最大限度地发挥内部审计在管理层决策过程中的服务作用。

按照数据差异理论，数据差异不一定形成风险，但风险存在于各类差异数据和交易中。无论是银行经营中存在的金融风险，还是银行自身为了某种目的而有意进行舞弊，最终都会在业务交易和会计记录中表现出与众不同的信息，这种信息就是差异信号。计算机审计的过程就是不断地发现和识别差异、纠正差异的过程。数据挖掘的核心是从大量的经济活动和交易中，识别出与正常经济活动和交易不一致的异常交易和现象，通过界定差异标准、定义差异内容、识别差异数据、分析差异原因，最后判断出差异与风险的关系。正确地利用这一手段，可以在审计信息系统中发现海量数据的差异特征和规律，挖掘出审计人员所需要的信息，并转化为有用的知识。

异常点（Outliers）分析是数据挖掘中一个重要的研究方面。在真实性审计和合法性审计中，异常数据可能意味着欺诈行为。可以从大量审计数据对象中挖掘少量具有异常行为模式的数据对象，即给定一个含有 N 个数据或对象的集合、K 个预期的离群点的数目，发现前 K 个与剩余的数据相比是显著相异的、异常的或不一致的对象的过程。

审计数据对象较之正常行为模式包含了更多审计人员感兴趣的信息，可以及时定位风险关注数据。如商业银行系统中因移植误差、输入错误或程序设计错误而造成系统中存在不规则客户号的信息，如定义证件种类字段为 3 位，但证件种类为空或小于 3 位的记录；证件种类为身份证，但身份证号码不为 15 位或 18 位的记录；不同贷款客户的客户联系电话信息相同；等等。

运用异常点分析可以挖掘违规问题线索。对那些数据源中包含内在特性和业务不符合逻辑的异常数据进行分析，从它们与其他正常数据明显不同或不一致的异常点着手，从数据中提取异常的业务模式和管理模式行为，快速定位可疑数据，提高审计的准确性和审计效率。如从普通贷款分户账中提取发放贷款金额少于 500 元的业务数据，在进行有效的预处理后，发现主要是某商业银行为完成"走千家、访万户，增户扩面"的任务，虚假发放 500 元以下的贷款 599 笔。

从数据源中提取与众不同的数据，判断这些数据是随机偏差，还是不同的机制原因，进而挖掘违规问题线索。对数据分析时，应在设定一定的偏离标准后进行异常点分析，如内部员工一人开立 10 张以上的卡，与 10 个以上的贷款客户有资金交易，账户累计交易额在 1 亿元以上。贷款执行利率的偏离标准为高于基准利率的 50% 或低于基准利率的 -10%。再对偏离正常值的数据进行查找，在识别出非正常数据之后，进一步揭示非正常数据的含义，即为什么这个数据是非正常数据，它与其他正常数据到底有什么不同。

通过采用异常点检测算法，发现异常审计数据或异常发生频率等，并对异常数据产生的原因进行分析，最终可以发现一些内部控制的薄弱环节和可能隐藏的违规行为，从而提出有针对性的审计建议。如提取个别内部员工账户与客户资金交易频繁，账户交易额巨大，且存在一人控制多个账户或多张借记卡的数据。分析其中 44 户内部员工账户累计交易额大于 1 亿元和 3 户累计交易金额达 5 亿元以上的账户。验证核查后，揭示出部分金融从业人员为了让客户向银行还贷，向其介绍社会中介进行民间融资、充当客户向民间融资的担保人；出资参与民间高利借贷，或在融资性担保机构兼职，或帮助担保公司、典当行等中介机构高息揽储，或委托社会中介机构贴息为银行揽存，或违规放贷、骗取信贷资金用于民间借贷牟取不当利益；与社会上从事资金借贷、经营地下钱庄或其他融资活动的人员往来较多、关系密切等的不良行为和违规线索。利用辅助审计软件对贷款执行利率过高或过低的情况进行数据分析；对非营业时间进行柜面业务操作的情况进行数据分析等；排查虚存 0.01 ~ 1 元的方式激活客户的银行卡的异常数据，发现违规虚假卡激活行为；排查内部员工单人开卡数超 10 张以上的异常数据，发现为完成开卡考核任务，违规虚开卡的交易等。

数据挖掘技术应用于审计领域，是基于发现差异数据的特点。面对复杂的业务组合、海量的数据、高度集中的系统，异常点分析是准确揭露舞弊行为，快速识别可疑交易，有效控制审计风险，及时确定审计重点，实现审计目标的重要途径。将风险导向审计与数据挖掘技术相结合，以风险导向审计技术为主线，以数据挖掘为具体方法，创新审计技术方法手段，利用数据挖掘技术在缺乏审计经验的情况下对海量数据进行特征挖掘，从数据库中提取隐含的、未知的和潜在的有用信息，可以帮助审计人员进行数据分析，发现异常信息，从海量的电子数据中查找出违规问题线索和重点关注风险数据，提高审计工作质量和效率。

第四章　存款业务的计算机审计

第一节　存款业务主要风险点分析

一、存款主要业务介绍

存款业务是农村合作金融机构的基本业务，是开展资产业务和表外业务的基础和前提。存款业务为农村合作金融机构提供了主要的资金来源。农村合作金融机构存款按不同的分类标准，有不同的划分方式。按资金性质的不同划分，可划分为对公存款、对私存款和财政性存款三类。对公存款是社会各类企业、事业单位、机关、学校、部队等具有法人营业执照和社团的闲置待用资金。按期限的不同，可划分为活期存款、定期存款、通知存款和协定存款。个人存款属于私款性质，是城乡个人节余或待用的款项存入农村合作金融机构的资金，主要包括活期储蓄存款、定期储蓄存款、定活两便储蓄存款和个人通知存款。财政性存款主要是财政金库款项和政府财政拨给机关事业单位的经费以及其他特种公款等。财政性存款主要有四种：一是财政拨付的机关、团体、部队、事业单位款项；二是代理各种国债发行和兑付的款项；三是代理国家金库的经收和上解款项；四是中央国家机关预算限额支出的款项。

活期存款是有一定的利率，随时可以提取的存款，定期存款是按约定的期限和相应利率存入资金，到期提取的存款，目前分为三个月、六个月、一年、两年、三年、五年等期限档次。按币种的不同，分为人民币存款、外币存款。我国农村合作金融机构的存款一般按资金性质及支取方式划分。存款业务流程主要包括开户、存款、取款、结算、结息、对账及销户等环节。

（一）个人活期存款开、销户

个人活期存款按账户种类的不同可分为活期储蓄账户和个人银行结算账户。储蓄账户只能办理现金存取和转入合法的收入；个人银行结算账户是指存款人凭个人有效身份证件以自然人名称开立的，用于办理现金存取、转账结算等资金收付活动的人民币活期存款账户，可以办理转账、存取现金、汇款等资金收付结算业务。

1. 个人活期存款开户风险控制点。

（1）个人在金融机构开立人民币个人活期存款账户或外币储蓄账户，应当出示本人身份证件及其复印件，使用实名。代理他人在金融机构开立个人活期存款账户的，代理人应当出示被代理人和代理人的身份证件及其复印件。开户时身份证件复印件应留存，开户机构原已留存该客户身份证件复印件的除外。

（2）个人活期存款开户，根据客户需要选择不同的支取方式，支取方式有任意、密码、证件、印鉴四种。支取方式为密码，可以跨机构异地通兑；运行验印系统的，凭印支取的存款户可以在规定的范围内通兑；支取方式为任意、证件时，不能异地通兑；支取方式为证件时，开户证件为支取证件，另有约定的除外。

（3）个人活期存款转账开户，柜员按规定审查资金来源是否合法。

（4）个人活期存款开户可以现金或转账开户，转账开户时，资金来源可以为活期存款、应解汇款、结算暂收款项。柜员应先比照客户账、应解汇款、结算暂收款项支取的操作流程，办理审查和款项转出，再进行开户处理。以下其他各类存款账户的转账开户，均比照执行。

（5）客户通过个人活期储蓄账户办理第一笔转账支付业务时，在相关凭证上的签章即为确认将该账户转为个人银行结算账户。个人合法收入款项可以转入个人活期储蓄账户。

2. 个人活期存款账户销户风险控制点。

（1）个人活期存款存折账户可以在同一县（市、区）农村合作金融机构辖内任一联网机构办理销户业务，个人支票户只能在开户机构办理销户业务，活期存单户则可在通兑范围内的任一机构办理销户业务。

（2）卡折并存的账户，需先销借记卡，再存折销户。有代理委托业务的，需先解除委托关系。账户被止付、冻结，账户的存折（卡）、密码等挂失，或定期存款证明未到期的，不得销户。以下各类账户的销户，比照执行。

（3）销户本金与利息之和大于5万元（含5万元）的，必须出示存款人有效身份证件，代理他人办理的，还应提供代理人有效身份证件。以下各类个人存款账户的销户，比照执行。

（4）销户后可以支取现金，也可以转入客户账、结算暂收款、应解汇款、结售汇暂收，或提出同城票据交换，将款项转至他行账户。以下各其他类型账户的销户，均比照此规则。

（5）2000年4月1日前开立的个人银行账户不再延续使用的，存款人应出具拥有该存款的存折、存单，并出示有效身份证件，办理销户手续。

（6）客户申请办理个人银行结算账户销户的，应填写"撤销银行结算账户申请书"，并经存款人个人签章。

存折户销户的，同时还应提交存折；销户后不支取现金，需转入单位活期存款账户的，同时应填写进账单；需转入个人活期存款账户的，且未提供转入账户的存折、卡的，同时应填写转账凭条，填明转账账号、户名、金额；需转入内部账户的，应根据内部账后续处理的要求，分别填写进账单、电汇凭证等凭证。存折户凭印支取的，需在凭条上加盖与预留印鉴相符的印章。

支票户销户的，同时还应交回原购买尚未使用的支票等重要空白凭证，无法交回的，应提交遗失证明；销户后支取现金的，根据销户金额（含利息）出具现金支票；销户后转账的，应同时填写转账支票和一式三联进账单。

（7）柜员审查以下事项："撤销银行结算账户申请书"填写是否齐全；开户机构是否在同一县辖内；通过公共签约查询交易是否尚存在代理关系的，应通知客户先解除代理关系。

对存折户，还应审查：存折的真实性；存折户凭印支取的，凭条上加盖的印章是否与预留印鉴相符。

对支票户，还应比照前述支票取款或转账业务进行审查，比照"重空注销"业务办理收回的或未收回的重要空白凭证注销手续。

（8）柜员审查无误后，进行存款销户交易，根据系统提示录入客户申请信息。

（9）销户成功后，分别在存折、凭条（支票户销户的，为支票）和利息清单等凭证上打印销户信息。

（10）核对打印的销户信息与客户申请信息一致后，将凭条、利息清单交客户核对并签字确认。

（11）经核对客户签字信息无误后，将利息清单客户联、凭条客户联上加盖业务清讫章，"撤销银行结算账户申请书"客户联加盖业务公章（或储蓄业务公章）后，交给客户。凭条或支票加盖业务清讫章作当日传票，利息清单、磁条中间剪去一截（以下涉及破坏磁条的，均照此执行）后的存折加盖附件章作其附件。销户后转账时客户填写进账单的，其后续处理比照前述个人活期账户转账填写进账单时的后续处理。

（12）活期储蓄存款销户比照个人银行结算账户存折户或卡户的销户处理，但无须填写"撤销银行结算账户申请书"。

（二）个人定期存款开、销户

整存整取储蓄存款是指存款人一次存入本金，约定存期，由农村合作金融机构发给存单或定期一本通存折，以存单或定期一本通存折作为支付凭证，到期一次支取本息的储蓄存款。定期一本通存折是多笔多币种定期存款的支付凭证。办理外币整存整取储蓄存款的，应根据中国人民银行的《个人外汇管理办法》和国家外汇管理局的《个人外汇管理办法实施细则》的规定办理。整存整取储蓄存款采用记名方式，可挂失；人民币起存金额为50元。整存整取储蓄存款的存期分为三个月、半年、一年、二年、三年和五年，外币整存整取定期储蓄存款除以上存期外，可办理一个月存期的存款。

1. 整存整取储蓄存款开户风险控制点。

（1）整存整取储蓄存款开户时可根据客户需要，约定自动转存或不转存，开户时默认为自动转存，自动转存次数不限，自动转存后存款期限与原始存款期限相同，每次自动转存日，将本期的定期利息扣除利息税后自动转入存款本金内。自动转存后，转存未到期的，客户办理销户手续，应视同提前支取，要求客户出示有效身份证件。

（2）个人在农村合作金融机构开立整存整取储蓄存款账户时，应当出示本人身份证件，使用实名。代理他人在农村合作金融机构开立个人整存整取储蓄存款账户的，代理人应当出示被代理人和代理人的身份证件。

（3）定期一本通是可将人民币和多种外币存款（含整存整取定期存款、

个人通知存款、定活两便存款等）存于一本存折，并在全省联网网点内实行通存通兑的个人定期储蓄账户。定期一本通账户下的所有明细存款，无论后续存款机构是否为开户机构，均属于定期一本通开户机构。

2. 整存整取储蓄存款销户风险控制点。

（1）整存整取储蓄存款提前销户时，必须出示存款人身份证件，代理他人办理的，还应提供代理人有效身份证件。自动转存后未到期销户的，比照提前销户手续，出示身份证件。

（2）开户时允许通兑的整存整取储蓄存款可以办理异地销户。可以转账销户，将销户本金和税后利息转入活期存款账户或指定内部账户。

（3）个人整存整取储蓄存款销户时，按存单开户日或自动转存日挂牌公告的利率计付利息。提前支取按支取日银行挂牌公告的活期储蓄利率计付利息。逾期部分按支取日银行挂牌公告的活期储蓄利率计付利息。

（三）单位活期存款开、销户

单位活期存款指单位客户在存入人民币、外币存款时不约定存期，随时存取使用的一种存款。存款人以单位名称开立的银行结算账户为单位银行结算账户。人民币单位银行结算账户按用途的不同，分为基本存款账户、一般存款账户、专用存款账户、临时存款账户。个体工商户凭营业执照以字号或经营者姓名开立的银行结算账户纳入单位银行结算账户管理。

1. 单位活期存款开户风险控制点。

（1）个人对外贸易经营者、个体工商户按照规定开立的用以办理经常项目项下经营性外汇收支的外币账户，其外币个人银行结算账户开立、使用和撤销按机构账户进行管理。

（2）基本存款账户是存款人办理日常转账结算和现金收付需要开立的银行结算账户，可以开立基本存款账户的存款人包括：企业法人、机关、事业单位、团级（含）以上军队、武警部队及分散执勤的支（分）队、社会团体、民办非企业组织、异地常设机构、外国驻华机构、个体工商户、居民委员会、村民委员会、社区委员会、单位设立独立核算的附属机构、其他组织。单位银行结算账户的存款人只能在银行开立一个基本账户。

（3）一般存款账户是存款人因借款或其他结算需要，在基本存款账户开户行以外的银行营业机构开立的银行结算账户。一般存款账户可以办理现金缴存，但不得办理现金支取。

（4）专用存款账户是存款人按照法律、行政法规和规章，对其特定用途资金进行专项管理和使用而开立的银行结算账户。可以开立专用存款账户的存款人的资金包括：基本建设资金；更新改造资金；财政预算外资金；粮、棉、油收购资金；证券交易结算资金；期货交易保证金；信托基金；金融机构存放同业资金；政策性房地产开发资金；单位银行卡备用金；住房基金；社会保障基金；收入汇缴资金和业务支出资金；党、团、工会设在单位的组织机构经费；其他需要专项管理和使用的资金。收入汇缴资金和业务支出资金，是指基本存款账户存款人附属的非独立核算单位或派出机构发生的收入和支出的资金，因收入汇缴资金和业务支出资金开立的专用存款账户，应使用隶属单位名称。

（5）临时存款账户是存款人因临时需要并在规定期限内使用而开立的银行结算账户。可以开立临时存款账户的情况包括：设立临时机构、异地临时经营活动、注册验资。临时存款账户的有效期最长不得超过两年。

（6）存款人开立基本存款账户、临时存款账户和预算单位专用存款账户和 QFII 专用存款账户实行人民银行核准制，须经中国人民银行核准并开具开户许可证。但存款人因注册验资和增资验资需要开立的临时存款账户除外。

（7）开立单位结算账户，自核准或备案之日起 3 个工作日后，方可办理付款业务，但注册验资的临时存款账户（验资户）转为基本存款账户和因借款转存开立的一般账户除外。

（8）存款人申请开立人民币银行结算账户，应按照《人民币银行结算账户管理办法》、《人民币银行结算账户管理办法实施细则》和人民银行的其他有关规定出具开户证明资料。

（9）存款人在申请开立单位银行结算账户时，其申请开立的银行结算账户的账户名称应与其提供的申请开户的证明文件的名称全称相一致。有字号的个体工商户开立银行结算账户的名称应与其营业执照的字号相一致；无字号的个体工商户开立银行结算账户的名称，由"个体户"字样和营业执照记载的经营者姓名组成；因注册验资开立的临时存款账户，其账户名称为工商行政管理部门核发的"企业名称预先核准通知书"或政府有关部门批文中注明的名称。

（10）开立单位结算账户（支票户、存折户或其他支取方式账户）的，开户单位应在开户银行预留印鉴卡，预留签章为该单位的公章或财务专用章加其法定代表人（单位负责人）或其授权的代理人的签名或者盖章。支票户、专用凭证户，支取时必须验其加盖印章是否与其预留印鉴相符，存折户支取时是否需审查印鉴相符则根据客户与开户机构签订的协议办理。

（11）银行应明确专人负责银行结算账户的开立、使用和撤销的审查和管理，负责对存款人开户申请资料的审查，按照《人民币结算账户管理办法》的规定，及时指定专人向人民银行报送需核准类账户的开户证明资料。并按照《人民币银行结算账户管理系统实施细则》的要求，指定专人操作"银行结算账户管理系统"，向人民银行备案或上报核准信息。

（12）开户银行应建立银行结算账户管理档案，按会计档案进行管理，结算账户资料保存期为自销户后 10 年。

（13）单位协定存款是指可以开立基本存款账户或一般存款账户的中华人民共和国境内的法人及其他组织（国营、集体企事业单位及外商投资企业的闲散资金；机关、团体的各项预算外资金或自有资金）与开户行签订"协定存款合同"，根据约定的起存金额，由开户行将协定存款账户中超基本额度的部分按协定存款利率单独计息的一种存款方式，具有结算和协定存款双重功能的账户。

2. 单位活期存款销户风险控制点。

（1）存款人有下列情形之一的，应向开户银行提出撤销银行结算账户的申请：

①被撤并、解散、宣告破产或关闭的，注销、被吊销营业执照的。应于 5 个工作日内向开户银行提出撤销银行结算账户的申请。

②因迁址需要变更开户银行的。

③其他原因需要撤销银行结算账户的。

④撤销是指存款人因开户资格或其他原因终止银行结算账户使用的行为。

（2）存款人被撤并、解散、宣告破产或关闭，注销、被吊销营业执照应撤销基本存款账户的，存款人基本存款账户的开户银行应自撤销银行结算账户之日起 2 个工作日内将撤销该基本存款账户的情况书面通知该存款人其他银行结算账户的开户银行；存款人其他银行结算账户的开户银行，应自收到通知之日起 2 个工作日内通知存款人撤销有关银行结算账户；存款人应自收到通知之日起 3 个工作日内办理其他银行结算账户的撤销。

（3）银行得知存款人撤并、解散、宣告破产或关闭，以及注销、被吊销营业执照的，存款人超过规定期限未主动办理撤销银行结算账户手续的，银行有权停止其银行结算账户的对外支付。

（4）未获得工商行政管理部门核准登记的单位，在验资期满后，应向银行申请撤销注册验资临时存款账户，其账户资金应退还给原汇款人账户。注册验资资金以现金方式存入，出资人需提取现金的，应出具缴存现金时的现金缴款单原件及其身份证件。

（5）存款人尚未清偿其开户银行债务的，不得申请撤销该账户。

（6）存款人撤销银行结算账户，应提交书面撤销账户申请，交回未使用的各种重要空白票据及结算凭证、开户许可证和留存的印鉴卡，并提供账户余额数，银行核对无误后方可办理销户手续。存款人未按规定交回各种重要空白票据及结算凭证的，应出具有关证明，造成损失的，由其自行承担。

（7）银行撤销单位银行结算账户时，应在其基本存款账户开户许可证上注明销户日期并签章，同时于撤销银行结算账户之日起 2 个工作日内，向中国人民银行报告。

（8）银行对一年未发生收付活动且未欠开户银行债务的单位银行结算账户，应通知单位自发出通知之日起 30 日内办理销户手续，逾期视同自愿销户，未划转款项列入久悬未取专户管理。

（9）单位活期存款账户的销户只能在原开户机构办理。

（四）单位定期存款开、销户

单位定期存款是指企业、事业、机关、团体、学校等单位以闲置资金办理的事先约定期限、到期支取的一种存款。银行与存款单位双方在存款时事先约定期限、利率、到期后支取本息的存款。以开户证实书作支取凭证。人民币单位定期存款起存金额为 1 万元，外币根据不同币种设定不同的起存金额。单位定期存款存期种类与整存整取定期储蓄存款存期种类相同，人民币分三个月、半年、一年、二年、三年、五年六档存期；外币分一个月、三个月、半年、一年、二年五档存期。单位定期存款可约定自动转存，转存次数不限。单位定期存款实行账户管理，存入一笔开立一个定期存款账户。开户的资金来源可以是现金，也可以是该客户的活期存款账户转入、应解汇款转入、结算暂收转入等。

1. 单位定期存款开户风险控制点。

（1）申请开立单位定期存款，应填写"定期存款开户申请书"，转出活期存款账户未在本机构开户的，还应提供营业执照、组织机构代码证、基本存款账户开户许可证等证明原件及其复印件，并预留印鉴。交存现金的，同时填写一式两联缴款单；转账方式缴存的，比照活期存款开户提交转出账户的支付凭证。

（2）柜员审核客户提供的营业执照正本、基本存款账户开户许可证等相关证明文件原件及复印件无误，审查"定期存款开户申请书"的内容要素正确完整，其他比照结算账户开户的审查。

2. 单位定期存款销户风险控制点。

（1）单位申请办理单位定期存款销户，应提交原定期存款开户证实书，在背面加盖与预留开户银行的印鉴相符的印章，并根据销户本金和其试算后结计利息合计金额填写进账单一式三联，一并交给柜员。

（2）柜员审查无误后，柜员启动"存款销户"，根据系统提示输入销户信息。经授权交易成功后，在原开户证实书背面打印销户记录，打印利息清单。

（3）经核对打印信息与客户申请信息无误，将利息清单交客户确认并签字。

（4）经审查签字信息无误，将利息清单客户联、进账单第一及第三联加盖业务清讫章，交给客户。开户证实书作当日传票，利息清单、进账单第二联作附件。

（五）保证金账户开、销户

保证金，是银行办理汇票承兑、开出保函、开出信用证等业务时，为降低风险，要求客户存入的、因客户违约时可由银行直接扣除的资金。客户在未履行约定的义务前，不得支取与该项义务相关的保证金。保证金按存入期限的不同，分为活期保证金和定期保证金。活期保证金不约定存期，客户在履行约定的义务后，即可支取。定期保证金，约定存期，客户在履行约定义务后，保证金必须到期方可支取。按保证金交存对象的不同，可分为个人保证金和单位保证金。

1. 活期保证金开、销户风险控制点。

（1）开立活期保证金账户时，必须已按规定开立相应的结算账户，活期保证金开户可以零金额开户。

（2）当保证金的余额不足以对约定义务作保证时，经业务部门同意，可追加保证金。活期保证金可以进行续存。保证金的实际余额大于约定的保证的额度时，经客户申请，业务部门同意，可以支取。

（3）保证金账户的存、取、销户应凭业务部门出具的"保证金业务通知书"办理，保证金的存取或销户只能转账。办理保证金的开户、续存、支取、销户时，转账的对方客户账户必须与保证金账户为同一客户的账户。开立活期保证金账户的，应凭相关业务部门填写并交予的一式两联"保证金业务通知书"，连同比照个人活期存款账户转账开户时出具的转出账户支付凭证，一并交给柜员。由柜员审查"保证金业务通知书"、支付凭证的合法性、真实性。

（4）客户已履行相关业务合同，需支取多余保证金的，应凭相关业务部门填写并交予的一式两联"保证金业务通知书"，连同进账单（转入单位活期户时）或转账凭条（转入个人活期户时），一并交给柜员。

（5）客户已履行相关业务合同，提出保证金账户销户申请的，应凭相关业务部门填写并交予的一式两联"保证金业务通知书"，连同进账单（转入单位活期户时）或转账凭条（转入个人活期户时），一并交给柜员。经柜员审查客户申请信息无误，并经查待销户保证金账户无相关未履行合同关联的，启动销户交易。

2. 定期保证金开、销户风险控制点。

（1）保证金存款按客户的不同分为个人定期保证金和单位定期保证金。定期保证金开户的条件同活期保证金开户。定期保证金（单位或个人）的存期、计息方法同整存整取定期（单位或储蓄）存款。可自动转存，自动转存时产生的利息扣除利息税（个人）转入定期保证金账户本金。其他情况产生的利息存入开户时转出的活期存款账户。

（2）客户开立定期保证金账户的，应凭相关业务部门填写并交予的一式两联"保证金业务通知书"，连同比照个人活期存款账户转账开户时出具的转出账户支付凭证，一并交给柜员。由柜员审查"保证金业务通知书"、支付凭证的合法性、真实性。

（3）定期保证金在其相关业务保证协议到期日自动扣款，自动扣款部分产生的利息转入定期保证金对应的活期存款账户。定期保证金存款销户后只能转账，转入客户账户的，只能转入同一客户（同一客户内码）的结算存款账户。

（4）客户需对已履行的相关业务合同的对应定期保证金账户销户的，应凭相关业务部门填写并交予的一式两联"保证金业务通知书"，连同进账单（转入单位活期户时）或转账凭条（转入个人活期户时），一并交给柜员。柜员审查客户申请信息无误，并经查待销户保证金账户无相关未履行合同关联的，启动保证金销户、部提交易。

二、存款业务的内部控制

（一）《商业银行内部控制指引》涉及存款及柜台业务的主要条款如下

第七十二条 商业银行存款及柜台业务内部控制的重点是：对基层营业网点、要害部位和重点岗位实施有效监控，严格执行账户管理、会计核算制度和各项操作规程，防止内部操作风险和违规经营行为，防止内部挪用、贪污以及洗钱、金融诈骗、逃汇、骗汇等非法活动，确保商业银行和客户资金的安全。

第七十三条 商业银行应当严格执行账户管理的有关规定，认真审核存款人身份和账户资料的真实性、完整性和合法性，对账户开立、变更和撤销的情况进行定期检查，防止存款人出租、出借账户或利用存款账户从事违法活动。

第七十四条 商业银行应当严格管理预留签章和存款支付凭据，提高对签章、票据真伪的甄别能力，并利用计算机技术，加大预留签章管理的科技含量，防止诈骗活动。

第七十五条 商业银行应当对存款账户实施有效管理，建立和完善银行与客户、银行与银行以及银行内部业务台账与会计账之间的适时对账制度，对对账频率、对账对象、可参与对账人员等作出明确规定。

第七十六条 商业银行应当对内部特种转账业务、账户异常变动等进行持续监控，发现情况应当进行跟踪和分析。

第七十七条 商业银行应当对大额存单签发、大额存款支取实行分级授权和双签制度，按规定对大额款项收付进行登记和报备，确保存款等交易信息的真实、完整。

第七十八条 商业银行应当对每日营业终了的账务实施有效管理，当天的票据当天入账，对发现的错账和未提出的票据或退票，应当履行内部审批、登记手续。

第七十九条　商业银行应当严格执行"印、押、证"三分管制度，使用和保管重要业务印章的人员不得同时保管相关的业务单证，使用和管理密押、压数机的人员不得同时使用或保管相关的印章和单证。

使用和保管密押的人员应当保持相对稳定，人员变动应当经主管领导批准，并办好交接和登记手续。

人员离岗，"印、押、证"应当落锁入柜，妥善保管。

第八十条　商业银行应当对现金收付、资金划转、账户资料变更、密码更改、挂失、解挂等柜台业务，建立复核制度，确保交易的记录完整和可追溯。

柜台人员的名章、操作密码、身份识别卡等应当实行个人负责制，妥善保管，按章使用。

第八十一条　商业银行应当对现金、贵金属、重要空白凭证和有价单证实行严格的核算和管理，严格执行入库、登记、领用的手续，定期盘点查库，正确、及时处理损益。

第八十二条　商业银行应当建立会计、储蓄事后监督制度，配置专人负责事后监督，实现业务与监督在空间与人员上的分离。

第八十三条　商业银行应当认真遵循"了解你的客户"的原则，注意审查客户资金来源的真实性和合法性，提高对可疑交易的鉴别能力，如发现可疑交易，应当逐级上报，防止犯罪分子进行洗钱活动。

第八十四条　商业银行应当严格执行营业机构重要岗位的请假、轮岗制度和离岗审计制度。

（二）《金融机构大额交易和可疑交易报告管理办法》（中国人民银行令〔2006〕第 2 号）对大额交易的相关规定

第九条　金融机构应当向中国反洗钱监测分析中心报告下列大额交易：

（一）单笔或者当日累计人民币交易 20 万元以上或者外币交易等值 1 万美元以上的现金缴存、现金支取、现金结售汇、现钞兑换、现金汇款、现金票据解付及其他形式的现金收支。

（二）法人、其他组织和个体工商户银行账户之间单笔或者当日累计人民币 200 万元以上或者外币等值 20 万美元以上的款项划转。

（三）自然人银行账户之间，以及自然人与法人、其他组织和个体工商户银行账户之间单笔或者当日累计人民币 50 万元以上或者外币等值 10 万美元以上的款项划转。

（四）交易一方为自然人、单笔或者当日累计等值 1 万美元以上的跨境交易。

累计交易金额以单一客户为单位，按资金收入或者付出的情况，单边累计计算并报告，中国人民银行另有规定的除外。

客户与证券公司、期货经纪公司、基金管理公司、保险公司、保险资产管理公司、信托投资公司、金融资产管理公司、财务公司、金融租赁公司、汽车金融公司、货币经纪公司等进行金融交易，通过银行账户划转款项的，由商业银行、城市信用合作社、农村信用合作社、邮政储汇机构、政策性银行按照第一款第（二）、第（三）、第（四）项的规定向中国反洗钱监测分析中心提交大额交易报告。

中国人民银行根据需要可以调整第一款规定的大额交易标准。

第十条　对符合下列条件之一的大额交易，如未发现该交易可疑的，金融机构可以不报告：

（一）定期存款到期后，不直接提取或者划转，而是本金或者本金加全部或者部分利息续存入在同一金融机构开立的同一户名下的另一账户。

活期存款的本金或者本金加全部或者部分利息转为在同一金融机构开立的同一户名下的另一账户内的定期存款。

定期存款的本金或者本金加全部或者部分利息转为在同一金融机构开立的同一户名下的另一账户内的活期存款。

（二）自然人实盘外汇买卖交易过程中不同外币币种间的转换。

（三）交易一方为各级党的机关、国家权力机关、行政机关、司法机关、军事机关、人民政协机关和人民解放军、武警部队，但不含其下属的各类企事业单位。

（四）金融机构同业拆借、在银行间债券市场进行的债券交易。

（五）金融机构在黄金交易所进行的黄金交易。

（六）金融机构内部调拨资金。

（七）国际金融组织和外国政府贷款转贷业务项下的交易。

（八）国际金融组织和外国政府贷款项下的债务掉期交易。

（九）商业银行、城市信用合作社、农村信用合作社、邮政储汇机构、政策性银行发起的税收、错账冲正、利息支付。

（十）中国人民银行确定的其他情形。

第十一条 商业银行、城市信用合作社、农村信用合作社、邮政储汇机构、政策性银行、信托投资公司应当将下列交易或者行为，作为可疑交易进行报告：

（一）短期内资金分散转入、集中转出或者集中转入、分散转出，与客户身份、财务状况、经营业务明显不符。

（二）短期内相同收付款人之间频繁发生资金收付，且交易金额接近大额交易标准。

（三）法人、其他组织和个体工商户短期内频繁收取与其经营业务明显无关的汇款，或者自然人客户短期内频繁收取法人、其他组织的汇款。

（四）长期闲置的账户原因不明地突然启用或者平常资金流量小的账户突然有异常资金流入，且短期内出现大量资金收付。

（五）与来自于贩毒、走私、恐怖活动、赌博严重地区或者避税型离岸金融中心的客户之间的资金往来活动在短期内明显增多，或者频繁发生大量资金收付。

（六）没有正常原因的多头开户、销户，且销户前发生大量资金收付。

（七）提前偿还贷款，与其财务状况明显不符。

（八）客户用于境外投资的购汇人民币资金大部分为现金或者从非同名银行账户转入。

（九）客户要求进行本外币间的掉期业务，而其资金的来源和用途可疑。

（十）客户经常存入境外开立的旅行支票或者外币汇票存款，与其经营状况不符。

（十一）外商投资企业以外币现金方式进行投资或者在收到投资款后，在短期内将资金迅速转到境外，与其生产经营支付需求不符。

（十二）外商投资企业外方投入资本金数额超过批准金额或者借入的直接外债，从无关联企业的第三国汇入。

（十三）证券经营机构指令银行划出与证券交易、清算无关的资金，与其实际经营情况不符。

（十四）证券经营机构通过银行频繁大量拆借外汇资金。

（十五）保险机构通过银行频繁大量对同一家投保人发生赔付或者办理退保。

（十六）自然人银行账户频繁进行现金收付且情形可疑，或者一次性大额存取现金且情形可疑。

（十七）居民自然人频繁收到境外汇入的外汇后，要求银行开具旅行支票、汇票或者非居民自然人频繁存入外币现钞并要求银行开具旅行支票、汇票带出或者频繁订购、兑现大量旅行支票、汇票。

（十八）多个境内居民接受一个离岸账户汇款，其资金的划转和结汇均由一人或者少数人操作。

三、存款业务的主要风险点

1. 存款业务主要风险表现形式。农村合作金融机构存款业务的风险主要有操作风险、信誉风险、技术风险和流动性风险。根据审计人员的实践，农村金融日常存款业务的主要风险点主要表现在以下几个方面：

（1）缺乏对存款客户基本情况和资金来源的了解，违背"谁的钱进谁的账"的原则，导致客户利用银行账户从事洗钱等违法活动。

（2）银行违反开户管理规定，违反实名制规定开立账户，出租、出借银行结算账户或利用其结算账户从事违法活动。

（3）银行为完成上级行下达的任务，空存空取，虚增或隐瞒客户存款。

（4）银行对客户的款项不入账，挪用客户资金从事账外经营。

（5）银行内部对空白重要凭证和印鉴管理不严，导致内部员工用空白凭证或印鉴诈取客户资金。

（6）内部员工空存实取，盗取银行资金。

（7）银行为吸收存款，擅自提高（或变相提高）存款利率。

（8）银行员工擅自改动计算机系统的账户信息文件，如户名、账号，从而达到盗窃银行资金的目的。

（9）银行擅自改变计算机系统的计息积数（如改变计息的起止期、改变计息的范围）、利率等办法，通过多计或少计利息支出来调节利润；或者内部专业人员通过修改程序，将多计的利息转入其个人的账户中。

（10）因银行经营不善，导致到期不能支付客户的存款和清算款项。

2. 计算机审计风险分析。在全面了解综合业务系统对存款业务核算的基础上，根据存款业务可能存在的风险以及电子数据的特点，利用计算机来识别存款业务的各个风险点，然后进行重点延伸。因其他存款业务量不大，以及综合业务系统等进行刚性控制等原因，实际上如非基本户取现、人为调整计息积数或利率以虚增虚减利息支出来调节利润、通过系统支付高息揽存和将企事业单位的公款转入个人储蓄账户和银行卡等违规行为在系统中已无法操作成功。有些违规操作通过手工审计即可发现。

（1）对公存款业务。

①开立存款账户的风险点分析。主要风险点是农村合作金融机构为不符合规定的客户开立银行账户，导致其利用银行账户从事违法活动。开立账户必须有足够的证明文件，主要是开户单位的营业执照号、法定代表人的身份证号、开户许可证号等要素齐全；基本账户、一般账户、临时账户和专用账户的使用和管理还必须符合人民银行的相关规定；客户开立外汇账户和使用必须符合国家外汇管理的规定。

②活期存款账户异常变动测试。主要风险点是银行对资金异常变动的账户监控不严，未及时发现异常变动中存在的各种风险。客户存款在年末、月末前后时间段内大额变动，银行在年末或月末人为压低存款基数或为完成指标，利用"汇出汇款"、"内部往来"、"同业往来"、"应收应付"等会计科目调减调增存款。期末发放贷款虚增存款，月末空存、空取现金以虚增、减存款等。

③活期存款账户现金管理测试。主要风险点是银行违反现金管理规定，违规办理取现业务，或对客户的异常存取现业务监控不严，导致客户利用银行账户从事洗钱等违法活动。如银行为客户的非基本户办理取现业务，对客户全年取现总额、取现笔数、取现金额与企业性质明显不符等异常取现行为监控不力，从而为存款人从事违法活动提供便利。

④定期存款账户风险测试。主要风险点是客户定期存款资金来源不合规，定期存单被违规质押，定期存款到期后资金未回到指定账户等。如客户大额资金的定期存款资金来源不是从企业账户转来，定期存款到期后没有转回原企业账户，将定期存款和通知存款直接用于结算或支取现金等。

（2）个人储蓄存款业务。

①账户开立风险测试。主要风险点是银行未严格执行实名制的规定。个人储蓄账户的开立，必须严格执行实名制的规定，正常情况下户名一般不大

于四个字，同时开户者的身份证号码一般为 15 位或 18 位且符合身份证的编码规律。包括：开立匿名、假名账户；出租、出借银行结算账户；以自然人名义开立账户存储单位资金或以自己名义开立账户为他人存储资金等；利用银行结算账户进行偷逃税款、逃废债务、套取现金及其他违法犯罪活动。

②账户资金异常变动风险测试。主要风险点是银行对账户异常资金变动监控不严，导致利用个人储蓄账户公款私存或从事洗钱等违法活动。如一人开立多个账户，且账户资金交易频繁、集中，每笔资金量较大但控制在适度范围内，故意逃避监管；有意化整为零，一人控制多个账户，采用蚂蚁搬家的方式，实现大规模资金转移等。期末发放贷款虚增存款，月末空存、空取现金以虚增、虚减存款等，以实现月末、季末、年底"冲时点"、"调数字"，虚增业绩。

③个人结算账户累计交易额异常风险测试。主要风险点是个人账户被企业用于销售款结算、接受公款私存、内部员工利用个人账户帮助亲戚朋友办理汇款和存取现，虚构结售汇业务背景，为客户套取现金等；利用个人结算账户充当资金中介，直接利用个人账户作为资金进出通道参与客户还旧借新，"主导"转贷掩盖信贷资产质量。

3. 保证金存款业务。主要风险点是保证金存款资金来源于贷款资金。农村合作金融机构没有认真遵循"了解你的客户"的原则，对客户资金来源的真实性和合法性未尽审查之责，导致贷款资金作为承兑汇票保证金，或转为定期存款出质，用于办理票据业务。

第二节　存款业务审计模型的设计

存款业务的风险点识别，目前还不能全部通过计算机手段实现，需要以后在审计实践中不断扩充，主要是根据目前可能以计算机手段实现的对存款业务的风险进行测试来设计存款业务审计模型。在存款业务审计模型设计中，我们不可能强求面面俱到，而是围绕业务操作风险和信用风险最突出、最集中的交易建立审计分析模型，如开户实名制执行风险测试、大额和可疑交易风险测试、保证金账户资金来源风险测试、期末存款真实性风险测试，以使审计分析模型与审计实践结合得更为紧密。

一、开户实名制规定执行风险测试模型设计

审计模型分析思路：《个人存款账户实名制规定》（中华人民共和国国务院令第 285 号）第七条规定："在金融机构开立个人存款账户的，金融机构应当要求其出示本人身份证件，进行核对，并登记其身份证件上的姓名和号码。代理他人在金融机构开立个人存款账户的，金融机构应当要求其出示被代理人和代理人的身份证件，进行核对，并登记被代理人和代理人的身份证件上的姓名和号码。不出示本人身份证件或者不使用本人身份证件上的姓名的，金融机构不得为其开立个人存款账户。"我们可以根据对身份证为空、身份证号码相同但户名不同和身份证号码不符合编码规律来识别违反实名制规定开立的账户。

审计模型设计方法：

步骤一：从"开销户登记簿"中找出客户号相同，但户名不同的客户和客户号不为 15 位和 18 位和虽为 15 位和 18 位但不符合身份证编码规律的开户信息，形成"开户信息不符中间表"。将"活期存款余额主档"与"活期存款账户主档"合并，条件为两个表的账号相同且账户状态 = "1"（正常），形成活期存款中间表。以客户号为条件，将活期存款中间表和开户信息不符中间表进行合并，形成"个人活期存款实名制不符信息中间表"。

步骤二：将"定期存款账户余额信息"与"定期存款账户控制文件"合并，条件为两个表的账号相同且账户状态 = "1"。"定期存款账户余额信息"中选取的字段有：账号、当前余额、归属网点、开户日期、账户状态，"定期存款账户控制文件"中选取的字段：开户证件号码、账户全名，结果生成为"定期存款中间表"。以客户号为条件，将"开户客户号不符表"与"定期存款表"相关联，条件为客户号相同，结果形成"个人定期存款实名制不符信息表"。

步骤三：根据"个人活期存款实名制不符信息表"、"个人定期存款实名制不符信息表"，由审计人员调阅相关资料，作现场核查，确定违反实名制违规开立的账户。

审计模型数据来源：开销户登记簿，活期存款余额主档，活期存款账户主档，定期存款账户控制文件，定期存款账户分户余额信息。

二、保证金账户资金来源风险测试模型设计

审计模型分析思路：《规范和加强辖内商业银行票据业务的指导意见》（浙银监发〔2005〕196号）规定，严禁发放贷款作为票据业务保证金。商业银行应严格执行《中华人民共和国商业银行法》有关规定，对借款人的借款用途进行严格审核，并加强对信贷资金使用情况的监督检查。严禁发放贷款作为保证金或转为定期存款出质，用于办理票据业务。我们可以通过对存款保证金的资金来源进行分析，判断资金来源是否来自贷款资金或者是贷款资金转入第三者账户后转入自己账户，而后用于承兑汇票保证金存款。

审计模型设计方法：

步骤一：从贷款分户明细文件中筛选出某时间段发放的贷款，并与活期存款账户交易明细表相关联，生成某时间段的贷款户的活期存款交易明细中间表。

步骤二：从活期存款交易明细中间表中筛选出对方账号包含（'281'，'283'）的账号和明细。

步骤三：对贷款发放7天（具体时间可根据审计需要进行调整）后的资金流向进行跟踪分析，设置筛选条件，将保证金账户的资金来源于贷款的相关账户列出，并结合实际作现场核查。如是借记卡或贷款卡的，还需要找出相对应的活期存款账号。

审计模型数据来源：活期存款账户交易明细表，活期存款账户主档，借记卡信息主档文件，定期存款账户控制文件，普通贷款分户文件，贷款分户明细文件。

三、期末存款真实合规性风险测试模型设计

审计模型分析思路：期末存款真实性测试主要审查农村合作金融机构是否正确划分存款类别、是否真实反映其期末存款余额和经营成果等。农村合作金融机构由于种种需要（如内部考核），在年末、月末人为调节存款的现象比较普遍。其主要做法：一是在年末或月末通过联行、银行汇票、往来科目等手法调增或调减企业、个人存款，在下月初或年初再用相反的手法调整过来，从而达到调整考核指标的目的。二是通过空存空取或空取空存来调增或调减企业、个人存款，在下月初或年初再用相反的手法调整过来，从而达

到调整考核指标的目的。三是通过发放贷款来增加存款,在月末集中发放贷款,月初收回贷款的方式虚增存贷款。或者通过贷款转存定期存款后,又再质押贷款或贷款资金,用于签发银行承兑汇票保证金。四是年末隐匿存款降低基数,年初存回。如在年末利用大额现金取出,年初存入或是通过银联POS、同城票据交换的方式压低存款考核基数。五是为完成储蓄存款考核任务,月末将对公存款人为转为储蓄存款。

审计模型设计方法(主要针对发放贷款虚增存款设计):

步骤一:通过查询普通贷款分户文件,列出×××年××月××日(具体时间可由审计人员设定)后发放的所有普通贷款分户文件的机构号、客户名称、贷款用途、发放日期、到期日期、发放金额、贷款余额、上次还款日期,信贷员等,生成某时间段的新发放贷款中间表。

步骤二:以新发放贷款中间表为条件,输出每月25日后发放,次日10时前收回且时间为7天内的普通贷款分户文件,并生成违规问题线索__月末发放月初收回贷款中间表。

步骤三:对活期账户交易明细表进行分析,掌握贷款入账后,在7天(具体时间可由审计人员设定)内提前还款的数据,结合支行考核指标,现场验证月末放贷虚增存款的事实。

审计模型数据来源:活期存款余额主档,活期存款账户主档,活期存款账户交易明细,定期存款账户控制文件,定期存款账户分户余额信息。

四、账户大额和可疑交易风险测试模型设计

审计模型分析思路:《金融机构大额交易和可疑交易报告管理办法》(中国人民银行令〔2006〕第2号)第九条规定:金融机构应当向中国反洗钱监测分析中心报告下列大额交易:

(一)单笔或者当日累计人民币交易20万元以上或者外币交易等值1万美元以上的现金缴存、现金支取、现金结售汇、现钞兑换、现金汇款、现金票据解付及其他形式的现金收支。

(二)法人、其他组织和个体工商户银行账户之间单笔或者当日累计人民币200万元以上或者外币等值20万美元以上的款项划转。

(三)自然人银行账户之间,以及自然人与法人、其他组织和个体工商户银行账户之间单笔或者当日累计人民币50万元以上或者外币等值10万美

元以上的款项划转。

（四）交易一方为自然人、单笔或者当日累计等值 1 万美元以上的跨境交易。

累计交易金额以单一客户为单位，按资金收入或者付出的情况，单边累计计算并报告，中国人民银行另有规定的除外。

中国人民银行根据需要可以调整第一款规定的大额交易标准。

审计模型设计方法：我们可以从每天的会计流水文件（A）中根据账号计算当日现金收付发生额，从而找出可疑交易。

步骤一：从每天的会计流水文件（A）中筛选出所有的交易账号除内部账外的现金交易，从活期存款账户主档、定期存款账户控制文件中找出对应的户名，插入会计流水文件，形成流水中间表。

步骤二：从流水中间表中分账号累计当天现金收付发生额。

步骤三：对得出的结果结合实际情况进行分析。

审计模型数据来源：会计流水文件（A），活期存款账户主档，活期存款账户交易明细，定期存款账户控制文件。

五、个人累计开户超十户风险测试模型设计

审计模型分析思路：由于银行对账户异常资金变动监控不严，导致利用个人储蓄账户公款私存或从事洗钱等违法活动。如一人开立多个账户，且账户资金交易频繁、集中，每笔资金量较大但控制在适度的范围内，故意逃避监管；有意化整为零，一人控制多个账户，采用蚂蚁搬家的方式，实现大规模资金转移；等等。

审计模型设计方法：

步骤一：从活期存款账户主档中统计出账户状态为'1'（正常）且开户证件号码大于 10 次的记录，形成同一证件开多账户清单中间表。

SQL 查询语句（参考）：/＊根据账号、客户内码、户名、开户证件号、开户日期创建活期账户清单中间表＊/

SELECT 账号，客户内码，账户全名，开户证件号码，开户日期 INTO HQZHQD_ ZJB

FROM 活期存款账户主档

WHERE 账户状态 ='　1'　AND 开户证件号码

IN

(SELECT 开户证件号码

FROM 活期存款账户主档

WHERE 账户状态 = '1'

GROUP BY 开户证件号码

DBO. ID_ ZH (开户证件号码)

HAVING COUNT (*) >=10)

步骤二：把同一证件开多账户清单中间表和借记卡信息主档（改成"活期存款余额主档"）文件相联，条件为账号相同。

SQL 查询语句（参考）：/*根据活期账户清单中间表创建活期账户明细表（从'活期存款余额主档'中获取字段日切余额－余额）*/

SELECT A. 账号，A. 客户内码，A. 账户全名，A. 开户证件号码，A. 开户日期，B. 日切余额 INTO HQZHMX FROM HQZHQD_ ZJB A INNER JOIN (SELECT 账号，日切余额 FROM 活期存款余额主档 WHERE 账户状态 = '1'）ZHYE B ON A. 账号 = B. 账号

步骤三：根据筛选结果，结合实际情况进行排查。

SQL 查询语句（参考）：SELECT * FROM HQZHMX

审计模型数据来源：活期存款账户主档；借记卡信息主档文件。

第三节　应用实例

一、怎样发现人为调节存贷款问题

【审计目标】近年来，中央银行为控制流动性过剩，多次上调准备金率，实行从紧的货币政策。为追求市场份额和扩大规模，将存款考核指标与职工个人奖金、行政职务等进行挂钩，致使部分基层行社为完成任务，获取奖金，出现了利用中间业务带动存款，通过贴现转存、同业存款转存、存单质押等各种方式取得企业的存款，并按约定的比例对存款企业进行放贷的情况，甚至在月末放贷（一般金额较大），以贷转存，月初收回。通过"突击放贷"的方式调整月、季、年末存贷款规模，造成指标反映不真实，信息失

真。下面分析并验证农村合作金融机构人为调节存贷款问题。

【分析建模】

1. 审计思路。《中国人民银行关于严格禁止高息揽存、利用不正当手段吸收存款的通知》（银发〔2000〕253 号）第二条规定，"……不得以发放贷款形式增加存款"。2010 年初，审计组对某农村合作金融机构领导人进行经济责任审计时，发现该行当年存款增长迅速，且存在着月底增、月初降的显著特点。经查询，该行的相关考核指标主要是以月末、年末等时点存贷款指标完成数为准，于是审计组人员决定以月末时点数入手，以存款总量这个可能存在人为调节存款的方面为审计重点，建立分析模型对该行存款的真实性进行审计。

2. 数据准备。审计主要分析普通贷款分户文件、活期存款账户主档、活期存款余额主档、活期存款账户交易明细表等表。

3. 审计过程：

步骤一：通过查询普通贷款分户文件，列出 2010 年 1 月 1 日后发放的所有普通贷款分户文件的机构号、客户名称、贷款用途、发放日期、到期日期、发放金额、贷款余额、上次还款日期、信贷员等，并输出到普通贷款分户文件中间表。

SQL 查询语句（参考）：SELECT 机构号，客户名称，贷款用途，发放日期，到期日期，发放金额，贷款余额，CAST（上次还款日期 AS DADE-TIME）AS 上次还款日期，信贷员 INTO A 中间表 1 FROM（SELECT 机构号，客户号，客户名称，贷款用途，CAST（发放日期 AS NVARCHAR（8））AS 发放日期，到期日期，CAST（上次还款日期 AS NVARCHAR（8））AS 上次还款日期，发放金额，贷款余额，信贷员 FROM 普通贷款分户文件 WHERE（a. 发放日期 ＞＝'2010－01－01'）AND 发放日期 ＜＞'0'AND 上次还款日期 ＜＞'0'）DERIVEDTBL

步骤二：筛选普通贷款分户文件中间表中每月 25 日后发放，次日 10 时前收回且时间为 7 天内的普通贷款分户文件。列出机构中文名称、客户名称、贷款用途、发放日期、到期日期、发放金额、贷款余额、上次还款日期、信贷员，并将结果输入到中间表违规问题线索_ 月末发放月初收回贷款。

SQL 查询语句（参考）：SELECT c. 机构中文名称，a. 客户名称，贷款

用途，CONVERT（CHAR（10），a. 发放日期，120）AS 发放日期，a. 到期
日期，a. 发放金额，a. 贷款余额，CONVERT（CHAR（10），a. 上次还款日
期，120）AS 上次还款日期，b. 柜员姓名 AS 信贷员 INTO 违规问题线索_
月末发放月初收回贷款 FROM a 中间表 1 a INNER JOIN 机构信息表 c ON a.
机构号 = c. 机构号 INNER JOIN 柜员信息文件 b ON a. 信贷员 = b. 柜员号
WHERE（a. 发放日期 > = ' 2009 – 01 – 01'）AND（DATEDIFF（DAY，a.
发放日期，a. 上次还款日期）< = 7）AND（a. 上次还款日期 < > ' 1899 –
12 – 31'）AND（a. 贷款余额 = ' 0'）AND（DAY（a. 发放日期）> =
' 25'）AND（DAY（a. 上次还款日期）< ' 10'）ORDER BY a. 客户名称，
a. 机构号，a. 信贷员，a. 发放日期

步骤三：对与活期存款账户交易明细表对应的相关明细进行分析，掌握
贷款入账后资金有否使用或流出银行。经核查违规问题线索_ 月末发放月初
收回贷款表，共有 2. 3 亿元贷款，实际贷款资金入账后，均未流出，全部在
7 天内提前还款。经与相关信贷资料和贷款户活期存款交易明细等文件的核
查，确证月末放贷虚增存款的事实。该行所属支行为了完成存款考核指标，
提高经营业绩和套取效益工资，通过突击放贷的形式，由贷款人支付一定的
利息，而在今后的贷款中使用优惠利率予以弥补的方式，大量人为调节存款
规模，影响了会计信息和金融统计基础数据的真实性。

【案例分析】建立分析模型的关键点是结合电子数据的特点和规律，掌
握业务的流程和可能存在的问题的最主要特征。在本案例中，由于农村合作
金融机构的各项经营指标完成情况考核与会计周期是相一致的，因此人为调
节存款的问题主要集中在月末或年末，只要从贷款资金的实际使用情况入
手，抓住主要特征，利用相关语句、表、字段等建立分析模型，可以比较容
易发现异常，进而揭露问题。

二、怎样发现违规开立的银行账户

【审计目标】银行存款账户开立必须有足够的证明文件，主要是开户单
位的营业执照号、法定代表人的身份证号、开户许可证号等要素齐全；个人
账户的开立要执行实名制，并在客户账中核算。通过分析并验证农村合作金
融机构自身有无利用其便利条件，违规开立银行账户，验证并查找出银行异
常或有疑点的用于"小金库"和调节存款的违规账户。

【分析建模】

1. 审计思路：将表内分户账核算存款客户账的所有账户列出，并列出内部账明细文件中交易频繁、交易额度较大的账户。将活期存款账户主档中的户名不符合一般性规范的账户列出，如大于四个字，或少于一个字，以及不含具体单位名称的记录，确保身份证号不为空并符合验证规律。通过活期存款账户主档查找银行自身违规开立的账户，如户名中含"银行"、"办公室"、"信贷"、"财务"、"风险"、"罚款"等银行职能的账户。

2. 数据准备：审计主要分析活期存款账户主档；活期存款余额主档；活期存款账户交易明细表；表内分户账文件；内部账明细文件。

3. 审计过程：

步骤一：根据规定，在金融机构开立银行账户必须实名制，一般单位名称中含有"厂"、"公司"、"局"等。从表内分户账文件中筛选出户名中含有"户"、"银行"、"办公室"、"信贷"、"财务"、"风险"、"罚款"等，且账号的9到12位是（'2011'，'2111'，'2151'）的记录存为"银行内部开户可疑户名中间表"。

SQL查询语句（参考）：SELECT 账号，科目号，户名，余额方向，当前余额，明细笔数，最后更新日期，账户状态 INTO 风险关注数据_ 表内分户账核算存款账表 FROM 表内分户账文件 WHERE（SUBSTRING（账号，9，4）in（'2011'，'2111'，'2151'）AND（账户状态 = '1'））

SELECT 账号，科目号，户名，余额方向，当前余额，明细笔数，最后更新日期，账户状态 INTO 银行内部开户可疑户名中间表 FROM 风险关注数据_ 表内分户账核算存款账 WHERE 户名 LIKE '%另户' OR 户名 LIKE '%零户%' OR 户名 LIKE '%散户%'

步骤二：对活期存款账户主档进行分析，在分析的基础上发现存在以"另户"、"零户"、"散户"、"银行"、"办公室"、"信贷"、"财务"、"风险"、"罚款"等为户名的存款账户记录。从"银行内部开户可疑户名中间表"中筛选出户名中含有"另户"、"零户"、"散户"、"银行"、"办公室"、"信贷"、"财务"、"风险"、"罚款"等的存款账户记录，存为"活期存款账户可疑户名中间表"。

SQL查询语句（参考）：SELECT 账号，科目号，户名，余额方向，当前余额，明细笔数，最后更新日期，账户状态 INTO 活期存款账户可疑户名中间表 FROM 活期存款账户主档 WHERE 户名 LIKE '％银行％' OR 户名 LIKE '％办公室％' OR 户名 LIKE '％罚款％'

步骤三：将风险关注数据_ 表内分户账核算存款账表与内部账明细文件按账号进行关联，生成风险关注数据_ 内部账核算存款账户大额交易明细表。

SQL 查询语句（参考）：SELECT ∗ INTO 风险关注数据_ 内部账核算存款账户大额交易明细表 FROM 内部账明细文件 WHERE 账号 IN（SELECT 账号 FROM 风险关注数据_ 表内分户账核算存款账表）AND 发生额 >10000

步骤四：将活期存款账户可疑户名中间表与活期账户交易明细按账号进行关联，生成风险关注数据_ 活期存款账户可疑户名交易明细表。

SQL 查询语句（参考）：SELECT ∗ INTO 风险关注数据_ 活期存款账户可疑户名交易明细表 FROM 内部账明细文件 WHERE 账号 IN（SELECT 账号 FROM 活期存款账户可疑户名中间表）

步骤五：对筛选出有疑点的存款账户进行查证落实，抽查相关原始凭证，查明有疑点的异常账户是谁在操作使用、资金的来源及去向。

【案例分析】对某农村合作金融机构 2006 年度资产负债损益加以审计，在数据分析时发现，该农村合作金融机构有些活期存款账户在内部账中核算，但实际在报表中反映为客户存款账，身份证号码为空，且户名分别以"散户"、"另户"等开立，并存在调节内部账、企业账户资金流入该账户的情况。

1. 发现以"散户"为户名的活期存款账户用于调节低成本存款、调节利润，其中 2006 年，该支行冲减三笔利息收入合计 51.98 万元转入该账户，年底又将这三笔利息收入转回利息收入账户，该账户 2006 年年底余额为 164.92 万元，实施利润调节。以此为线索，发现一员工利用该账户是由内部人掌握操纵、知者甚少、缺少内控的可乘之机，盗取该账户 48 万元现金长达 2 年多时间的案件。犯罪嫌疑人已移交公安部门查处，被盗资金已悉数追回。

2. 以"零户"为户名的内部账账户调节利润、转移收入。2002—2005 年，该机构将部分利息收入转入该"零户"账户藏匿，2006 年，为躲避在相关检查时被发现，又将以前年度藏匿下来的利息收入 97.5 万元资金转移到一个冒用被注销账户的企业名称开立的账户中继续藏匿。审计发现后，该机构将被转移的账外资金全额计入利息收入，并撤销了违规开立的账户。

3. 发现表内分户账核算存款账的情况，容易出现内部人员违规操作账户或内外勾结违规操作结算账户资金行为。主要原因是原信用站撤并时相应的数据未能移植到综合业务系统。审计发现后，该机构立即着手进行补录工作，并将全部数据移植到业务系统，以防范内部核算客户账带来的风险。

本案例对农村合作金融机构客户账的相关数据进行分析，筛选出户名异常、客户身份证号异常等数据，现场审计时对有疑点的存款账户进行查证落实，抽查相关原始凭证，查明有疑点的异常账户是谁在操作使用、资金的来源及去向。

三、怎样发现保证金存款源于贷款

【审计目标】根据《规范和加强辖内商业银行票据业务的指导意见》（浙银监发〔2005〕196 号）的规定，严禁发放贷款作为票据业务保证金。商业银行应严格执行《中华人民共和国商业银行法》有关规定，对借款人的借款用途进行严格审核，并加强对信贷资金使用情况的监督检查。严禁发放贷款作为保证金或转为定期存款出质，用于办理票据业务。通过对存款保证金的资金来源进行分析，判断资金来源是否来自贷款资金或者是贷款资金转入第三者账户后转入自己账户，而后用于承兑汇票保证金存款。

【分析建模】

1. 审计思路：从贷款分户明细文件中筛选审计期间发放的贷款，与活期存款账户交易明细表相关联，生成某时间段的贷款户的活期存款交易明细中间表；从中间表中筛选出对方账号包含‘281’，‘283’的账号和明细；针对贷款发放 N 天（具体时间根据审计需要进行调整）后的资金流向进行跟踪分析，设置筛选条件，将保证金账户的资金来源于贷款的相关账户列出，并结合实际作现场核查。如是借记卡或贷款卡的，还需要找出相对应的活期存款账号。

2. 数据准备：审计主要分析活期存款账户交易明细表、活期存款账户主档、借记卡信息主档文件、定期存款账户控制文件、普通贷款分户文件、贷款分户明细文件。

3. 审计过程：

步骤一：从贷款分户明细文件中筛选出审计时间段发放的贷款，如是借记卡或贷款卡的，还需要找出相对应的活期存款账号，生成贷款分户明细临时表。

SQL 查询语句（参考）：SELECT 贷款合同号，客户内码 CONVERT（VARCHAR（26），CONVER（VARCHAR（10），CAST（CONVERT（CHAR（10），交易日期，120）AS DATETIME），120）＋''＋交易时间，126）AS 交易日期，交易本金，对方账号 INTO #贷款分户明细临时表 FROM 贷款分户明细文件 WHERE 摘要码＝'5103' AND CONVERT（CHAR（10），交易日期，120）BETWEEN 审计开始日期 AND 审计结束日期 AND 记录状态＝'1'

UPDATE #贷款分户明细临时表 SET A. 对方账号＝B. 基本账号 FROM #贷款分户明细临时表 A，借记卡信息主档文件 B WHERE A. 对方账号＝B. 卡号

步骤二：把贷款分户明细临时表和活期存款账户交易明细表相关联，生成某时间段的贷款户的活期存款交易明细中间表。

SQL 查询语句（参考）：SELECT A. ＊，B. 交易金额 AS 支取金额，B. 交易余额 AS 支取后余额，B. 对方账号 AS 支取转入账号，B. 交易柜员，B. 交易机构，CONVERT（CHAR（20），交易时间，120）AS 支取时间，柜员流水号 AS 柜员流水号 INTO 活期账户交易明细临时表 FROM #贷款分户明细临时表 A，活期账户交易明细表 B WHERE A. 对方账号＝B. 账号 AND B. 交易金额 BETWEEN A. 交易本金 AND（A. 交易本金＊10/100＋A. 交易本金）AND CONVERT（CHAR（10），A. 交易时间，120）BETWEEN CONVERT（CHAR（10），B. 交易日期，120）AND DATEADD（DAY，贷款发放后10天，CONVERT（CHAR（10），B. 交易日期，120））AND 借贷标志＝'1' AND CONVERT（CHAR（20），交易时间，120）＞B. 交易日期

步骤三：从活期存款交易明细临时表中筛选出对方账号包含（'281'，'283'）的账号和明细。

SQL 查询语句（参考）：SELECT DISTINCT A. ＊，B. 账户全名 AS 转入户名 INTO #转入保证金账户的贷款排查 FROM 活期账户交易明细临时表 A，活期存款账户主档 B WHERE SUBSTRING（支取转入账号，1，3）＞＝'281' AND SUBSTRING（支取转入账号，1，3）＞＝'283' AND A. 支取转入账号＝B. 账号

步骤四：对贷款发放 10 天（具体时间可根据审计需要进行调整）后的资金流向进行跟踪分析，设置筛选条件将保证金账户的资金来源于贷款的相关账户列出，并结合实际作现场核查。

【案例分析】建立分析模型的关键点是结合电子数据的特点和规律，掌握业务的流程和可能存在的问题的最主要特征。在本案例中，根据资金流向，只要从贷款资金的实际使用情况入手，抓住主要特征，利用相关语句、表、字段等建立分析模型，就可以比较容易地发现异常进而揭露问题。

第五章 贷款业务的计算机审计（对公贷款）

第一节 对公贷款业务主要风险点分析

一、对公贷款主要业务介绍

对公贷款是指以农村合作金融机构为提供主体，以法人和其他经济组织等非自然人为接受主体的资金借贷或信用支持活动。对公贷款业务是农村合作金融机构的重要资产业务，是农村合作金融机构取得利润的主要途径。对公贷款业务的规模和结构，对农村合作金融机构的经营成败具有重要意义，其经营的结果直接影响农村合作金融机构安全性、流动性和盈利性目标的实现。

对公贷款按贷款用途可分以下两种：一是固定资产贷款，固定资产贷款也称固定资金贷款，是用于借款人建筑、安装、维修、更新改造固定资产的贷款，包括基本建设贷款和技术改造贷款。基本建设贷款是针对实行独立核算并具有偿还能力的各类企业和国家批准的建设单位在当地经营性的建筑、安装、工程建设进程中，因自筹资金不足而发放的贷款。它主要适用于在新建、改建和扩建工程中发生的建筑安装工程费用以及设备、工程器具和其他所有费用。技术改造贷款是对符合贷款条件的企事业单位进行技术改造、设备更新和与之关联的少量土建工程所需资金不足而发放的贷款。二是流动资金贷款，流动资金贷款是针对企业在生产经营过程中的周转资金需要而发放的贷款。根据贷款期限的不同，可分为短期流动资金贷款和中期流动资金贷款。

对公贷款按贷款保证方式的不同可分为以下三种：一是信用贷款，信用贷款是指凭借款人信誉发放的贷款。其最大的特点是不需要保证和抵押，仅凭借款人的信用就可以取得贷款。信用贷款风险较大，发放时需从严掌握，一般仅向实力雄厚、信誉卓著的人发放，期限相对较短。二是担保贷款，担保贷款包括保证贷款、抵押贷款和质押贷款。保证贷款是指以第三人承诺在借款人不能偿还贷款时，按约定承担一般保证责任或者连带保证责任而发放的贷款。农村合作金融机构一般要求保证人提供连带责任保证。抵押贷款是指以借款人或第三人财产作为抵押发放的贷款。如果借款人不能按期归还贷款本息，农村合作金融机构将行使抵押权，处理抵押物以收回贷款。质押贷款是以借款人或第三人的动产或权利作为质押物发放的贷款。三是票据贴现，票据贴现是指农村合作金融机构以购买借款人未到期商业票据的方式发放的贷款，即票据收款人在票据到期以前将票据权利转让给农村合作金融机构，并贴付一定利息从农村合作金融机构取得现款的一种短期融资方式。实质上是农村合作金融机构以票据为担保而对持票人发放的一种贷款。

对公贷款业务流程主要包括贷款申请与受理、贷款调查及授信、贷款审查及审批、贷后管理、贷款归还和结息等环节。

（一）贷款申请与受理

贷款申请。借款人向农村合作金融机构申请贷款时，应按要求填写并提交由农村合作金融机构统一印制的相关借款申请书。

贷款初审。信贷人员根据当前国家产业与金融政策、行业与内部规章制度等要求，对借款申请人是否符合贷款条件进行初步审查。如符合贷款条件，则要求借款人进一步提供以下资料：

1. 借款人及担保人基本情况。包括有效营业执照（经营许可证）正本及复印件、法人代码证、税务登记正本及复印件、资信等级证书正本及复印件。

2. 借款人、担保人的贷款卡。

3. 借款人及担保人的法定代表人资格确认书、个人身份证正本及复印件。若是授权办理，相应提供有效授权代理委托书和受权人身份证正本及复印件。

4. 借款人及担保人上年度财务报告和申请借款前一期的财务报表（包括资产负债表、损益表、现金流量表等）。

5. 借款人、担保人实行董事会制的，如有限责任公司、股份制企业等，应提供董事成员名单、公司章程、经董事会董事成员签字的有效借款决议书。

6. 承包和租赁企业应分别有发包方或出租方同意借款的书面证明。

7. 申请抵（质）押贷款的，应提供抵（质）押物的有关权证和有处分权人同意抵押、质押的书面意见。

8. 如申请技改或中长期（项目）贷款，借款人还应提供以下资料：

（1）项目建议书和项目可行性报告；

（2）有权部门同意立项的批文；

（3）在开户农村合作金融机构存入规定比例资金的证明；

（4）经有权单位批准的项目扩初设计；

（5）按规定项目竣工投产所需自筹流动资金落实情况的证明材料；

（6）贷款人认为需要提供的其他资料（如土地征用手续和批文，有关技术经济协议，新产品鉴定书，供水、供电、供气、消防、环保等部门的证明和批文等）。申请住房开发贷款的，借款人还应提供国有土地使用权证、建设用地规划许可证、建设工程规划许可证、建设工程施工许可证。

贷款受理。农村合作金融机构接到借款人的上述资料后，即进入贷款受理程序，由分管信贷员按规定对借款人提交的资料进行初审。

（二）贷款调查及授信

农村合作金融机构在受理借款人的借款申请后，要对借款人的主体资格、资信等级、偿债能力、经营效益以及贷款的安全性、流动性、效益性等情况进行调查分析，核实担保情况，并在此基础上预测贷款风险程度。

信贷人员接到借款人借款申请书及相关规定的材料后，要充分利用各种资源，对借款人所提供的材料进行审查、分析、比对，并在规定时间内完成申请材料的调查审核工作。审核调查至少应包括以下内容：

1. 借款人营业执照注册地或实际经营场所是否在本农村合作金融机构业务经营范围内；

2. 借款人主体是否合法（工商企业、私营企业、外资企业及个体户应持有有效的工商营业执照；其他经济组织应有当地政府或行业主管部门的批准文件），借款人经营的内容是否符合国家法律、法规和政策所规定的范围；

3. 借款人是否在农村合作金融机构开立基本账户或一般存款账户，资金结算情况如何；

4. 借款企业法定代表人（关联企业）或实际经营者以自然人个人名义在本系统内有无贷款，资信状况如何；

5. 借款人有无合法有效的贷款卡，有无不良信用记录；

6. 借款企业有无完整的财务制度，能否按时报送资产负债表、损益表等有关财务数据资料；

7. 借款人是否有按国家行业管理规定、产业政策要求比例的自有资金；

8. 借款人申请的贷款用途是否符合当前国家产业政策和农村合作金融机构的信贷政策。

信贷人员根据审核情况对借款申请人是否符合贷款条件作出初步判断。凡借款人不符合贷款条件的，应说明理由，并及时告知借款人；如基本符合贷款条件的，则进行实地调查。

实地调查。实地调查主要是对借款人情况作进一步的了解和核实，即对借款人的经营管理状况、资产与负债构成、产品盈利能力、企业发展前景及对保证人或抵（质）押人、抵（质）押物等方面情况进行全面调查，具体内容至少应包括以下几个方面：

1. 借款人的组织机构和管理情况，主要由企事业单位的股东构成，法定代表人或实际经营者的品质、经营管理能力、工作经验及员工的综合素质情况；企业法定代表人与主要经营者是否为同一自然人。

2. 借款人生产的产品、经营的范围是否合法，近几年产品销售和经营收入情况，产品的市场销售发展前景及预测盈利能力如何。

3. 借款人的固定资产、流动资产、负债情况及经营环境（土地、用水、用电、用气、交通、环保等）配套情况如何。

4. 借款人资金需求额度与实际所需流动资金是否合理，还款计划和资金来源是否合理。

5. 借款人的法定代表人或实际经营者及其家庭主要成员情况。

6. 保证人的主体是否合法，保证意愿是否真实，是否具有代为清偿债务的能力，是否能独立承担民事责任；保证人是否有合法有效的贷款卡；保证人为合伙企业的应核实是否能取得全体合伙人的书面同意保证意见书。

7. 抵（质）押人所提供的抵（质）押是否已经征得抵（质）押物所有权人的书面同意，有共有权人的同时应征得共有权人的书面同意。

8. 抵押物是否属国家法律规定所允许，抵押物是否属抵押人所有，产权是否明晰，抵押物能否依法登记。

9. 对抵押物按近期的市场变现价估价，并按规定抵押率测算抵押限额。

10. 有价证券质押，必须是可转让的有价证券（限国债、存单），并查明质押物是否属质押人所有。

信贷人员在完成上述贷前调查工作的基础上，按照省农村信用社联合社规定的格式撰写完成贷款调查报告（对中长期贷款还必须提交项目论证报告）后，填写"借款审批书"，在调查人意见栏中签署调查意见后，提交审查人进行审查，并按规定程序和权限进行审批。调查报告内容至少应包括：

1. 基本情况。阐述贷款客户的基本情况，主要应有：

（1）企业主要股东和实际经营者情况，包括实际经营者的品行、信誉情况、不良嗜好以及其他可能影响贷款安全的因素；

（2）关联企业基本情况；

（3）企业所从事行业的特点及景气程度；

（4）目前是否存在诉讼及合同纠纷等足以影响贷款安全的重大事件。

2. 经营情况。主要结合贷款风险五级分类的有关指标及要求分析评价企业目前的经营情况，了解和说明企业贷款后的第一还款来源的强弱：

（1）基本财务状况分析，主要对企业目前的资产、负债结构进行分析；

（2）销售情况分析，对企业现有主要产品的市场前景进行分析；

（3）对企业总体盈利能力情况及主要产品盈利能力情况进行分析，尤其是要测算其净现金流量；

（4）对企业总体及产品前景进行分析。

3. 贷款项目情况：

（1）阐明企业要求新增贷款的原因；

（2）贷款投入后对企业的促进作用；

（3）贷款担保情况，并对第二还款来源的强弱作出评价；

（4）企业未来资金需求情况分析；

（5）可能存在的影响贷款安全的因素。

4. 贷款综合效益分析，主要分析贷款后对农村合作金融机构本身带来的总体效益，如存、贷款情况及中间业务情况。

5. 调查人意见：明确表达是否同意贷款的意见（含贷款条件）及理由。

在"借款审批书"上，调查人员至少应对拟发放贷款的金额、利率、期限、用途及贷款方式提出初步意见，并说明同意发放贷款的简要理由。

对借款人为企业和其他经济组织的实地调查，应坚持双人调查原则。

农村合作金融机构应按照中国人民银行《商业银行授权、授信管理暂行办法》（银发〔1996〕403号）以及《商业银行实施统一授信制度指引（试行）》等有关规定，认真做好客户授信工作。

（三）贷款审查及审批

贷款审查内容至少应包括：

1. 对贷款调查人员提出的贷款金额、期限、利率、用途、方式的科学合理性进行审核；

2. 审查借款人是否按要求提供了相关材料；

3. 对贷款调查人提供的调查报告等资料进行审核，确定提交审查的材料是否全面、完整，调查人提出的观点是否有充分的佐证材料，是否客观合理；

4. 审查贷款是否符合国家经济、金融政策以及系统内部信贷政策和制度的规定要求；

5. 其他。

对借款经办人合法性的审查内容至少应包括：必须审查借款经办人是否是该企事业单位的法定代表人（负责人）或经过法定代表人（负责人）书面授权委托代理人，是否在授权范围、时效内凭经办人本人有效身份证明办理借款手续。

贷款额度的确定。贷款额度应按照借款人的合理资金需求、偿还能力及贷款人信贷计划实际，对照银监部门的有关规定，根据区别对待、择优扶持、保证重点的原则来确定。同时至少应考虑以下因素：

1. 农业生产、种养殖业贷款余额与借款人经营项目一次性生产周期商品出售收入比例情况；

2. 农村工商企业、私营企业、个人独资企业等企事业单位短期流动资金贷款余额与生产经营全部流动资金比例情况；

3. 农业、工商企业中长期固定资产贷款额与技改、新建项目总投资额比例情况；

4. 对企业授信后，单笔贷款金额按企业实际需要情况及担保落实情况合理确定，但最高余额不得超过授信额度。其他专项性贷款按有关规定办理。

贷款期限的确定。贷款期限应根据贷款用途、生产周期、还款的资金来源等因素综合考虑确定。

贷款利率的确定。贷款利率应严格按人民银行以及省农村信用社联合社制定的利率政策执行，并坚持按贷款风险与贷款利率对等的原则进行确定。

贷款审批应当按照审贷分离、分级审批的贷款管理制度进行。贷款审批原则上应按照以下程序办理：

1. 属信贷人员审批权限内的贷款：经对借款人、担保人审查后，在符合贷款条件的基础上，根据贷款调查结果，信贷调查人员在借款审批书上签署贷款审批意见。然后与借款人、担保人签订借款、担保合同，按规定经审查人员审查通过后，在借款、担保合同上盖章并发放贷款。

2. 属超信贷人员审批权限的贷款：由信贷人员根据实地调查结果撰写贷款调查报告，并在"借款审批书"上签署调查人意见，经审查人员按上述第十二条规定进行审查并通过后，逐级上报，经有权审批人审批同意后，与借款人、担保人签订借款合同，并发放贷款。

签订借款合同。所有贷款均应由贷款人与借款人、担保人签订借款、担保合同，抵（质）押借款合同的抵（质）押物必须依法向有关部门办妥抵押物登记手续。

1. 保证贷款应由贷款人与借款人、保证人三方同时到达贷款人营业机构，现场签订保证借款合同，并签字盖章，书面授权委托书必须事先在贷款人、法定代表人、授权委托代理人三方见面下签订。保证人为企事业单位且其法定代表人（负责人）无法亲自到场的，可由经法定代表人授权委托的经办人签字盖章。信贷经办人负责监督相关办理贷款的全部手续，并对办理贷款全过程的有效性负责。

2. 以房地产作抵押的，必须持有房地产管理部门核发的房产所有权证和土地使用权证，经房地产、土地管理部门办理抵押登记后生效。对共有房产作抵押的，房产共有人必须全部到场在抵押合同上签字盖章。

3. 对以城区、主要集镇临街（路）房产作抵押，最高抵押率一般不得超过抵押物市场评估价的70%，其他镇、村所在地房产经信贷人员察看后认为易变现的，抵押率一般不得超过抵押物评估价的60%。

4. 以单独国有土地使用权作抵押时，必须具备土地使用权证，并经土管部门办理抵押登记，最高抵押率一般不得超过抵押物现值评估价的60%。

5. 以企业设备作抵押的，需经财产所有权人的书面同意，经工商部门办理抵押登记手续，抵押率最高一般不得超过账面净值或市场变现价的40%。

6. 个人储蓄存单（含外币储蓄存单）作质押物时，应向签发存单的金融机构进行查询证实，并取得中止挂失及支付存款的书面回复函件后，方可办理质押手续。如存单所有权人为第三人的，其所有权人应到场办理质押手续，并在借款合同上签字盖章。质押物由贷款人保管。

个人储蓄存单质押贷款额不得超过存单面额的90%，外币存单质押贷款额不得超过存单面额的80%；以国债质押的贷款额不得超过国债面额的90%，其中记名国债质押应向有关部门办理登记手续。

其他权利质押的贷款必须报经有权人审批。

借款合同及凭证的填写与保管。填写借款合同及凭证都必须使用签字笔或钢笔，不得使用圆珠笔、铅笔或其他笔，并按规定要求借款人、担保人在有关凭证上签名、盖章。在贷款手续完整的基础上，信贷人员要及时记载贷款登记簿。信贷档案的管理根据信贷档案管理办法执行。

1. 借款申请书应由借款人自己填写（可委托除农村合作金融机构工作人员外的其他人填写），内容必须填写完整。

2. 借款合同由信贷人员或借款人填写，内容必须填写完整，字迹工整。

3. 有限责任公司、股份有限公司担保贷款，须填写董事会同意抵（质）押、保证意见书。有限责任公司按公司章程规定的董事人数在意见书上签名，股份有限公司按全体董事人数超过半数签名，合伙企业需全体合伙人员签名。如特种行业财产抵押，必须经有权管理部门同意后在合同中约定经营权一并抵押。有限责任公司借款，一般应追加借款人或担保人的法定代表人或者实际经营者或主要股东作为第二担保人，在借款人、贷款人、担保人同时到场的情况下进行签名。股份有限公司参照有限责任公司执行。

4. 合同中借款人、担保人全称与印章及有效证件上的名称必须一致，合同要素填写必须齐全。贷款人的名称要与农村合作金融机构的公章一致，不得简写。

5. 信贷人员在发放贷款后，留一份借款申请书、审批书、借款合同、借款借据（贷款人期限管理凭证联）、抵（质）押申请登记表、抵（质）押物清单。动产抵押登记卡、他项权属证书、抵押物保险单正本等存放金库保管。另一份借款申请书、审批书、借款合同，以及借款借据一、三、四联交会计部门办理贷款转账手续。

借款借据执行合同号填写必须准确无误，确保与相对应的借款合同号一致。

会计人员的审查。会计部门接到信贷部门办理的贷款凭证后，应对借款申请书、审批书、借款合同、借款借据的文本使用、填写和签名、盖章等进行详细审核。至少应审核的内容是各类文本要素是否齐全，贷款审批、交叉审查手续是否合规齐全。

若手续不齐全或各类文本要素填写不符合要求，会计人员应及时退还给信贷人员重新补办有关手续。经会计人员确认无误后，方可办理有关贷款出账手续。借款申请书、审批书、借款合同作借款借据的附件。

贷款的办结时限。各类贷款办结时限由农村合作金融机构根据实际需要自行确定，但应坚持科学与效率的原则。

借款人出现转制、变更、注销等情况时，必须重新落实贷款债务、申报授信、订立借款合同，并由新的法定代表人重新确认委托经办人，以保证债权的合法性。

1. 借款企业进行转制时，贷款机构应监督借款企业对其原欠贷款在转制中重新落实，并按照落实情况重新订立借款合同。

2. 借款企业出现变更名称、法定代表人。一是借款人名称变更时，原欠的借款应由贷款人与变更后的借款人重新订立借款合同；二是借款人出现其他情况变更时，原订借款合同仍然有效，但向法定代表人变更的借款企业发放贷款时，原经办人的代理权限应由新的法定代表人重新确认。

3. 借款人出现注销、吊销营业执照，重新设立企业时，应按规定对借款企业的财产及时进行清理，收回贷款本息，如原欠借款转入新设立企业，应与新设立企业另行签订借款合同，重新落实担保手续。对于注销（吊销）企业原有抵押贷款未清偿的，不得注销其抵押登记手续。

（四）贷后管理

贷后检查。贷款发放后，信贷人员要对借款人执行借款合同情况及借款人经营管理情况进行跟踪检查监督。日常对借款人实行检查，每季度不少于一次，额度较大的贷款必须在贷后 7 天内作跟踪检查。短期贷款到期前 7 天，中长期贷款到期前 30 天，按时向借款人、担保人送发贷款催收通知书，当年新增的不良贷款每月上门至少催讨一次，其他不良贷款每半年上门至少催讨一次。在法律诉讼时效内必须取得贷款催收通知书的回执。贷后检查内容主要包括：

1. 贷款是否按借款合同中规定的用途使用。若发现借款人擅自改变借款用途，要查明情况，并根据合同约定采取罚息或相应的信贷制裁等措施。

2. 借款人依合同约定归还贷款本息的情况。

3. 项目贷款的工程进度、自筹资金和其他资金到位情况。

4. 生产经营情况和管理情况是否正常，测算贷款风险的变化情况及趋势，有否出现不利于贷款按期归还的因素。

5. 贷款的使用效益。借款从投入到产出等资金周转情况，借款人经营管理和盈利能力情况。

6. 检查借款人代保管抵押物有无缺损，有无违反合同未经抵押权人同意出借、出租等行为，贷款时所作出的增强担保能力等承诺是否能落实。

农村合作金融机构要对大额贷款借款人的法定代表人及其主要管理人员建立定期约见制度，约见周期可根据贷款额度的大小、借款人的生产经营变化状况等确定，每季度至少约见一次，贷款额度大的，要相应缩短约见周期。

贷款展期。借款人无法按期还贷需要展期的，必须在贷款到期日前向贷款人提出展期还款申请，经审查同意后，再签订展期还款协议。具体办理手续如下：

1. 先由借款人提出展期申请，展期还款协议要有法定代表人、授权代理人签名盖章，并加盖借款人公章。

2. 保证借款申请展期，应有原保证人同意意见，并到场签名盖章，原保证人应在申请书"担保人意见"栏填写"借款展期后，愿继续承担连带保证责任，保证期间自展期后的借款期限届满之日起两年"。

3. 抵（质）押借款申请展期，抵（质）押人应在贷款展期申请书的"担保意见"栏内填写"贷款展期后，原抵（质）押物继续为该贷款抵押担保，抵押人愿继续承担担保责任"。

对展期的贷款，借款人和抵（质）押人到场在贷款展期申请书上签名盖章，并办理相关登记变更、延期手续。

4. 展期审批。经分管信贷员初审同意后，按该笔贷款规定审批权限交有权审批人审批同意后，办理贷款展期手续。展期还款协议一份送交会计部门办理贷款展期手续，一份由信贷员留档。

5. 展期期限。短期贷款展期累计不得超过原贷款期限；中长期贷款展期累计不得超过原贷款期限的一半；长期贷款展期累计不得超过 3 年。

信贷人员必须对借款客户的经营动态跟踪监测，了解其资信和需求变化，及时掌握新情况，一旦客户（或其关联企业）发生下列重大问题可能会影响贷款安全时，应及时报告原贷款审批（包括授信）机构，以便采取相应措施。

1. 外部政策发生明显不利于企业经营的变化；

2. 客户组织结构、股权或主要领导人发生变化；

3. 客户的对外担保过大，并已对现有贷款资金的安全造成影响；

4. 客户的财务收支能力发生重大变化；

5. 客户涉及重大诉讼或合同纠纷；

6. 客户在其他金融机构的借款出现逾期；

7. 其他影响贷款安全的事件。

农村合作金融机构应根据实际需要，对其辖属机构贷款业务情况进行检查，原则上每半年不少于一次，参加检查人数必须在两人以上。检查包括信贷人员行为、贷款事实情况、贷款有效性、贷款审批权限履行情况、贷后管理、贷款档案、贷款担保状况、本息扣收的及时性、内外部记录核对、逾期欠息户追加贷款情况、五级分类执行情况、信贷咨询系统应用情况等。

（五）贷款归还和结息

贷款归还。借款人按照借款合同规定按时足额归还贷款本息，贷款归还后，会计人员把相应的还款凭证及时交给信贷员，信贷员应凭还款凭证及时记载贷款登记簿。

结息规定。农村合作金融机构贷款计息办法必须符合银监部门制定的有关规定。具体结息方式由借贷双方协商确定。

罚息规定。对贷款期内不能按期支付的利息，可按合同利率按月、按季、按年计收复利，贷款逾期后改按逾期罚息利率计收复利，最后一笔贷款清偿时，利随本清。

逾期贷款或挤占挪用贷款，从逾期或挤占挪用之日起，按罚息利率计收罚息，直到清偿本息为止，遇罚息利率调整，分段计息。对贷款逾期或挪用期间不能按期支付的利息，可按罚息利率按月、按季、按年计收复利。如同一笔贷款既有逾期又有挤占挪用，应择其重，不能并处。

利随本清贷款不计复利。在贷款部分还款时，归还本金的那部分利息应同时归还。

二、对公贷款业务的内部控制

（一）《商业银行内部控制指引》涉及授信的主要条款

第三十一条 商业银行授信内部控制的重点是：实行统一授信管理，健全客户信用风险识别与监测体系，完善授信决策与审批机制，防止对单一客户、关联企业客户和集团客户授信风险的高度集中，防止违反信贷原则发放关系人贷款和人情贷款，防止信贷资金违规使用。

第三十二条 商业银行应当设立独立的授信风险管理部门，对不同币种、不同客户对象、不同种类的授信进行统一管理，避免信用失控。

第三十三条 商业银行授信岗位设置应当做到分工合理、职责明确，岗位之间应当相互配合、相互制约，做到审贷分离、业务经办与会计账务处理分离。

第三十四条 商业银行应当建立有效的授信决策机制，包括设立授信审查委员会，负责审批权限内的授信。

行长不得担任授信审查委员会的成员。

授信审查委员会审议表决应当遵循集体审议、明确发表意见、多数同意通过的原则，全部意见应当记录存档。

第三十五条 商业银行应当建立严格的授信风险垂直管理体制，对授信实行统一管理。

第三十六条 商业银行应当对授信实行统一的法人授权制度，上级机构应当根据下级机构的风险管理水平、资产质量、所处地区经济环境等因素，合理确定授信审批权限。

第三十七条 商业银行应当根据风险大小，对不同种类、期限、担保条件的授信确定不同的审批权限，审批权限应当逐步采用量化风险指标。

第三十八条 商业银行各级机构应当明确规定授信审查人、审批人之间的权限和工作程序，严格按照权限和程序审查、审批业务，不得故意绕开审查、审批人。

第三十九条 商业银行各级机构应当防止授信风险的过度集中，通过实行授信组合管理，制定在不同期限、不同行业、不同地区的授信分散化目标，及时监测和控制授信组合风险，确保总体授信风险控制在合理的范围内。

　　第四十条　商业银行应当对同一客户的贷款、贸易融资、票据承兑和贴现、透支、保理、担保、贷款承诺、开立信用证等各类表内外授信实行一揽子管理，确定总体授信额度。

　　第四十一条　商业银行应当以风险量化评估的方法和模型为基础，开发和运用统一的客户信用评级体系，作为授信客户选择和项目审批的依据，并为客户信用风险识别、监测以及制定差别化的授信政策提供基础。客户信用评级结果应当根据客户信用变化情况及时进行调整。

　　第四十二条　商业银行对集团客户授信应当遵循统一、适度和预警的原则。对集团客户应当实行统一授信管理，合理确定对集团客户的总体授信额度，防止多头授信、过度授信和不适当分配授信制度。商业银行应当建立风险预警机制，对集团客户授信集中风险实行有效监控，防止集团客户通过多头开户、多头借款、多头互保等形式套取银行资金。

　　第四十三条　商业银行应当建立统一的授信操作规范，规定贷前调查、贷时审查、贷后检查各个环节的工作标准和操作要求：

　　（一）贷前调查应当做到实地查看，如实报告授信调查掌握的情况，不回避风险点，不因任何人的主观意志而改变调查结论；

　　（二）贷时审查应当做到独立审贷，客观公正，充分、准确地揭示业务风险，提出降低风险的对策；

　　（三）贷后检查应当做到实地查看，如实记录，及时将检查中发现的问题报告有关人员，不得隐瞒或掩饰问题。

　　第四十四条　商业银行应当制定统一的各类授信品种的管理办法，明确规定各项业务的办理条件，包括选项标准、期限、利率、收费、担保、审批权限、申报资料、贷后管理、内部处理程序等具体内容。

　　第四十五条　商业银行实施有条件授信时应当遵循"先落实条件，后实施授信"的原则，授信条件未落实或条件发生变更未重新决策的，不得实施授信。

　　第四十六条　商业银行应当对授信工作实施独立的尽职调查。授信决策应依据规定的程序进行，不得违反程序或减少程序进行授信。在授信决策过程中，应严格要求授信工作人员遵循客观、公正的原则，独立发表决策意见，不受任何外部因素的干扰。

第四十七条　商业银行对关联方的授信，应当按照商业原则，以不优于对非关联方同类交易的条件进行。在对关联方的授信调查和审批过程中，商业银行内部相关人员应当回避。

第四十八条　商业银行应当严格审查和监控借款用途，防止借款人通过贷款、贴现、办理银行承兑汇票等方式套取信贷资金，改变借款用途。

第四十九条　商业银行应当严格审查借款人资格合法性、融资背景以及申请材料的真实性和借款合同的完备性，防止借款人骗取贷款，或以其他方式从事金融诈骗活动。

第五十条　商业银行应当建立资产质量监测、预警机制，严密监测资产质量的变化，及时发现资产质量的潜在风险并发出预警提示，分析不良资产形成的原因，及时制定防范和化解风险的对策。

第五十一条　商业银行应当建立贷款风险分类制度，规范贷款质量的认定标准和程序，严禁掩盖不良贷款的真实状况，确保贷款质量的真实性。

第五十二条　商业银行应当建立授信风险责任制，明确规定各个部门、岗位的风险责任：

（一）调查人员应当承担调查失误和评估失准的责任；

（二）审查和审批人员应当承担审查、审批失误的责任，并对本人签署的意见负责；

（三）贷后管理人员应当承担检查失误、清收不力的责任；

（四）放款操作人员应当对操作性风险负责；

（五）高级管理层应当对重大贷款损失承担相应的责任。

第五十三条　商业银行应当对违法、违规造成的授信风险和损失逐笔进行责任认定，并按规定对有关责任人进行处理。

第五十四条　商业银行应当建立完善的授信管理信息系统，对授信全过程进行持续监控，并确保提供真实的授信经营状况和资产质量状况信息，对授信风险与收益情况进行综合评价。

第五十五条　商业银行应当建立完善的客户管理信息系统，全面和集中掌握客户的资信水平、经营财务状况、偿债能力等信息，对客户进行分类管理，对资信不良的借款人实施授信禁入。

（二）《固定资产贷款管理暂行办法》涉及固定资产贷款的主要条款

第十五条 贷款人应与借款人及其他相关当事人签订书面借款合同、担保合同等相关合同。合同中应详细规定各方当事人的权利、义务及违约责任，避免对重要事项未约定、约定不明或约定无效。

第十六条 贷款人应在合同中与借款人约定具体的贷款金额、期限、利率、用途、支付、还贷保障及风险处置等要素和有关细节。

第十七条 贷款人应在合同中与借款人约定提款条件以及贷款资金支付接受贷款人管理和控制等与贷款使用相关的条款，提款条件应包括与贷款同比例的资本金已足额到位、项目实际进度与已投资额相匹配等要求。

第十八条 贷款人应在合同中与借款人约定对借款人相关账户实施监控，必要时可约定专门的贷款发放账户和还款准备金账户。

第十九条 贷款人应要求借款人在合同中对与贷款相关的重要内容作出承诺，承诺内容应包括：贷款项目及其借款事项符合法律法规的要求；及时向贷款人提供完整、真实、有效的材料；配合贷款人对贷款的相关检查；发生影响其偿债能力的重大不利事项及时通知贷款人；进行合并、分立、股权转让、对外投资、实质性增加债务融资等重大事项前征得贷款人同意等。

第二十条 贷款人应在合同中与借款人约定，借款人出现未按约定用途使用贷款、未按约定方式支用贷款资金、未遵守承诺事项、申贷文件信息失真、突破约定的财务指标约束等情形时借款人应承担的违约责任和贷款人可采取的措施。

第二十一条 贷款人应设立独立的责任部门或岗位，负责贷款发放和支付审核。

第二十二条 贷款人在发放贷款前应确认借款人满足合同约定的提款条件，并按照合同约定的方式对贷款资金的支付实施管理与控制，监督贷款资金按约定用途使用。

第二十三条 合同约定专门贷款发放账户的，贷款发放和支付应通过该账户办理。

第二十四条 贷款人应通过贷款人受托支付或借款人自主支付的方式对贷款资金的支付进行管理与控制。

贷款人受托支付是指贷款人根据借款人的提款申请和支付委托，将贷款资金支付给符合合同约定用途的借款人交易对手。

借款人自主支付是指贷款人根据借款人的提款申请将贷款资金发放至借款人账户后，由借款人自主支付给符合合同约定用途的借款人交易对手。

第二十五条　单笔金额超过项目总投资5%或超过500万元人民币的贷款资金支付，应采用贷款人受托支付方式。

第二十六条　采用贷款人受托支付的，贷款人应在贷款资金发放前审核借款人相关交易资料是否符合合同约定条件。贷款人审核同意后，将贷款资金通过借款人账户支付给借款人交易对手，并应做好有关细节的认定记录。

第二十七条　采用借款人自主支付的，贷款人应要求借款人定期汇总报告贷款资金支付情况，并通过账户分析、凭证查验、现场调查等方式核查贷款支付是否符合约定用途。

第二十八条　固定资产贷款发放和支付过程中，贷款人应确认与拟发放贷款同比例的项目资本金足额到位，并与贷款配套使用。

第二十九条　在贷款发放和支付过程中，借款人出现以下情形的，贷款人应与借款人协商补充贷款发放和支付条件，或根据合同约定停止贷款资金的发放和支付：

（一）信用状况下降；

（二）不按合同约定支付贷款资金；

（三）项目进度落后于资金使用进度；

（四）违反合同约定，以化整为零方式规避贷款人受托支付。

（三）《项目融资业务指引》涉及项目融资的主要条款

第十四条　贷款人应当按照《固定资产贷款管理暂行办法》的有关规定，恰当设计账户管理、贷款资金支付、借款人承诺、财务指标控制、重大违约事项等项目融资合同条款，促进项目正常建设和运营，有效控制项目融资风险。

第十五条　贷款人应当根据项目的实际进度和资金需求，按照合同约定的条件发放贷款资金。贷款发放前，贷款人应当确认与拟发放贷款同比例的项目资本金足额到位，并与贷款配套使用。

第十六条　贷款人应当按照《固定资产贷款管理暂行办法》关于贷款发放与支付的有关规定，对贷款资金的支付实施管理和控制，必要时可以与借款人在借款合同中约定专门的贷款发放账户。

采用贷款人受托支付方式的，贷款人在必要时可以要求借款人、独立中介机构和承包商等共同检查设备建造或者工程建设进度，并根据出具的、符合合同约定条件的共同签证单，进行贷款支付。

第十七条 贷款人应当与借款人约定专门的项目收入账户，并要求所有项目收入进入约定账户，并按照事先约定的条件和方式对外支付。

贷款人应当对项目收入账户进行动态监测，当账户资金流动出现异常时，应当及时查明原因并采取相应措施。

（四）《流动资金贷款管理暂行办法》涉及流动资金贷款的主要条款

第十八条 贷款人应和借款人及其他相关当事人签订书面借款合同及其他相关协议，需担保的应同时签订担保合同。

第十九条 贷款人应在借款合同中与借款人明确约定流动资金贷款的金额、期限、利率、用途、支付、还款方式等条款。

第二十条 前条所指支付条款，包括但不限于以下内容：

（一）贷款资金的支付方式和贷款人受托支付的金额标准；

（二）支付方式变更及触发变更条件；

（三）贷款资金支付的限制、禁止行为；

（四）借款人应及时提供的贷款资金使用记录和资料。

第二十一条 贷款人应在借款合同中约定由借款人承诺以下事项：

（一）向贷款人提供真实、完整、有效的材料；

（二）配合贷款人进行贷款支付管理、贷后管理及相关检查；

（三）进行对外投资、实质性增加债务融资，以及进行合并、分立、股权转让等重大事项前征得贷款人同意；

（四）贷款人有权根据借款人资金回笼情况提前收回贷款；

（五）发生影响偿债能力的重大不利事项时及时通知贷款人。

第二十二条 贷款人应与借款人在借款合同中约定，出现以下情形之一时，借款人应承担的违约责任和贷款人可采取的措施：

（一）未按约定用途使用贷款的；

（二）未按约定方式进行贷款资金支付的；

（三）未遵守承诺事项的；

（四）突破约定财务指标的；

（五）发生重大交叉违约事件的；

（六）违反借款合同约定的其他情形。

第二十三条　贷款人应设立独立的责任部门或岗位，负责流动资金贷款发放和支付审核。

第二十四条　贷款人在发放贷款前应确认借款人满足合同约定的提款条件，并按照合同约定通过贷款人受托支付或借款人自主支付的方式对贷款资金的支付进行管理与控制，监督贷款资金按约定用途使用。

贷款人受托支付是指贷款人根据借款人的提款申请和支付委托，将贷款通过借款人账户支付给符合合同约定用途的借款人交易对象。

借款人自主支付是指贷款人根据借款人的提款申请将贷款资金发放至借款人账户后，由借款人自主支付给符合合同约定用途的借款人交易对象。

第二十五条　贷款人应根据借款人的行业特征、经营规模、管理水平、信用状况等因素和贷款业务品种，合理约定贷款资金支付方式及贷款人受托支付的金额标准。

第二十六条　具有以下情形之一的流动资金贷款，原则上应采用贷款人受托支付方式：

（一）与借款人新建立信贷业务关系且借款人信用状况一般；

（二）支付对象明确且单笔支付金额较大；

（三）贷款人认定的其他情形。

第二十七条　采用贷款人受托支付的，贷款人应根据约定的贷款用途，审核借款人提供的支付申请所列支付对象、支付金额等信息是否与相应的商务合同等证明材料相符。审核同意后，贷款人应将贷款资金通过借款人账户支付给借款人交易对象。

第二十八条　用借款人自主支付的，贷款人应按借款合同约定要求借款人定期汇总报告贷款资金支付情况，并通过账户分析、凭证查验或现场调查等方式核查贷款支付是否符合约定用途。

第二十九条　贷款支付过程中，借款人信用状况下降、主营业务盈利能力不强、贷款资金使用出现异常的，贷款人应与借款人协商补充贷款发放和支付条件，或根据合同约定变更贷款支付方式、停止贷款资金的发放和支付。

三、对公贷款业务的主要风险点

在全面了解贷款业务操作规程的基础上，根据对公贷款业务不同阶段可能存在的风险以及电子数据的特点，利用计算机来识别对公贷款业务的各个风险点，然后进行重点延伸。本书主要针对对公贷款业务可利用计算机审计手段发现违规线索的情况进行风险分析，介绍其主要风险点。

（一）贷款调查及授信

1. 未对集团客户统一授信。未对若干集团性企业及关联企业总体偿债能力、信用等级等因素进行综合评价，对其实行整体考核管理、最高限额控制。

2. 关联或集团客户授信超资本金比例。对某一企业集团过度授信，对其发放超过其偿还能力的贷款，导致到期不能收回。

3. 向信用不良客户发放贷款。包括：向有已核销贷款借款客户发放贷款、向有已核销贷款担保客户发放贷款、向有欠息客户发放贷款、向贷款逾期客户发放贷款、向担保逾期客户发放贷款、向黑名单客户发放贷款。

4. 未及时扣划核销贷款、不良贷款客户存款。对不良贷款监控不严、清收不力，对贷款失去诉讼时效和追索的权利。

5. 多头贷款。同一个客户在农村合作金融机构的多个网点贷款，多头贷款往往超出借款人实际风险承受能力和贷款清偿能力，信贷资金隐性风险大。

6. 法人和法定代表人同时贷款。企业贷款以法人（或经济组织）及自然人的名义同时在金融机构发生贷款等信贷业务，增加了银行风险防范和控制的难度。

（二）贷款审查及审批

1. 担保主体不符贷款。存在学校、幼儿园、医院、政府部门担保的贷款。

2. 关联企业互保贷款。关联企业之间在生产、经营、人事、财务等方面存在依附或控制关系，导致保证担保形同虚设。

3. 向关系人发放信用贷款。关系人是指农村合作金融机构的董事、监事、管理人员、信贷业务人员及其近亲属；前项所列人员投资或者担任高级管理职务的公司、企业和其他经济组织。

4. 质押贷款质押物未止付。

（三）贷后管理

1. 同一客户对外担保笔数过多或额度过大。此类客户可能代偿能力不足。

2. 月末发放、月初收回的贷款，通过以上方式来虚增机构存贷款，完成各项考核指标。

3. 贷款资金流入股市。《贷款通则》规定，不得用贷款从事股本权益性投资，不得用贷款在有价证券、期货等方面从事投机经营。

4. 贷款资金流入信贷员账户。可能存在信贷员借用、占用客户贷款资金或信贷员充当中介调度资金赚取中介费等违规事项。

5. 贷款资金作承兑汇票保证金。在签发承兑汇票过程中擅自放宽抵押担保条件，在企业自有资金不足的情况下，向其发放贷款转作保证金，以此为担保签发银行承兑汇票，增大了银行的信贷风险。

6. 贷款资金作到期的银行承兑汇票款项。银行为了掩盖不良资产，对于无力支付到期票据款项的企业，通过贷款资金归还到期的银行承兑汇票款，人为控制信贷资产不良率的上升。

（四）贷款归还和结息

1. 以贷还贷，以贷还息。用以贷还贷、以贷还息的手段人为掩盖不良贷款，造成信贷资产质量不实，推迟了信贷风险的暴露时间，沉淀并累积了信贷风险。

2. 贷款利率错误。由于信贷员在综合业务系统中贷款利率调整方式选择错误而导致的贷款利息计算差错。

第二节　对公贷款业务审计模型的设计

对公贷款业务风险点识别目前大部分能通过计算机手段实现，因为贷款业务基本都通过计算机系统来实现，电子数据采集比较齐全。根据对公贷款业务的不同阶段，把对公贷款业务审计模型分为贷款调查及授信风险测试模块、贷款审查及审批风险测试模块、贷后管理风险测试模块、贷款归还和结息风险测试模块。我们针对不同阶段的违规形式来建立审计分析模型，如通过开展未对集团客户统一授信风险测试、法人和法定代表人同时贷款风险测试、企业多头贷款风险测试、担保主体不符贷款风险测试、银行承兑汇票到期兑付款来源于贷款风险测试，以使审计分析模型与实践结合得更为贴近。

一、未对集团客户统一授信风险测试模型设计

审计模型分析思路：《商业银行集团客户授信业务风险管理指引》（中国银行业监督管理委员会令〔2010〕4号）"第六条规定商业银行对集团客户授信应当遵循以下原则：（一）统一原则。商业银行对集团客户授信实行统一管理，集中对集团客户授信进行风险控制。"我们可以将集团客户表中每个集团客户的贷款总和与客户额度明细信息表中的集团内单一客户授信额度相比较，贷款总和大于其中一家集团内客户授信额度，就存在集团客户未统一授信的现象。

审计模型设计方法：

步骤一：把"普通贷款明细文件"按户名、客户号分组求和，形成"普通贷款明细文件中间表"，"普通贷款明细文件中间表"中有每户的贷款余额。

步骤二：建立"集团客户表"，此表由手工建立，表格要素为集团客户中每个成员的客户名称，把表导入数据库，把"集团客户表"与"普通贷款明细文件中间表"根据客户名称关联，形成"集团客户表中间表1"，"集团客户表中间表1"中有每个集团客户成员的贷款余额，把"集团客户表中间表1"按集团户名分组求和，形成"集团客户表中间表2"，"集团客户表中间表2"中有每个集团客户的贷款总和。

步骤三：将"集团客户表中间表2"中每个集团客户的贷款总和与客户额度明细信息表中的集团内每个成员客户授信额度相比较，贷款总和大于其中一家集团内成员客户授信额度，就存在集团客户未统一授信的现象。

审计模型数据来源：普通贷款明细文件；客户额度明细信息表。

二、法人和法定代表人同时贷款风险测试模型设计

审计模型分析思路：《×××农村合作金融机构个人贷款管理办法》第三十三条规定，"禁止性规定……（二）企业或个人在农村合作金融机构有贷款或为他人担保的贷款逾期未履行或有呆账贷款核销记录的，不得对其法定代表人及其家庭成员发放个人贷款"。可以通过客户关系信息表查找出法人和法定代表人的关系，再与普通贷款明细文件相关联，就能查看出法人和法定代表人有无同时贷款。

审计模型设计方法：

步骤一：从"客户关系信息表"找出客户关系为"402"的客户，形成"法人和法定代表人同时贷款中间表"。"客户关系信息表"中选取的字段：客户内码1（更名为法人客户内码）；客户内码2（更名为法定代表人客户内码）。

步骤二：把"法人和法定代表人同时贷款中间表"与"普通贷款明细文件"相关联，关联的条件为法人客户内码等于"普通贷款明细文件"中客户内码，贷款余额大于零，形成"法人和法定代表人同时贷款中间表1"。"法人和法定代表人同时贷款中间表"中选取的字段：法人客户内码；法定代表人客户内码。再把"法人和法定代表人同时贷款中间表1"与"普通贷款明细文件"相关联，关联的条件为法定代表人客户内码等于"普通贷款明细文件"中客户内码，贷款余额大于零，形成"法人和法定代表人同时贷款中间表2"。"法人和法定代表人同时贷款中间表1"中选取的字段：法人客户内码；法定代表人客户内码。把"法人和法定代表人同时贷款中间表2"与"客户基本信息表"根据客户内码相关联，使法人和法定代表人都显示客户名称，形成"法人和法定代表人同时贷款清单"。

步骤三：根据"法人和法定代表人同时贷款清单"中的法人客户内码和法定代表人客户内码，在"普通贷款明细文件"找出法人和法定代表人贷款的明细，形成"法人贷款明细表"和"法定代表人贷款明细表"。

审计模型数据来源：普通贷款明细文件；客户基本信息表；客户关系信息表。

三、企业多头贷款风险测试模型设计

审计模型分析思路：多头贷款是借款人以不同形式向同一县级农村合作金融机构所辖多家分支机构同时取得贷款，多头贷款在各农村合作金融机构有不同程度的存在。多头贷款往往超出借款人实际风险承受能力和贷款清偿能力，由于农村合作金融机构未对借款人的经营状况作出全面、客观的评价，导致信贷资金隐性风险加大。要排查多头贷款，就是要查出同一客户是否在不同机构号下有存量贷款。

审计模型设计方法：

步骤一：筛选"普通贷款分户文件"中有余额的企业贷款，并按客户号

和机构号对普通贷款分户文件中间表作分组，形成"普通贷款分户文件中间表"。

步骤二：统计同一客户号下的贷款机构数作为新列，形成"企业贷款机构统计表"。

步骤三：将"普通贷款分户文件"与"机构信息表"关联，关联条件为"普通贷款分户文件"与"机构信息表"的机构号相同、"普通贷款分户文件"中的客户号在"企业贷款机构统计表"里面、"企业贷款机构统计表"中的贷款机构数大于1，形成企业多头贷款结果表。

步骤四：根据结果表，结合现场检查，获得真实多头贷款情况。

审计模型数据来源：普通贷款分户文件；机构信息表。

四、担保主体不符贷款风险测试模型设计

审计模型分析思路：《中华人民共和国担保法》第八条规定："国家机关不得为保证人，但经国务院批准为使用外国政府或者国际经济组织贷款进行转贷的除外。"第九条规定："学校、幼儿园、医院等以公益为目的的事业单位、社会团体不得为保证人"。我们可以把担保关系文件与客户基本信息表相关联，找出担保人客户名称含有学校、幼儿园、医院、政府、财政、委员会、开发区等字样的贷款。

审计模型设计方法：

步骤一：把"普通贷款分户文件"与"担保关系文件"根据贷款合同号相关联。"普通贷款分户文件"中选取字段：机构号，客户号，客户内码，客户名称，贷款合同号，贷款用途，发放日期，到期日期，发放金额，贷款余额，上次还款日期，信贷员。"担保关系文件"选取字段：担保编号，并把担保编号更名为担保人客户内码，形成"担保主体不符中间表1"。

步骤二：把"担保主体不符中间表1"与"客户基本信息表"根据担保人客户内码相关联。"担保主体不符中间表1"中选取所有字段；"客户基本信息表"选取字段：客户名称，找出担保人客户名称，形成"担保主体不符中间表2"。

步骤三：筛选出"担保主体不符中间表2"中担保人客户名称含有学校、幼儿园、医院、政府、财政、委员会、开发区等字样的贷款。

审计模型数据来源：普通贷款明细文件；客户基本信息表；担保关系

文件。

五、银行承兑汇票到期兑付款来源于贷款风险测试模型设计

审计模型分析思路：《商业银行内部控制指引》（中国银行业监督管理委员会令 2007 年第 6 号）第四十八条规定："商业银行应当严格审查和监控贷款用途，防止借款人通过贷款、贴现、办理银行承兑汇票等方式套取信贷资金，改变借款用途。"企业兑付到期银行承兑汇票都是通过应解汇款账户，我们可以根据信贷资金转入应解汇款账户来识别贷款资金作兑付到期银行承兑汇票情况。

审计模型设计方法：

步骤一：从活期存款账户交易明细表中找出某时间段内所有账号为企业账号"2"开头、对方账号为贷款账号"501"开头、借贷标志为入账"2"的交易记录，形成"贷款入账交易中间表 1"。

步骤二：将"活期存款账户交易明细表"与"贷款入账交易中间 1"通过账号关联，在活期存款账户交易明细表中找出贷款入账发生后 10 天（可根据审计需要调整）内账内有资金转入应解汇款账户（账号包含"00012431"字符）的所有交易记录，形成"贷款入账交易中间表 2"。"贷款入账交易中间表 1"中选取的字段有：原交易流水号，交易记账日期，借贷标志，交易金额，交易余额，对方账号。"活期存款账户交易明细表"选取的字段有：归属机构，账号，原交易流水号，交易记账日期，借贷标志，交易金额，交易余额，对方账号。

步骤三：通过对"贷款入账交易中间表 2"作进一步分析，筛选出贷款资金未转入账户前的余额小于转入应解汇款账户金额的有效记录，形成"贷款入账交易中间表 3"。将"贷款入账交易中间表 3"、"活期存款账户主档"、"普通贷款分户文件"三表关联，条件："贷款入账交易中间表 3"的账号与"活期存款账户主档"的账号相同，"贷款入账交易中间表 3"的贷款对方账号与"普通贷款分户文件"的贷款账号相同。"活期存款账户主档"中选取字段：账户全名。"普通贷款分户文件"中选取字段：贷款余额，信贷员。"贷款入账交易中间表 3"中选取所有字段。形成"银行承兑汇票到期兑付款来源于贷款结果表"。

步骤四：根据"银行承兑汇票到期兑付款来源于贷款结果表"中的每笔

疑似数据所定位的交易账号和交易时间，对照核心业务系统中的存款账户交易明细，排除账户内原有及中间进出资金，核实实际贷款资金作兑付到期银行承兑汇票的金额。

审计模型数据来源：活期存款账户交易明细表，活期存款账户主档，普通贷款分户文件。

第三节　应用实例

一、怎样发现企业多头贷款

【审计目标】多头贷款是借款人以不同形式向同一县级农村合作金融机构所辖多家分支机构同时取得贷款，多头贷款在各农村合作金融机构有不同程度的存在。分析其原因主要有三点：一是信息不对称；二是产权制度改革前，某些农村合作金融机构都是二级法人，贷款发放有很大的自主权；三是农村合作金融机构为促进业务发展组织营销贷款而形成的。多头贷款往往超出借款人实际风险承受能力和贷款清偿能力，由于农村合作金融机构信息的不对称，一些管理水平低、经营能力差、风险控制弱的农村合作金融机构很难对借款人的经营状况作出全面、客观的评价，导致信贷资金隐性风险加大。

【分析建模】

（1）审计思路：2009 年，审计组对某一农村合作金融机构进行内控评价审计时，发现由于该农村合作金融机构的县级同一法人改制刚完成，多头贷款虽经清理、归并，但仍不彻底，审计组决定彻底排查多头贷款存在的情况。要排查多头贷款，就是要查出同一客户是否在不同机构号下的贷款存量。

（2）数据准备：普通贷款分户文件、机构信息表等表。

（3）审计过程：

步骤一：筛选"普通贷款分户文件"中的有余额的企业贷款，并按客户号和机构号对普通贷款分户文件中间表作分组，形成"普通贷款分户文件中间表"。

参考语句：SELECT 客户号，机构号 INTO 普通贷款分户文件中间表 FROM 普通贷款分户文件 WHERE CONVERT（NUMERIC（15，2），贷款余额）>0 AND 客户内码 LIKE '82%' GROUP BY 客户号，机构号

步骤二：统计同一客户号下的贷款机构数作为新列，形成"企业贷款机构统计表"。

参考语句：SELECT COUNT（＊）AS 贷款机构数，客户号 INTO 企业贷款机构统计表 FROM 普通贷款分户文件中间表 GROUP BY 客户号

步骤三：将"普通贷款分户文件"与"机构信息表"关联，关联条件为"普通贷款分户文件"与"机构信息表"的机构号相同、"普通贷款分户文件"中的客户号在"企业贷款机构统计表"里面、"企业贷款机构统计表"中的贷款机构数大于1，形成企业多头贷款结果表。

参考语句：SELECT B. 机构简称，A. 机构号，A. 客户内码，A. 客户号，A. 客户名称，A. 发放日期，A. 到期日期，A. 发放金额，A. 贷款余额，A. 贷款用途 INTO 企业多头贷款结果表 FROM 普通贷款分户文件 A INNER JOIN 机构信息表 B ON A. 机构号 = B. 机构号 WHERE（A. 客户号 IN（SELECT 客户号 FROM 企业贷款机构统计表 WHERE 贷款机构数 > 1））ORDER BY A. 客户内码

步骤四：根据结果表，结合现场检查，获得真实多头贷款情况。

【案例分析】经数据分析，发现该农村合作金融机构还有 5 户企业共 380 万元多头贷款存在。分析其原因：其一是信贷管理部门对多头贷款管理不够重视，没有对多头贷款及时进行清理归并；其二是因借款人经营不善，贷款已形成不良，一时无法清理归并。

二、怎样发现法人和法定代表人同时贷款

【审计目标】在农村合作金融机构贷款业务中，企业贷款以法人（或经济组织）和法定代表人自然人的名义同时在金融机构发生贷款等信贷业务，增加了银行风险防范和内部控制的难度。

【分析建模】

（1）审计思路：《××农村合作金融机构贷款操作规程（试行）》第五十三条对贷款对象、用途的禁止性规定："……6. 严格控制法人（或经济组织）及其法定代表人（或主要经营者）分别以法人（或经济组织）及自然

人的名义同时在农村合作金融机构发生贷款（住房贷款和汽车消费贷款等专项贷款除外）"。2009 年，审计组对某农村合作金融机构进行信贷业务风险审计，我们根据客户关系信息表中查找出法人和法定代表人的关系，再与普通贷款明细文件相关联，查看出法人和法定代表人有无同时贷款。

（2）数据准备：普通贷款明细文件、客户基本信息表、客户关系信息表。

（3）审计过程：

步骤一：从"客户关系信息表"找出客户关系为"402"的客户，形成"法人和法定代表人同时贷款中间表"，"客户关系信息表"中选取的字段：客户内码1（更名为法人客户内码）；客户内码2（更名为法定代表人客户内码）。

参考语句：SELECT 客户内码 AS 法人客户内码，客户内码 AS 法定代表人客户内码 INTO 法人和法定代表人同时贷款中间表 FROM 客户关系信息表 WHERE 客户关系 = ' 402'

步骤二：把"法人和法定代表人同时贷款中间表"与"普通贷款明细文件"相关联，关联的条件为法人客户内码等于"普通贷款明细文件"中客户内码，贷款余额大于零，形成"法人和法定代表人同时贷款中间表1"。"法人和法定代表人同时贷款中间表"中选取的字段：法人客户内码；法定代表人客户内码。再把"法人和法定代表人同时贷款中间表1"与"普通贷款明细文件"相关联，关联的条件为法定代表人客户内码等于"普通贷款明细文件"中客户内码，贷款余额大于零，形成"法人和法定代表人同时贷款中间表2"。"法人和法定代表人同时贷款中间表2"中选取的字段：法人客户内码；法定代表人客户内码。把"法人和法定代表人同时贷款中间表2"与"客户基本信息表"根据客户内码相关联，使法人和法定代表人都显示客户名称，形成"法人和法定代表人同时贷款清单"。

参考语句：SELECT DISTINCT A. ＊ INTO 法人和法定代表人同时贷款中间表 FROM 法人和法定代表人同时贷款中间表 A INNER JOIN 普通贷款分户文件 B ON（A. 法人客户内码 = B. 客户内码 AND B. 贷款余额 >0）

SELECT DISTINCT A. ＊ INTO 法人和法定代表人同时贷款中间表 FROM 法人和法定代表人同时贷款中间表 A INNER JOIN 普通贷款分户文件 B ON（A. 法定代表人客户内码 = B. 客户内码 AND B. 贷款余额 >0）

SELECT A. 法人客户内码，B. 客户名称 AS 法人客户名称，A. 法定代表人客户内码，C. 客户名称 AS 法定代表人客户名称 INTO 法人和法定代表人同时贷款清单 FROM 法人和法定代表人同时贷款中间表 A INNER JOIN 客户基本信息表 B ON A. 法人客户内码 = B. 客户内码 INNER JOIN 客户基本信息表 C ON A. 法定代表人客户内码 = C. 客户内码

步骤三：根据"法人和法定代表人同时贷款清单"中的法人客户内码和法定代表人客户内码，在"普通贷款明细文件"找出法人和法定代表人贷款的明细，形成"法人贷款明细表"和"法定代表人贷款明细表"。

参考语句：SELECT ＊ INTO 法人贷款明细表 FROM 普通贷款分户文件 WHERE 客户内码 IN（SELECT 法人客户内码 FROM 法人和法定代表人同时贷款清单）AND 贷款余额 >0

SELECT ＊ INTO 法定代表人贷款明细表 FROM 普通贷款分户文件 WHERE 客户内码 IN（SELECT 法定代表人客户内码 FROM 法人和法定代表人同时贷款清单）AND 贷款余额 >0

【案例分析】在本案例中，运行结果显示，有 6 户法人和法定代表人同时发生贷款，其中法人贷款 16 笔 220 万元，法定代表人 7 笔 86 万元，法定代表人贷款用途为购料。由于法人贷款与法定代表人贷款在不同的支行，银行未发现这种情况，也未对法人贷款和法定代表人贷款进行综合授信。审计组建议收回法定代表人贷款。

三、怎样发现银行承兑汇票到期兑付款来源于贷款

【审计目标】贷款资金归还到期的银行承兑汇票款大致有两种情形：一是企业改变借款用途，套取信贷资金；二是信贷人员为掩盖不良资产，对于无力支付到期票据款项的企业，通过贷款资金归还到期的银行承兑汇票款，人为掩盖不良贷款，加大了信贷资产的风险。

【分析建模】

（1）审计思路。《商业银行内部控制指引》（中国银行业监督管理委员会令 2007 年第 6 号）第四十八条规定"商业银行应当严格审查和监控贷款用途，防止借款人通过贷款、贴现、办理银行承兑汇票等方式套取信贷资金，改变借款用途。"2010 年，审计组对某农村合作金融机构领导人进行经济责任审计时，发现该行银行承兑汇票业务管理比较混乱，审计组成员决定

以资金流向入手，建立分析模型对该行银行承兑汇票到期兑付款来源于贷款进行审计。

（2）数据准备：活期存款账户交易明细表、活期存款账户主档、普通贷款分户文件等表。

（3）审计过程：

步骤一：从活期存款账户交易明细表中找出某时间段内所有账号为企业账号"2"开头、对方账号为贷款账号"501"开头、借贷标志为入账"2"的交易记录，形成"贷款入账交易中间表1"。

参考语句：SELECT * INTO 贷款入账交易中间表1 FROM 活期存款账户交易明细表 WHERE 对方账号 LIKE ' 501% ' AND 借贷标志 = 2 AND 账号 LIKE ' 2% '

步骤二：将"活期存款账户交易明细表"与"贷款入账交易中间表1"通过账号关联，在活期存款账户交易明细表中找出贷款入账发生后10天（可根据审计需要调整）内账内有资金转入应解汇款账户（账号包含"00012431"字符）的所有交易记录，形成"贷款入账交易中间表2"。"贷款入账交易中间表1"中选取的字段有：原交易流水号（更名为贷款原交易流水号），交易记账日期（更名为贷款交易记账日期），借贷标志（更名为贷款借贷标志），交易金额（更名为贷款交易金额），交易余额（更名为贷款交易余额），对方账号（更名为贷款对方账号）。"活期存款账户交易明细表"选取的字段有：归属机构，账号，原交易流水号，交易记账日期，借贷标志，交易金额，交易余额，对方账号。

参考语句：SELECT A. 归属机构，A. 账号，A. 原交易流水号，A. 交易记账日期，A. 借贷标志，A. 交易金额，A. 交易余额，A. 对方账号，B. 原交易流水号 AS 贷款原交易流水号，B. 交易记账日期 AS 贷款交易记账日期，B. 借贷标志 AS 贷款借贷标志，B. 交易金额 AS 贷款交易金额，B. 交易余额 AS 贷款交易余额，B. 对方账号 AS 贷款对方账号 INTO 形成贷款入账交易中间表2 FROM 活期存款账户交易明细表 A INNER JOIN 贷款入账交易中间1 B ON（A. 账号 = B. 账号 AND A. 对方账号 LIKE '%00012431%' AND A. 借贷标志 = 1 AND A. 交易时间 > = B. 交易时间 AND DATEDIFF（DAY，B. 交易记账日期，A. 交易记账日期）< 10）

步骤三：通过对"贷款入账交易中间表2"作进一步分析，筛选出贷款资金未转入账户前的余额小于转入应解汇款账户金额的有效记录，形成"贷款入账交易中间表3"。将"贷款入账交易中间表3"、"活期存款账户主档"、"普通贷款分户文件"三表关联，条件："贷款入账交易中间表3"的账号与"活期存款账户主档"的账号相同，"贷款入账交易中间表3"的贷款对方账号与"普通贷款分户文件"的贷款账号相同。"活期存款账户主档"中选取字段：账户全名。"普通贷款分户文件"中选取字段：贷款余额，信贷员。"贷款入账交易中间表3"中选取所有字段。形成"银行承兑汇票到期兑付款来源于贷款结果表"。

参考语句：SELECT ＊ INTO 贷款入账交易中间表3 FROM 贷款入账交易中间表2 WHERE CONVERT（NUMERIC（15，2），贷款交易余额）－CONVERT（NUMERIC（15，2），贷款交易金额）＜CONVERT（NUMERIC（15，2），交易金额）

SELECT B. 账户全名，A. ＊，C. 贷款余额，C. 信贷员 INTO 银行承兑汇票到期兑付款来源于贷款结果表 FROM 贷款入账交易中间表3 A INNER JOIN 活期存款账户主档 B ON A. 账号＝B. 账号 LEFT JOIN 普通贷款分户文件 C ON A. 贷款对方账号＝C. 贷款账号

步骤四：根据"银行承兑汇票到期兑付款来源于贷款结果表"中的每笔疑似数据所定位的交易账号和交易时间，对照核心业务系统中的存款账户交易明细，排除账户内原有及中间进出资金，核实实际贷款资金作兑付到期银行承兑汇票的金额。

【案例分析】在本案例中，运行结果显示，有一企业于2010年12月22日贷款100万元，贷款用途为购料，2010年12月23日该企业将该笔贷款资金用于解付2010年6月22日签发的到期银行承兑汇票。年底上级要对该支行不良率进行考核，该支行为了掩盖不良贷款，对于无力支付到期票据款项的企业，通过发放贷款归还到期的银行承兑汇票款。

审计模型分析思路：多头贷款是借款人以不同形式向同一县农村合作金融机构所辖多家分支机构进行贷款的问题，多头贷款在各农村合作金融机构不同程度地存在。多头贷款往往超出借款人实际风险承受能力和贷款清偿能力，由于农村合作金融机构未对借款人的经营状况作出全面、客观的评价，导致信贷资金隐性风险加大。要排查多头贷款，就是要查出同一客户是否在不同机构号下有贷款存量。

审计模型设计方法：

步骤一：筛选"普通贷款分户文件"中有余额的企业贷款，并按客户号和机构号对普通贷款分户文件中间表作分组，形成"普通贷款分户文件中间表"。

步骤二：统计同一客户号下的贷款机构数作为新列，形成"企业贷款机构统计表"。

步骤三：将"普通贷款分户文件"与"机构信息表"相关联，关联条件为"普通贷款分户文件"与"机构信息表"的机构号相同、"普通贷款分户文件"中的客户号在"企业贷款机构统计表"里面、"企业贷款机构统计表"中的贷款机构数大于1。形成企业多头贷款结果表。

步骤四：根据结果表，结合现场检查，获得真实多头贷款情况。

审计模型数据来源：普通贷款分户文件，机构信息表。

第六章 贷款业务的计算机审计（对私贷款）

第一节 个人贷款业务主要风险点分析

一、个人贷款主要业务介绍

个人贷款，是指贷款人向符合条件的自然人发放的用于个人消费、生产经营等用途的本外币贷款。个人贷款是以主体特征为标准进行贷款分类的一种结果，区别于公司贷款。个人贷款业务具有小额、分散的特点，是农村合作金融机构贷款业务的主要组成部分和主要收入来源。

农村合作金融机构的个人贷款主要分为按揭类个人贷款、抵（质）押及保证类个人贷款和信用类个人贷款三类。按揭类个人贷款是指农村合作金融机构向个人发放用于购买车辆、房屋（住房、商铺）等大宗商品，并以贷款用途形成的物权作为担保的贷款。抵（质）押及保证类个人贷款是指农村合作金融机构向个人发放用于生产、经营、消费等需求，并以有效担保为前提条件的贷款。信用类个人贷款是指农村合作金融机构向个人发放用于生产、经营、消费等需求，并以借款人的信誉为前提条件的贷款。农村合作金融机构的个人贷款管理遵循以下原则：（1）以服务农民、农业、农村的经济发展为方向；（2）遵循安全性、流动性和效益性的经营原则；（3）以小额、流动、分散为信贷原则；（4）完整合规、真实有效、诚实守信；（5）对贷款实行全过程尽职管理和监督。

个人贷款业务流程包括：贷款申请与受理、贷款调查及授信、贷款审查与审批、签订合同与贷款发放、贷后管理、贷款归还和结息等。以某农村合作金融机构贷款操作规程为例，具体流程如下：

（一）贷款申请与受理

贷款申请。借款人向农村合作金融机构申请贷款时，应按要求填写并提交由农村合作金融机构统一印制的相关借款申请书。

贷款初审。信贷人员根据当前国家产业与金融政策、行业与内部规章制度等要求，对借款申请人是否符合贷款条件进行初步审查。如符合贷款条件，则要求借款人进一步提供以下资料：

1. 家庭成员情况，家庭成员有效身份证明；

2. 详细居住地址；

3. 生产经营内容（项目），家庭年经济收支情况；

4. 借款用途、经济效益情况；

5. 担保落实情况及担保人（单位）的担保能力情况；

6. 其他资料。

贷款受理。农村合作金融机构接到借款人的上述资料后，即进入贷款受理程序，由分管信贷员按规定对借款人提交的资料进行初审。

（二）贷款调查及授信

农村合作金融机构在受理借款人的借款申请后，要对借款人的主体资格、资信等级、偿债能力、经营效益以及贷款的安全性、流动性、效益性等情况进行调查分析，核实担保情况，并在此基础上预测贷款风险程度。

信贷人员接到借款人借款申请书及上述第四条规定的材料后，要充分利用各种资源，对借款人所提供的材料进行审查、分析、比对，并在规定时间内完成申请材料的调查审核工作。审核调查至少应包括以下内容：

1. 借款人户籍关系是否在本农村合作金融机构所辖范围内；

2. 借款人是否具有完全民事行为能力；

3. 消费贷款应有符合规定的自有首付资金；

4. 借款人是否在本农村合作金融机构开立了个人结算账户；

5. 借款人在本农村合作金融机构借款情况；

6. 借款人申请的贷款用途是否符合当前国家产业政策和农村合作金融机构的信贷政策。

信贷人员根据审核情况对借款申请人是否符合贷款条件作出初步判断。凡借款人不符合贷款条件的，应说明理由，并及时告知借款人；如基本符合贷款条件的，则进行实地调查。

实地调查。实地调查主要是对借款人情况作进一步了解和核实，即对借款人的经营管理状况、资产与负债构成及对保证人或抵（质）押人、抵（质）押物等方面情况进行全面调查，具体内容至少应包括以下几个方面：

1. 借款人的家庭主要成员是否有不良行为，借款人的生产经营项目和借款用途是否得到家庭主要成员的支持；

2. 借款人的家庭资产负债情况；

3. 借款人申请的贷款额度、还款计划和资金来源是否合理；

4. 根据国家有关法律规定，担保人的主体是否合法，担保意愿是否真实，是否具有代为清偿债务的能力。

信贷人员在完成上述贷前调查工作的基础上，按照规定的格式撰写完成贷款调查报告（对中长期贷款还必须提交项目论证报告）后，填写"借款审批书"，在调查人意见栏中签署调查意见后，提交审查人进行审查，并按规定程序和权限进行审批。调查报告内容至少应包括：

1. 借款人家庭的基本情况。主要阐述借款人家庭的成员结构、资产情况、对外负债情况、家庭成员行为情况等。

2. 借款人经营情况。阐述借款人目前的经营情况、贷款项目情况、贷款后的第一还款来源情况。

3. 担保情况。主要分析担保能力的强弱。

4. 其他需要说明的事项。主要阐述可能会对贷款安全性产生影响的事项。

5. 是否同意贷款的意见（含贷款条件）及理由。

在"借款审批书"上，调查人员至少应对拟发放贷款的金额、利率、期限、用途及贷款方式提出初步意见，并说明同意发放贷款的简要理由。

对借款人为企业和其他经济组织的实地调查，应坚持双人调查原则；对自然人贷款，各农村合作金融机构可结合自身实际，在风险可控的条件下灵活掌握。

农村合作金融机构应按照中国人民银行《商业银行授权、授信管理暂行办法》（银发〔1997〕216号）以及《商业银行实施统一授信制度指引（试行）》等规定的精神，认真做好客户授信工作。

（三）贷款审查与审批

贷款审查内容至少应包括：

1. 对贷款调查人员提出的贷款金额、期限、利率、用途、方式的科学合理性进行审核；

2. 审查借款人是否按要求提供了相关材料；

3. 对贷款调查人提供的调查报告等资料进行审核，确定提交审查的材料是否全面、完整，调查人提出的观点是否有充分的佐证材料，是否客观合理；

4. 审查贷款是否符合国家经济、金融政策以及系统内部信贷政策和制度的规定要求；

5. 其他。

对借款经办人合法性的审查内容至少应包括：借款人是否凭本人有效身份证明到场办理借款手续，如果是担保贷款，必须是借款人、贷款人、担保人（或财物共有人）共同到农村合作金融机构办理贷款手续。

贷款额度的确定。贷款额度应按照借款人的合理资金需求、偿还能力及贷款人信贷计划实际，对照银监部门的有关规定，根据区别对待、择优扶持、保证重点的原则来确定。同时至少应考虑以下因素：

1. 农业生产、种养殖业贷款余额与借款人经营项目一次性生产周期商品出售收入比例情况。

2. 个体工商户及农户其他工、副业贷款余额与生产经营全部流动资金比例情况。

贷款期限的确定。贷款期限应根据贷款用途、生产周期、还款的资金来源等因素综合考虑确定。

贷款利率的确定。贷款利率应严格按人民银行以及农村合作金融机构制定的利率政策执行，并坚持贷款风险与贷款利率对等的原则进行确定。

贷款审批应当按照审贷分离、分级审批的贷款管理制度进行。贷款审批原则上应按照以下程序办理：

1. 属信贷人员审批权限内的贷款：经对借款人、担保人审查后，在符合贷款条件的基础上，根据贷款调查结果，信贷调查人员在借款审批书上签署贷款审批意见。然后与借款人、担保人签订借款、担保合同，按规定经审查人员审查通过后，在借款、担保合同上盖章并发放贷款。

2. 属超信贷人员审批权限的贷款：由信贷人员根据实地调查结果撰写贷款调查报告，并在"借款审批书"上签署调查人意见，经审查人员审查并通过后，逐级上报，经有权审批人审批同意后，与借款人、担保人签订借款合同，并发放贷款。

（四）签订合同与贷款发放

签订借款合同。所有贷款均应由贷款人与借款人、担保人签订借款、担保合同，抵（质）押借款合同抵（质）押物必须依法向有关部门办妥抵押物登记手续。

1. 保证贷款应由贷款人与借款人、保证人三方同时到达贷款人营业机构，现场签订保证借款合同，并签字盖章，书面授权委托书必须事先在贷款人、法定代表人、授权委托代理人三方见面下签订。保证人为企事业单位且其法定代表人（负责人）无法亲自到场的，可由经法定代表人授权委托的经办人签字盖章。信贷经办人负责监督相关办理贷款的全部手续，并对办理贷款的全过程的有效性负责。

2. 以房地产作抵押的，必须持有房地产管理部门核发的房产所有权证和土地使用权证，经房地产、土地管理部门办理抵押登记后生效。对共有房产作抵押的，房产共有人必须全部到场在抵押合同上签字盖章。

3. 对以城区、主要集镇临街（路）房产作抵押的，最高抵押率一般不得超过抵押物市场评估价的70％，其他镇、村所在地房产经信贷人员察看后认为易变现的，抵押率一般不得超过抵押物评估价的60％。

4. 以单独国有土地使用权作抵押时，必须具备土地使用权证，并经土管部门办理抵押登记，最高抵押率一般不得超过抵押物现值评估价的60％。

5. 以企业设备作抵押的，须经财产所有权人的书面同意，经工商部门办理抵押登记手续，抵押率最高一般不得超过账面净值或市场变现价的40％。

6. 以个人储蓄存单（含外币储蓄存单）作质押物时，应向签发存单的金融机构进行查询证实，并取得中止挂失及支付存款的书面回复函件后，方可办理质押手续。如存单所有权人为第三人的，其所有权人应到场办理质押手续，并在借款合同上签字盖章。质押物由贷款人保管。

个人储蓄存单质押贷款额不得超过存单面额的90％，外币存单质押贷款额不得超过存单面额的80％；以国债质押的贷款额不得超过国债面额的90％，其中记名国债质押应向有关部门办理登记手续。

其他权利质押的贷款必须报经农村合作金融机构有权部门审批。

借款合同及凭证的填写与保管。填写借款合同及凭证都必须使用签字笔或钢笔，不得使用圆珠笔、铅笔或其他笔，并按规定要求借款人、担保人在有关凭证上签名、盖章。在贷款手续完整的基础上，信贷人员要及时记载贷款登记簿。信贷档案的管理根据信贷档案管理办法执行。

1. 借款申请书应由借款人自己填写（可委托除农村合作金融机构工作人员外的其他人填写），内容必须填写完整。

2. 借款合同由信贷人员或借款人填写，内容必须填写完整，字迹工整。

3. 自然人保证需夫妻双方当面在保证合同上签字（签字和按手印"右手食指上一节"）。

4. 有限责任公司、股份有限公司担保贷款，须填写董事会同意抵（质）押、保证意见书。有限责任公司按公司章程规定的董事人数在意见书上签名，股份有限公司按全体董事人数超过半数签名，合伙企业需全体合伙人员签名。如特种行业财产抵押，必须经有权管理部门同意后在合同中约定经营权一并抵押。有限责任公司借款，一般应追加借款人或担保人的法定代表人或者实际经营者或主要股东作为第二担保人，在借款人、贷款人、担保人同时到场的情况下进行签名。股份有限公司参照有限责任公司执行。

5. 合同中借款人、担保人全称与印章及有效证件上的名称必须一致，合同要素填写必须齐全。贷款人的名称要与农村合作金融机构的公章一致，不得简写。

6. 信贷人员在发放贷款后，留一份借款申请书、审批书、借款合同、借款借据（贷款人期限管理凭证联）、抵（质）押申请登记表、抵（质）押物清单。动产抵押登记卡、他项权属证书、抵押物保险单正本等存放金库保管。另一份借款申请书、审批书、借款合同，以及借款借据一、三、四联交会计部门办理贷款转账手续。

借款借据执行合同号填写必须准确无误，确保与相对应的借款合同号一致。农户（个人）需取现金的，必须将借款款项先划入贷款机构存款账户中，然后由农户（个人）在存款账户上支现。如持有信用卡的农户（个人），可以将借款款项划入信用卡账户后再支现。在取现时必须填制取款凭证，在取款凭证上要有借款人本人到临柜签字，会计部门在支付现金时要核实借款人身份证件，并摘录借款人身份证号码，借款借据及有关借款资料作为取款凭证的附件。

会计人员的审查。会计部门接到信贷部门办理的贷款凭证后，应对借款申请书、审批书、借款合同、借款借据的文本使用、填写和签名、盖章等进行详细审核。至少应审核的内容是各类文本要素是否齐全，贷款审批、交叉审查手续是否合规齐全。

若手续不齐全或各类文本要素填写不符合要求，会计人员应及时退还给信贷人员重新补办有关手续。经会计人员确认无误后，方可办理有关贷款出账手续。借款申请书、审批书、借款合同作为借款借据的附件。

贷款的办结时限。各类贷款办结时限由农村合作金融机构根据实际需要自行确定，但应坚持科学与效率的原则。

（五）贷后管理

贷后检查。贷款发放后，信贷人员要对借款人执行借款合同情况及借款人经营管理情况进行跟踪检查监督。日常对借款人实行检查，自然人贷款每半年不少于一次，其他贷款每季度不少于一次，额度较大的贷款必须在贷后7天内作跟踪检查。短期贷款到期前7天，中长期贷款到期前30天，按时向借款人、担保人送发贷款催收通知书，当年新增的不良贷款每月上门至少催讨一次，其他不良贷款每半年上门至少催讨一次。在法律诉讼时效内必须取得贷款催收通知书的回执。贷后检查内容主要包括：

1. 贷款是否按借款合同中规定的用途使用。若发现借款人擅自改变借款用途，要查明情况，并根据合同约定采取罚息或相应的信贷制裁等措施。

2. 借款人依合同约定归还贷款本息的情况。

3. 借款人的品行、职业、收入和住所等影响还款能力的因素是否有变化。

4. 生产经营情况和管理情况是否正常，测算贷款风险的变化情况及趋势，有否出现不利于贷款按期归还的因素。

5. 贷款的使用效益。借款从投入到产出等资金周转情况，借款人经营管理和盈利能力情况。

6. 检查借款人代保管抵押物有无缺损，有无违反合同未经抵押权人同意出借、出租等行为，贷款时所作出的增强担保能力等承诺是否能落实。

贷后检查要书面记录到"自然人贷后检查情况记录表"中，并归入五级分类相关档案。

贷款展期。借款人无法按期还贷需要展期的，必须在贷款到期日前向贷款人提出展期还款申请，经审查同意后，再签订展期还款协议。具体办理手续如下：

1. 先由借款人提出展期申请，展期还款协议要有法定代表人、授权代理人签名盖章，并加盖借款人公章。

2. 保证借款申请展期，应有原保证人同意意见，并到场签名盖章，原保证人应在申请书"担保人意见"栏填写"借款展期后，愿继续承担连带保证责任，保证期间自展期后的借款期限届满之日起两年"。

3. 抵（质）押借款申请展期，抵（质）押人应在贷款展期申请书的"担保意见"栏内填写"贷款展期后，原抵（质）押物继续为该贷款抵押担保，抵押人愿继续承担担保责任"。

对展期的贷款，借款人和抵（质）押人到场在贷款展期申请书上签名盖章，并办理相关登记变更、延期手续。

4. 展期审批。经分管信贷员初审同意后，按该笔贷款规定审批权限交有权审批人审批同意后，办理贷款展期手续。展期还款协议一份送交会计部门办理贷款展期手续，一份由信贷员留档。

5. 展期期限。短期贷款展期累计不得超过原贷款期限；中长期贷款展期累计不得超过原贷款期限的一半；长期贷款展期累计不得超过3年。

信贷人员必须对借款客户的经营动态跟踪监测，了解其资信和需求变化，及时掌握新情况，一旦客户发生下列重大问题可能会影响贷款安全时，应及时报告原贷款审批（包括授信）机构，以便采取相应措施。

1. 客户的对外担保过大，并已对现有贷款的安全构成影响。

2. 客户的财务收支能力发生重大变化。

3. 客户涉及重大诉讼或合同纠纷。

4. 客户在其他金融机构的借款出现逾期。

5. 其他影响贷款安全的事件。

农村合作金融机构应根据实际需要，对其辖属机构贷款业务情况进行检查，原则上每半年不少于一次，参加检查人数必须在两人以上。检查包括信贷人员行为、贷款事实情况、贷款有效性、贷款审批权限履行情况、贷后管理、贷款档案、贷款担保状况、本息扣收的及时性、内外部记录核对、逾期欠息户追加贷款情况、五级分类执行情况、信贷咨询系统应用情况等。

（六）贷款归还和结息

贷款归还。借款人按照借款合同规定按时足额归还贷款本息，贷款归还后，会计人员把相应的还款凭证及时交给信贷员，信贷员应凭还款凭证及时记载贷款登记簿。

结息规定。农村合作金融机构贷款计息办法必须符合有关规定。具体结息方式由借贷双方协商确定。

罚息规定。对贷款期内不能按期支付的利息，可按合同利率按月、按季、按年计收复利，贷款逾期后改按逾期罚息利率计收复利，最后一笔贷款清偿时，利随本清。

逾期贷款或挤占挪用贷款，从逾期或挤占挪用之日起，按罚息利率计收罚息，直到清偿本息为止，遇罚息利率调整，分段计息。对贷款逾期或挪用期间不能按期支付的利息，可按罚息利率按月、按季、按年计收复利。如同一笔贷款既有逾期又有挤占挪用，应择其重，不能并处。

利随本清贷款不计复利。在贷款部分还款时，归还本金的那部分利息应同时归还。

二、个人贷款业务的内部控制

（一）《个人贷款管理暂行办法》（银监会令 2010 年第 2 号）的相关规定

第五条　贷款人应建立有效的个人贷款全流程管理机制，制定贷款管理制度及每一贷款品种的操作规程，明确相应贷款对象和范围，实施差别风险管理，建立贷款各操作环节的考核和问责机制。

第六条　贷款人应按区域、品种、客户群等维度建立个人贷款风险限额管理制度。

第七条　个人贷款用途应符合法律法规规定和国家有关政策，贷款人不得发放无指定用途的个人贷款。贷款人应加强贷款资金支付管理，有效防范个人贷款业务风险。

第八条　个人贷款的期限和利率应符合国家相关规定。

第九条　贷款人应建立借款人合理的收入偿债比例控制机制，结合借款人收入、负债、支出、贷款用途、担保情况等因素，合理确定贷款金额和期限，控制借款人每期还款额不超过其还款能力。

第十条　中国银行业监督管理委员会依照本办法对个人贷款业务实施监督管理。

第十一条　个人贷款申请应具备以下条件：

（一）借款人为具有完全民事行为能力的中华人民共和国公民或符合国家有关规定的境外自然人。

（二）贷款用途明确合法。

（三）贷款申请数额、期限和币种合理。

（四）借款人具备还款意愿和还款能力。

（五）借款人信用状况良好，无重大不良信用记录。

（六）贷款人要求的其他条件。

第十二条　贷款人应要求借款人以书面形式提出个人贷款申请，并要求借款人提供能够证明其符合贷款条件的相关资料。

第十三条　贷款人受理借款人贷款申请后，应履行尽职调查职责，对个人贷款申请内容和相关情况的真实性、准确性、完整性进行调查核实，形成调查评价意见。

第十四条　贷款调查包括但不限于以下内容：

（一）借款人基本情况。

（二）借款人收入情况。

（三）借款用途。

（四）借款人还款来源、还款能力及还款方式。

（五）保证人担保意愿、担保能力或抵（质）押物价值及变现能力。

第十五条　贷款调查应以实地调查为主、间接调查为辅，采取现场核实、电话查问以及信息咨询等途径和方法。

第十六条　贷款人在不损害借款人合法权益和风险可控的前提下，可将贷款调查中的部分特定事项审慎委托第三方代为办理，但必须明确第三方的资质条件。

贷款人不得将贷款调查的全部事项委托第三方完成。

第十七条　贷款人应建立并严格执行贷款面谈制度。

通过电子银行渠道发放低风险质押贷款的，贷款人至少应当采取有效措施确定借款人真实身份。

第十八条　贷款审查应对贷款调查内容的合法性、合理性、准确性进行全面审查，重点关注调查人的尽职情况和借款人的偿还能力、诚信状况、担保情况、抵（质）押比率、风险程度等。

第十九条　贷款风险评价应以分析借款人现金收入为基础，采取定量和定性分析方法，全面、动态地进行贷款审查和风险评估。

贷款人应建立和完善借款人信用记录和评价体系。

第二十条 贷款人应根据审慎性原则，完善授权管理制度，规范审批操作流程，明确贷款审批权限，实行审贷分离和授权审批，确保贷款审批人员按照授权独立审批贷款。

第二十一条 对未获批准的个人贷款申请，贷款人应告知借款人。

第二十二条 贷款人应根据重大经济形势变化、违约率明显上升等异常情况，对贷款审批环节进行评价分析，及时、有针对性地调整审批政策，加强相关贷款的管理。

第二十三条 贷款人应与借款人签订书面借款合同，需担保的应同时签订担保合同。贷款人应要求借款人当面签订借款合同及其他相关文件，但电子银行渠道办理的贷款除外。

第二十四条 借款合同应符合《中华人民共和国合同法》的规定，明确约定各方当事人的诚信承诺和贷款资金的用途、支付对象（范围）、支付金额、支付条件、支付方式等。

借款合同应设立相关条款，明确借款人不履行合同或怠于履行合同时应当承担的违约责任。

第二十五条 贷款人应建立健全合同管理制度，有效防范个人贷款法律风险。

借款合同采用格式条款的，应当维护借款人的合法权益，并予以公示。

第二十六条 贷款人应依照《中华人民共和国物权法》、《中华人民共和国担保法》等法律法规的相关规定，规范担保流程与操作。

按合同约定办理抵押物登记的，贷款人应当参与。贷款人委托第三方办理的，应对抵押物登记情况予以核实。

以保证方式担保的个人贷款，贷款人应由不少于两名信贷人员完成。

第二十七条 贷款人应加强对贷款的发放管理，遵循审贷与放贷分离的原则，设立独立的放款管理部门或岗位，负责落实放款条件、发放满足约定条件的个人贷款。

第二十八条 借款合同生效后，贷款人应按合同约定及时发放贷款。

第二十九条 贷款人应按照借款合同约定，通过贷款人受托支付或借款人自主支付的方式对贷款资金的支付进行管理与控制。

贷款人受托支付是指贷款人根据借款人的提款申请和支付委托，将贷款资金支付给符合合同约定用途的借款人交易对象。

借款人自主支付是指贷款人根据借款人的提款申请将贷款资金直接发放至借款人账户，并由借款人自主支付给符合合同约定用途的借款人交易对象。

第三十条 个人贷款资金应当采用贷款人受托支付方式向借款人交易对象支付，但本办法第三十三条规定的情形除外。

第三十一条 采用贷款人受托支付的，贷款人应要求借款人在使用贷款时提出支付申请，并授权贷款人按合同约定方式支付贷款资金。

贷款人应在贷款资金发放前审核借款人相关交易资料和凭证是否符合合同约定条件，支付后做好有关细节的认定记录。

第三十二条 贷款人受托支付完成后，应详细记录资金流向，归集保存相关凭证。

第三十三条 有下列情形之一的个人贷款，经贷款人同意可以采取借款人自主支付方式：

（一）借款人无法事先确定具体交易对象且金额不超过三十万元人民币的。

（二）借款人交易对象不具备条件有效使用非现金结算方式的。

（三）贷款资金用于生产经营且金额不超过五十万元人民币的。

（四）法律法规规定的其他情形的。

第三十四条 采用借款人自主支付的，贷款人应与借款人在借款合同中事先约定，要求借款人定期报告或告知贷款人贷款资金支付情况。

贷款人应当通过账户分析、凭证查验或现场调查等方式，核查贷款支付是否符合约定用途。

第三十五条 个人贷款支付后，贷款人应采取有效方式对贷款资金使用、借款人的信用及担保情况变化等进行跟踪检查和监控分析，确保贷款资产安全。

第三十六条 贷款人应区分个人贷款的品种、对象、金额等，确定贷款检查的相应方式、内容和频度。贷款人内部审计等部门应对贷款检查职能部门的工作质量进行抽查和评价。

第三十七条 贷款人应定期跟踪分析评估借款人履行借款合同约定内容

的情况，并作为与借款人后续合作的信用评价基础。

第三十八条 贷款人应当按照法律法规规定和借款合同的约定，对借款人未按合同承诺提供真实、完整信息和未按合同约定用途使用、支付贷款等行为追究违约责任。

第三十九条 经贷款人同意，个人贷款可以展期。

一年以内（含）的个人贷款，展期期限累计不得超过原贷款期限；一年以上的个人贷款，展期期限累计与原贷款期限相加，不得超过该贷款品种规定的最长贷款期限。

第四十条 贷款人应按照借款合同约定，收回贷款本息。

对于未按照借款合同约定偿还的贷款，贷款人应采取措施进行清收，或者协议重组。

三、个人贷款业务的主要风险点

在全面了解贷款业务操作规程的基础上，根据对私贷款业务不同阶段可能存在的风险以及电子数据的特点，利用计算机来识别对私贷款业务的各个风险点，然后进行重点延伸。本节主要针对对私贷款业务可利用计算机审计手段发现违规线索的情况进行风险分析，介绍其主要风险点。

（一）贷款受理、调查与授信阶段风险点分析

1. 由于信贷人员未要求借款人提供完整的相关资料，或对所提供资料的真实性未进行严格的审查，未进行实地调查，致使借款人使用虚假资料，编造虚假贷款用途贷款，未能有效防范借款人的欺诈行为，从而导致贷款损失。

2. 由于信贷人员对借款人的资格及条件未按《贷款通则》的规定进行严格核查，未查询人民银行征信系统以及所在机构的信贷登记系统，使得有不良信用记录的客户等不具备借款资格条件的借款人获得贷款。

3. 由于信贷人员未能切实了解借款人的经济状况、经营能力和还款能力，未切实了解抵押物的价值以及变现能力，未了解担保人的担保资格和代偿能力，致使向借款人过度授信，超出其能够归还的额度。

4. 对于抵押质押贷款，由于信贷人未严格审查和调查抵押物、质押凭证的真实性、有效性以及所有权和处置关系等，未要求抵押和质押合同经法律公证，致使抵押无效，失去担保。

（二）贷款审查与审批阶段风险点分析

1. 信贷人员未按规定对信贷资料的基本要素、主体资格、信贷政策、信贷风险、借款人资格、借款用途、借款金额、借款期限、还款来源、保证方式进行严格审查，未有效防范风险。

2. 未坚持从前台到后台、从下级到上级的正常程序，贷款审批逆程序操作，未有效执行审贷分离政策。

3. 贷款未按授权制度规定的权限审批或者提交贷款审查委员会审批，未对超越权限的贷款上报上级行主管部门审批。

（三）贷款合同签订与贷款发放阶段风险点分析

1. 借款合同的签订未经信贷部门和法律部门审查同意，未经有权签字人签章。

2. 借款合同与保证、抵押合同未相互衔接；以抵押、质押担保的未到有权登记的职能部门或证券登记管理部门办理抵押、质押登记手续，并取得他项权证；以存单、国债、债券、保单、股票等质押的权利凭证未办理止付手续。

3. 借款合同中贷款要素不完整，未按人民银行规定利率执行利率；"借款借据"的要素填写不完整，未经借款人签章。

4. 贷款发放在贷款手续办妥前进行，逆向操作；未按规定办理受托支付或自主支付，贷款入账手续不规范。

5. 违反贷款操作规程，未对借款人提供的抵押品进行登记，高估抵押物价值，担保合同不符合法律规定而导致贷款损失。抵押、质押物权凭证未按规定进行登记和保管。

6. 在计算机系统中输入错误，计算利息错误，借贷方向记反等工作差错招致损失。

（四）贷后管理阶段风险点分析

贷后检查未坚持定期检查与不定期检查相结合、全面检查与单项检查相结合，检查内容不全面，未包括贷款的使用情况、借款人的经营情况和偿债能力的变动情况等，贷后检查流于形式，导致贷款客户挪用贷款，如挪用贷款去买卖股票、投资，到期不能归还。

（五）贷款归还和结息阶段风险点分析

1. 未严格执行人民银行规定的基准贷款利率，利率浮动未在规定的范围内。

2. 未严格执行财政部关于贷款利息收入的确认方法，正确计算利息收入。

3. 贷款利息收入、应收利息和表外应收利息的核算和记账方法不符合《金融企业会计制度》的规定。

（六）不良资产管理阶段风险点分析

对不良贷款监控不严、清收不力，或因合同不严谨，对贷款失去诉讼时效和追索的权利。

（七）为达到考核标准，人为操纵贷款数量或分类结果

为了达到考核标准，在考核时点上，大量发放或收回贷款，前者是为了占用贷款规模或虚增存款，后者主要是为了规避上级行和银行监管部门的贷款规模控制。人为操纵贷款分类结果，目的主要是使不良贷款余额或比率不超过上级行下达的控制标准。

（八）内部员工道德风险分析

不能有效防范内部员工单独或内外勾结诈骗贷款的行为，从而导致贷款损失。如内部人员截留和挪用借款人归还的贷款本息，侵吞抵押品，捏造虚假贷款，在贷款发放过程中收受"回扣"，向关系人发放优于一般借款人条件的贷款而招致损失等。

四、个人贷款计算机审计分析

在全面了解综合业务系统对贷款业务核算的基础上，根据上述贷款业务可能存在的风险，结合电子数据的特点，对可利用计算机来识别的贷款业务风险点进行重点延伸，总结归纳出可通过计算机审计手段发现的违规风险点。

（一）贷前调查，借款人资格以及资信情况不合规

1. 向信用不良客户发放贷款，包括向有已核销贷款借款客户发放贷款、向有已核销贷款担保客户发放贷款、向有欠息客户发放贷款、向贷款逾期客户发放贷款、向担保逾期客户发放贷款、向黑名单客户发放贷款。

2. 向财务状况不良客户发放贷款，包括向有抵债资产客户发放贷款、向无现金流客户发放贷款。

3. 向主体资格不合规客户发放贷款，包括向年龄不合规客户发放贷款、向同一家庭多个成员发放贷款、向未统一授信的企业法人代表发放贷款。

（二）贷款审查，担保方式不合理、担保不足或担保无效

1. 发放两人互保、三人以上循环担保贷款。

2. 质押贷款质押物未止付。

3. 保证人主体资格、资信情况不合规。包括担保人为核销贷款户、核销贷款担保人发生新担保、有欠息贷款客户为他人担保、逾期贷款客户作为担保人、逾期贷款担保人发生新担保、黑名单客户作为担保人。

4. 抵质押贷款抵质押物的抵押率超标。

（三）贷款发放，贷款办理操作手续不规范

1. 贷款利率不合规，包括贷款执行利率与合同利率不一致、短期贷款利率代码与利率调整方式不一致、普通贷款利率浮动幅度超限。

2. 贷款办理时间不正常，包括非营业时间办理贷款业务、非工作日办理贷款业务。

（四）贷后管理，贷款资金运作异常

1. 贷款不按合同规定用途运用，包括贷款流入证券账户、贷款流入房市、贷款流入承兑汇票保证金账户、贷款资金进入验资账户。

2. 贷款资金流动不正常，包括贷款当日资金转出又重新转回、贷款长时间存放不用、贷款发放后短期即归还、贷款流入多个账户。

3. 以贷还贷、以贷还息。

（五）不良资产管理不规范

1. 贷款发放后一年内即核销。

2. 普通贷款五级形态从逾期及以下形态直接调整为正常。

3. 贷款有欠息五级分类为正常。

（六）客户欺诈行为，冒名、借名贷款骗取贷款资金

1. 贷款隐性集中度风险，包括：多人贷款流入同一客户账户、同一担保人为多人担保。

2. 贷款流入担保人账户。

3. 还贷资金来源于其他客户。

4. 按揭贷款发放账号为借款人账号。

（七）贷款经营数据不真实

1. 月末发放月初收回大额贷款。
2. 集中发放多笔超小额度贷款。

（八）内部员工行为不规范。

1. 客户贷款流入内部员工账户。
2. 客户贷款流入经办信贷人员账户。
3. 内部员工贷款用途不合规。
4. 还贷资金来源于内部账户。

第二节　个人贷款业务审计模型的设计

个人贷款业务的风险点识别，目前还不能全部通过计算机手段实现，在审计实践中，需要不断扩充，对贷款业务审计模型的设计主要是根据目前可能以计算机手段实现的对贷款业务风险进行测试来设计审计模型。包括借款人主体资格风险测试模块、担保有效性风险测试模块、贷款办理操作风险测试模块、贷后资金流向风险测试模块、不良资产管理风险测试模块、客户欺诈风险测试模块、贷款真实性风险测试模块、内部员工道德风险测试模块等。每一项风险测试模块都包含丰富的内容，下面就部分体现信用风险、操作风险、道德风险的具体内容，建立分析模型来举例说明。

一、借款人主体资格风险测试模型设计

审计模型分析思路：《个人贷款管理暂行办法》（中国银监会令 2010 年第 2 号）第十一条规定，"个人贷款申请应具备以下条件：……（五）借款人信用状况良好，无重大不良信用记录"，根据该规定，对于有核销贷款等有重大不良信用记录的客户，应该设置贷款禁入。在现实工作中，由于管理疏漏等原因，核销贷款客户有可能未被列入黑名单库进行管理，信贷管理系统未作有效控制，信贷人员有意或无意地向核销贷款客户重新发放贷款，为此，我们开发了已核销贷款客户继续贷款风险测试模型。通过关联贷款分户明细与核销贷款明细账，匹配具有唯一指向性的客户编号，排查出已核销户仍继续获取贷款的情况。

审计模型设计方法：

步骤一：先考虑将普通贷款分户文件中的 15 位、18 位新旧身份证号码统一为 15 位身份证号码后作为新增列"客户编号"，形成"普通贷款分户文件二"。同样将贷款核销文件中的客户号也作统一处理，并且根据核销金额和核销收回金额之差计算出每笔核销贷款的实际核销本息作为新列，形成"贷款核销文件中间表"。

步骤二：将"普通贷款分户文件二"与"贷款核销文件中间表"相关联，关联条件为两表的客户编号一致，并且"普通贷款分户文件二"中的贷款发放日期要晚于"贷款核销文件中间表"中的核销日期。"普通贷款分户文件二"取字段：机构号，客户号，客户名称，发放日期，到期日期，发放金额，贷款余额，信贷员，贷款合同号，贷款账号。"贷款核销文件中间表"取字段：核销日期；核销收回日期；实核贷款本金；核销收回本金；实际核销本息。合并后形成"已核销贷款客户继续贷款结果表"。

步骤三：因为存在不同客户之间 15 位身份证号相同的情况，步骤一中对客户编号的处理方式有可能发生匹配错误，所以要核对"已核销贷款客户继续贷款结果表"中的核销户姓名与贷款户姓名是否一致，排除不一致的冗余数据。结合现场检查进行核查。

审计模型数据来源：普通贷款分户文件；贷款核销文件。

二、贷款办理操作风险测试模型设计

审计模型分析思路：信贷人员在贷款发放时，存在一定的操作风险，如果合同要素录入错误，可能导致实际执行情况背离原合同精神。如贷款利率，受到调整方式等因素的影响，这些要素必须要同时录入正确才能保证最终执行利率正确。而人为的操作性风险总是难以避免的，信贷人员在贷款发放时如果没有发现录入错误，那么后期只能等到还款时发现，如果多收利息，客户会察觉并反馈，如果少收利息，很可能就造成了银行的利益损失。及时地发现执行利率与合同利率的不一致，在贷款归还前更正错误，可避免不必要的麻烦和损失。在电子记录中，比对某笔贷款的实际执行利率与合同利率两字段数据是否相同，来筛选出错误的记录。

审计模型设计方法：

步骤一：分析普通贷款分户文件，筛选出正常执行利率与借据正常利率不一致的有贷款余额的记录，选取字段：机构号，客户内码，客户号，客户名称，贷款合同号，发放日期，到期日期，发放金额，昨日余额，贷款用途，正常执行利率，借据正常利率，利率调整方式，信贷员，建立柜员，形成结果表"实际执行利率与合同利率不一致贷款"。

步骤二：根据"实际执行利率与合同利率不一致贷款"提供的数据，结合信贷管理系统与纸质档案，对比出录入错误的要素，从而获得导致利率错误的原因。再视错误数据是否集中在某些信贷人员或某些特定客户等规律，结合现场检查和员工行为排查，判断是否存在人为主观因素。

审计模型数据来源：普通贷款分户文件。

三、担保有效性风险测试模型设计

审计模型分析思路：在保证贷款中，保证人是贷款出现偿还风险时的第二还款来源，其担保的有效性直接影响着贷款的顺利收回。信贷人员在贷前调查阶段应该对保证人的资格进行细致翔实地了解。保证人的资格审查，包括担保能力审查与担保信用审查。担保能力体现在担保人的经济实力中，担保信用体现在其以往的担保职责履行记录中。而现实业务办理过程中，因为疏忽或调查不到位，对于担保人的两个素质没有调查清楚，致使在借款人无法偿付贷款时执行担保也无效，无法收回贷款。所以，对存量贷款担保人的资格审查，应该加以关注，对于调查担保人是否发生过借款逾期是其中一个分析的方向。

审计模型设计方法：

步骤一：分析普通贷款分户文件，筛选出逾期并有余额的贷款明细，选取字段：机构号，客户内码，客户号，客户名称，发放日期，贷款合同号，到期日期，发放金额，贷款余额，贷款当前形态4级，信贷员。形成"中间表_逾期贷款"。

步骤二：将"中间表_逾期贷款"与担保关系文件关联，关联条件为"中间表_逾期贷款"的贷款合同号与担保关系文件的被担保编号一致，关联客户基本信息文件，关联条件为担保关系文件的担保编号与客户基本信息文件的客户内码一致。选取字段："中间表_逾期贷款"的所有字段，担保关系文件中的担保编号，客户基本信息文件中的客户名称并更改为担保人名称。形成"中间表_逾期贷款担保"。

步骤三：分析担保关系文件，筛选出由"中间表_ 逾期贷款担保"中的担保人所担保的所有正常贷款担保关系，选取担保关系文件所有字段，形成"中间表_ 担保关系文件"。

步骤四：将"中间表_ 担保关系文件"与"中间表_ 逾期贷款担保"关联，关联条件为"中间表_ 担保关系"的担保编号与"中间表_ 逾期贷款担保"的客户内码一致，并且前者的担保起始日期在后者担保到期日期之后。选取两表全部字段，后表字段名后加标记。形成"中间表_ 逾期发生后担保"。

步骤五：将"中间表_ 逾期发生后担保"与普通贷款分户文件关联，关联条件为前者的被担保编号与后者的贷款合同号一致，并且后者的贷款余额大于零。选取两表全部字段，前表字段名后加标记。形成结果表"借款逾期客户担保"。

审计模型数据来源：普通贷款分户文件；担保关系文件；客户基本信息文件。

四、贷后资金流向风险测试模型设计

审计模型分析思路：《贷款通则》（中国人民银行 1996 年 6 月 28 日）第二十条规定："对借款人的限制：……三、不得用贷款从事股本权益性投资，国家另有规定的除外。四、不得用贷款在有价证券、期货等方面从事投机经营。"根据该规定，信贷资金不得流入股市。现农村合作金融机构普遍开通证券客户交易结算资金第三方存管业务，我们可以根据信贷资金转入第三方存管账户来识别贷款流入股市情况。

审计模型设计方法：

步骤一：从活期存款账户交易明细表中找出某时间段内所有对方账号为贷款账号"501"开头的交易记录，形成"贷款入账交易中间表一"。

步骤二：将"贷款入账交易中间表一"与活期存款账户交易明细表通过账号关联，在活期存款账户交易明细表中找出贷款入账发生后 10 天（可根据审计需要调整）内账内有资金转入第三方存管账户（账号包含"00011123"字符）的所有交易记录，形成"贷款入账交易中间表二"。"贷款入账交易中间表一"中选取的字段有：原交易流水号（更名为贷款原交易流水号），交易记账日期（更名为贷款交易记账日期），借贷标志（更名为贷款借贷标志），交易金额（更名为贷款交易金额），交易余额（更名为贷款交易余额），对方账号（更名为贷款对方账号）。活期存款账户交易明细表选取的字段有：账号，原交易流水号，交易记账日期，借贷标志，交易金额，交易余额，对方账号。

步骤三：通过对"贷款入账交易中间表二"作进一步分析，筛选出贷款资金未转入账户前的余额小于转入第三方存管账户金额的有效记录，形成"贷款入账交易中间表三"。将"贷款入账交易中间表三"、活期存款账户主档、普通贷款分户文件三表关联，条件："贷款入账交易中间表三"的账号与活期存款账户主档的账号相同，"贷款入账交易中间表三"的贷款对方账号与普通贷款分户文件的贷款账号相同。活期存款账户主档中选取字段：账户全名。普通贷款分户文件中选取字段：机构号，贷款余额，信贷员。"贷款入账交易中间表三"中选取所有字段。形成结果表"贷款流入股市"。

步骤五：根据"贷款流入股市"结果表中的每笔疑似数据所定位的交易账号和交易时间，对照核心业务系统中的存款账户交易明细，排除账户内原有及中间进出资金，核实实际进入股市的金额。

审计模型数据来源：活期存款账户交易明细表；活期存款账户主档；普通贷款分户文件。

五、客户欺诈风险测试模型设计

审计模型分析思路：经济活动总伴随着资金的流动，反之，资金流动的背后总有经济活动为动因。通过分析贷款资金流向，可以了解贷款的真实用途，了解客户间的经济关系，可以判断出实际借款人，从而发现冒名、借名贷款。分析贷款资金流向，必须要清楚如何追踪资金，首先想到转账交易，转账交易一般都留有资金流出方与资金进入方双方的账户信息，而且交易在同一笔流水下完成，容易追踪。现实中，客户知悉转账交易流向可查，为规避追查，多采用现金交易，这就要求我们对现金交易也能具备一定的资金追踪能力。分析现金交易特点，目前准确度较高的现金交易资金流向追踪方式是交易时间或交易流水间隔追踪，即现金取出后短时间内存入其他账户，或前后笔流水取存交易。通过将客户贷款入账账户交易明细表与所有客户账户交易明细表关联，将交易时间或交易流水作为关联条件，可有效追踪资金流向。基于以上的思路，重点是建立两个中间表：贷款资金转账流出中间表和贷款资金现金流出中间表。以资金流向中间表为基础，可引申出同一借款人多笔贷款资金流入一户风险测试模型。

审计模型设计方法：

（一）建立贷款资金流出中间表

步骤一：筛选活期存款账户交易明细表，获取某时间段内所有贷款入账交易的记录，形成贷款入账中间表。将贷款入账中间表与活期存款账户交易明细表关联，关联条件为两表账号相同，获取贷款入账交易发生后 10 天内（可根据审计需要调整）账内资金的所有付款交易，形成贷后付款中间表。

步骤二：将贷款入账中间表（表 A）、贷后付款中间表（表 B）、活期存款账户交易明细表（表 C）、普通贷款分户文件（表 D）、活期存款账户主档（表 E）进行关联。关联条件为表 B 的账号与表 E 的账号相同，表 A 的账号与表 C 的账号相同，表 C 的对方账号与表 D 的贷款账号相同，表 A 的交易记账日期与表 B 的交易记账日期相同，表 A 的交易柜员与表 B 的交易柜员相同，表 A 的柜员流水号比表 B 柜员流水号小 1，表 A 的交易记账日期要在表 D 的发放日期后 10 日内（可调整），表 B 借贷标志为贷方，表 A 与表 B 的现转标志均为现金。选取字段：表 A 取字段交易时间（更名为取出时间）、柜员流水号（更名为取出流水号）、交易金额（更名为取出金额）、交易机构、交易柜员、现转标志（更名为取出现转标志）；表 B 取字段现转标志（更名为存入现转标志）、账号（更名为存入账号）、交易时间（更名为存入时间）、柜员流水号（更名为存入流水号）、交易金额（更名为存入金额）；表 C 取字段账号（更名为借款人活期账号）；表 D 取字段机构号（更名为贷款机构号）、客户名称（更名为借款人）、客户内码、客户号、贷款账号、发放日期、到期日期、发放金额、贷款余额；表 E 取字段账户全名（更名为存入户名）、客户内码（更名为存入客户内码）、开户证件号码（更名为存入户客户号）；关联后形成"贷款资金现金流出中间表"。

步骤三：将贷款入账中间表（表 A）、贷后付款中间表（表 B）、活期存款账户交易明细表（表 C）、普通贷款分户文件（表 D）、活期存款账户主档（表 E）进行关联。关联条件为表 B 的账号与表 E 的账号相同，表 A 的账号与表 C 的账号相同，表 C 的对方账号与表 D 的贷款账号相同，表 A 的交易记账日期与表 B 的交易记账日期相同，表 A 的交易柜员与表 B 的交易柜员相同，表 A 的柜员流水号等于表 B 柜员流水号，表 A 的交易记账日期要在表 D

的发放日期后 10 日内（可调整），表 B 借贷标志为贷方，表 A 与表 B 的现转标志均为转账。选取字段：表 A 取字段交易时间（更名为取出时间）、柜员流水号（更名为取出流水号）、交易金额（更名为取出金额）、交易机构、交易柜员、现转标志（更名为取出现转标志）；表 B 取字段现转标志（更名为存入现转标志）、账号（更名为存入账号）、交易时间（更名为存入时间）、柜员流水号（更名为存入流水号）、交易金额（更名为存入金额）；表 C 取字段账号（更名为借款人活期账号）；表 D 取字段机构号（更名为贷款机构号）、客户名称（更名为借款人）、客户内码、客户号、贷款账号、发放日期、到期日期、发放金额、贷款余额；表 E 取字段账户全名（更名为存入户名）、客户内码（更名为存入客户内码）、开户证件号码（更名为存入户客户号）；关联后形成"贷款资金转账流出中间表"。

步骤四：将"贷款资金转账流出中间表"和"贷款资金现金流出中间表"中的客户号统一到 15 位身份编号，并且排除客户本人不同账户间的资金流动，形成"贷款资金转账流出中间表二"和"贷款资金现金流出中间表二"，合并两表，形成"贷款资金流出中间表"。

（二）基于贷款资金流出中间表，建立同一借款人多笔贷款资金流入一户风险测试模型

步骤一：从"贷款资金流出中间表"中选取字段借款人、客户号、贷款账号、发放金额、存入户名、存入户客户号，剔除重复记录，形成"涉及贷款表"。

步骤二：对"涉及贷款表"按借款人、客户号、存入户名、存入户客户号进行统计，筛选出统计记录数在 2 条（可调整）以上的记录，统计出的笔数和总发放金额作为新列。选取字段借款人、客户号、存入户名、存入户客户号，形成"同一借款人多笔贷款存一户笔数统计表"。

步骤三：关联"同一借款人多笔贷款存一户笔数统计表"和"贷款资金流出中间表"，关联条件是两表的客户号一致并且存入户客户号也一致，形成结果表"同一借款人多笔贷款存一户表"。

步骤四：根据结果表，通过现场检查，摸清客户关系和资金交易原因，排查出借冒名、借名贷款等客户欺诈行为。

审计模型数据来源：活期存款账户交易明细表，普通贷款分户文件，活期存款账户主档。

六、内部员工道德风险测试模型设计

审计模型分析思路：通过分析贷款资金流向，可以了解贷款的真实用途，了解客户间的经济关系，同时也包含了客户与内部员工间的经济关系。对员工与客户间的资金往来加以关注，可有效发现内部员工经济行为异动，防范道德风险的发生。以上例客户欺诈风险测试模型设计中的贷款资金流出中间表为基础，可构建贷款流入内部员工风险测试模型。

审计模型设计方法：

步骤一：如同上例建立"贷款资金流出中间表"。

步骤二：将柜员信息文件中的身份证号统一到 15 位身份编号，形成"柜员信息文件_ 15 位身份证"。

步骤三：将"贷款资金流出中间表"与"柜员信息文件_ 15 位身份证"关联，关联条件为两表的 15 位身份编号一致，选取"贷款资金流出中间表"的全部字段，其中存入户名更改为员工姓名、存入客户内码更改为员工内码、存入户客户号更改为员工客户号，形成"贷款流入内部员工账户中间表"。

步骤四：根据"贷款流入内部员工账户中间表"，统计出借款人的贷款笔数与总金额作为新列，统计出单一员工涉及贷款笔数和总金额作为新列，形成"贷款流入内部员工账户结果表"。

步骤五：根据结果表，结合现场检查、客户谈话、员工谈话等审计手段，及时发现员工规模化借名贷款等重大风险。

审计模型数据来源：活期存款账户交易明细表，普通贷款分户文件，活期存款账户主档，柜员信息文件。

第三节　应用实例

一、怎样发现内部员工炒股资金来源于贷款

【审计目标】随着经济的发展，以及生活水平的提高，投资的观念也普及开来，其中股票投资是老百姓可选择的为数不多的投资项目之一。农村合作金融机构第三方存管业务的开展，使股民客户的开户数逐年增加，在留住

股民客户存款的同时，也打开了违规将贷款资金流入股市的方便之门。农村合作金融机构应及时掌握贷款资金流入股市的情况，严格控制股民客户的授信额度，及时收回被移用来炒股的贷款。而内部员工参与炒股者，尤其利用客户贷款资金炒股者，容易引发连锁违规行为，甚至造成重大经济问题，应该引起高度关注。

【分析建模】

1. 审计思路：《贷款通则》第二十条规定："对借款人的限制：……三、不得用贷款从事股本权益性投资，国家另有规定的除外。四、不得用贷款在有价证券、期货等方面从事投机经营。"2010 年，审计组对某农村合作金融机构开展经济责任审计，在分析信贷资金用来炒股的交易记录时，发现该行部分内部员工名列其中。审计组根据此情况，修改分析模型，针对内部员工进行排查。

2. 数据准备：活期存款账户交易明细表、活期存款账户主档、普通贷款分户文件。

3. 审计过程：

步骤一：筛选活期存款账户交易明细表，获取某时间段内所有贷款入账交易的记录，形成贷款入账中间表。将贷款入账中间表与活期存款账户交易明细表关联，关联条件为两表账号相同，获取贷款入账交易发生后 10 天内（可根据审计需要调整）账内资金的所有付款交易，形成贷后付款中间表。

参考语句：SELECT ＊ INTO 贷款入账中间表 FROM 活期存款账户交易明细表 WHERE 对方账号 LIKE '501％' AND 借贷标志 = 2

SELECT B.＊ INTO 贷后付款中间表 FROM 贷款入账中间表 A INNER JOIN 活期存款账户交易明细表 B ON A. 账号 = B. 账号 AND A. 交易时间 ＜ = B. 交易时间 AND DATEDIFF（DAY，A. 交易时间，B. 交易时间）＜ = 10 AND B. 借贷标志 = 1

步骤二：将贷款入账中间表（表 A）、贷后付款中间表（表 B）、活期存款账户交易明细表（表 C）、普通贷款分户文件（表 D）、活期存款账户主档（表 E）进行关联。关联条件为表 B 的账号与表 E 的账号相同，表 A 的账号与表 C 的账号相同，表 C 的对方账号与表 D 的贷款账号相同，表 A 的交易记账日期与表 B 的交易记账日期相同，表 A 的交易柜员与表 B 的交易柜员相同，表 A 的柜员流水号比表 B 柜员流水号小 1，表 A 的交易记账日期要在表

160

D 的发放日期后 10 日内（可调整），表 B 借贷标志为贷方，表 A 与表 B 的现转标志均为现金。选取字段：表 A 取字段交易时间（更名为取出时间）、柜员流水号（更名为取出流水号）、交易金额（更名为取出金额）、交易机构、交易柜员、现转标志（更名为取出现转标志）；表 B 取字段现转标志（更名为存入现转标志）、账号（更名为存入账号）、交易时间（更名为存入时间）、柜员流水号（更名为存入流水号）、交易金额（更名为存入金额）；表 C 取字段账号（更名为借款人活期账号）；表 D 取字段机构号（更名为贷款机构号）、客户名称（更名为借款人）、客户内码、客户号、贷款账号、发放日期、到期日期、发放金额、贷款余额；表 E 取字段账户全名（更名为存入户名）、客户内码（更名为存入客户内码）、开户证件号码（更名为存入户客户号）；关联后形成贷款资金现金流出中间表。

参考语句：SELECT D. 机构号 AS 贷款机构号，D. 客户名称 AS 借款人，D. 客户内码，D. 客户号，D. 贷款账号，D. 发放日期，D. 到期日期，D. 发放金额，D. 贷款余额，C. 账号 AS 借款人活期账号，A. 交易时间 AS 取出时间，A. 柜员流水号 AS 取出流水号，A. 交易金额 AS 取出金额，A. 交易机构，A. 交易柜员，A. 现转标志 AS 取出现转标志，B. 现转标志 AS 存入现转标志，E. 账户全名 AS 存入户名，E. 客户内码 AS 存入客户内码，E. 开户证件号码 AS 存入户客户号，B. 账号 AS 存入账号，B. 交易时间 AS 存入时间，B. 柜员流水号 AS 存入流水号，B. 交易金额 AS 存入金额

INTO 贷款资金转账流出中间表 FROM 贷款入账中间表 C，贷后付款中间表 A，活期存款账户交易明细表 B，普通贷款分户文件 D，活期存款账户主档 E

WHERE E. 账号 = B. 账号 AND C. 账号 = A. 账号 AND C. 对方账号 = D. 贷款账号 AND A. 交易记账日期 = B. 交易记账日期 AND A. 交易柜员 = B. 交易柜员 AND A. 柜员流水号 < >0 AND B. 柜员流水号 = A. 柜员流水号 AND B. 借贷标志 = 2 AND A. 现转标志 = 2 AND B. 现转标志 = 2 AND D. 发放日期 < = A. 交易记账日期 AND DATEDIFF（DAY，CONVERT（CHAR（30），D. 发放日期），CONVERT（CHAR（30），A. 交易记账日期））< =10

SELECT ＊，CASE WHEN LEN（客户号）> =20 THEN SUBSTRING（客户号，4，6）+SUBSTRING（客户号，12，9）ELSE SUBSTRING（客户号，4，15）END AS 统一 15 位客户号，CASE WHEN LEN（存入户客户号）> =17

THEN SUBSTRING（存入户客户号，1，6）+SUBSTRING（存入户客户号，9，9）ELSE SUBSTRING（存入户客户号，1，15）END AS 统一 15 位存入户客户号

INTO 贷款资金转账流出中间表 2 FROM 贷款资金转账流出中间表

WHERE 客户号 < >（'101'+存入户客户号）AND 客户号 < >（'203'+存入户客户号）AND 客户号 < >（'202'+存入户客户号）

SELECT ＊ INTO 贷款资金流出中间表 FROM 贷款资金现金流出中间表 2 UNION SELECT ＊ FROM 贷款资金转账流出中间表 2

步骤三：将贷款资金流出中间表与活期存款账户交易明细表通过账号关联，在活期存款账户交易明细表中找出贷款资金入账发生后 5 天（可根据审计需要调整）内账内有资金转入第三方存管账户（账号包含"1123"字符）的所有交易记录，形成他人贷款存入 A 户用于炒股表。贷款资金流出中间表中选取所有字段，活期存款账户交易明细表中选取的字段有：交易时间（更改为转入股市时间）；交易金额（更改为转入股市金额）。

参考语句：SELECT A. ＊，B. 交易时间 AS 转入股市时间，B. 交易金额 AS 转入股市金额 INTO 他人贷款存入 A 户用于炒股 FROM 贷款资金流出中间表 A，活期存款账户交易明细表 B WHERE A. 存入账号 = B. 账号 AND B. 对方账号 LIKE '％1123％' AND B. 借贷标志 = 1 AND DATEDIFF（DAY，A. 存入时间，B. 交易时间）＜ = 5 AND A. 存入时间 < B. 交易时间

步骤四：将柜员信息文件（表 A）和他人贷款存入 A 户用于炒股表（表 B）关联，关联条件为 A 表的柜员姓名与 B 表的存入户名一致，并且 A 表的身份证号与 B 表的存入户客户号一致。B 表选取所有字段，A 表选取柜员姓名、身份证号、机构号，形成结果表，即他人贷款存入员工账户用于炒股排查表。

SELECT B. ＊，A. 柜员姓名，A. 身份证号，A. 机构号 INTO 他人贷款存入员工账户用于炒股排查表 FROM 柜员信息文件 A，他人贷款现金存入 A 户用于炒股 B WHERE（A. 柜员姓名 = B. 存入户名 OR A. 身份证号 = B. 存入户客户号）

步骤五：根据他人贷款存入员工账户用于炒股排查表中的每笔疑似数据所定位的交易账号和交易时间，对照核心业务系统中的存款账户交易明细，排除账户内原有及中间进出资金，核实实际进入股市的金额。

【案例分析】通过筛选活期存款账户交易明细表，获取某时间段内所有贷款入账交易的记录，形成贷款入账中间表。将贷款入账中间表与活期存款账户交易明细表关联，形成贷后付款中间表。将贷款入账中间表、贷后付款中间表、活期存款账户交易明细表等进行关联。关联后形成贷款资金现金流出中间表。并与活期存款账户交易明细表通过账号关联，最后筛选出他人贷款存入员工账户用于炒股排查表中的每笔疑似数据所定位的交易账号和交易时间，对照核心业务系统中的存款账户交易明细，排除账户内原有及中间进出资金，核实实际进入股市的金额。

二、怎样发现向已核销贷款客户发放新贷款

【审计目标】《个人贷款管理暂行办法》（中国银监会令 2010 年第 2 号）第十一条规定："个人贷款申请应具备以下条件：……（五）借款人信用状况良好，无重大不良信用记录"。根据该规定，对于已核销贷款这种有重大不良信用记录的客户，应该设置贷款禁入。由于管理疏漏等原因，核销贷款客户有可能未被列入黑名单库进行管理，信贷管理系统未作有效控制，信贷人员有意或无意地向核销贷款客户重新发放贷款，基于此情况，有必要对核销贷款客户继续贷款的情况展开排查。

【分析建模】

1. 审计思路：一般农村合作金融机构均建立有核销贷款相关数据库表或电子台账，为我们计算机审计提供了可能性。2010 年，审计组在对某农村合作金融机构内控评价审计中，发现当年新增不良贷款的客户原来有核销贷款未结清，属于三违贷款。为摸清全行此类违规问题规模，对该行有余额贷款进行了全面扫描。

2. 数据准备：普通贷款分户文件、贷款核销文件。

3. 审计过程：

步骤一：先考虑将普通贷款分户文件中的 15 位、18 位新旧身份证号码统一为 15 位身份证号码后作为新增列"身份编号"，形成普通贷款分户文件中间表。同样，将贷款核销文件中的客户号也作统一处理，并且根据核销金额和核销收回金额之差计算出每笔核销贷款的实际核销本息作为新列，形成贷款核销文件中间表。

参考语句：SELECT 身份编号 = CASE WHEN LEN（SUBSTRING（客户

号，4，18））＞15 THEN SUBSTRING（客户号，4，6）＋ SUBSTRING（客户号，12，9）ELSE SUBSTRING（客户号，4，15）END，客户号，客户名称，客户内码，发放日期，发放金额，到期日期，贷款余额，信贷员，贷款合同号，借据序号，贷款账号，展期合同号，机构号，科目代号，正常贷款科目，信息编码，贷款属性码，结息日，结息周期，收息方式，到期自动还款标志，预期欠息自动还款标志，上次还款日期，上次结息日期，贷款当前形态5级，汇总机构号

INTO 普通贷款分户文件中间表 FROM 普通贷款分户文件 WHERE CONVERT（NUMERIC（15，2），贷款余额）＞ 0

SELECT ＊，身份编号 ＝ CASE WHEN LEN（SUBSTRING（客户号，4，18））＞15 THEN SUBSTRING（客户号，4，6）＋ SUBSTRING（客户号，12，9）ELSE SUBSTRING（客户号，4，18）END，（CONVERT（NUMERIC（15，2），实核贷款本金）＋CONVERT（NUMERIC（15，2），实核表内利息）＋ CONVERT（NUMERIC（15，2），实核表内复息）＋CONVERT（NUMERIC（15，2），实核表外利息）＋CONVERT（NUMERIC（15，2），实核表外复息））－（CONVERT（NUMERIC（15，2），核销收回本金）＋CONVERT（NUMERIC（15，2），核销收回表内利息）＋CONVERT（NUMERIC（15，2），核销收回表内复利）＋CONVERT（NUMERIC（15，2），核销收回表外利息）＋CONVERT（NUMERIC（15，2），核销收回表外复利））AS 实际核销本息

INTO 核销贷款中间表 FROM 贷款核销文件 WHERE（CONVERT（NUMERIC（15，2），实核贷款本金）＋CONVERT（NUMERIC（15，2），实核表内利息）＋ CONVERT（NUMERIC（15，2），实核表内复息）＋ CONVERT（NUMERIC（15，2），实核表外利息）＋ CONVERT（NUMERIC（15，2），实核表外复息））－（CONVERT（NUMERIC（15，2），核销收回本金）＋CONVERT（NUMERIC（15，2），核销收回表内利息）＋CONVERT（NUMERIC（15，2），核销收回表内复利）＋CONVERT（NUMERIC（15，2），核销收回表外利息）＋CONVERT（NUMERIC（15，2），核销收回表外复利））＞ 0

步骤二：将普通贷款分户文件中间表与贷款核销文件中间表相关联，关联条件为两表的客户编号一致，并且普通贷款分户文件中间表中的贷款发放

日期要晚于贷款核销文件中间表中的核销日期。普通贷款分户文件中间表取字段：机构号，客户号，客户名称，发放日期，到期日期，发放金额，贷款余额，信贷员，贷款合同号，贷款账号。贷款核销文件中间表取字段：核销日期，核销收回日期，实核贷款本金，核销收回本金，实际核销本息。合并后形成已核销贷款客户继续贷款结果表。

参考语句：SELECT A. 机构号，A. 客户号，A. 客户名称，A. 发放日期，A. 到期日期，A. 发放金额，A. 贷款余额，A. 信贷员，A. 贷款合同号，A. 贷款账号，B. 核销日期，B. 核销收回日期，B. 实核贷款本金，B. 核销收回本金，B. 实际核销本息

INTO 向有核销贷款的客户发放新贷款明细表 FROM 普通贷款分户文件中间表 A INNER JOIN 核销贷款中间表 B ON A. 身份编号 ＝ B. 身份编号 WHERE A. 发放日期 ＞＝ B. 核销日期

SELECT B. 机构简称，A. ＊ INTO 违规问题线索_ 向有核销贷款的客户发放新贷款 FROM 向有核销贷款的客户发放新贷款明细表 A，机构信息表 B WHERE A. 机构号 ＝ B. 机构号

步骤三：因为存在不同客户之间 15 位身份证号相同的情况，步骤一中对身份编号的处理方式有可能发生匹配错误，所以要核对已核销贷款客户继续贷款结果表中的核销户姓名与贷款户姓名是否一致，排除不一致的冗余数据。结合现场检查核实事实。

【案例分析】将普通贷款分户文件中客户号与贷款核销文件客户号关联，合并后筛选出已核销贷款客户继续贷款数据。同时结合现场检查核实已核销贷款客户继续贷款结果表中的核销户姓名与贷款户姓名是否一致，排除不一致的冗余数据。分析出由于管理疏漏等原因，核销贷款客户未被列入黑名单库进行管理，信贷管理系统未作有效控制，信贷人员违规向核销贷款客户重新发放贷款的现象。

三、怎样发现担保人借名贷款问题

【审计目标】个人贷款业务中借名贷款是一个普遍存在的现象，借名贷款的存在使得单一客户的贷款规模放大，超出有效风险控制范围，其隐蔽性更使得风险程度无法估计。出现借名贷款的原因有多种，包括实际用款人有不良信用记录、实际用款人无经济实力、实际用款人本人贷款额度不能满足

资金需求、实际用款人经营不善资金短缺等，而担保人借名贷款是借名贷款现实存在的主要形式之一。摸清担保人借名贷款问题，很大程度上能估计出借名贷款规模，从而为有效控制风险提供方向。

【分析建模】

（1）审计思路：担保人借名贷款主要可从借款人资金流向上加以跟踪分析，筛选出借款人贷款资金流入担保人账户的数据，结合现场核查，明确贷款资金的真实用途，确定借名贷款情况。

（2）数据准备：活期存款账户交易明细表，活期存款账户主档，担保关系文件，普通贷款分户文件。

（3）审计过程：

步骤一：筛选活期存款账户交易明细表，获取某时间段内所有贷款入账交易的记录，形成贷款入账中间表。将贷款入账中间表与活期存款账户交易明细表关联，关联条件为两表账号相同，获取贷款入账交易发生后 10 天内（可根据审计需要调整）账内资金的所有付款交易，形成贷后付款中间表。

参考语句：SELECT ＊ INTO 贷款入账中间表 FROM 活期存款账户交易明细表 WHERE 对方账号 LIKE ' 501% ' AND 借贷标志 ＝2

SELECT B. ＊ INTO 贷后付款中间表 FROM 贷款入账中间表 A INNER JOIN 活期存款账户交易明细表 B ON A. 账号 ＝B. 账号 AND A. 交易时间 ＜ ＝ B. 交易时间 AND DATEDIFF（DAY，A. 交易时间，B. 交易时间）＜ ＝10 AND B. 借贷标志 ＝1

步骤二：将贷款入账中间表（表 A）、贷后付款中间表（表 B）、活期存款账户交易明细表（表 C）、普通贷款分户文件（表 D）、活期存款账户主档（表 E）进行关联。关联条件为表 B 的账号与表 E 的账号相同，表 A 的账号与表 C 的账号相同，表 C 的对方账号与表 D 的贷款账号相同，表 A 的交易记账日期与表 B 的交易记账日期相同，表 A 的交易柜员与表 B 的交易柜员相同，表 A 的柜员流水号比表 B 柜员流水号小 1，表 A 的交易记账日期要在表 D 的发放日期后 10 日内（可调整），表 B 借贷标志为贷方，表 A 与表 B 的现转标志均为现金。选取字段：表 A 取字段交易时间（更名为取出时间）、柜员流水号（更名为取出流水号）、交易金额（更名为取出金额）、交易机构、交易柜员、现转标志（更名为取出现转标志）；表 B 取字段现转标志（更名为存入现转标志）、账号（更名为存入账号）、交易时间（更名为存入时间）、柜员流水号（更名为存入流水号）、交易金额（更名为存入金额）；表 C 取字段账号（更名为借款人活期账号）；表 D 取字段机构号（更名为贷款机构号）、客户名称（更名为借款人）、客户内码、客户号、贷款账号、发放日期、到期日期、发放金额、贷款余额；表 E 取字段账户全名（更名为存入户名）、客户内码（更名为存入客户内码）、开户证件号码（更名为存入户客户号）；关联后形成贷款资金现金流出中间表。

参考语句：SELECT D. 机构号 AS 贷款机构号，D. 客户名称 AS 借款人，D. 客户内码，D. 客户号，D. 贷款账号，D. 发放日期，D. 到期日期，D. 发放金额，D. 贷款余额，C. 账号 AS 借款人活期账号，A. 交易时间 AS 取出时间，A. 柜员流水号 AS 取出流水号，A. 交易金额 AS 取出金额，A. 交易机构，A. 交易柜员，A. 现转标志 AS 取出现转标志，B. 现转标志 AS 存入现转标志，E. 账户全名 AS 存入户名，E. 客户内码 AS 存入客户内码，E. 开户证件号码 AS 存入户客户号，B. 账号 AS 存入账号，B. 交易时间 AS 存入时间，B. 柜员流水号 AS 存入流水号，B. 交易金额 AS 存入金额

INTO 贷款资金现金流出中间表 FROM 贷款入账中间表 C，贷后付款中间表 A，活期存款账户交易明细表 B，普通贷款分户文件 D，活期存款账户主档 E

WHERE E. 账号 = B. 账号 AND C. 账号 = A. 账号 AND C. 对方账号 = D. 贷款账号 AND A. 交易记账日期 = B. 交易记账日期 AND A. 交易柜员 = B. 交易柜员 AND A. 柜员流水号 < B. 柜员流水号 AND B. 柜员流水号 − A. 柜员流水号 < 2 AND B. 借贷标志 = 2 AND A. 现转标志 = 1 AND B. 现转标志 = 1 AND D. 发放日期 < = A. 交易记账日期 AND DATEDIFF（DAY，CONVERT（CHAR（30），D. 发放日期），CONVERT（CHAR（30），A. 交易记账日期））< = 10

SELECT *，CASE WHEN LEN（客户号）> = 20 THEN SUBSTRING（客户号，4，6）+ SUBSTRING（客户号，12，9）ELSE SUBSTRING（客户号，4，15）END AS 统一 15 位客户号，CASE WHEN LEN（存入户客户号）> = 17 THEN SUBSTRING（存入户客户号，1，6）+ SUBSTRING（存入户客户号，9，9）ELSE SUBSTRING（存入户客户号，1，15）END AS 统一 15 位存入户客户号

INTO 贷款资金转账流出中间表 2 FROM 贷款资金转账流出中间表

WHERE 客户号 < > （'101'＋存入户客户号）AND 客户号 < >
（'203'＋存入户客户号）AND 客户号 < > （'202'＋存入户客户号）

SELECT ＊ INTO 贷款资金流出中间表 FROM 贷款资金现金流出中间表2
UNION SELECT ＊ FROM 贷款资金转账流出中间表2

步骤三：将贷款资金流出中间表（表A）、担保关系文件（表B）、普通
贷款分户文件（表C）进行关联，关联条件为表A的客户内码与表B的客户
内码一致，表A的存入客户内码与表B的担保编号一致，表C的贷款合同号
与表B的被担保编号一致，表C的贷款账号与表A的贷款账号一致。将选取
表A的全部字段，其中存入户名更改为担保人，存入客户内码更改为担保人
客户内码，存入户客户号更改为担保人客户号，形成贷款流入担保人账户中
间表。

步骤四：根据贷款流入担保人账户中间表，统计出借款人的贷款笔数和
贷款总金额作为新列，统计出单一担保人涉及贷款的笔数和贷款总金额作为
新列，形成结果表，即贷款流入担保人账户表。

步骤五：根据结果表，结合现场检查，查明贷款真实的用途，并根据担
保人涉及贷款笔数与总金额，及时发现担保人规模化借名贷款等有高风险的
问题。

【案例分析】资金流入担保人账户除了担保人借名贷款外，可能还存在
以下一些原因：担保客户与借款人存在生意往来，担保客户与借款人资金暂
借，担保客户与借款人合伙经营等，要结合担保人与借款人实际经营项目种
类、担保人与借款人的社会关系等因素，综合分析判断来最终确定借款性
质。其中同一个担保人为多个借款人担保，各借款人资金均流入该担保人账
户的应特别引起重视。

第七章 内部员工操作风险的计算机审计

第一节 内部员工操作业务主要风险点分析

一、内部员工操作风险的特征及影响因素分析

内部员工交易行为是指在经营管理活动中，农村合作金融机构的工作人员使用其本人或其所控制的银行账户与本单位、其他法人或自然人（包括其他内部员工）以及非法人组织之间发生的货币性交易行为。

上述交易行为包括正当交易行为与不正当交易行为。其中正当交易行为是指员工在经营管理活动中，遵照国家法律法规、行政规章和农村合作金融机构相关规章制度进行的交易行为。不正当交易行为是指员工在经营管理活动中，违反国家法律法规、行政规章或农村合作金融机构相关规章制度，或违反商业道德和市场规则影响公平竞争，或利用工作便利损害农村合作金融机构、客户或其他交易者合法利益的交易行为。

（一）操作风险的特征

1. 内生性：操作风险从其引发因素来看，虽然外部因素也可能导致操作风险的发生，但内部不合规操作是引发操作风险的主要因素，包括人、制度和技术等方面的因素。其中人的因素包括农村合作金融机构工作人员在业务操作过程中出现的意外事故或利用职权从事职业道德不允许的业务，或挪用侵占集体财产等。

2. 广泛性和普遍性：操作风险存在于农村合作金融机构的各个业务环节，同时，涉及相关的管理部门，如人员因素涉及人力资源部门、系统因素涉及科技部门、流程因素涉及各条线管理部门，因此操作风险具有广泛性和

普遍性。

3. 难以度量性和不对称性：由于操作风险的因素分散于各项业务之中，涵盖业务的广泛性、风险发生的可能性、损失大小的不确定性、形成原因的复杂性，诸多因素综合作用使操作风险很难测量和预测。

（二）操作风险影响因素分析

1. 制度因素：主要包括制度的不完善、滞后性、执行不力等。

2. 内部人员因素：包括员工的思想道德素质、业务能力、越权和滥用职权行为、关键人员流失等。人是操作风险防范的主体，在操作风险的控制过程中发挥着不可或缺的作用。

3. 系统因素：包括软件、硬件设备、操作系统等。目前，农村合作金融机构实现了网络化，其系统的评估与升级、系统日常维护、系统安全保护就显得尤为重要，一旦出现失误，将会产生操作风险。

4. 社会因素。主要包括外部欺诈、抢劫、黑客攻击、盗窃以及地震、萧条、战争等不可抗因素。

二、内部员工操作风险管理主要内容介绍

根据中国银监会制定的《关于加大防范操作风险工作力度的通知》（银监发〔2005〕17 号）有关防范操作风险的"十三条"规定和农村合作金融机构排查"九种人"等要求，内部员工操作风险管理的内容主要表现在以下方面：

1. 加强防范操作风险规章制度建设。全面分析、梳理制度缺失或不适用规章制度情况，及时制定或修订完善相关规章制度，对有章不循的，要将责任人调离原岗位，并严肃处理。

2. 加强审计建设。不断完善审计体制，充实审计力量，加强审计培训，提高内审人员的政治业务素质。业务管理部门应建立对疑点和薄弱环节的持续跟踪检查制度，组织实施独立的、交叉的业务突击检查，同时，农村合作金融机构要对跟踪检查制度的执行情况进行监督和评价。

3. 加强合规性监督。重点加强对权力过大而监督管理不到位的基层行的监督，促使其及时整改，加强对权力的监控，防止权力滥用和监督缺位。

4. 订立职责制，明确总行及各级分支机构的责任。各级管理人员特别是农村合作金融机构主要负责人和分管的高管人员，要认真履责，敢抓敢管，

以身作则。对出现大案、要案，或措施不得力的，要从严追究高管人员和直接责任人责任，并相应追究对检查发现的问题隐瞒不报、上报虚假情况或检查监督整改不力的责任。反复发生大案要案，问题长期得不到有效解决的单位，要从严追究有关高管人员和管理人员的法律责任。

5. 坚持行务管理公开制度。在定期自我评估薄弱环节的基础上，聘请外审机构进行独立评估，进一步扩大社会和新闻舆论对银行的监督。

6. 建立和实施基层主管轮岗轮调和强制性休假制度，并确保这一安排纳入总行及各级分支机构的人事管理制度。明确具体的操作程序和规定，由人事部门按照规定就拟轮岗轮调和休假主管的顶替人员预先做好安排。审计部门应对相关的制度安排和执行情况进行有效审计跟踪。

7. 严格规范重要岗位和敏感环节工作人员八小时内外的行为，建立相应的行为失范监察制度。建立重要岗位和敏感环节工作人员买卖股票、经商办企业等行为的内部报告制度，发现有涉黄、涉赌、涉毒，以及未报告的股票买卖和经商办企业等行为的，要即行调离原岗位，并对其进行审计。要及时、深入地了解情况，对行为失范的员工要及时进行教育，情节严重的，要依法依规严肃处理。

8. 对举报查实的案件，举报人属于来自基层的员工（包括合同工、临时工）的，要予以重奖；对坚持规章制度、勇于斗争而制止案件发生的，要有特别的激励机制和规定。违法、违规、违纪的管理人员，一经查实，一律调离原工作单位，并严肃处理。

9. 加强对账管理。建立和完善银行与客户、银行与银行以及农村合作金融机构业务台账与会计账之间的适时对账制度，对对账频率、对账对象、可参与对账人员等作出明确规定。

10. 加强未达账项和差错处理的环节控制。记账岗位和对账岗位必须严格分开，做到对未达账和账款差错的查核工作不返原岗处理，设立独立的审核岗，建立责任复核制，必要时可由上一级行对指定岗位进行独立审核，并责成原岗位适时作出说明。

11. 严格印章、密押、凭证的分管、分存和销毁制度，并进行严格检查，对违规者进行严厉惩处。

12. 加强对账外经营的监控。当日出单要核对，机器打印的出单要全部核对。要探索手工情况下的有效监控措施，以及网点通存通兑中多部门办理业务等情况下向客户验证复检的有效手段，对新客户大额存款和开设账户，要严格遵循"了解你的客户"和"了解你的客户业务"的原则。

13. 迅速改进科技信息系统。提高通过技术手段防范操作风险的能力，支持各类管理信息的适时、准确生成，为业务操作复核和审计提供坚实的基础。

14. 加强对"九种人"的排查。加强对有"黄赌毒"行为、个人或家庭经商办企业、大额资金炒股的、个人和家庭负债较大、无故不能正常上班或经常旷工、交友混乱或经常出入高档消费场所、在职工作超过强制休假或轮岗规定时限、有不良记录或犯罪前科、已经出现违规操作"九种人"的排查工作，防范各类风险。

15. 探索建立适合自身经营实际的员工评议制度。通过建立内部评价制度，促进员工间的相互监督。评议内容包括"进村入企"送金融服务、是否存在以贷谋私、是否直接或间接从事民间借贷活动、是否直接或间接将信贷资金用于民间借贷、是否为民间借贷充当中介、是否违规调度客户资金、是否泄露相关信息损害单位及客户利益、是否隐瞒事实提供虚假信息骗取贷款、是否存在"九种人"的行为、是否受到客户投诉等内容。

16. 开展内部员工风险交易审计。通过对农村合作金融机构信贷从业人员和其他内部员工风险交易的审计，加强对内部从业人员的检查与排查，并充分运用内部员工风险交易审计成果，加强对内部员工廉洁合规风险的防控工作。

三、内部员工操作风险相关内部控制制度

（一）人民币银行结算账户管理办法

《人民币银行结算账户管理办法》（中国人民银行令〔2003〕第 5 号）涉及内部员工操作风险的主要条款如下：

第八条 银行结算账户的开立和使用应当遵守法律、行政法规，不得利用银行结算账户进行偷逃税款、逃废债务、套取现金及其他违法犯罪活动。

第六十五条 存款人使用银行结算账户，不得有下列行为：

（一）违反本办法规定将单位款项转入个人银行结算账户。

（二）违反本办法规定支取现金。

（三）出租、出借银行结算账户。

（二）农村合作金融机构银行卡章程

《××农村合作金融机构银行卡章程》涉及内部员工操作风险的主要条款如下：

第十二条 个人卡账户的资金只限于其持有的现金存入或以其工资性款项及属于个人的其他合法收入转账存入。严禁将单位款项转账存入个人卡账户。

（三）金融机构工作人员从业行为的若干规定

《××金融机构工作人员从业行为的若干规定》涉及内部员工操作风险的主要条款如下：

第三条 ××金融机构工作人员应当忠实履行职责，不从事或参与下列活动：

1. 投资入股与本单位有贷款、担保、融资等业务关系的企业；

2. 利用本单位的商业秘密从事个人牟利活动，或将其泄露、提供给他人或其他企业；

3. 直接从事民间借贷活动或者为民间借贷提供担保；

4. 利用职务影响力为配偶、子女和其他利益关系人经商办企业谋取利益；

5. 吸收存款不入账或者利用本人及亲属等个人结算账户揽存客户资金，代客户归还贷款本金和利息；

6. 出借个人或者近亲属的个人结算账户用于他人的资金交易；

7. 代客开立账户、办理转账、支取现金、保管有价单证和存折、银行卡；

8. 直接或者间接将信贷资金用于民间借贷；

9. 借用、占用客户贷款资金或者操纵客户账内资金；

10. 代客户调度资金或者充当借款保证人帮助客户筹集贷款周转资金；

11. 为民间借贷、担保公司等牵线搭桥，充当中介或者调度资金；

12. 收受由关联企业、客户等服务对象赠送的现金、有价证券、支付凭证和其他财物；

13. 参加由关联企业、客户等服务对象提供的高消费娱乐活动；

14. 利用本人或者亲属的婚丧喜庆事宜借机敛财；

15. 利用办理信贷调查审批等职权，向关联企业、客户等服务对象索取钱物或者报销应由个人支付的各种费用；

16. 其他谋取私利，损害本单位利益的行为。

（四）信贷会计操作"二十四条禁令"

《信贷会计操作"二十四条禁令"》涉及内部员工操作风险的主要条款如下：

1. 严禁发放借款资料不全或资料失效的贷款。

2. 严禁未经审查审批发放贷款。

3. 严禁发放法律规定应登记抵押财产未经登记部门确认抵押有效的贷款。

4. 严禁抵（质）押财产权利凭证不按规定入库保管。

5. 严禁由非借款人本人、非企事业单位法定代表人（负责人）或未经过法定代表人（负责人）书面授权代理人办理贷款。

6. 严禁由信贷员代客户开立账户、办理转账、支取现金等业务。

7. 严禁由信贷员为客户代保管现金、存单（折）、银行卡、印章、有价单证等。

8. 严禁不按规定注销抵（质）押财产权利凭证。

9. 严禁未经确认借款人真实身份办理贷款内外核对手续。

10. 严禁由信贷人员自行保管应集中保管的信贷档案。

11. 严禁未经查询查复办理票据贴现业务。

12. 严禁在银行承兑汇票全额兑付前支付承兑保证金。

13. 严禁临柜柜员仅凭有效身份证件的复印件开立个人存款账户。

14. 严禁由他人代存款人办理存款挂失补单（折）手续。

15. 严禁预先在空白凭证上加盖业务用章。

16. 严禁柜员在自己签到的终端上办理本人的存、取款业务。

17. 严禁签发或出具虚假存单（折）及存款证明、验资证明、其他资信证明。

18. 严禁授权（复核）人员在未审核确认现金数额、业务和凭证的真实性、正确性的情况下，为柜员办理大额存款业务、支付业务和特殊业务的授权（复核）。

19. 严禁柜员临时离岗不进行系统签退或锁屏，不将现金、印章、凭证入柜（箱）上锁保管。

20. 严禁接交人或监督人在未清点现金、重要空白凭证、其他重要物品的情况下办理业务接交或者钱箱入库保管手续。

21. 严禁柜员密码设置简单化、告知他人或者在他人可窥视情况下输入。

22. 严禁借用他人柜员号、密码（卡）上机操作。

23. 严禁由业务经办人员、客户经理（信贷员）办理自身经办业务的对账工作。

24. 严禁印章保管人私自将印章交由他人使用或将印章带离业务场所。

四、内部员工交易行为的主要风险点

（一）内部员工不正当交易行为的主要表现形式

1. 员工违规代替客户办理对公单位结算账户的开户、销户和印鉴变更手续；

2. 员工利用本人或控制的银行账户为开立一般存款账户的公司及机构类客户套取现金；

3. 信贷资金回流到客户经理本人或控制的银行账户，进行虚假骗贷、截留资金、收受好处、替客户过渡资金或套现等违规交易行为；

4. 员工利用本人或控制的银行账户过渡资金，充当融资中介或为客户办理资金划转、代发工资等业务，或出借账户为他人或企业使用；

5. 员工利用本人或控制的银行账户归集资金，过渡信贷证明、造价咨询等中间业务收入；转账代收因贷款发生的向客户收取的各项费用；

6. 员工利用本人或控制的银行账户与公司及机构类客户进行资金划转，为满足业绩考核需要，人为调节所在机构对公存款、虚增网银交易量；

7. 员工利用本人或控制的银行账户过渡本行营销费用、员工绩效和福利费等；

8. 员工利用本人或控制的银行账户虚增存款和库存现金，实现不同机构间调剂现金库存或为客户办理大额存、取款转账业务；

9. 员工利用本人或控制的银行账户在机构内及机构间虚存虚取现金、调剂库款，向自助设备虚调现金、虚增存款和库存现金，办理取款或转账业务；

10. 员工利用本人或控制的银行账户违规办理上门收送款业务，截留现金；

11. 员工借用客户资金或使用银行信贷资金进行买卖股票、基金、理财产品等投资活动或为上述风险投资活动提供担保；

12. 员工利用本人或控制的银行账户代客理财，伪造资料，为本人、亲属或他人骗取银行个人贷款，收取客户现金代为其偿还贷款，或通过其个人账户进行过渡；挪用客户资金或贷款额度，为其他客户归还贷款或用作其他用途；

13. 员工利用本人或控制的银行账户与客户的个人账户发生资金往来关系，进行客户资金的归集、核算、划转等违规交易行为；

14. 员工利用本人或控制的银行账户高息揽存、发放高利贷，或与地下钱庄进行非法资金往来；

15. 员工除系统测试、为客户演示等特殊情况外，参与无真实经济往来的网上银行转账业务；

16. 员工虚假发卡，在客户不知情的情况下利用客户身份虚开银行卡（信用卡）账户，对银行卡（信用卡）进行虚假激活，利用银行卡（信用卡）进行虚假交易；

17. 员工代替客户签名，利用本人信用卡代他人刷卡，出借本人信用卡给他人使用，自己或协助他人利用信用卡进行套现，利用职务之便收取客户应缴款后，以本人信用卡进行资金清算；

18. 未列出的其他员工交易行为，按照有关法律法规、行政规章及行社有关规章的规定明确禁止的，都属于员工不正当交易行为范畴。

（二）柜员管理的主要风险点

综合业务系统的柜员是指登录综合业务系统并进行业务操作、系统管理或信息查询的人员及为自助设备专设的虚拟人员。在柜员的信息维护、岗位设置、额度管理等方面存在的风险点主要有：

1. 一位柜员只能有唯一的一个柜员号，且应实行终身制管理。但在实际操作中，因制度执行不到位导致一个柜员有多个柜员号，存在不相容岗位由同一柜员违规操作等方面的风险隐患。

2. 柜员离职或调动等原因，未及时按规定将该柜员作删除处理，可能存在非在岗人员从事非法操作的风险隐患。

3. 未按事权划分原则合理确定柜员的岗位权限、柜员额度等，因不规范授权或授权流于形式可能导致不相容岗位未分离、柜员无法相互制约等操作

176

风险。

4. 员工未定期更换密码或操作员密码形同虚设，可能导致他人利用员工密码进入系统从事非法操作的风险隐患。

（三）其他业务的主要风险点

1. 非营业时间办理业务。内部员工在非营业时间办理各项业务，可能因该期间相关业务缺乏监督而产生操作风险，或为完成月末或季末存款指标，采用发放贷款、空存现金等手法虚增存款以规避正常考核。

2. 非正常激活银行卡。农村合作金融机构为完成上级下达的银行卡任务，采用小金额，以现金、转账方式非正常激活银行卡等非正当手段完成考核指标。

3. 应解汇款资金流入内部员工账户。应解汇款被转入内部员工账户，可能存在挪用客户资金或转移集体财产等操作风险。

4. 办理借冒名贷款。内部员工利用职务便利为他人办理借冒名贷款，或占用借款人资金，客户贷款资金流向内部员工或担保人账户等。

5. 虚增贷款规避考核。存在为完成贷款指标，采用月末发放贷款，次月初收回的手法虚增月末贷款余额，规避正常考核，同时存在贷款被不当使用的操作风险。

6. 虚增消费额规避考核。利用内部员工账户通过不真实交易背景的"POS"刷卡，完成消费额考核指标。

7. 调度资金用于吸收存款。内部员工利用本人或控制的银行账户调度资金和吸收存款。主要表现在网点"头寸"不足时，通过归集资金，在富余和短缺的网点之间违规调度资金；或通过内部员工本人或控制的账户吸收外地客户资金，以拉高时点存款。

8. 调度资金用于客户贷款周转。内部员工通过本人或控制的账户，为客户调度资金，用于归还客户到期贷款本金和利息。

9. 为不良贷款客户调度资金。内部员工为完成不良考核任务，通过内部员工本人或控制的账户为贷款客户转贷，存在不良资产被故意隐瞒和可能收受不良贷款客户好处的风险隐患。

10. 客户资金用于员工贷款周转。通过向客户借款归还员工本人的到期贷款，或直接以客户贷款偿还内部员工贷款；或发放实为内部员工本人使用的借冒名贷款。

11. 利用客户资金牟取非法利益。通过内部员工本人或控制的账户筹集客户资金进行股票和其他投资以牟取利益；利用内部员工本人或控制的账户或与客户内外勾结，充当资金中介，牟取非法利益；或通过内部员工账户，多方借用、占用客户资金，以多户短期占用形式形成大额资金，用于民间借贷，赚取利差，牟取利益。

12. 充当资金信息掮客。内部员工向担保公司或贷款公司出卖客户的资金信息，充当资金信息掮客。

第二节 内部员工操作业务审计模型的设计

当前内部员工操作风险主要表现为员工不正当交易，由于信息的不对称，交易渠道的多样化，目前还不能完全通过计算机数据分析不正当交易违规情况，尚需在现场审计中结合实物证据、走访客户等发现问题。目前主要是利用计算机快速的分析能力，对大量的交易数据进行分析，从中筛选出疑点数据，为现场审计人员缩小排查范围起到积极作用。

目前内部员工操作风险审计模型设计主要针对常见的、风险较大的交易建立审计分析模型，如内部员工个人累计开卡（折）10 户以上、信贷资金流向（含转账、现金）内部员工账户、柜员信息不合规、非营业时间办理业务（含现金、活期账户转账交易和贷款业务等）、柜员办理本人开户、销户和活期账户交易业务、以内部员工身份证为他人开立账户、临柜员工非正常激活银行卡账户等。

一、信贷资金流向内部员工账户测试模型设计

（一）审计模型分析思路：根据现有贷款信息数据，结合历年审计中的实际情况，本着从严、从简进行判断的原则，重点分析贷款发放后，从现金、转账角度分析信贷资金有无流向贷款担保人、内部员工以及股市的情况，具体分析思路如下：

1. 信贷资金流向担保人账户、内部员工账户分析分为转账、现金两部分。转账流向分析主要是排查贷款发放入借款人账户后，该账户有无在一定时间内发生的转账金额与贷款本金相接近的交易明细；现金流向分析则排查

贷款发放后，该借款人结算账户在一定时间内，在同一柜员（操作员）下，有无连续发生的取款和存款业务，并且取、存款金额与贷款本金接近的交易明细。在确定可疑信贷资金转账、现金记录后，继续深度挖掘数据信息，分析信贷资金交易对手账户的客户信息，通过分析客户基本信息，对比身份证号码，最后排查出信贷资金通过转账或现金方式流入贷款担保人及内部员工的可疑情况。

2. 多笔信贷资金流向同一户名排查。重点分析同一户名结算账户有多笔他人贷款资金转至该账户的可疑交易。

3. 信贷资金流向股市排查。重点分析贷款发放后，借款人结算账户在一定时间内，转入第三方存管的保证金账户的交易明细，再逐步分析转入第三方存款的资金，是否源于借款人信贷资金，剔除借款人自有资金转入的交易明细，最后排查出信贷资金流入第三方存管（股市）的可疑情况。

4. 信贷资金流向楼市排查。重点分析贷款发放后，借款人结算账户在一定时间内，转入房地产开发企业的交易明细，通过对此类明细的再分析，剔除借款用途为购房等符合约定贷款用途的明细，最后排查出信贷资金违规流入楼市的可疑交易。

5. 根据上述计算机审计分析的数据，有针对性地调阅被审计单位相关资料，实施现场审计。

审计模型设计方法：

步骤一：通过贷款分户明细文件，查询出审计时间范围内发放的贷款及转入的客户结算账号，生成贷款发放明细中间表。

步骤二：查询活期存款账户交易明细表筛选出贷款资金转入后，该账户在某个时间范围内的资金支取明细（含转账和现金），生成贷款资金使用情况明细表。

步骤三：根据贷款资金使用情况明细表中转入的对方账号，判断转入的对方客户是否为内部员工账户、保证金账户或第三方存款账户，从而生成贷款资金流向风险疑似清单（转账）。

步骤四：如果贷款资金支取是现金的部分，根据现金支取的流水号、操作柜员号，查询联机流水文件，筛选出统一操作员、流水号为支取业务下一笔、金额相近、交易时间在设定时间范围内的现金存入信息，从存入账号判断客户是否为内部员工账户、保证金账户或第三方存款账户，从而生成贷款资金流向风险疑似清单（现金）。

审计模型数据来源：贷款分户明细文件；普通贷款分户文件；活期存款账户交易明细表；活期存款账户主档；借记卡信息主档；联机流水。

二、内部员工个人结算账户累计交易额最大 20 户风险测试模型设计

审计模型分析思路：根据《××省农村合作金融机构工作人员从业行为的若干规定》第三条"农村合作金融机构工作人员应当忠实履行职责，不得从事或参与下列活动……（五）吸收存款不入账或者利用本人及亲属等个人结算账户揽存客户资金……（七）代客户开立账户、办理转账、支取现金、保管有价单证和存折、银行卡"和《农村合作金融机构银行卡章程》第十二条"个人卡账户的资金只限于其持有的现金存入或以其工资性款项及属于个人的其他合法收入转账存入。严禁将单位款项转账存入个人卡账户"的规定。我们可以通过对以农村合作金融机构内部员工名义开立的在短期内资金流入和流出金额基本相等、资金量比较大、发生笔数比较多的账户进行分析，筛选出交易额居前 20 位的员工账户，进行重点设计分析，特别对单笔额度较大的明细进行逐笔核查，对账户交易额较大、与客户资金往来频繁的员工个人结算账户和经手发放的贷款进行全面排查，验证资金的来源及去向是否存在关联，分析是否存在以自己的资金、信贷资金或朋友、关联人资金发放贷款（拆放），或吸收客户资金不入账，将资金用于拆放；是否存在直接从事民间借贷活动或为民间借贷提供担保；是否存在吸收存款不入账或者利用本人及亲属等个人结算账户揽存客户资金，代客户归还贷款本金和利息；是否存在出借个人或者近亲属的个人结算账户用于他人的资金交易；是否存在直接或者间接将信贷资金用于民间借贷；是否存在代客户调度资金或者充当借款保证人帮助客户筹集贷款周转资金；是否存在为民间借贷、担保公司等牵线搭桥，充当中介或者调度资金；等等。

审计模型设计方法：

步骤一：首先从柜员信息文件中取出所有员工的证件信息，通过与活期存款账户主档进行匹配，查找出以内部员工证件开户的活期账户信息，生成内部员工开户情况中间表。

步骤二：根据内部员工开户情况中间表，统计出活期存款账户交易明细

表中累计交易金额前 20 位的员工账户，生成员工账户交易额前 20 位清单。

步骤三：根据员工账户交易额前 20 位清单生成相应的交易明细表。

步骤四：通过交易明细表中的对方账号，结合贷款分户明细文件分析判断资金的来源，是否存在来自于客户贷款资金，或者用于归还客户贷款等现象。

审计模型数据来源：柜员信息文件；活期存款账户主档；活期存款账户交易明细表；普通贷款分户文件；贷款分户明细文件。

三、内部员工个人累计开卡（折）10 户以上风险测试模型设计

审计模型分析思路：根据《人民币银行结算账户管理办法》（中国人民银行令〔2003〕第 5 号）第八条关于"银行结算账户的开立和使用应当遵守法律、行政法规，不得利用银行结算账户进行偷逃税款、逃废债务、套取现金及其他违法犯罪活动"和第六十五条"存款人使用银行结算账户，不得有下列行为：（一）违反本办法规定将单位款项转入个人银行结算账户。（二）违反本办法规定支取现金……（四）出租、出借银行结算账户"的规定，通过对内部员工开卡（折）数超 10 户（剔除已整改销户记录）的数据进行分析筛选，在现场审计过程中逐户排查开卡（折）资料的真实性、合法性、卡（折）使用状况和卡（折）内大额交易的真实性与合法性。重点关注是否存在内部员工（为完成卡销售任务等）违规办理个人卡开户；是否存在利用多张银行卡以化整为零的方式交易以逃避支付监督，从事洗钱等违法活动；特别要关注资金交易频繁、集中，每笔资金量较大但控制在适度范围内，以逃避监管的行为；有意化整为零，一人控制多个账户，采用蚂蚁搬家的方式，实现大规模资金转移；入网特约商户绑定卡号为内部员工银行卡；以及信付通机具布放在营业网点或信贷员办公室等情况。

审计模型设计方法：

步骤一：首先从柜员信息文件中取出所有员工的证件信息，通过与活期存款账户主档进行匹配，查找出以内部员工证件开户的活期账户信息，生成内部员工开户情况中间表。

步骤二：统计内部员工开户情况中间表中单一员工开户数，筛选出开户超过 10 户的账户清单。

审计模型数据来源：柜员信息文件；活期存款账户主档；借记卡信息

主档。

四、柜员信息不合规风险测试模型设计

审计模型分析思路:《××省农村合作金融机构综合业务系统操作规程(试行)》规定"柜员号是柜员在综合业务系统中的标识号,一个柜员只能有唯一的柜员号,而且试行终身制管理"、"新增柜员应由人事部门向会计部门提交柜员新增通知;或辖内机构提出新增柜员书面申请,经人事部门核实后签署意见,会计部门填写非账户凭证提交清算中心"、"辖内机构需修改柜员信息应向会计部门提交书面申请,会计部门经审核后填写'非账务凭证'交清算中心"。该流程操作需要关注柜员信息不合规风险。我们可以对柜员信息表中有错误的信息进行筛选,主要是柜员名错误、身份证号码校验不正确、柜员信息有重复记录、同一柜员有两个及以上柜员号等。现场审计中通过与相关书面记录逐条核实,督促相关部门对柜员信息不正确的部分进行全面修正,同时调阅相关柜员岗位权限变更、柜员额度变更、柜员登录方式变更、虚拟柜员号、一人多个柜员号的审批授权记录等,对柜员信息不符的相关交易(授权)记录进行重点排查,重点审计是否存在违规设置柜员号,借用、冒用、盗用他人柜员号,柜员登录方式未严格控制管理等情况。

审计模型设计方法:

步骤一:通过身份证验证函数对柜员信息文件中的柜员身份信息进行验证,生成身份证信息不正确的柜员名单。

步骤二:对柜员信息文件中的相同身份证信息的柜员进行查询,筛选出重复柜员记录(考虑身份证 15 位和 18 位的转换,增加筛选精度)。

审计模型数据来源:柜员信息文件。

五、非营业时间办理业务风险测试模型设计

审计模型分析思路:《××省农村合作金融机构综合业务系统操作规程(试行)》第一章第二节规定,"1. 柜员必须做到'双人临柜'。2. 柜员不得在监控未开启前和关闭后办理临柜业务;不得在监控范围外和本柜员专柜外办理临柜业务。3. 柜员不得办理本人的业务;不得在客户(或其代理人)不在场时为其办理业务。"我们可以通过对活期交易明细文件、贷款分户明细文件、内部账明细文件中非营业时间柜台业务交易(主要是现金业务交

易）明细进行筛选，在现场审计中结合监控录像开启、关闭时间、客户签名等证据逐户逐笔核查交易的真实性和合规性，以及操作流程的合理、合规性，重点关注是否存在虚存虚取现金和为应付考核，人为调整存贷款的情况。

审计模型设计方法：

步骤一：通过对活期交易明细文件、贷款分户明细文件、内部账明细文件中交易时间进行判断，筛选出在规定营业时间外办理的柜台业务，生成非营业时间办理业务明细表。

步骤二：通过调阅监控等手段确定上述业务是否由客户现场办理、是否在监控范围内办理。

审计模型数据来源：柜员信息文件；活期存款账户交易明细文件；贷款分户明细文件；内部账明细文件。

六、柜员自办本人业务风险测试模型设计

审计模型分析思路：根据《××省农村合作金融机综合业务系统操作规程》第一章第二节第八条"3. 柜员不得办理本人的业务；不得在客户（或其代理人）不在场时为其办理业务"的规定，以及《信贷会计操作"二十四条禁令"》第十六条"严禁柜员在自己签到的终端上办理本人的存、取款业务"。我们可以通过对以柜员本人信息开户的账户发生的交易明细进行分析，排查出柜员自办业务的情况。柜员自己办理其本人所控制的直系亲属的账户存款业务也应纳入审计范围，通过从人事部门获取柜员直系亲属信息表，产生直系亲属开户情况，并一并进行分析排查。

审计模型设计方法：

步骤一：首先从柜员信息文件中取出所有员工的证件信息，通过与活期存款账户主档、定期存款账户控制文件进行匹配，查找出以内部员工证件信息开户的活期及定期账户信息，生成内部员工开户情况中间表。

步骤二：设置审计时间范围，从活期存款账户交易明细表及定期存入支取明细表中筛选出开户账号为内部员工开户的且操作员为内部员工本人的自办业务交易明细信息中间表。

步骤三：从自办业务交易明细信息中间表中剔除摘要码第一位为"9"的代理类业务。

审计模型数据来源：柜员信息文件；活期存款账户主档；活期存款账户交易明细表；定期存款账户控制文件；定期存入支取明细表。

七、以内部员工身份证件为他人开立账户风险测试模型设计

审计模型分析思路：根据《个人存款账户实名制规定》第六条有关"个人在金融机构开立个人存款账户时，应当出示本人身份证件，使用实名。代理他人在金融机构开立个人存款账户的，代理人应当出示被代理人和代理人的身份证件"及《人民币结算账户管理规定》（中国人民银行令〔2003〕第5号）的相关规定，存款人申请开立个人银行结算账户，应向银行出具居民身份证或临时身份证、户口簿、驾驶执照、护照等有效证件。而银行内部员工利用计算机业务操作便利，违规为他人开立结算账户，容易出现内部人员违规操作账户或内外勾结违规操作结算账户，为内部员工违法犯罪提供可乘之机，造成银行不应有的资金损失。通过计算机审计，可以对员工身份证号与活期存款账户主档、定期存款账户控制文件数据相关联，筛选员工已开户的账户，通过分析确定可疑开户账户、进行现场检查和延伸审计，可以达到监督和防范员工利用职务之便违规为他人开户行为的发生。

审计模型设计方法：

步骤一：为防止利用新旧身份证位数不同而逃避监督，首先对柜员信息表中的柜员身份信息统一转换为15位作为关键字段（保留原18位信息字段），生成柜员信息表。

步骤二：通过活期存款主档、定期存款账户控制文件中的开户证件号（转换15位号码）与柜员信息表相关联，筛选出柜员身份信息相同、客户姓名与柜员姓名不同的账户明细表。

步骤三：对账户明细表中开户证件号18位的与柜员身份信息18位的记录再次筛选判断，剔除18位证件信息不同的记录，生成内部员工身份证为他人开立账户疑似表，供现场审计分析判断。

审计模型数据来源：柜员信息文件；活期存款账户主档；定期存款账户控制文件。

八、临柜员工非正常激活银行卡账户风险测试模型设计

审计模型分析思路：《××省农村合作金融机构银行卡柜面业务操作规

程（试行）》"二、存现……（二）处理流程……2. 无卡折存现 经办柜员办
理无卡折存现交易时，须认真审核存现人填写的存款凭条，清点现金，手工
录入卡号。经办柜员应要求存现人仔细核对存款凭条，包括持卡人姓名、卡
号、存款金额等。其他操作参照'有卡存现'办理"及《××省农村合作
金融机构工作人员从业行为的若干规定》第三条"农村合作金融机构工作人
员应当忠实履行职责，不从事或参与下列活动……（七）代客开立账户、办
理转账、支取现金、保管有价单证和存折、银行卡"。我们通过对审计范围
内银行卡交易金额小于 10 元、余额小于 50 元，交易笔数（除结息）累计小
于 3 笔的记录进行筛选，将柜员（实体柜员）一天办理该类业务笔数大于 5
笔的记录，作为柜员人为激活睡眠卡的可疑线索。同时结合现场进行审计，
核查内部员工是否非正常激活睡眠卡以完成考核任务。同时判断数据中是否
存在激活后成批支取 1 元（含）以下金额的数据，是否存在部分员工掌握或
保管较多客户银行卡的情况。重点审计银行卡开卡资料的真实性、银行卡用
途的合理性和内部员工卡激活操作的合规性，逐户逐笔查证银行卡的真实持
有人情况。

审计模型设计方法：

步骤一：通过借记卡信息主档中的基本账号，筛选出活期存款账户交易
明细表中的借记卡交易明细信息。

步骤二：对银行卡交易金额小于 10 元、余额小于 50 元、交易笔数（除
结息）累计小于 3 笔的记录进行筛选，生成借记卡可疑交易记录中间表。

步骤三：通过对经办柜员的判断，筛选出同一工作日中同一柜员办理此
类业务超过 5 笔的业务清单，现场审计结合监控录像、客户凭证进行核查。

审计模型数据来源：借记卡信息主档；活期存款账户交易明细表。

九、柜员出借柜员卡风险测试模型设计

审计模型分析思路：《商业银行内部控制指引》第一百零八条规定：
"商业银行应当明确会计部门、会计人员的权限，各级会计部门、会计人员
应当在各自的权限内行事，凡超越权限的，须经授权后，方可办理"；第一
百零九条规定，"商业银行应当对会计账务处理的全过程实行监督"。一些案
件的发生，一个重要的根源在于少数员工风险意识淡薄，认识不到巨大风险
存在和发生的可能，麻痹大意，过于轻信同事或领导，如违反规定出借柜员

卡等。柜员出借柜员卡风险测试模型是分析在综合业务系统中登录方式为柜员卡、密码等非指纹的员工每月上班情况。按正常情况，农村合作金融机构员工每月上班时间一般不超过 22 天，筛选出柜员上班登录日期超过正常次数的员工信息，通过现场核实，是否存在出借柜员卡或借（盗）用密码的情况。

审计模型设计方法：

步骤一：从"柜员信息文件"中筛取签到非指纹签到的柜员信息，条件为签到方式 < > '2'（指纹）且是否实体柜员 = '1'，选取的字段有：机构号，柜员号，柜员姓名，身份证号，签到方式，启用日期。形成临时表"TMP_ 非指纹签到柜员信息"。

步骤二：从"授权登记簿"中筛取审计期间内的记录，选取字段有：授权柜员号，交易日期，最后更新时间。形成临时表"TMP_ 柜员授权表"。从"柜员登录信息登记簿"筛取审计期间内的记录，选取字段有：柜员号，登录日期，最后更新时间。形成临时表"TMP_ 柜员登录信息"，将"TMP_ 柜员授权表"和"TMP_ 柜员登录信息"合并，形成临时表"TMP_ 柜员工作日表"，将字段定义为柜员号、登录日期、最后更新时间。

步骤三：将"TMP_ 柜员工作日表"按机构号、柜员号、登录日期第 1 至第 6 位（年月）进行分组统计，并统计记录数字段名为登录次数，筛选其中登录次数超过 22 的记录，将"柜员信息文件"与筛选结果以柜员号相等为条件，形成审计中间表"柜员每月登录超 22 天"，选取的字段有：机构号，柜员姓名，年月份，登录次数。由审计人员调阅监控、相关资料，做现场核查，确定是否存在出借柜员卡或借（盗）用密码的情况。

审计模型数据来源：柜员信息文件，授权登记簿，柜员登录信息登记簿。

十、信贷员发放本人办理的贷款风险测试模型设计

审计模型分析思路：信贷岗（前台交易人员）与综合柜员（后台结算人员）属不兼容岗位，信贷人员利用临柜代班的机会，直接办理本人经手的贷款发放业务，以规避综合柜员人员的监督。

审计模型设计方法：

步骤一：通过查询普通贷款分户文件，列出审计期间内，所有信贷人员

发放的贷款明细，形成临时表"TMP_信贷员贷款清单"，选取字段有：机构号，信贷员，客户名称，客户号，发放日期，到期日期，发放金额，贷款余额，贷款账号。

步骤二：筛选活期存款交易明细表中交易柜员为"TMP_信贷员贷款清单"中信贷员的记录，设置筛选条件为交易柜员属于临时表"TMP_信贷员贷款清单"中的信贷员。形成审计中间表"信贷人员轮换至柜台办理业务"，选取字段有：交易机构，交易柜员，贷款账号，交易金额，对方账号，交易时间。

步骤三：筛选活期存款交易明细表中交易柜员为"TMP_信贷员贷款清单"中信贷员的记录，筛选活期存款账户交易明细表中贷款发放的明细，设置筛选条件为：对方账号前两位为"50"（贷款）长度为15位并且借贷标志为"2"（贷方）的记录，形成审计中间表"信贷人员轮换至柜台办理业务"。

步骤四：将临时表"TMP_信贷员贷款清单"与审计中间表"信贷人员轮换至柜台办理业务"相交，条件为TMP_信贷员贷款清单，信贷人员等于信贷人员轮换至柜台办理业务，交易柜员，并且贷款账号相等，查询结果与柜员信息表合并，形成审计中间表"信贷人员发放本人办理的贷款"。

审计模型数据来源有：普通贷款分户文件、活期存款账户交易明细表、柜员信息文件等表。

第三节　应用实例

一、怎样发现信贷资金流向保证金、第三方存管或内部员工账户

【审计目标】在信贷资金流向监控管理中，客观上，由于银行贷款资金划入借款人存款账户后，与借款人自有资金混合使用，难以区分贷款与自有资金情况，同时，当前农村合作金融机构贷款笔数多、信贷员业务量大，信贷资金流向监控难度也逐步加大；主观上，借款人往往不愿意配合贷款人对其资金进行监控，或信贷人员风险意识不强、对企业资金流向调查监督不到位等，造成对信贷资金流向监控不到位的现象。通过计算机审计对信贷资金

流向保证金、第三方存管或内部员工账户进行持续监控，可以在海量数据中筛选并甄别信贷资金的流向，便于审计人员跟踪了解借款客户是否利用贷款缴纳保证金可能导致过度授信风险、利用贷款资金炒股可能导致信用风险、客户信贷资金流入员工账户可能出现道德风险，为现场审计减轻工作压力，实现防范操作风险和道德风险、顺利回收信贷资金的最终目标。

【分析建模】

1. 审计思路。（1）《固定资产贷款管理暂行办法》（中国银行业监督管理委员会令〔2009〕第2号）第七条规定"贷款人应与借款人约定明确、合法的贷款用途，并按照约定检查、监督贷款的使用情况，防止贷款被挪用"。（2）《流动资金贷款管理暂行办法》（中国银行业监督管理委员会令〔2010〕第1号）第九条规定"贷款人应与借款人约定明确、合法的贷款用途。流动资金贷款不得用于固定资产、股权等投资，不得用于国家禁止生产、经营的领域和用途。流动资金贷款不得挪用，贷款人应按照合同约定检查、监督流动资金贷款的使用情况"。（3）《个人贷款管理暂行办法》（中国银行业监督管理委员会令〔2010〕第2号）第七条规定"个人贷款用途应符合法律法规规定和国家有关政策，贷款人不得发放无指定用途的个人贷款。贷款人应加强贷款资金支付管理，有效防范个人贷款业务风险"及第三十五条"个人贷款支付后，贷款人应采取有效方式对贷款资金使用、借款人的信用及担保情况变化等进行跟踪检查和监控分析，确保贷款资产安全"。（4）《××省农村合作金融机构贷款操作规程（试行）》（×信联办〔2005〕88号）第五章

贷后管理第二十二条"贷后检查。贷款发放后，信贷人员要对借款人执行借款合同情况及借款人经营管理情况进行跟踪检查监督。日常对借款人实行检查，自然人贷款每半年不少于一次，其他贷款每季度不少于一次，额度较大的贷款必须在贷后7天内作跟踪检查……以及贷款是否按借款合同中规定的用途使用。若发现借款人擅自改变借款用途，要查明情况，并根据合同约定采取罚息或相应的信贷制裁等措施……"。对贷款入账后账户交易明细进行分析，筛选出十天内等额转出的对方户名不为借款人的明细以及是贷款入账当日某时间段内贷款支取后相同金额存款的明细。现场审计时排除属于正常的交易明细。

2. 数据准备。审计主要分析贷款分户明细文件、普通贷款分户文件、活期存款账户交易明细表、活期存款账户主档、借记卡信息主档等表。

3. 审计过程:

步骤一:创建身份证转换函数,保证不会因为身份证 15 位与 18 位的差异而遗漏客户信息。

参考语句: IF EXISTS (SELECT * FROM DBO. SYSOBJECTS WHERE

ID = OBJECT_ ID (N′ [DBO] . [ID_ ZH]′) AND XTYPE IN (N′FN′, N′IF′, N′TF′))

DROP FUNCTION [DBO] . [ID_ ZH]

GO

CREATE FUNCTION ID_ ZH (@身份证号 VARCHAR (20))

RETURNS VARCHAR (20)

AS

BEGIN

IF LEN (@身份证号) = 18

SELECT @身份证号 = LEFT (STUFF (@身份证号, 7, 2,''), 15)

RETURN @身份证号

END

GO

步骤二:定义排查过程中用到的相关变量。

参考语句: DECLARE @ PCFW INT /＊交易的排查时间范围＊/

DECLARE @ SJQSRQ CHAR (10) /＊审计起始时间＊/

DECLARE @ SJJSRQ CHAR (10) /＊审计结束时间＊/

DECLARE @ FDBL INT /＊排查金额放大比例%＊/

DECLARE @ JYSJC INT /＊现金存取款排查时间差＊/

步骤三:筛选出审计时间范围内的贷款发放明细信息。

参考语句:SELECT 贷款合同号, 客户内码, CONVERT (VARCHAR (26), CONVERT (VARCHAR (10), CAST (CONVERT (CHAR (10), 交易日期, 120) AS DATETIME), 120) + '' + 交易时间, 126) AS 交易日期, 交易本金, 对方账号

INTO #贷款分户明细临时表

FROM 贷款分户明细文件

WHERE 摘要码 = ' 5103 '

AND CONVERT（CHAR（10），交易日期，120）BETWEEN @ SJQSRQ AND @ SJJSRQ

AND 记录状态 = ' '

步骤四：根据贷款资金发放后的账户支取明细，按照给定的时间范围、金额变动比例生成资金去向的明细。

参考语句：DECLARE DKMX_ CUR SCROLL CURSOR FOR

SELECT 贷款合同号，交易日期，交易本金，对方账号

FROM #贷款分户明细临时表

OPEN DKMX_ CUR

SET @ ROW = @ @ CURSOR_ ROWS

WHILE @ ROW > 0

　　BEGIN

FETCH DKMX_ CUR INTO @ HTH，@ JYRQ，@ JYBJ，@ DFZH

　　SET @ GDZH = @ DFZH

　　IF SUBSTRING（@ DFZH，1，3）= '622'

　　SELECT @ GDZH = 基本账号 FROM 借记卡信息主档 WHERE 卡号 = @ DFZH

／＊如果对方账号是卡号的，转换成活期基本账号＊／

INSERT INTO #活期账户交易明细临时表

SELECT @ HTH AS 贷款合同号，

　　　　@ JYBJ AS 发放金额，

　　　　@ JYRQ AS 发放日期，

　　　　@ DFZH AS 贷款转入账号，

　　　　[交易金额] AS 支取金额，

　　　　[交易余额] AS 支取后余额，

　　　　[对方账号] AS 支取转入账号，

　　　　[交易柜员]，

　　　　[交易机构]，

　　　　CONVERT（CHAR（20），[交易时间]，120）AS 支取时间，

　　　　[柜员流水号] AS 柜员流水号

FROM 活期存款账户交易明细表

```
        WHERE 账号 = @ GDZH
              AND［交易金额］BETWEEN @ JYBJ AND（@ JYBJ ∗ @ FD-
BL/100 + @ JYBJ）
              AND CONVERT（CHAR（10），交易时间，120）BETWEEN
    CONVERT（CHAR（10），@ JYRQ，120）AND
    DATEADD（DAY，@ PCFW，CONVERT（CHAR（10），@ JYRQ，
120））
              AND 借贷标志 = ' 1 ' /∗ 支取的业务 ∗/
              AND CONVERT（CHAR（20），交易时间，120）> @ JYRQ
/∗ 有格式问题 ∗/
        SET @ ROW = @ ROW − 1
        END
    CLOSE DKMX_ CUR
    DEALLOCATE DKMX_ CUR
```

步骤五：对于转账的资金，通过与活期账户主档文件、借记卡信息主档、贷款分户文件进行关联，生成贷款资金转账去向表，供现场核查。

参考语句：/∗ 首先判断转入活期账号的数据 ∗/

INSERT INTO #贷款资金转账去向排查表

SELECT A. ∗，B. 账户全名 AS 支取后转入户名，B. 开户证件号码 AS 开户证件号，C. 客户名称 AS 贷款客户名称，C. 客户号 AS 贷款客户号，C. 信贷员 AS 信贷员

FROM #活期账户交易明细临时表 A，活期存款账户主档 B，普通贷款分户文件 C

WHERE SUBSTRING（支取转入账号，2，2）= ' 01 '

        AND A. 支取转入账号 = B. 账号

        AND A. 贷款合同号 = C. 贷款合同号

/∗ 判断转入丰收卡账户的数据 ∗/

INSERT INTO #贷款资金转账去向排查表

SELECT A. ∗，B. 持卡人姓名 AS 支取后转入户名，SUBSTRING（B. 客户号，4，18）AS 开户证件号，C. 客户名称 AS 贷款客户名称，C. 客户号 AS 贷款客户号，C. 信贷员 AS 信贷员

FROM #活期账户交易明细临时表 A，借记卡信息主档 B，普通贷款分户文件 C

WHERE SUBSTRING（支取转入账号，1，3）='622'

AND A. 支取转入账号 = B. 卡号

AND A. 贷款合同号 = C. 贷款合同号

/＊导出最终转账结果表＊/

SELECT 贷款合同号，发放金额，发放日期，贷款转入账号，支取金额，支取后余额，支取转入账号，交易柜员，交易机构，支取时间，柜员流水号，支取后转入户名，开户证件号，贷款客户名称，贷款客户号，MIN（信贷员）AS 信贷员

INTO 审计问题库 . DBO. 风险关注数据_ 贷款资金转账去向排查表

FROM #贷款资金转账去向排查表

GROUP BY 贷款合同号，发放金额，发放日期，贷款转入账号，支取金额，支取后余额，支取转入账号，交易柜员，交易机构，支取时间，柜员流水号，支取后转入户名，开户证件号，贷款客户名称，贷款客户号

步骤六：对于现金支取的贷款资金，通过判断同一柜员下一笔现金存款业务是否在设定的金额范围和时间范围内，筛查出现金支取疑似去向清单，供现场分析核查。

参考语句：SELECT A. ＊，B. 柜员流水号 AS 存入柜员流水号，B. 账号 AS 现金存入账号，B. 交易时间 AS 现金存款交易时间

INTO 信贷资金现金支取去向疑似清单

FROM #活期账户交易明细临时表 A RIGHT OUTER JOIN 活期存款账户交易明细表 B

ON A. 交易柜员 = B. 交易柜员

AND A. 交易机构 = B. 交易机构

AND A. 支取金额 = B. 交易金额

AND CONVERT（CHAR（10），A. 交易时间，120）= CONVERT（CHAR（10），B. 交易时间，120）

WHERE SUBSTRING（A. 支取转入账号，9，4）='1011'

AND DATEDIFF（SECOND，（SUBSTRING（A. ［交易时间］，1，10）+'' + SUBSTRING（A. 交易时间，12，2）+':' + SUBSTRING

（A. 交易时间，15，2）＋'：'＋SUBSTRING（A. 交易时间，18，2）），
（SUBSTRING（B.［交易时间］，1，10）＋''＋SUBSTRING（B. 交易时间，12，2）＋'：'＋SUBSTRING（B. 交易时间，15，2）＋'：'＋SUB-STRING（B. 交易时间，18，2）））　　BETWEEN 1 AND ＠JYSJC

　　　　／＊判断业务的发生时间不超过分钟＊／

　　　　AND B. 借贷标志＝'2'

　　　　AND B. 柜员流水号－A. 柜员流水号＝1

　　步骤七：通过上述生成的信贷资金转账去向表及现金疑似去向表，结合内部员工开户账号、担保人开户账号、保证金存款账号、第三方存管账号，及流入同一账户较多的情况，可以揭示多种信贷资金违规使用的情况。

　　【案例分析】A 银行审计部门对辖内支行 2009 年 7 月 1 日至 2010 年 6 月 30 日期间发放的贷款进行信贷资金流向专项审计，通过对在审计期间发放的贷款进行数据分析，再根据分析的数据进行现场核实，发现由于制度执行不到位等原因，导致发放的贷款存在风险。经核实发现 57 笔、金额 3 260 万元的贷款存在未按合同约定用途使用、被挪移用等现象，如 A 有限公司因购原材料向 B 支行申请贷款，B 支行于 2010 年××月××日向 A 有限公司发放贷款 600 万元。经审计数据分析，贷款发放后次日，借款企业将该笔贷款资金转至保证金账户，未按合同约定用途使用。经现场审计核实，确属因信贷人员贷后跟踪检查不到位，导致贷款资金被移用而产生风险。并发现 6 笔、金额 197 万元贷款属借名贷款，如 C 支行于 2010 年××月××日向客户刘某发放保证贷款 30 万元，借款用途为购车，由王某担保。审计数据分析看出，贷款发放后次日，贷款资金从借款人刘某账户转账至王某账户，经现场审计核实，该笔贷款实际使用人为保证人王某，属借名贷款。

　　本案例利用计算机进行审计数据分析，有针对性地找出可疑数据，较之传统的审计方法减少了很大的工作量。通过开展信贷资金流向排查，发现了内部员工借用、占用客户资金或者操纵客户账内资金；为民间借贷牵线搭桥、提供担保、协同担保企业（个人）或直接利用自有资金开展高息借贷，牟取不正当利益的现象，以及贷后跟踪检查不到位，导致信贷资金作为承兑汇票保证金，流入第三方存管账户炒股等，对于银行完善内控体系建设、规范业务操作、加强财务管理、提高经济效益、推进全面风险管理起到了积极的作用。

二、如何查找内部员工个人结算账户累计交易额最大的 20 个账户

【审计目标】通过对以农村合作金融机构内部员工名义开立的在短期内等额资金流入和流出资金、资金量比较大、发生笔数比较多的账户进行分析，筛选出交易额居前 20 位的员工账户，核查内部员工（特别是客户经理）是否存在出借账户、调度客户资金、参与民间借贷等问题。

【分析建模】

1. 审计思路。根据《××省农村合作金融机构工作人员从业行为的若干规定》第三条"农村合作金融机构工作人员应当忠实履行职责，不得从事或参与下列活动……（五）吸收存款不入账或者利用本人及亲属等个人结算账户揽存客户资金……（七）代客户开立账户、办理转账、支取现金、保管有价单证和存折、银行卡"和《农村合作金融银行卡章程》第十二条"个人卡账户的资金只限于其持有的现金存入或以其工资性款项及属于个人的其他合法收入转账存入。严禁将单位款项转账存入个人卡账户"的规定。我们通过对以内部员工名义开立的在短期内资金流入和流出资金基本相等、资金量比较大、发生笔数比较多的账户进行分析，筛选出交易额居前 20 位的员工账户，进行重点分析，特别对单笔额度较大的明细进行逐笔核查，对账户交易额较大、与客户资金往来频繁的员工个人结算账户和经手发放的贷款进行全面排查，验证资金的来源及去向的关联关系，现场核查是否存在下列问题：

（1）分析是否存在以内部员工自己的资金、贷款资金或朋友、关联人资金从事民间借贷，或吸收客户资金不入账，将客户资金用于民间借贷；

（2）是否存在直接从事民间借贷活动或者为民间借贷提供担保；

（3）是否存在吸收存款不入账或者利用本人及亲属等个人结算账户揽存客户资金，代客户归还贷款本金和利息；

（4）是否存在出借个人或者近亲属的个人结算账户用于他人的资金交易；

（5）是否存在直接或者间接将信贷资金用于民间借贷；

（6）是否存在代客户调度资金或者充当借款保证人帮助客户筹集贷款周转资金；

（7）是否存在为民间借贷、担保公司等牵线搭桥，充当中介或者调度资

金等。

2. 数据准备。柜员信息文件，活期存款账户主档，活期存款账户交易明细表，普通贷款分户文件，贷款分户明细文件。

3. 审计过程：

步骤一：首先从柜员信息文件中取出所有员工的证件信息，通过与活期存款账户主档进行匹配，查找出内部员工信息开户的活期账户信息，生成内部员工开户情况中间表。

参考语句：SELECT A. 柜员姓名 AS 员工姓名，A. 身份证号，B. 账户全名，B. 账号，B. 开户日期

INTO 内部员工开户情况中间表

FROM 柜员信息文件 A INNER JOIN

　　　　活期存款账户主档 B ON A. 身份证号 = B. 开户证件码

　　　　WHERE 账户状态 = 1

步骤二：根据内部员工开户情况中间表，统计出活期存款账户交易明细表中交易金额前 20 位的员工账户，生成员工账户交易额前 20 位清单。

内部员工开立活期账户交易明细：

参考语句：SELECT A. 员工姓名，A. 身份证号，A. 账户全名，A. 账号，B. 交易记账日期，

　　　　B. 柜员流水号，B. 币种，B. 借贷标志，B. 交易类型，B. 交易金额，

　　　　B. 交易余额，B. 凭证种类，B. 凭证号码，B. 对方账号，B. 交易时间，

　　　　B. 交易渠道，B. 交易柜员，B. 交易机构

INTO 内部员工开立活期账户交易明细

FROM 内部员工开户情况中间表 A INNER JOIN

　　　　活期存款账户交易明细表 B ON A. 账号 = B. 账号

内部员工累计交易前清单：

参考语句：SELECT TOP 20 员工姓名，身份证号，SUM（交易金额）AS 累计交易总额

INTO 员工账户交易额前 20 位清单

FROM 内部员工开立活期账户交易明细

GROUP BY 员工姓名，身份证号

ORDER BY SUM（交易金额）DESC

步骤三：根据员工账户交易额前20位清单，生成相应的交易明细表。

内部员工累计交易前位交易明细：

参考语句：SELECT REPLACE（B. 员工姓名，","）AS 员工姓名，

REPLACE（B. 账户全名，","）AS 开立账户名称，

B. 账号，B. 交易记账日期，B. 交易机构，B. 交易柜员，

B. 柜员流水号，B. 币种，B. 借贷标志，B. 交易金额，B. 交易余额，

B. 凭证号码，B. 对方账号，B. 交易时间，B. 交易渠道

INTO［审计问题库］. DBO. 风险关注数据_ 内部员工累计交易前位交易明细

FROM 员工账户交易额前20位清单 A INNER JOIN

内部员工开立活期账户交易明细 B ON A. 身份证号 = B. 身份证号

ORDER BY B. 身份证号，B. 账号，B. 交易时间

步骤四：通过交易明细表中的对方账号，结合贷款分户明细文件分析判断资金的来源，是否存在来自于客户贷款资金，或者用于归还客户贷款等现象。

【案例分析】某行对辖内支行进行内部员工账户交易合规性专项审计，对审计期间资金量比较大、发生笔数比较多的账户进行分析，筛选出交易额居前20位的员工账户。然后逐户列出交易清单，现场审计中又对正常的账户交易进行剔除。发现 A 支行客户经理张某的个人结算账户在2009年1月1日至6月30日共发生161笔收付业务，金额3 261.3万元，经现场进一步调阅资料核实，张某为客户办理贷款后以现金或转账方式存入其账户，用于完成 POS 机刷卡指标。

本案例对审计期间资金量比较大、发生笔数比较多的账户进行分析，筛选出交易额居前20位的员工账户。有针对性地找出可疑数据，在现场审计中经查阅相关资料，对正常的交易进行剔除。通过开展内部员工账户交易合规性审计，及时发现员工以自己的资金、信贷资金、朋友（或）关联人资金发放贷款（拆放），或吸收客户资金不入账，将资金用于拆放；直接从事民

间借贷活动或者为民间借贷提供担保；利用本人及亲属等个人结算账户揽存客户资金，代客户归还贷款本金和利息；出借个人或者近亲属的个人结算账户用于他人的资金交易等违规行为。

三、如何筛选出个人累计开卡（折）10 户以上的内部员工

【审计目标】通过对内部员工开卡（折）数超 10 户（剔除已整改销户记录）的数据进行分析筛选，核查是否存在应付考核、违规开卡等现象。

【分析建模】

1. 审计思路。根据《人民币银行结算账户管理办法》（中国人民银行令〔2003〕第 5 号）第八条"银行结算账户的开立和使用应当遵守法律、行政法规，不得利用银行结算账户进行偷逃税款、逃废债务、套取现金及其他违法犯罪活动"和第六十五条"存款人使用银行结算账户，不得有下列行为：（一）违反本办法规定将单位款项转入个人银行结算账户。（二）违反本办法规定支取现金……（四）出租、出借银行结算账户"的规定。对内部员工开卡（折）数超 10 户（剔除已整改销户记录）的数据进行分析筛选。在现场审计过程中，逐户排查开卡（折）资料的真实性、合法性，以及卡（折）使用状况和卡（折）内大额交易的真实性与合法性。重点关注是否存在内部员工为完成银行卡销售任务等违规办理个人卡开户；是否存在利用多张银行卡化整为零交易逃避支付监督，从事洗钱等违法活动；是否存在入网特约商户绑定卡号为内部员工银行卡或"信付通"机具布放在信贷员办公室等营业网点内情况。

2. 数据准备。柜员信息文件，活期存款账户主档，借记卡信息主档，活期交易明细文件等。

3. 审计过程。

步骤一：首先从柜员信息文件中取出所有员工的证件信息，通过与活期存款账户主档进行匹配，查找出内部员工信息开户的活期账户信息，生成内部员工开户情况中间表。

参考语句：SELECT A. 柜员姓名 AS 员工姓名，A. 身份证号，B. 账户全名，B. 账号，B. 开户日期

INTO 内部员工开户情况中间表

FROM 柜员信息文件 A INNER JOIN

活期存款账户主档 B ON A. 身份证号 = B. 开户证件码

WHERE 账户状态 =1

步骤二：统计内部员工开户情况中间表中单一员工开户数，筛选出开户超过 10 户的账户清单。

参考语句：违规线索_ 利用员工身份证开立活期账户超户清单

SELECT 员工姓名，身份证号，COUNT（账号）AS 开立活期账户数

INTO［审计问题库］. DBO.［风险关注数据_ 利用员工身份证开立活期账户超户清单］

FROM 内部员工开户情况中间表

GROUP BY 员工姓名，身份证号

HAVING（COUNT（账号）＞ = 10）

ORDER BY COUNT（账号）DESC

【案例分析】某行对内部员工账户交易合规性专项审计，通过内部员工账户的分析，筛选出开户数超过 10 户的内部员工账户。然后逐户列出交易清单，现场审计中又对正常的账户交易进行剔除，发现存在为民间借贷提供"见证"担保等的违规行为：如 B 支行客户经理王某共在农村合作金融机构开立个人结算账户 12 户，经分析数据发现，客户经理王某的某一结算账户有大额资金频繁进出，且借贷发生时间基本间隔在 1 天左右，经现场核实，发现借款人因贷款到期后还贷资金账户资金不足，借款人借取还贷资金，通过客户经理王某个人账户归还贷款，客户经理王某间接为民间借贷充当"见证"担保的情况。

本案例通过对内部员工的账户进行分析，筛选出开户超过 10 户的员工账户，有针对性地找出可疑数据，再通过现场审计查阅相关资料，及时发现员工直接从事民间借贷活动或者为民间借贷提供担保；或利用本人及亲属的个人结算账户揽存客户资金，代客户归还贷款本息；或出借个人及亲属的个人结算账户用于他人资金交易。

四、怎样发现信贷人员在柜台代班时发放本人办理的贷款

【审计目标】从近年来农村合作金融机构陆续暴露出来的案件看，借冒名贷款已成为个人贷款最大的风险隐患。借冒名贷款的发生有多种因素。从外部因素分析，因客户信息不对称，导致借名贷款无法完全杜绝。从内部因

素分析，部分信贷人员放弃原则，明知借名仍为客户办理借贷手续，或为回避审批权限控制和逃避上级监管，纵容和指使借款人采取借冒名手段取得贷款。由内部因素产生的借冒名贷款，信贷风险更大，极易引发经济案件。通过计算机审计，可以筛选信贷人员通过代班临柜发放自己经办的贷款，从而为查找借冒名贷款提供可疑线索，有效防范因内部违规造成借冒名贷款的产生。

【分析建模】

1. 审计思路。《××省农村合作金融机构贷款操作规程（试行）》第十九条"会计人员的审查。会计部门接到信贷部门办理的贷款凭证后，应对借款申请书、审批书、借款合同、借款借据的文本使用、填写和签名、盖章等进行详细审核。至少应审核的内容是各类文本要素是否齐全，贷款审批、交叉审查手续是否合规齐全"和第五十二条"对农村合作金融机构及其信贷管理人员的禁止性规定：5. 严禁发放冒名借户贷款"。农村信用社网点多、分布面广，部分边远地区网点，特别是分社、分理处人员配置有限，个别临柜人员因故请假后出现岗位空缺，信贷人员柜面代班情况也时有出现，个别信贷人员通过柜台代班，发放本人经办的贷款，同时也为借冒名贷款提供了便利。通过建模筛选，针对信贷人员临柜发放本人办理的信贷业务的情况，可以锁定贷款范围，便于进一步调查是否存在借冒名贷款。

2. 数据准备。普通贷款分户文件，活期存款账户交易明细表等表，柜员信息文件。

3. 审计过程：

步骤一：通过查询普通贷款分户文件，列出审计期间内，所有信贷人员发放的贷款明细，形成临时表"TMP_信贷员贷款清单"。

参考语句：SQL查询语句（参考）：SELECT机构号，信贷员，客户名称，客户号，发放日期，到期日期，发放金额，贷款余额，贷款账号 INTO TMP_信贷员贷款清单 FROM 普通贷款分户文件 WHERE 发放日期 > = @审计开始日期

步骤二：筛选活期存款交易明细表中交易柜员为"TMP_信贷员贷款清单"中信贷员的记录，筛选活期存款账户交易明细表中贷款发放的明细，设置筛选条件为：对方账号前两位为"50"（贷款）长度为15位并且借贷标志为"2"（贷方）的记录，形成审计中间表"信贷人员轮换至柜台办

理业务"。

参考语句：SQL 查询语句（参考）：SELECT 交易机构，交易柜员，贷款账号，交易金额，对方账号，交易时间，柜员流水号 INTO 信贷人员轮换至柜台办理业务 FROM 活期存款账户交易明细表 WHERE 交易日期 ＞ ＝＠审计开始日期 AND 对方账号 LIKE ' 50％' AND LEN（对方账号）＝15 AND 借贷标志 ＝' 2'

步骤三：将临时表"TMP_ 信贷员贷款清单"与审计中间表"信贷人员轮换至柜台办理业务"相交，条件为 TMP_ 信贷员贷款清单。信贷人员等于信贷人员轮换至柜台办理业务。交易柜员，并且贷款账号相等，查询结果与柜员信息表合并，形成审计中间表"信贷人员发放本人办理的贷款"。

参考语句：SQL 查询语句（参考）：SELECT A. 机构号，A. 信贷员，B. 交易柜员 AS 发放柜员，A. 客户名称，A. 客户号，A. 发放日期，A. 到期日期，A. 发放金额，A. 贷款余额，A. 贷款账号，A. 交易时间，A. 柜员流水号 INTO TMP_ 信贷人员发放本人办理的贷款 FROM 信贷人员轮换至柜台办理业务 A，TMP_ 信贷员贷款清单 B WHERE A. 交易柜员 ＝B. 信贷员 AND A. 贷款账号 ＝B. 贷款账号

SELECTA. 机构号，B. 柜员姓名 AS 信贷员姓名，A. 发放柜员 AS 柜员号，A. 客户名称，A. 客户号，A. 发放日期，A. 到期日期，A. 发放金额，A. 贷款余额，A. 贷款账号，A. 交易时间，A. 柜员流水号 INTO 信贷人员发放本人办理的贷款 FROM TMP_ 信贷人员发放本人办理的贷款 A，柜员信息文件 B WHERE A. 信贷员 ＝B. 柜员号

【案例分析】建立分析模型的关键点是结合电子数据的特点和规律，掌握业务流程中异常业务的主要特征。在本案例中，从信贷人员规避临柜人员的监督着手，对信贷人员既在信贷管理系统中操作业务，又通过代班机会发放贷款的违规异常行为进行扫描和精确定位，再进一步审查贷款的真实性，可以比较容易揭露问题。同时，也可以全面快速地了解农村合作金融机构信贷人员和内部综合柜员岗位设置方面的违规情况。

第八章　中间业务的计算机审计

第一节　中间业务的主要风险点分析

一、中间业务的主要内容介绍

中间业务是指银行在资产业务和负债业务的基础上，利用技术、信息、机构网络、资金和信誉等方面的优势，不运用或较少运用银行的资产，以中间人和代理人的身份替客户办理收付、咨询、代理、担保、租赁及其他委托事项，提供各类金融服务并收取一定费用的经营活动。中间业务主要分为支付结算和银行卡类、代理类、担保类、承诺类、金融衍生交易类和理财类等业务。

（一）支付结算和银行卡类

支付结算类中间业务是指农村合作金融机构为客户办理与货币支付、资金划拨等有关的收费业务。

银行卡类中间业务是指农村合作金融机构向社会发行具有消费信用、转账结算、存取现金等全部或部分功能的信用支付工具的收费业务。

关于银行卡和支付结算类中间业务的主要风险控制点，本书已分别在第九章"银行卡业务的计算机审计"和第十章"结算业务的计算机审计"中进行了阐述，本章主要就服务收费方面的主要风险控制点进行叙述。

根据《关于银行业金融机构免除部分服务收费通知》的有关规定，从2011年7月1日起，应免除的服务收费项目包括：本行个人储蓄账户和个人银行结算账户的开户和销户手续费；同城本行存款、取款和转账手续费（贷记卡账户除外）；密码修改手续费和密码重置手续费；通过本行柜台、ATM

201

机具、电子银行等提供的境内本行查询服务收费；存折开户、销户和更换工本费；已签约开立的代发工资账户、退休金账户、低保账户、医保账户、失业保险账户、住房公积金账户的年费和账户管理费（含小额账户管理费）；向救灾专用账户捐款的跨行转账手续费、电子汇划费、邮费和电报费；以电子方式提供 12 个月内（含）本行对账单的收费、以纸质方式提供本行当月对账单的收费（至少每月一次），部分金融消费者单独定制的特定对账单除外；以纸质方式提供 12 个月内（含）本行对账单的收费（至少每年一次），部分金融消费者单独定制的特定对账单除外。

（二）代理类

代理类中间业务是指农村合作金融机构接受客户委托、代为办理客户指定的经济事务、提供金融服务并收取一定费用的业务，包括代理政策性银行业务、代收代付款业务、代理证券业务、代理保险业务、代理银行卡收单业务等。

1. 代理保险中间业务主要风险控制点。

《中国银监会关于进一步加强商业银行代理保险业务合规销售与风险管理的通知》的相关规定：

（1）遵循公开、公平、公正的原则，充分保护客户利益。向客户充分揭示保险产品特点、属性和风险，不得对客户进行误导。

（2）不得将保险产品与储蓄存款、基金、银行理财产品等产品混淆销售，不得将保险产品收益与上述产品简单类比，不得夸大保险产品收益。

（3）向客户说明保险产品的经营主体是保险公司，如实提示保险产品的特点和风险。

（4）如实向客户告知保险产品的犹豫期、保险责任、电话回户访、费用扣除、退保费用等重要事项。

（5）不得以中奖、抽奖、回扣或者送实物、保险等方式误导销售。

（6）充分了解客户的风险偏好、风险认知能力和承受能力，对购买投资连结保险等复杂保险产品的客户，应当建立客户风险测评和适合的评估制度，防止错误销售。

（7）遵守监管机构关于投保提示、禁止代客户抄录、禁止代客户签字确认等方面的规定，指导客户如实、正确地填写投保单，不得代替客户抄录语句、签名。

（8）明确告知客户代理保险业务中商业银行与保险公司法律责任的界定。

（9）网点摆放的宣传资料由保险公司总公司或其授权的分公司统一印制，严禁各营业网点擅自印制单证材料或变更宣传材料的内容。各类保险单证和宣传资料上不得使用带有银行名称的中英文字样或银行的形象标识，不得出现"存款"、"储蓄"、"与银行共同推出"等字样。

（10）通过银行网点直接向客户销售保险产品的人员，为持有保险代理从业人员资格证书的银行销售人员；不得允许保险公司人员派驻银行网点。

（11）严格按照与保险公司协议规定收取手续费，全额入账，不得收取协议规定之外的其他费用。

（12）督促保险公司按照监管规定在保险合同犹豫期内，对代理销售的保险期限在1年以上的人身保险新单业务进行客户电话回访，并要求保险公司妥善保存电话回访录音；视实际情况需要，可以要求保险公司对客户进行面访，并详细做好回访记录。

2. 其他代理中间业务的主要风险控制点。

《中国银行业监督管理委员会关于银行业金融机构在农村地区开展代理业务的意见》的相关规定：

（1）代理业务双方应遵循公开公平、优势互补、权责对等、适度竞争、依法合规和农民满意的原则。

（2）代理双方权利义务关系。开展代理业务必须签订明确双方各项权利义务关系的委托代理协议或合同，委托代理协议或合同必须载明委托方和代理方名称、代理事项、权限和期间以及协议或合同变更与解除条件和违约行为责任处理。委托方对代理方合法权限内的金融业务代理行为承担责任；委托方对代理行为有知情权和监督检查权；当代理项目和业务发生变化时应及时通知代理方。代理方依据委托方的委托行使代理权，在代理权限内以委托方的名义经营金融业务。代理方有责任对代理业务进行管理和定期向委托方报告，并向委托方提示客户风险。

（3）代理业务风险管理。代理业务与自营业务应分开管理和分账核算。委托方应制定相应的管理政策和程序，以及代理项目中止、变更时的应对措施；建立有效的代理业务、产品和项目监督管理制度，定期对代理方履行代理职责的情况进行检查和监控，切实防范代理方的操作风险和道德风险。委托方应有专职人员或专职部门对代理业务和代理机构进行管理。

（三）担保和承诺类

担保类中间业务是指农村合作金融机构为客户债务清偿能力提供担保，承担客户违约风险（包括银行承兑汇票、备用信用证、各类保函等）而收取费用的业务。

承诺类中间业务是指农村合作金融机构在未来某一日期按照事前约定的条件向客户提供约定信用的业务，包括贷款承诺、透支额度等可撤销承诺和备用信用额度、回购协议、票据发行便利等不可撤销承诺两种。

担保或承诺类中间业务的主要风险控制点。

《中国银行业监督管理委员会办公厅关于加强对商业银行开展融资类担保业务风险管理的通知》的相关规定：

（1）具备识别资本市场风险的能力，在全行范围内对融资类担保业务进行总体风险管理，开发或引用风险量化评估的方法和模型，对融资类担保业务的信用风险、市场风险、流动性风险、法律风险、政策风险等进行持续的监控，制定及时处理风险的措施。

（2）对融资类担保业务风险的总体评价、担保金额、担保期限、担保对象等情况，通过要求提供反担保等措施缓解风险，并制定与风险相匹配的担保费率。

（3）在开办融资类担保业务时，确保在担保期内可持续获得相关信息并进行核实，及时分析所担保融资产品的风险状况。在担保合同中明确有效监控所担保的融资产品的资金投向，对资金用途作出禁止性规定，并约定如被担保方违反规定使用融资资金，银行有权解除担保合同，并向社会公众明示。

（4）对申请融资担保的机构风险管理和内部控制的可靠性进行调查和评估，对内部控制措施不到位、风险管理技术和手段达不到控制相关风险要求的，不得为其融资提供担保；对融资主体的融资目的和实际融资用途进行深入分析，确保所担保的融资主要限于弥补流动性需求，对用融资清偿债务以及第一还款来源无保障的机构，不能给予融资性担保。

（四）金融衍生交易类

金融衍生交易类业务是指银行业金融机构为满足客户保值或自身头寸管理等需要所进行的衍生交易业务，如货币远期、掉期、期权，利率的远期、掉期、期权等。

金融衍生交易类中间业务的主要风险控制点。

《关于修改〈金融机构衍生产品交易业务管理暂行办法〉的决定》的相关规定。

（1）有健全的衍生产品交易风险管理制度和内部控制制度。

（2）具备完善的衍生产品交易前、中、后台自动联接的业务处理系统和实时的风险管理系统。

（3）衍生产品交易业务主管人员应当具备5年以上直接参与衍生交易活动和风险管理的资历，且无不良记录。

（4）应具有从事衍生产品或相关交易2年以上、接受相关衍生产品交易技能专门培训半年以上的交易人员至少2名，相关风险管理人员至少1名，风险模型研究人员或风险分析人员至少1名；以上人员均需专岗人员，相互不得兼任，且无不良记录。

（5）有适当的交易场所和设备。

（6）金融机构提交的衍生产品交易的会计制度，应当符合我国有关会计标准。我国尚未有相关规定的，应当符合有关国际标准。

（7）金融机构开办衍生产品交易业务内部管理规章制度至少包括：衍生产品交易业务的指导原则、业务操作规程（业务操作规程应体现交易前台、中台与后台分离的原则）和针对突发事件的应急计划；衍生产品交易的风险模型指标及量化管理指标；交易品种及其风险控制制度；风险报告制度和内部审计制度；衍生产品交易业务研究与开发的管理制度及后评价制度；交易员守则；等等。

（8）金融机构高级管理人员要决定与本机构业务相适应的测算衍生产品交易风险敞口的指标和方法，要根据本机构的整体实力、自有资本、盈利能力、业务经营方针及对市场风险的预测，制定并定期审查和更新衍生产品交易的风险敞口限额、止损限额和应急计划，并对限额情况制定监控和处理程序。金融机构负责衍生产品业务风险管理和控制的高级管理人员必须与负责衍生产品交易或营销的高级管理人员分开，不得相互兼任。

（9）金融机构从事风险计量、监测和控制的工作人员必须与从事衍生产品交易或营销的人员分开，不得相互兼任；风险计量、监测或控制人员可直接向高级管理层报告风险状况。

（10）建立并严格执行授权和止损制度。

（11）制定评估交易对手适当性的相关政策：包括评估交易对手是否充分了解合约的条款以及履行合约的责任，识别拟进行的衍生交易是否符合交易对手本身从事衍生交易的目的，评估交易对手的信用风险等。

（五）个人理财类

个人理财是指在对个人收入、资产、负债等数据进行分析整理的基础上，根据个人对风险的偏好和承受能力，结合预定目标运用诸如储蓄、保险、证券、外汇、收藏、住房投资等多种手段管理资产和负债，合理安排资金，从而在个人风险可以接受范围内实现资产增值的最大化的过程。

1. 个人理财中间业务的主要风险控制点。

《商业银行个人理财业务风险管理指引》的相关规定：

（1）个人理财业务管理部门的内部调查监督，应在审查个人理财顾问服务的相关记录、合同和其他材料等基础上，重点检查是否存在错误销售和不当销售情况。

（2）商业银行应当充分认识到不同层次的客户、不同类型的个人理财顾问服务和个人理财顾问服务的不同渠道所面临的主要风险，制定相应的具有针对性的业务管理制度、工作规范和工作流程。

（3）商业银行向客户提供财务规划、投资顾问、推介投资产品服务，应首先调查了解客户的财务状况、投资经验、投资目的，以及对相关风险的认知和承受能力，评估客户是否适合购买所推介的产品，并将有关评估意见告知客户，双方签字。

（4）对于市场风险较大的投资产品，特别是与衍生交易相关的投资产品，商业银行不应主动向无相关交易经验或经评估不适宜购买该产品的客户推介或销售该产品。

（5）客户评估报告认为某一客户不适宜购买某一产品或计划，但客户仍然要求购买的，商业银行应制定专门的文件，列明商业银行的意见、客户的意愿和其他的必要说明事项，双方签字认可。

（6）商业银行应当建立个人理财顾问服务的跟踪评估制度，定期对客户评估报告或投资顾问建议进行重新评估，并向客户说明有关评估情况。

（7）商业银行提供个人理财顾问服务业务时，要向客户进行风险提示。风险提示应设计客户确认栏和签字栏。并要求客户抄录相关语句后签名。

（8）商业银行应当建立新产品风险的跟踪评估制度，在新产品推出后，对新产品的风险状况进行定期评估。

2. 中间业务操作风险控制点。

《中国银监会关于整治银行业金融机构不规范经营的通知》的相关规定：

（1）禁止性规定。不得以贷转存、不得存贷挂钩、不得以贷收费、不得浮利分费、不得借贷搭售、不得一浮到顶、不得转嫁成本。

（2）合规收费。服务收费科学合理，服从统一定价和名录管理原则。制定收费价目名录，并由法人机构统一制定价格，任何分支机构不得自行制定和调整收费项目名称等要素。对实行政府指导价的收费项目，严格对照相关规定据实收费，并公布收费价目名录和相关依据。

（3）公开透明。服务价格遵循公开透明原则，各项服务"明码标价"，充分履行告知义务，使客户明确了解服务内容、方式、功能、效果，以及对应的收费标准，确保客户了解充分信息，自主选择。

（4）以质定价。服务收费合乎质价相符原则，不得对未给客户提供实质性服务、未给客户带来实质性收益、未给客户提升实质性效率的产品和服务收取费用。

二、中间业务的内部控制

（一）《商业银行服务价格管理暂行办法》涉及中间业务的主要条款如下

第五条 商业银行制定服务价格、提供银行服务应当遵守国家有关价格法律、法规及规章的规定，应当遵循合理、公开、诚信和质价相符的原则，应以银行客户为中心，增加服务品种，改善服务质量，提升服务水平，禁止利用服务价格进行不正当竞争。

第六条 根据服务的性质、特点和市场竞争状况，商业银行服务价格分别实行政府指导价和市场调节价。

第八条 实行政府指导价的服务价格按照保本微利的原则制定，具体服务项目及其基准价格和浮动幅度，由国家发展和改革委员会会同中国银行业监督管理委员会制定、调整。

第九条 实行市场调节价的服务价格，由商业银行总行、外国银行分行（有主报告行的，由其主报告行）自行制定和调整，其他商业银行分支机构不得自行制定和调整价格。商业银行制定和调整价格时应充分考虑个人和企事业的承受能力。

第十条　商业银行办理收付类业务实行"谁委托、谁付费"的收费原则，不得向委托方以外的其他单位或个人收费。

第十一条　商业银行不得对人民币储蓄开户、销户、同城的同一银行内发生的人民币储蓄存款及大额以下取款业务收费，大额取款业务、零钞清点整理储蓄业务除外。

第十二条　商业银行应就实行市场调节价的服务项目制定本系统内统一的定价管理制度，明确定价范围、定价原则、定价方法以及总行和分行的管理职责。

第十三条　商业银行应按照商品和服务实行明码标价的有关规定，在其营业网点公告有关服务项目、服务内容和服务价格标准。

第十五条　商业银行实行市场调节价的服务项目及服务价格，由中国银行业协会通过适当方式公布，接受社会监督。

（二）《商业银行内部控制指引》涉及中间业务的主要条款如下

第八十五条　商业银行中间业务内部控制的重点是：开展中间业务应当取得有关主管部门核准的机构资质、人员从业资格和内部的业务授权，建立并落实相关的规章制度和操作规程，按委托人指令办理业务，防范或有负债风险。

第八十六条　商业银行办理支付结算业务，应当根据有关法律规定的要求，对持票人提交的票据或结算凭证进行审查，并确认委托人收、付款指令的正确性和有效性，按指定的方式、时间和账户办理资金划转手续。

第八十七条　商业银行办理结汇、售汇和付汇业务，应当对业务的审批、操作和会计记录实行恰当的职责分离，并严格执行内部管理和检查制度，确保结汇、售汇和收付汇业务的合规性。

第八十八条　商业银行办理代理业务，应当设立专户核算代理资金，完善代理资金的拨付、回收、核对等手续，防止代理资金被挤占挪用，确保专款专用。

第八十九条　商业银行应当对代理资金支付进行审查和管理，按照代理协议的约定办理资金划转手续，遵循银行不垫款的原则，不介入委托人与其他人的交易纠纷。

第九十条　商业银行应当严格按照会计制度正确核算和确认各项代理业

务收入，坚持收支两条线，防止代理收入被截留或挪用。

第九十七条　商业银行从事基金托管业务，应当在人事、行政和财务上独立于基金管理人，双方的管理人员不得相互兼职。

第九十八条　商业银行应当以诚实信用、勤勉尽责的原则保管基金资产，严格履行基金托管人的职责，确保基金资产的安全，并承担为客户保密的责任。

第九十九条　商业银行应当确保基金托管业务与基金代销业务相分离，基金托管的系统、业务资料应当与基金代销的系统、业务资料有效分离。

第一百条　商业银行应当确保托管基金资产与自营资产相分离，对不同基金独立设账，分户管理，独立核算，确保不同基金资产的相互独立。

第一百零一条　商业银行应当严格按照会计制度办理基金账务核算，正确反映资金往来活动，并定期与基金管理人等有关当事人就基金投资证券的种类、数量等进行核对。

第一百零二条　商业银行开展咨询顾问业务，应当坚持诚实信用原则，确保客户对象、业务内容的合法性和合规性，对提供给客户的信息的真实性、准确性负责，并承担为客户保密的责任。

第一百零三条　商业银行开办保管箱业务，应当在场地、设备和处理软件等方面符合国家安全标准，对用户身份进行核验确认。对进入保管场地和开启保管箱，应当制定相应的操作规范，明确要求租用人不得在保管箱内存放违禁或危险物品，防止利用商业银行场地保管非法物品。

三、中间业务的主要风险点

结合农村合作金融机构目前已开展的中间业务，本书主要针对支付结算、银行卡、代理类、担保类、理财、代客金融衍生产品和外汇等可利用计算机审计手段发现违规线索的情况进行风险分析，介绍其主要风险点。

（一）支付结算和银行卡类

1. 未按规定免除相应的服务收费项目。

2. 以贷转存、存贷挂钩、以贷收费、浮利分费、借贷搭售、一浮到顶和转嫁成本导致的合规风险。

3. 分支机构自行制定和调整收费项目。

4. 相关服务收费未能"明码标价"，因客户不了解服务内容、方式、功能、效果，以及对应的收费标准，或客户无法自主选择服务项目，导致客户纠纷。

5. 服务收费不合乎质价相符原则，未给客户提供实质性服务，未给客户带来实质性收益，未给客户提升实质性效率而收取费用，影响农村合作金融机构的声誉。

6. 以降低贷款利率方式变相增加和调节中间业务收入。

（二）代理类

代理类业务种类多，较为常见的有代发工资、代扣水电税金、代缴五金、委托贷款、代发行国债、代理保险产品等。常见的风险点集中于双方及多方协议的签订、手续费的结算管理、代理业务资金的安全等方面，以代理产险、寿险业务为例，其主要风险点表现为：

1. 签订协议过程中的主要风险有：未经有权部门审查批准修改协议文本；因沟通反馈不及时等原因，客户对协议修改持否定态度；单位印章使用不规范，未经审批加盖单位印章与客户签署协议；未经客户书面授权，由非有权人签署协议；未在授权期限内签署协议。

2. 销售柜员不正确或误导性宣传，通过夸大保险收益推销保险产品。

3. 投保单未经客户签名或未经投保人（或委托代理人）签名。

4. 客户未签字确认取走保单或他人冒领保单，客户投保单签名与领单台账签名不一致。

5. 应实行转账而采取现金方式结算手续费，产生保管风险。

6. 截留代理保险手续费收入，私设账外账、小金库；挪用手续费或客户资金等。

7. 保单正本或收据随意保管、任意存放，保单正本或收据遗失。

8. 违反"银行不垫款"规定垫支客户保险费。

9. 利用代发业务套取现金、逃避税收、公款私存、商业贿赂及洗钱等。

（三）担保类

担保类业务是指银行业金融机构接受客户的委托对第三方承担责任，如银行承兑汇票及贴现、保函、信用证等。

1. 银行承兑汇票业务的主要风险点有以银行贷款归还银行承兑汇票垫款、未按规定足额缴存保证金、贷款用于缴存保证金、滚动签发银行承兑汇票、贸易背景不真实、未办妥足值、合法和有效的担保手续、签发的银行承兑汇票超过对客户的授信额度或核定的承兑总量等。

2. 信用证业务的主要风险点有客户违约导致信用风险、贸易背景调查职责不落实、内控程序控制不完善和担保控制失效等。

3. 保函业务的主要风险点有未申请额度或超额度办理担保业务、担保期限过长及担保期限超过主合同债务履行期满后的 5 个月、未按规定收取保证金、未落实反担保等条件、保证金管理不善等，如未专户管理、与客户结算户串户、提前支取保证金和违规以银行贷款偿付保函垫款等。

（四）代客金融衍生产品

1. 金融衍生产品业务手工台账数据与主机表外入账记录不一致，存在账外核算情况。

2. 金融衍生产品业务垫款风险未对外披露。

3. 金融衍生产品业务资产保全措施不恰当，存在潜在的信用风险等，如远期结售汇业务、债务风险管理业务等业务品种风险担保措施未有效落实，未按规定收取保证金等。

（五）理财业务

1. 个人、法人理财业务未纳入主机表外科目核算，账外经营理财产品。

2. 未对客户进行理财产品的风险评估或风险评估内容不符合要求。

3. 由不具备理财资质的人员办理理财业务。

4. 以备用贷款等方式承担信托理财产品的信用风险。

第二节　中间业务审计模型的设计

随着农村合作金融机构业务的快速发展，中间业务管理控制存在的问题也日益突出，在中间业务审计模型设计中，我们对一些比较突出的问题进行风险测试，以进一步揭示中间业务的操作风险。

一、滚动签发银行承兑汇票分析模型设计

审计模型分析思路：近年来，农村合作金融机构银行承兑汇票业务发展迅速，成为中间业务的主要品种之一。由于银行间业务竞争日趋激烈，部分农村合作金融机构受利益驱动，在办理银行承兑汇票承兑和贴现业务中，签

发无真实贸易背景的银行承兑汇票，利用贴现套取银行资金，存在相应的操作风险。而滚动签发无真实贸易背景银行承兑汇票将进一步放大授信风险，在审计中也特别引起关注。

制度规定：《中华人民共和国票据法》的规定："票据的签发、取得和转让，应当遵循诚实信用的原则，具有真实的交易关系和债权债务关系。"

《规范和加强辖内商业银行票据业务管理的指导意见》规定："第一条……2. 办理承兑业务时，应附有交易合同，承兑后 2 个月内必须审核由企业提供的与本次商品（或劳务）交易合同、承兑合同相符合且足额的增值税发票或税务发票原件"。

审计模型设计方法：

根据审计经验，违规滚动签发银行承兑汇票具有几个明显的特征：前后承兑汇票到期日与出票日日期相同或相近、非全额保证金、无真实贸易背景。因此，以到期日与出票日的时间间隔、担保方式、企业经营范围为基本判断要素，即可发现违规滚动签发银行承兑汇票的可疑线索，并将签发汇票金额大、笔数多的企业作为审计重点，延伸检查是否有增值税发票，验证是否有真实贸易背景，可以发现滚动签发银行承兑汇票问题。

步骤一：确定业务活动关键要素。

从银行承兑汇票登记簿中读取出票日期、付款行行号、付款行行名、出票金额、资金去向、机构号、机构名称、出票日期、汇票到期日期、出票人账号、出票人名称、收款人名称、收款人账号、收款人开户行行号、收款人开户行行名、持票人账号、持票人名称、持票人开户行行号、保证金账号、保证金户名、保证金金额、逾期贷款账号、逾期贷款金额、承兑交易时间、承兑交易日期，生成承兑汇票审计中间表。

步骤二：筛选同日滚动开票记录。

在滚动签发银行汇票审计中，重点关注同日滚动（即同一笔承兑汇票的到期日期与后一笔承兑汇票的出票日期相同）信息，因该滚动签发方式的承兑申请人实际未完成对上笔承兑汇票的解付。因此，以出票人名称相同、出票金额相同、同时滚动为查询条件，筛选出同日滚动开票的记录。前一笔承兑汇票的到期日与后一笔承兑汇票的出票日相隔数日的情况，可参照同日滚动开票的情况来设置查询条件，区别在于到期日期与出票日期关系的设置不同。

步骤三：统计滚动开票总额和笔数。

对同日滚动签发银行汇票情况，按出票人名称进行分类汇总，按滚动开票总额和笔数进行降序排列。将滚动开票金额大、滚动笔数多的公司列入重点进行延伸审计，从而验证是否存在滚动签发汇票的情况。

审计模型数据来源：银行承兑汇票登记簿；贴现分户文件；贷款合同文件；承兑协议汇票登记文件；普通贷款分户文件。

二、企业间互开承兑汇票风险模型设计

审计模型分析思路：对企业之间相互开票进行重点关注，如调阅相应企业开立银行承兑汇票的档案资料，主要审查出票人与收款人之间商品交易的真实性、合法性，交易合同的合法性、有效性以及增值税专用发票（复印件）的真实性。审查有无重复使用增值税专用发票的情况，有无伪造增值税专用发票（复印件）的情况，是否存在增值税专用发票、购货合同内容不相吻合以及承兑汇票签发时间与合同约定结算时间不一致的情况。

审计模型设计方法：

步骤一：生成出票人和收款人名称表。

由于银行承兑汇票登记簿的记录条数可能较多，直接对其进行操作，可能计算量较大。因此，根据承兑凭证表，只需将出票人名称、收款人名称两个字段筛选出来，并去除重复记录，生成出票人和收款人名称表，然后对该表进行操作。

步骤二：对出票人和收款人名称表进行自连接查询。

1. 查询两家企业之间相互开票的情况。利用 SQL 的自连接查询功能，将出票人和收款人名称表（取别名 A）与其本身（取别名 B）进行两表间自连接，按照"A. 收款人名称 = B. 出票人名称 AND B. 收款人名称 = A. 出票人名称"为条件查询，生成两企业相互开票表。

2. 查询三家企业之间相互开票的情况。利用 SQL 的自连接查询功能，将出票人和收款人名称表（取别名 A）与其两个本身（取别名 B 与 C）进行三表间自连接，按照"A. 收款人名称 = B. 出票人名称 AND B. 收款人名称 = C. 出票人名称 AND C. 收款人名称 = A. 出票人名称"为条件查询，生成三企业相互开票表。

依此类推，可以编写 SQL 语句查询三个以上企业之间相互开票的情况，

在查询结果中出票人同时也作为收款人，收款人同时也作为出票人。

重点延伸审查：一是交易双方主体之间的关系，如是否是子母公司或关联企业等；二是交易合同的商品标的是否属于双方的经营范围；三是交易合同的签订时间与承兑汇票的签发时间是否吻合，有无先签发承兑汇票、后签订交易合同的问题；四是审查承兑汇票的签发金额与企业的经营规模是否相称，注意审查承兑档案中企业报表反映的经营规模、注册资金、盈利情况与承兑金额、合同中商品交易数量是否相适应，有无明显的夸大金额、数量失真的情况；五是审查有无掩盖承兑汇票垫款的情况等。

审计模型数据来源：银行承兑汇票登记簿。

三、虚增中间业务手续费模型设计

审计模型分析思路：随着对中间业务收入考核力度的加大，部分农村合作金融机构为完成任务，以降低贷款利率为条件，将利息差额以顾问费、咨询费等方式纳入中间业务收入进行核算，虚增中间业务收入。

审计模型设计方法：

步骤一：取出内部账明细文件中账户科目为"5111"的账户明细信息，生成中间业务收入明细表。

步骤二：根据"中间业务收入明细表"中的对方账号，与"活期存款账户主档"的账号进行匹配，生成对应的客户号，再按客户号查询普通贷款分户文件中有贷款且贷款利率低于正常利率的客户号，生成"异常中间业务往来客户信息表"。

步骤三：连接"异常中间业务客户信息表"和"中间业务收入明细表"，生成"虚增中间业务收入排查表"。审计人员按其中发生额较大的部分进行审计，查询中间业务收入是否真实。

审计模型数据来源：普通贷款分户文件；内部账明细文件。

四、客户委托关系频繁变更风险测试模型设计

审计模型分析思路：协议是中间业务重要的风险控制点，与客户资金安全直接相关，必须有客户的真实有效的委托授权，银行才能代为办理指定款项的收付事宜的业务。实际开展业务时，我们发现客户一般对某一业务的委托账号相对固定，除少数特殊原因外，不会对委托账号频繁变更，反之则存

在极大的舞弊可能，因此可以分析汇总对同一业务委托关系变更次数较多的数据，进一步检查是否存在违规行为。

审计模型设计方法（主要针对联网类业务设计）：

步骤一：从各张签约历史表中，根据单位编号和单位所属机构前三位生成农村合作金融机构的签约信息临时表。提取证件号码、单位编号、用户编号、用户名、账号、卡号、账号户名、签约日期、最后修改日期、签约柜员、最后修改柜员，以及签约状态为"3"和"5"的数据，将卡号为空或NULL的位置替换为账号，并重命名为字段［账号/卡号］。

步骤二：将签约信息临时表中［账号/卡号］与销户登记簿中对应的［账号/卡号］进行匹配，将匹配成功的数据剔除，即去除正常因销户而变更账号的记录。

步骤三：将剩余数据按照单位编号和用户编号进行分组汇总，提取汇总记录数大于3条的记录，由审计人员调阅相关资料后进行现场核查，确定多次变更签约信息是否合法。

审计模型数据来源有单位资料、公共签约历史表、电信签约历史表、一户通签约历史表、销户登记簿。

五、信用证风险监测模型设计

审计模型分析思路：根据信用证业务主要风险特征，分析客户信用风险控制不当导致产生的新的信用风险；客户违约信息未能恰当地核算与披露；贸易背景存在可疑等情况。

审计模型设计方法：

步骤一：将"其他应收款"逐笔明细与信用证台账进行比较，筛选信用证台账中发生垫款的时间、金额与"其他应付款"逐笔明细中的垫款金额、时间相近的记录，调阅相关入账凭证和依据，检查信用证垫款是否在"其他应收款"挂账，以发现信用证垫款核算不规范等可疑情况。

步骤二：通过逐笔将有余额的信用证台账数据与保证金处理台账关联，查看是否存在信用证未注销而保证金被挪用或提前支取（处理种类为减少、支付、退回）等，发现保证金被挪用或提前支取等可疑情况。

步骤三：通过筛选垫款归还前5日内发放贷款的记录，检查企业往来明细账，分析贷款发放后是否被用做归还信用证垫款，以发现贷款归还信用证垫款的可疑情况。

步骤四：通过审计信息系统中信用证台账、保证金处理台账、贷款发放明细数据对比，筛选信用证垫款入账不规范、保证金是否被挪用或提前支取、贷款归还信用证垫款等问题。

审计模型数据来源有信用证台账、保证金台账、贷款发放明细。

第三节　应用实例

一、怎样发现客户滚动签发银行承兑汇票

【审计目标】银行承兑汇票结算业务发展迅速，成为银行中间业务的主要品种之一。该业务的快速发展虽然给农村合作金融机构账面带来了一定的经济效益，但其存在的问题也不容忽视。少数不法企业以虚假购销合同虚构贸易背景，以部分保证金或虚假抵押物、质押物获取银行承兑汇票承兑，或与银行内部人员相勾结，滚动签发银行承兑汇票，最终造成银行垫款，导致损失风险。在审计过程中，应重点关注贸易背景、是否存在滚动签发银行承兑汇票情况。

【分析建模】

1. 审计思路：滚动签发无真实贸易背景银行承兑汇票问题通常具有以下三个基本特征：一是前一笔承兑汇票的到期日与后一笔的出票日相同或相近；二是存在承兑敞口，一般采取保证、抵押、质押的担保方式，而不是全额保证金；三是没有真实的贸易背景，企业所提供的交易合同只用于申请银行承兑汇票承兑，而没有实际履行。因此，只要以到期日和出票日的时间间隔、担保方式、企业经营范围为基本判断要素，即可发现违规滚动开票的线索。

2. 数据准备：客户基本信息表、承兑合同表、机构信息表、担保方式表。

3. 审计过程：

步骤一：将承兑合同表中涉及的"客户代码"、"机构代码"、"担保方式代码"等代码字段通过表与表关联，相应地替换为"客户名称"、"机构

名称"、"担保方式"等中文字段，生成承兑汇票信息表。

SQL 查询语句（参考）：SELECT 客户基本信息表．客户名称,客户基本信息表．经营范围,承兑合同表．汇票金额,承兑合同表．出票日期,承兑合同表．到期日期,承兑合同表．实存保证金总和,担保方式表．担保方式名称 INTO 承兑汇票信息表 FROM 担保方式表 INNER JOIN（客户基本信息表 INNER JOIN 承兑合同表 ON 客户基本信息表．客户代码 = 承兑合同表．出票人代码）ON 担保方式表．担保方式代码 = 承兑合同表．担保方式

步骤二：将生成的银行承兑汇票信息表与该表自身按照到期日期与出票日期进行关联，查找开票企业在一笔银行承兑业务到期后立即办理另一笔银行承兑业务的滚动开票记录，生成同日滚动开票统计表，再按照同一客户滚动开票笔数和金额进行汇总排序，生成同日滚动开票记录表。滚动签发银行承兑汇票的最终结果是开票企业无资金解付，形成银行垫款，因此对审计涉及会计年度仍有余额，即滚动开票后实际并未解付的开票企业，应予以重点关注。

SQL 查询语句（参考）：SELECT 承兑汇票信息表．客户名称,承兑汇票信息表．汇票金额,承兑汇票信息表．出票日期,承兑汇票信息表．到期日期,承兑汇票信息表_ 1.汇票金额 AS 下一笔汇票金额,承兑汇票信息表_ 1.出票日期 AS 下一笔出票日期,承兑汇票信息表_ 1.到期日期 AS 下一笔到期日期 INTO 同日滚动开票记录表 FROM 承兑汇票信息表 AS 承兑汇票信息表_ 1INNER JOIN 承兑汇票信息表 ON（承兑汇票信息表．客户名称 = 承兑汇票信息表_ 1.客户名称）AND（承兑汇票信息表．汇票金额 = 承兑汇票信息表_ 1.汇票金额）AND（承兑汇票信息表．到期日期 = 承兑汇票信息表_ 1.出票日期）

步骤三：核查滚动签发银行承兑汇票的合规性，确定需要延伸审计的企业。

首先，检查承兑银行在办理此项业务过程中是否存在违规行为，如超授权办理承兑业务，保证金来源不合规，保证金不足且未落实有效担保或抵押、质押，在票据到期前转出保证金，未办理抵押、质押相关手续，未核实抵押、质押的有效性等。

其次，通过企业经营范围、工商登记信息查询、人民银行信贷信息系统查询、实地观察等方法，看企业生产经营是否正常，其业务规模与相应的银

行承兑汇票资金规模是否配比，交易合同中约定的贸易背景是否超出其经营范围、是否真实，企业是否具有到期解付能力，等等。根据上述判断，确定需要延伸审计的承兑申请企业。

SQL 查询语句（参考）：SELECT 客户名称，SUM（汇票金额）AS 滚动总额，COUNT（∗）AS 滚动笔数 INTO 同日滚动开票统计表 FROM 同日滚动开票记录表 GROUP BY 客户名称 ORDER BY COUNT（∗）DESC

【运行结果】

A 集团公司	987600000	35
B 股份有限公司	200000000	27
C 有限公司	250000000	17
D 房地产开发公司	178000000	7

将滚动开票金额大、滚动笔数多的 A、B、C 公司列入重点延伸审计，从而验证是否存在滚动签发汇票的情况。经审计存在的问题及风险：（1）无真实交易背景，主要是关联交易和交易失实，尤其是交易合同或增值税发票不真实；（2）滚动签发银行承兑汇票，部分农村合作金融机构为了掩盖不良资产，对支付能力差、无力支付到期票据款项的企业，继续为其签发银行承兑汇票，由企业用贴现资金归还到期的银行承兑汇票款；（3）超信用额度签发银行承兑汇票，为了逃避上级行对其授权限额的规定，部分商业银行未执行《商业汇票承兑、贴现与再贴现管理暂行办法》第十五条的规定，承兑总量未授权，未实行总量控制；（4）资金流向异常，开票后立即由关联企业贴现，贴现资金用于归还贷款、承兑汇票的保证金和转入个人账户；（5）50%的保证金加企业担保和全额担保的方式，看似没有风险，但一旦资金链断裂，风险极大。

根据审计经验构建分析模型，是审计分析模型的常用做法。本案例中，审计人员按审计经验进行判断，重点关注同一申请人短期内集中承兑和贴现、承兑与贴现日期非常接近、贴现申请人和承兑申请人属关联企业和滚动签发情况。按审计经验构建分析模型，显示了计算机审计的高效、准确，也为类似问题的分析建模提供借鉴。

二、怎样发现柜员变更原属于本人的账户委托关系

【审计目标】柜员办理本人业务，存在着极大的舞弊风险，这也是为何

银行业金融机构均将此类问题列入禁止性规定的原因。在开展代理业务实践的过程中，代理协议作为一个风险控制点，在海量数据中可加以分析研究，及时发现异常情况，防范风险于未然。

【分析建模】

1. 审计思路：查询原属于柜员本人账户委托关系的变动情况，曾经或现在用不属于柜员本人的账号在扣款。

2. 数据准备：审计主要分析活期存款账户主档，柜员信息文件，单位资料表，公共签约表，公共签约历史表，电信签约表，电信签约历史表，一户通签约表，一户通签约历史表以及其他中间业务特别签约表。

3. 审计过程：

步骤一：根据活期存款账户主档，以及柜员信息文件中的证件号码，提取出身份证号码正常的柜员开户信息临时表。

SQL 查询语句（参考）：SELECT DISTINCT A. 账号，A. 账户名 A. 开户证件号码，B. 柜员号 INTO 柜员开户信息 FROM 活期存款账户主档 AS A INNER JOIN 柜员信息文件 AS B ON A. 开户证件号码＝B. 身份证号 AND SUBSTRING（开户证件号码，1，1）NOT IN（'1'，'0'）AND LEN（RTRIM（开户证件号码]））＞＝15

步骤二：从公共签约表、公共签约历史表、电信签约表、电信签约历史表、一户通签约表、一户通签约历史表等按联社合并提取单位编号、客户号、签约账号、证件号码、签约柜员、最后修改柜员、签约日期、最后修改日期到签约临时表。

SQL 查询语句（参考）：SELECT 单位编号，客户号，签约账号，证件号码，签约柜员，最后修改柜员，签约日期，最后修改日期 INTO 签约汇总临时表 FROM 公共签约表 UNION SELECT 单位编号，客户号，签约账号，证件号码，签约柜员，最后修改柜员，签约日期，最后修改日期 FROM 公共签约历史表 UNION SELECT 单位编号，客户号，签约账号，证件号码，签约柜员，最后修改柜员，签约日期，最后修改日期 FROM 电信签约表 UNION SELECT 单位编号，客户号，签约账号，证件号码，签约柜员，最后修改柜员，签约日期，最后修改日期 FROM 电信签约历史表 UNION SELECT 单位编号，客户号，签约账号，证件号码，签约柜员，最后修改柜员，签约日期，最后修改日期 FROM 一户通签约表 UNION SELECT 单位编号，客户号，签

约账号，证件号码，签约柜员，最后修改柜员，签约日期，最后修改日期
FROM 一户通签约历史表

步骤三：根据柜员号和账号与签约信息中签约柜员和账号、最后修改柜员和账号相匹配的或者柜员号和身份证号与签约信息中签约柜员和证件号码、最后修改柜员和证件号码相匹配的为柜员办理本人签约记录。

SQL 查询语句（参考）：SELECT 单位编号，客户号，签约账号，证件号码，签约日期 AS 操作日期，签约柜员 AS 操作柜员，（SELECT 柜员名 FROM 柜员信息文件 WHERE 柜员号 = 签约汇总临时表．签约柜员）AS 柜员名 INTO 柜员操作本人记录 FROM 签约汇总临时表 WHERE 签约柜员 + 账号 IN（SELECT 柜员号 + 账号 FROM 柜员开户信息）OR 签约柜员 + 证件号码 IN（SELECT 柜员号 + 开户证件号码 FROM 柜员开户信息）UNION SELECT 单位编号，客户号，签约账号，证件号码，最后修改日期 AS 操作日期，最后修改柜员 AS 操作柜员，（SELECT 柜员名 FROM 柜员信息文件 WHERE 柜员号 = 签约汇总临时表．签约柜员）AS 柜员名 FROM 签约汇总临时表 WHERE 最后修改柜员 + 账号 IN（SELECT 柜员号 + 账号 FROM 柜员开户信息）OR 最后修改柜员 + 证件号码 IN（SELECT 柜员号 + 开户证件号码 FROM 柜员开户信息）

步骤四：提取属于柜员本人有委托账号变更的记录到柜员委托账号变更表中。

SQL 查询语句（参考）：SELECT A．单位编号，A．用户编号，A．账号，A．证件号码，A．签约日期，A．签约柜员，A．最后修改日期，A．最后修改柜员，A．状态，B．账号 AS 曾用账号，B．证件号码 AS 曾用证件号码，B．操作柜员，B．操作日期 INTO 柜员委托账号变更 FROM 签约汇总临时表 AS A，柜员操作本人记录 AS B WHERE A．单位编号 + A．用户编号 = B．单位编号 + B．用户编号 AND A．账号！= B．账号 UNION SELECT A．单位编号，A．用户编号，A．账号，A．证件号码，A．签约日期，A．签约柜员，A．最后修改日期，A．最后修改柜员，A．状态，B．账号 AS 曾用账号，B．证件号码 AS 曾用证件号码，B．操作柜员，B．操作日期 FROM 签约汇总临时表 AS A，柜员操作本人记录 AS B WHERE A．单位编号 + A．用户编号 = B．单位编号 + B．用户编号 AND A．账号！= B．账号

步骤五：将变更后账号不属于柜员的记录提取到柜员办理本人委托关系

他人名下表。

SQL 查询语句（参考）：SELECT ＊，（SELECT TOP 1 身份证号 INTO 柜员办理本人委托关系他人名下 FROM 柜员信息文件 WHERE 柜员号＝柜员委托账号变更．操作柜员 AND SUBSTRING（身份证号，1，1）NOT IN（'1'，'0'）AND LEN（RTRIM（身份证号））＞＝15）AS 柜员身份证号 FROM 柜员委托账号变更 WHERE 账号＋操作柜员 NOT IN（SELECT 账号＋柜员号 FROM 柜员开户信息）

【运行结果】

审计调查中抽查了部分电子数据发现：部分柜员把本人产业出租给他人而变更委托关系，并按规定办理了手续，属正常现象；发现部分柜员在变更办理本人委托关系时没有履行正常的变更手续，有违规操作嫌疑。

三、怎样发现客户频繁变更委托关系

【审计目标】近年来，农村合作金融机构大力拓展业务渠道，中间业务有了很大的发展，部分机构因过于注重面的推广，在内部控制上未及时跟进，出现委托关系出错、误扣他人款项等问题，造成银行信誉等损失，同时也可能存在内外勾结作案的情况，因此，需要高度关注客户账户委托关系的频繁变更及其交易情况。

【分析建模】

1. 审计思路：查看客户在委托后能够正常扣款，但仍变更委托关系，且变更次数超过 3 次的情况，提取该部分异常变更信息。

2. 数据准备：审计主要分析公共签约表、公共签约历史表、电信签约表、电信签约历史表、一户通签约表、一户通签约历史表以及其他中间业务特别签约表、电信批量扣款明细表、一户通单笔扣款明细表、一户通批量扣款明细表、烟草扣款明细表、国税扣款明细表、其他各类代扣类明细表、销户登记簿。

3. 审计过程：

步骤一：从公共签约表、公共签约历史表、电信签约表、电信签约历史表、一户通签约表、一户通签约历史表等按联社合并提取单位编号、客户号、签约账号、证件号码、签约柜员、最后修改柜员、签约日期、最后修改日期到签约临时表（以电信为例）。

SQL 查询语句（参考）：SELECT 单位编号，合同编号 AS 客户编号，CASE WHEN 卡号 IS NULL OR 卡号 = "THEN 账号 ELSE 卡号 END AS 签约账号，证件号码，签约柜员，最后修改柜员，签约日期，最后修改日期 INTO 签约汇总临时表 FROM 电信签约表 UNION SELECT 单位编号，合同编号 AS 客户编号，CASE WHEN 卡号 IS NULL OR 卡号 = "THEN 账号 ELSE 卡号 END AS 签约账号，证件号码，签约柜员，最后修改柜员，签约日期，最后修改日期 FROM 电信签约历史表 WHERE 签约状态 IN（'3'，'5'）

步骤二：从签约汇总临时表中提取账户还没有销户的委托关系到签约汇总表。

SQL 查询语句（参考）：SELECT * INTO 签约汇总表 FROM 签约汇总临时表 WHERE 签约账号 NOT IN（SELECT 账号/卡号 FROM 销户登记簿）

步骤三：从电信批量扣款明细表、一户通单笔扣款明细表、一户通批量扣款明细表、烟草扣款明细表、国税扣款明细表、其他各类代扣类明细表中提取平台日期、单位编号、用户号、客户账号、实际发生额、明细状态到扣款信息明细表（以电信批量委托扣款为例）。

SQL 查询语句（参考）：SELECT 平台日期，单位编号，收费单位代码 AS 用户编号，客户账号，实际发生额，明细状态 INTO 扣款信息明细表 FROM 电信批量扣款明细表 WHERE 明细状态 = '2' AND 客户账号 NOT IN（SELECT 账号/卡号 FROM 销户登记簿）

步骤四：提取签约汇总表中有变更记录超过 3 次的记录。

SQL 查询语句（参考）：SELECT 单位编号，用户编号，COUNT（*）AS 变更次数，MIN（签约日期）AS 首次签约日，MAX（最后修改日期）AS 最后签约日期 INTO 签约区间表 FROM 签约汇总表 GROUP BY 单位编号，用户编号 HAVING COUNT（*）>2 AND MIN（签约日期）！= MAX（最后修改日期）

步骤五：提取在 3 次修改期间内有扣款成功的记录。

SQL 查询语句（参考）：SELECT A. *，B. * FROM 扣款信息明细表 AS A，签约汇总表 AS B WHERE A. 单位编号 = B. 单位编号 AND A. 用户编号 = B. 用户编号 AND A. 平台日期 > = B. 首次签约日 AND A. 平台日期 < = B. 最后签约日期

【运行结果】

抽查部分数据发现：一些出租户变更较为频繁。部分为柜员操作错误造成委托变更记录数较多，其中存在撤销错误委托时未经客户确认、撤销和修改错误记录未将凭条装订入册。

第九章　银行卡业务的计算机审计

第一节　银行卡业务主要风险点分析

一、银行卡主要业务介绍

（一）借记卡业务

借记卡业务流程主要包括制卡、开销户、存取款和转账业务、维护类业务等环节。

1. 借记卡制卡风险控制点。

（1）制卡是指对空白卡进行写磁、打号、烫金（银）等的加工并成为成品卡的过程。主要是生成制卡文件产生卡号，根据制卡文件需制卡数量领入空白卡打卡。

（2）制卡过程中，应先将制卡文件（含卡号、地区号、数量等信息）从后台下载到前置机规定的用户目录下，再拷贝至打卡机。打卡员根据制卡文件确定的制卡数量向卡片保管员领取空白卡；打卡后，将已制成品卡交给凭证保管员。打卡过程中产生的废卡应列入表外登记。

2. 借记卡开卡风险控制点。

（1）客户持有效身份证件可在××省农村合作金融机构任一网点申请办理借记卡。

（2）个人代理多人办理借记卡的理由须正当。原则上，个人一次性代理办理借记卡的数量不得超过 3 张。

（3）客户申领单笔开卡的，应提供有效身份证和复印件，代理办理的，应同时出具开卡申请人和代理人的有效身份证件和复印件，同时需填写"×

×农村合作金融机构借记卡开立/升级申请书",并在申请书中写明代办理由;若转账开户的,比照个人活期转账开户提供转出账户支付凭证。

(4)客户申请批量开卡的,应提供单位证明资料(单位批量开卡委托书)、经办人有效身份证件原件及复印件、加盖单位公章的批量开卡清单(若有电子文档的,要提供电子文档)、开卡人有效身份证件复印件、转出账户支付凭证,同时需填写"××农村合作金融机构借记卡批量开卡申请书"。

(5)柜员核对业务凭证及打印纸上打印的业务信息,重点核对成功户数、金额与单位提供的开卡清单及批量开卡申请书是否一致,无误后,交客户在代发清单上签字确认。

(6)柜员在申请书客户回单联上加盖业务公章(或储蓄业务公章),随同银行卡一并交经办人;同时提醒经办人批量开出的卡片须持持卡人本人有效身份证件、借记卡到省内营业网点办理改密,否则卡交易控制为只收不付,卡片背面签名条应由持卡人本人签名。

(7)对当日未能签收的借记卡,柜员应按份数入"代保管有价值品"表外账,信息打印在表外收入传票背面,并将借记卡入库保管。在业务凭证、表外收入传票上加盖业务清讫章作当日传票,客户提供的代发清单作业务凭证的附件,同时登记重要物品代保管登记簿。打印的代发清单、申请书、经办人身份证件复印件、开卡对象身份证件复印件应专夹保管,定期装订。

3. 借记卡补换卡风险控制点。

(1)挂失期满补卡。预授权未完成的,不允许换卡。旧卡换新卡可以在同一个核算主体内的任一网点办理;挂失后补开新卡的,只能在原开户机构办理。借记卡书面挂失期满后,客户申请挂失补开的,应由其本人提供有效身份证件和原挂失申请书客户联。柜员审核客户提交的挂失申请书是否由本网点出具,挂失申请书客户联与银行留存联是否一致;客户与挂失卡片持有人是否为同一人。柜员核对挂失申请书、收费凭证上的打印信息无误后,客户在挂失申请书上签字确认。

(2)旧卡换新卡。客户持磁条损坏或卡面无法正常使用的借记卡申请旧卡换新卡的,应提供有效身份证件,代办的,应同时提供代理人和持卡人的有效身份证件,并需填写"特殊业务申请书"。柜员审核申请书的内容是否填写完整,身份证件是否为开卡时同一内码下证件,证件是否有效,卡片是否已损坏，检查客户身份证件姓名与卡片背面签名条上的签名是否一致。柜员核对特殊业务申请书、收费凭证上的打印信息无误后，客户在申请书签字确认。废卡、废卡清单随当日传票一并交事后监督部门。事后监督柜员根据当日柜员办理业务的情况，核对柜员上交的废卡清单、业务凭证、废卡是否一致，核对无误后，一联废卡清单当作当日传票附件。废卡入会计档案柜（箱）保管，废卡清单应专夹保管。事后监督部门应每季将收集的废卡交县级清算中心，清算中心视同作废重要空白凭证定期销毁。

4. 借记卡销卡风险控制点。

借记卡销户（卡）分为无折卡销户和有折卡销卡两种。有折卡销卡指解除卡与存折的关联，卡片做销卡处理，不影响存折使用；无折卡销户将卡和对应的账户一并作销户处理。预授权未完成或代理签约关系未解除的，不能销户（卡）。

（1）有折卡销卡。客户申请办理有折卡销卡的，应提供借记卡；挂失后销卡的，应由持卡人本人提供挂失申请书客户联并出示有效身份证件。柜员审核客户身份证件，挂失期满销卡的还应检查该卡是否在本网点开立。审核无误后，柜员启动借记卡销卡交易。柜员核对凭条或挂失申请书客户联上的打印信息无误后，客户在凭条上签字确认。柜员当客户面将收回的卡片剪角作废并登记一式两份的废卡清单。柜员在凭条回单上加盖业务清讫章，随身份证件一并交还客户。在凭条或挂失申请书客户联（挂失后销户时）上加盖业务清讫章作当日传票，挂失后销卡的，挂失申请书客户联作其附件。

（2）无折卡销卡。客户申请办理无折卡销卡的，应提供借记卡，大额无折销卡时还应提供持卡人（代办理的应同时提供代理人）有效身份证件；挂失后销卡的由持卡人本人提供有效身份证件和挂失申请书客户联；转账销户的，比照个人活期存款存折账户销户提供相关凭证。柜员审核客户身份证件，挂失期满销卡的还应检查该卡是否在本网点开立。

柜员核对取款凭条或挂失申请书、利息清单上的打印信息无误后，客户在取款凭条或挂失申请书、利息清单上签字确认。柜员当客户面将收回的卡片在磁条中间剪去一截并登记一式两份的废卡清单。柜员在取款凭条、利息清单的回单联上加盖业务清讫章，随同现金（出示证件的，还应连同身份证件）一并交客户。在取款凭条或挂失申请书客户联（挂失后销户时）上加盖业务清讫章作当日传票，利息清单作当日传票附件，挂失申请书留存联应专夹保管。

5. 借记卡存款风险控制点。

（1）借记卡存取款业务可以在××省农村合作金融机构联网网点办理，办理取款业务时须持卡及卡密码进行操作。

（2）办理人民币单笔5万元（含）以上的借记卡存现业务，须核对办理人（持卡人或代理人）的有效身份证件；办理人民币单笔5万元（含）以上的借记卡取现业务，须核对持卡人的有效身份证件，代理取款的还应同时核对代理人的有效身份证件。

（3）客户申请办理借记卡存款的，应提供卡和现金，若是无卡存款的，需要填写存款凭条；存款金额超过5万元（含）的，应出示持卡人有效身份证件，代理须出示代理人有效身份证件。

（4）柜员审核卡片是否真实，清点现金是否与客户清点的一致，是否存在假币、残币等现象；大额存款超过5万元（含）的，审核身份证件是否有效，并摘录客户姓名、证件名称及证件号码。

（5）审核无误后，柜员启动"［1103］续存、支取"交易，在机具上刷读卡片磁条信息或手工输入卡号，根据系统提示输入相关内容。

（6）交易成功后，柜员在存款凭条上打印业务信息；柜员核对存款凭条上的打印信息无误后，客户在存款凭条上签字确认。

6. 借记卡取款风险控制点。

（1）客户申请办理借记卡取款的，应提供借记卡和取款金额，若大额取款超过5万元（含）的，出示持卡人有效身份证件，代理时同时出示代理人有效身份证件。

（2）柜员审核卡片是否真实，出示的身份证件是否有效。若取款金额超过5万元（含）的，须摘录客户姓名、证件名称及证件号码。

（3）审核无误后，柜员启动"［1103］续存、支取"交易，柜员在机具上刷读卡片磁条信息，根据系统提示输入相关内容。

（4）交易成功后，柜员在取款凭条上打印业务信息；柜员核对取款凭条上的打印信息无误后，客户在取款凭条上签字确认。

7. 借记卡特殊转账限额维护风险控制点。

（1）卡特殊转账限额维护功能是对客户在ATM上的特定转账对象设定转账交易限额。对于新开立卡片，由客户主动申请而予以开通。

（2）在自助设备交易时，所有卡账户转入其他存款账户应设定转账最高限额，该限额称为通用限额，即设定为不捆绑。设定某卡转入指定存款账户的限额，该限额的设定称为捆绑。

（3）客户申请开通银行卡自助转账业务的，可以选择捆绑或不捆绑，且每日每卡转出金额不得超过 5 万元人民币。

（4）开通银行卡自助转账业务的，转出方、转入方的客户内码相同的借记卡之间（即转出方、转入方为同一持卡人的账户）进行系统内转账时不受每卡每日转出限额的控制。

（5）客户申请新增、修改或删除特定转账对象的转账交易限额，应提供银行卡及客户有效身份证件，同时需填写"银行卡自助转账业务申请书"。

（6）柜员审核申请书姓名与身份证件姓名是否一致，申请书填写是否齐全，证件是否有效，身份证件姓名与卡片签名条上的签名是否相符。

（7）审核无误后，柜员启动"［4806］卡特殊转账限额维护"交易，根据系统提示录入相关内容。

（8）柜员核对申请书上的打印信息和客户填写的内容无误后，客户在申请书上签字确认。

（二）信用卡业务

贷记卡是由农村合作金融机构发行的，给予持卡人一定信用额度、持卡人可在信用额度内先消费、后还款的贷记卡，具有免息期信用消费、转账结算、存取现金等功能。贷记卡账户内存款不计息。透支利率为日利率万分之五，透支利息的结息日为每月月底，在次日起息，按月计收复利。持卡人先偿还上期的透支，后偿还本期透支。还款的顺序均为费用、利息、取现（含转账）、消费等透支（同等条件下，按透支时间顺序）。

1. 信用卡客户资料维护、信用卡个人档案风险控制点。

（1）开户前，须先维护信用卡个人档案。

（2）信用卡专用信息修改业务只允许发卡机构办理。

（3）新增客户档案。发卡机构柜员审核有权部门审批通过的申请资料填写是否完整、相关资料是否齐全、各级审批人签章是否齐全。审核无误后，柜员根据申请表内容在系统中输入相关信息，核对维护信息与申请信息一致后，柜员在申请表的建档栏上签名，并在申请表上填列建档日期。

（4）修改客户档案。客户要求变更客户档案，应提供有效身份证件，同时需填写"××农村合作金融机构××信用卡客户信息调整申请书"。经办人员受理时，应审核申请人的卡片和身份证件是否有效，申请书内容填写是否完整、真实。审核无误后，经办人员在审核处签字，将申请书交发卡机构建档员。建档员根据申请书的内容在系统中输入相关信息。经业务主管授权交易成功后，申请书经柜员和业务主管签字并专夹保管。

2. 信用卡自动还款客户档案风险控制点。

（1）信用卡自动还款档案维护包括对转出卡号、转出卡号的证件类型、证件号码、自动还款类型的新增、修改和删除。

（2）贷款卡不能作为贷记卡的自动还款账户。

（3）该业务可在同一核算主体的任一营业网点进行操作，所维护的卡必须是主卡。

（4）新增自动还款客户档案。客户需新增自动还款档案的，应提供客户有效身份证件、信用卡、借记卡，同时需填写"农村合作金融机构个人信用卡自动还款客户申请书"。柜员审核客户身份证件是否有效，申请书上填列的卡号是否正确，提供的信用卡是否为主卡，还款账号是否为同一客户内码下所开的借记卡。审核无误后，柜员即根据申请书内容在系统中录入相关信息，并在业务凭证上打印业务信息，核对业务凭证上打印的信息无误后，在业务凭证上加盖业务清讫章作当日传票，申请书作其附件。

3. 信用卡开销户风险控制点。

（1）信用卡的发卡机构为县级机构卡部，受理机构和发卡机构只能是同一核算主体下机构。

（2）一个客户证件只能办理一张非联名（认同）卡，并且可以为具有完全民事行为能力或年满16周岁的自然人办理不超过3张的副卡。

（3）主卡与副卡同时发放的，应在主卡开户交易完成后，才能发放副卡。

（4）柜员根据建档员提供的申请资料，审核相关资料及各级审批人签章是否齐全。

4. 信用卡启用风险控制点。

（1）补换卡必须回原发卡机构办理。

（2）零星换卡必须延长有效期，可以更换卡号，可以选择密码设置方式。

（3）挂失新开卡的，必须更换卡号，但卡 BIN 不能变，必须换密，申请挂失补发日距原卡片到期日的时间不超过 3 个月的，可延长卡片有效期。

（4）若持卡人因卡片毁损（含签名有误）、磁条消磁等原因申请补发新卡的，应先行退回旧卡。卡片毁损后补发的新卡卡号、有效期、密码与原卡相同。

（5）客户由于信用卡到期或普卡升金卡申请换卡的，应提供信用卡及有效身份证件，同时需填写"农村合作金融机构信用卡相关服务申请书"。

（6）受理人员审核客户的身份证件是否有效、申请书填写是否完整，审核无误后交发卡机构有关部门审批。

（7）开户柜员接到审批通过的申请书，按系统提示输入相关信息。普卡升金卡须经业务主管授权并签字。

5. 信用卡收卡风险控制点。

（1）收卡是指对信用卡的预销户。

（2）收卡只能在与发卡机构在同一核算主体下的网点办理。

（3）客户申请办理信用卡预销户的，应交还账户下所有信用卡。

（4）柜员审核交回的卡片无误后，启动"信用卡收卡"交易，按系统提示输入相关信息。

（5）交易成功后，柜员在业务凭证上打印收卡信息。

（6）柜员核对业务凭证上的打印信息元误后，开具一式两联"农村合作金融机构信用卡收卡收据"。收回的信用卡当顾客面剪角作废，并登记一式两联废卡清单。

（7）柜员在收卡收据客户联上加盖业务公章后交客户，同时通知客户预销户满三十日后到开户机构销户。业务凭证上加盖业务清讫章作当日传票，收卡收据作业务凭证附件。

（8）废卡处理比照借记卡旧卡换新卡的废卡处理流程。

6. 信用卡销户风险控制点。

（1）信用卡销户必须到原发卡机构办理。

（2）信用卡持卡人还清透支本息后，账户下所有卡均满足下列情况之一，可予以销户：持卡人卡有效期已满三十天，持卡人不办理更换新卡手续的；持卡人挂失后满三十天，且没有其他卡又不换领新卡的；持卡人卡被列入止付名单超过三十天的；持卡人要求销户或保证人撤销担保，并已交回全部卡三十天的。

（3）有效卡无法收回销户时，持卡人应先办理挂失手续。

（4）客户申请销户，应向发卡机构柜员提供有效身份证件，若是正常卡销户的，需同时提供"农村合作金融机构信用卡收卡收据"客户联；若是挂失期满销户的，需同时提供"挂失申请书"客户联；若信用卡已过期，无卡销户的，需同时填写"农村合作金融机构信用卡无卡销户申请书"。

（5）柜员审核身份证件是否有效，销户资料是否齐全，申请书内容填写是否完整。审核无误后，柜员启动"信用卡销户"交易，按照系统提示录入相关信息。

（6）柜员核对取款凭条、挂失申请书上的打印信息无误后，客户在取款凭条、挂失申请书上签字确认。若是已过期有卡销户的，柜员需填写"农村合作金融机构信用卡收卡收据"，收回的信用卡当顾客面剪角作废，并登记一式两联废卡清单。

7. 信用卡存取款和转账风险控制点。

（1）信用卡办理人民币单笔 5 万元（含）以上现金存款业务，须核对持卡人或代理人有效身份证件，且持卡人身份证件上的姓名与信用卡背面签名条上的签名及卡片凸印的姓名（拼音）应一致。如卡片签名条无持卡人签名的，应要求持卡人在签名条上签名。

（2）客户申请办理信用卡存款的，应提供信用卡和现金，若是无卡存款的，还需要填写存款凭条，若现金存款超过 5 万元（含）的，需按前述规定出示有效身份证件。

（3）柜员审核卡片是否真实，若是过期卡，应向客户确认是否继续存款。清点现金是否与客户清点的一致，是否有假币、残币等现象，身份证件是否有效，若现金存款超过 5 万元（含）的，摘录客户姓名、证件名称及证件号码（信用卡取款参照存款业务）。

（4）信用卡转出分刷卡和手工输入卡号两种方式。刷卡方式办理的需输入密码，手工输入卡号方式办理的，应输入卡对应的证件号和授权号，且必须经有权人交易授权。

（5）手工输入卡号取款仅限于磁条损坏或网络中断等情况，此类业务需通过压卡并人工授权后办理。

8. 信用卡调整信用卡卡片信息风险控制点。

（1）信用卡卡片信息的调整含换卡标志、本行职工标志、年费标志、收卡日期、消费积分、领卡方式等信息的调整。信用卡卡片信息的调整只能由发卡机构办理。

（2）换卡标志修改，应凭持卡人提出的不换卡申请或信控部门的不换卡通知处理。

（3）本行职工标志修改，应凭工作证或由人事部门出具的证明修改处理。

（4）年费标志修改，应凭有权人批准的"农村合作金融机构信用卡账户、卡片调整通知书"修改。

（5）收卡日期修改，应凭业务主管批准的"农村合作金融机构信用卡账户、卡片调整通知书"调整。

（6）卡片信用额度调整，应凭有关部门出具的经有权人批准的"农村合作金融机构信用卡账户、卡片调整通知书"调整副卡卡片信用额度。

（7）全部消费积分修改，应凭有权人批准的"农村合作金融机构信用卡账户、卡片调整通知书"修改。

（8）调整收卡，应经有权人批准并授权调整。

（9）调整领卡方式，应凭持卡人填写的"农村合作金融机构账户、卡片调整通知书"调整。

9. 信用卡调整对账单寄送方式风险控制点。

（1）对账单寄送方式调整是指对账单寄送信息含对账单寄送标志及寄送地址的调整。

（2）调整对账单寄送方式只能在发卡机构办理。

（3）客户申请调整信用卡对账单寄送方式的，应提供有效身份证件，同时需填写"农村合作金融机构信用卡相关服务申请书"。

（4）经办人员审核身份证件是否有效，申请书填写是否完整。

（5）审核无误后，柜员启动"调整对账单寄送方式"交易，根据申请书内容在系统中输入相关信息。交易需经业务主管授权并签字。持卡人若需要改变或新增地址，则先进行个人信息维护，再进行对账单地址调整。

10. 信用卡止付风险控制点。

（1）止付及撤销必须在发卡机构处理。

（2）按原因的不同，止付分为丢失止付、冻结止付、伪冒止付、失信止付和其他止付五种。丢失止付是指发卡机构对卡片邮寄过程中丢失的卡应用

"信用卡止付"交易办理丢失止付。冻结止付是指发卡机构对须冻结的卡应用"信用卡止付"交易办理冻结止付。伪冒止付是指发卡机构对被骗领或冒用的卡应用"信用卡止付"交易办理伪冒止付。失信止付是指发卡机构对需要取消用卡资格的卡用"信用卡止付"交易办理失信止付。

（3）止付应凭相关通知书并经审批同意后办理。

11. 信用卡密码重置风险控制点。

（1）信用卡密码重置是指客户信用卡密码或信用卡电话银行密码遗忘后重新设置密码的过程。信用卡密码重置只能由持卡人本人到同一核算主体的任一营业网点办理，密码重置可即时办理。

（2）客户申请办理信用卡密码重置的，需提供有效身份证件、信用卡，同时需填写"特殊业务申请书"。

（3）柜员审核信用卡是否真实，提供的身份证件是否有效，是否为本人身份证件，特殊业务申请书填写是否完整。

（4）审核无误后，柜员启动"信用卡重置密码"，柜员在机具上刷读卡片磁条信息，按系统提示客户输入二次新密码。

（5）交易成功后，在申请书上打印密码重置信息。

（6）柜员核对申请书上打印信息无误后，客户在申请书上签字确认。

（7）柜员在申请书客户联上加盖业务公章（或储蓄业务公章）后交客户，申请书留存联加盖业务公章（或储蓄业务公章）后作当日传票。

二、银行卡业务的内部控制

（一）《商业银行内部控制指引》涉及银行卡业务的相关规定

第九十一条 商业银行发行借记卡，应当按照实名制规定开立账户。对借记卡的取款、转账、消费等支付业务，应当制定并严格执行相关的管理制度和操作规程。

第九十二条 商业银行发行贷记卡，应当在全行统一的授信管理原则下，建立客户信用评价标准和方法，对申请人相关资料的合法性、真实性和有效性进行严格审查，确定客户的信用额度，并严格按照授权进行审批。

第九十三条 商业银行应当对贷记卡持卡人的透支行为建立有效的监控机制，业务处理系统应当具有实时监督、超额控制和异常交易止付等功能。商业银行应当定期与贷记卡持卡人对账，严格管理透支款项，切实防范恶意透支等风险。

第九十四条 商业银行受理银行卡存取款或转账业务，应当对银行卡资金交易设置必要的监控措施，防止持卡人利用银行卡进行违法活动。

第九十五条 商业银行发卡机构应当建立和健全内部管理机制，完善重要凭证、银行卡卡片、客户密码、止付名单、技术档案等重要资料的传递与存放管理，确保交接手续的严密。

第九十六条 商业银行应当对银行卡特约商户实施有效管理，规范相关的操作规程和处理手续，对特约商户的经营风险或操作过失应当制定相应的应急和防范措施。

（二）《关于进一步规范信用卡业务的通知》涉及银行卡业务的相关规定

1. 银行业金融机构应建立科学、合理、均衡的信用卡营销激励机制，严禁对营销人员实施单一以发卡数量作为考核指标的激励机制。

2. 银行业金融机构应建立发卡营销行为规范机制，在营销过程中必须履行必要的信息披露，营销人员必须充分告知申请人有关信用卡的收费政策、计罚息政策，积极提示所申请的信用卡产品的潜在风险，并请申请人确认已知晓和理解上述信息。

银行业金融机构应通过适当方式积极为客户提供信用卡账单通知和还款提醒服务。

3. 银行业金融机构应规范发卡营销的市场竞争行为，积极维护良好、公平的市场竞争机制。不得以赠送礼品、换取积分、提高授信额度等为条件强制或诱导客户注销他行信用卡。

4. 银行业金融机构对本机构在发卡营销过程中获取的客户个人信息负有保护信息安全的义务。银行业金融机构应实行严格的文档管理和客户信息保护制度，妥善管理信用卡申请表等重要文档，对信用卡申请表应实行统一印制，统一保管，统一编号，严格领用，防范仿制。

5. 持卡人激活信用卡前，银行业金融机构不得扣收任何费用，持卡人以书面、客户服务中心电话录音或电子签名方式授权银行业金融机构扣收费用的除外。

6. 银行业金融机构应遵循审慎原则向学生发放信用卡。不得向未满18周岁的学生发放信用卡（附属卡除外）。向经查已满18周岁无固定工作、无稳定收入来源的学生发放信用卡时，须落实第二还款来源，第二还款来源方应具备相应的偿还能力。银行业金融机构发放信用卡前必须确认第二还款来源方已书面同意承担相应还款责任，否则不得发卡。

银行业金融机构应积极向学生家长或其他有关管理人告知学生申请领用信用卡的相关信息。

7. 银行业金融机构应对信用卡申请人资信水平和还款能力进行尽职调查，申请人应拥有固定工作，或稳定的收入来源，或提供可靠的还款保障。申请人不能满足上述条件但确有必要发卡的，银行业金融机构应对发卡适用范围作出明确规定，建立相应的发卡管理机制。申请人必须落实第二还款来源，第二还款来源方应具备相应的偿还能力。银行业金融机构发放信用卡前必须确认第二还款来源方已书面同意承担相应还款责任，否则不得发卡。

8. 银行业金融机构对经查在他行已有信用卡授信，但客户个人偿还能力与各行累计授信额度存在较大差距的申请人，应严格控制发卡。

9. 银行业金融机构应严格本机构特约商户的管理，就信用卡欺诈、套现风险防范和安全管理责任与特约商户进行必要约定，对特约商户实行持续监测和定期现场检查。对涉嫌协助持卡人套现的特约商户应及时给予警告和纠正，情节严重的应立即停止该商户收单资格。

10. 银行业金融机构与非银行机构合作管理的特约商户，由为此类商户提供清算和结算服务的银行业金融机构承担管理主体责任。银行业金融机构还应与合作的非银行机构就信用卡欺诈、套现风险防范和安全管理责任，以及损失承担责任等事项进行明确约定。

经查发现特约商户有涉嫌套现行为的，承担管理主体责任的银行业金融机构应暂停或停止为该商户提供清算和结算服务。

11. 银行业金融机构应将涉嫌上述信用卡违规操作行为的特约商户信息（含单位和个人信息）记入负面名单，并积极向中国银行业协会报送。中国银行业协会应加强与会员单位的协调沟通，积极推进负面名单共享。

12. 对特约商户的管理主体机构因管理不力或违规提供清算和结算服务造成所管理商户套现活动频繁，在社会上广泛散播套现宣传信息，或与公安机关破获案件有涉案关联的，监管部门将视情况追究相关银行业金融机构和人员责任，视严重程度采取责令限期整改，限制、暂停或停止其信用卡新发卡业务，以及实施其他相应的行政处罚等审慎性监管措施。

13. 银行业金融机构应审慎实施催收外包行为。实施催收外包行为的银行业务金融机构，应建立相应的业务管理制度，明确催收外包机构选用标准、业务培训、法律责任和经济责任等，选用的催收外包机构应经由本机构境内总部高级管理层审核批准，并签订管理完善、职责清晰的催收外包合同，不得单纯按欠款回收金额提成的方式支付佣金。

14. 银行业金融机构应持续关注催收外包机构的财务状况、人员管理、业务流程、工作情况、投诉情况等，确保催收外包机构按照本机构管理要求开展相关业务。

对因催收外包管理不力，造成催收外包机构损害欠款人或其他相关人合法权益的，银行业金融机构承担相应的外包风险管理责任。监管部门将视情况追究相关银行业金融机构和人员责任，视严重程度采取责令限期整改，限制、暂停或停止其信用卡新发卡业务，以及实施其他相应的行政处罚等审慎性监管措施。

15. 银行业金融机构应高度重视并切实做好信用卡客户投诉处理工作。加强实行独立经营核算的信用卡中心的管理，理顺内部管理流程，落实信用卡中心和当地分支机构的投诉管理责任，做好当地信用卡客户投诉处理工作。

三、银行卡业务的主要风险点

农村合作金融机构银行卡业务的风险主要有信用风险、操作风险、合规风险。根据审计人员的实践，农村合作金融机构日常银行卡业务主要风险点主要表现在以下几个方面：

1. 资信调查风险。发卡前后未进行必需的资信调查，或商户经营发生变化未重新审核，未掌握客户的财务、消费信贷和还款等变动情况，导致银行卡客户信用风险增加或不能识别客户名义申请特约商户但实际从事禁入商户类型的经营活动。

2. 授信管理风险。未通过综合评价客户偿还能力确定银行卡的授信额度。对无担保客户，未根据客户风险评估状况进行统一最高授信管理。

3. 合规经营风险。未经监管部门同意开办银行卡业务；为完成考核指标违规开卡，虚假完成开卡任务以获取绩效工资。

4. 业务操作风险。申请表未经主卡申请人本人亲笔签名确认，在申请人不知情或违背申请人意愿的情况盲目发卡；未明确告知与客户联络和交易信息传递的方式，向持卡人披露银行卡交易中可能产生的风险；银行卡申领人不符合条件［如年龄未满18周岁（附卡除外），无稳定的职业、合法的收入来源等］；发卡核实工作不到位，中介通过冒用他人身份证、伪造资料等申领信用卡；申请表及相关合约非客户本人签名；未能按照协议要求发卡；空白卡未纳入表外科目核算；银行卡领用、交接管理不到位；对透支客户未及时催收，对有涉及诈骗嫌疑的客户未及时报案；调账人员无授权修改挂账交易，直接调整持卡人账户金额；内部人员因生产系统用户名、密码保管不当，造成信息被其他岗位人员违规获取；没有统一收回废卡并进行登记和保管，未及时回收因各种原因产生的作废卡，作废卡未及时破坏磁条信息。

5. 制度管理风险。发卡机构内部岗位不清晰，不相容岗位未分离，相关制度未建立或者不完善。

6. 科技技术风险。因技术支持缺位导致数据泄露。

7. 虚假套现风险。商户与不良持卡人或其他第三方勾结，或自身虚拟交易套取现金；洗单，将其他未签约商户的交易在本商户的 POS 机或压卡机上刷卡或压卡，假冒本店交易与收单行清算。

第二节　银行卡业务审计模型的设计

银行卡业务的风险点识别，目前还不能全部通过计算机手段实现，需要以后在审计实践中不断扩充，对银行卡业务审计模型的设计主要是根据目前可能以计算机手段实现的对隐含银行卡业务风险进行测试来设计审计模型。即银行卡业务循环中的银行卡开卡合规性风险测试模块、银行卡刷卡风险测试模块等。

在银行卡业务审计模型设计中，我们不可能强求面面俱到，而是围绕业务操作风险和信用风险最突出、最集中的交易建立审计分析模型，如单位内部员工违规开卡风险测试、银行卡套现风险测试、贷记卡特殊业务后发生较大金额消费风险测试、临柜员工非正常激活银行卡风险测试，以使审计分析模型与审计实践结合得更为紧密。

一、单位内部员工违规开卡风险测试模式

审计模型分析思路：由于农村合作金融机构银行卡业务起步相对较晚，

且发卡机构往往单纯以发卡数量为考核指标，未将资产不良率、发卡收入等风险、收益指标作为卡业务发展质量考核依据，引起个别网点业务人员为完成上级下达的考核指标，违规开立银行卡。

审计模型设计方法：

步骤一：从"活期存款账户主档"信息表中将客户姓名、客户所属机构号、账号、开卡日期、卡内余额、开卡柜员记录进行提取，插入到"开卡信息临时表"中。

步骤二：将"开卡信息临时表"中记录，按开卡日期、开卡柜员进行分类汇总，将同一日内柜员开卡户数超10户的记录进行筛选。

步骤三：对同一日内柜员开卡户数超10户的记录，在按照卡内余额进行再次筛选，对卡内余额低于10元的记录进行现场调阅资料，逐步排查。

数据来源有活期存款账户主档、借记卡信息主档、机构信息表、柜员信息表。

二、银行卡套现风险测试

审计模型分析思路：由于一些不法分子以"银行中介代理公司"、"贷款中介"等名义，为客户代办信用卡，并利用信用卡的透支额度和免息期，通过虚假POS交易骗取高额手续费和银行资金，扰乱了信用卡发卡和受理市场，破坏了社会诚信环境。为规范信用卡发卡和受理行为，保障银行资金安全，维护持卡人对信用卡支付的信心，促进信用卡业务健康发展，设计银行卡套现的风险测试模式。

审计模型设计方法：

步骤一：从开户登记簿和信用卡账户交易明细表生成"贷记卡透支账户还款情况"的数据。

步骤二：从"贷记卡透支账户还款情况"临时表中按设定的条件：（1）单笔刷卡金额大于信用额度的90%；（2）支期长于50天；（3）此种业务一年内累计超过5次以上的记录，根据设定的程序自动计算生成"贷记卡套现的查找"的数据，主要涉及字段为贷记卡归属机构、卡号、户名、交易金额、交易日期、还款日期、交易POS设备号、摘要。

数据来源有开户登记簿、信用卡信息主档、信用卡账户交易明细表。

三、贷记卡特殊业务后发生较大金额消费风险测试模式

审计模型分析思路：贷记卡的特殊业务主要包括临时修改信用额度、修改贷记卡密码、抹账、挂失重开等交易。为防止金融机构内部员工的作案，保护持卡人用卡安全，设计贷记卡特殊业务后发生较大金额消费风险测试模式。

审计模型设计方法：

步骤一：从授权登记簿和信用卡信息主档中提取对账户进行特殊业务操作的信用卡信息，插入到"贷记卡特殊业务交易"的预警数据表中。

步骤二：根据产生的"贷记卡特殊业务交易"预警数据，从会计流水中提取在发生特殊业务交易后3天内，发生大额消费交易的贷记卡，插入到"贷记卡特殊业务后发生较大金额消费"数据预警表中。

步骤三：根据"贷记卡特殊业务后发生较大金额消费"中的数据，在现场调阅会计资料，进行逐笔核实。

数据来源有会计流水表、信用卡信息主档、授权登记簿。

四、向授信资料不全的客户签发贷款卡

审计模型分析思路：农村合作金融机构对银行卡业务存在考核任务，个别基层网点为完成考核任务，批量向客户开立贷款卡，形成大量闲置的贷款卡，给社会资源尤其是金融资源造成了巨大的浪费，同时也给金融机构带来潜在的风险。

审计模型设计方法：

步骤一：通过借记卡信息主档文件，找出卡片性质为贷款卡且未销卡的记录，形成贷款卡信息表。

步骤二：在活期存款账户交易明细表中找出通过贷款卡发生的贷款记录，形成贷款卡放贷记录。条件设置为：凭证号为贷款卡信息表中的贷款卡号；对方账号为贷款账号。

步骤三：将贷款卡信息表中，剔除在贷款卡放贷记录里的贷款卡号，形成未有贷款记录的贷款卡。

步骤四：将未有贷款记录的贷款卡与贷款客户授信表，以客户号为条件进行关联，筛选出向授信资料不全的客户签发贷款卡记录。

数据来源有借记卡信息主档文件、活期存款账户交易明细表、贷款客户授信表。

五、ATM 加钞后，10 分钟内未办理试取业务

审计模型分析思路：针对目前 ATM 取款产生的各类事故，如取钞错误、出钞错误等事件，为减少不必要的声誉风险和资金损失，要求 ATM 加钞员在办理加钞业务后，应进行试取业务，检验 ATM 的性能，保证自动取款业务正常进行。

审计模型设计方法：

步骤一：将各个 ATM 的清/加钞流水过滤，提取机构号、设备号、柜员号、时间、金额、操作类型。

步骤二：将步骤一提取的数据，与从 ATM 交易明细表中提取的加钞后第一笔取款业务信息相比较，如果取款人为非加钞柜员，则提取 ATM 设备号、ATM 柜员号、加钞时间、交易日期、数据所属机构。

数据来源有 ATM 交易明细表、柜员信息文件。

第三节　应用实例

一、如何发现同一客户借记卡开卡超规定

【审计目标】根据《中国人民银行　中国银行业监督管理委员会　公安部　国家工商总局关于加强银行卡安全管理、预防和打击银行卡犯罪的通知》（银发〔2009〕142 号）中关于"原则上，个人一次性代理办理借记卡的数量不得超过 3 张"以及"对同一持卡人大量办卡、频繁开户销户、短期内资金分散汇入集中转出等异常情况，要及时进行反洗钱报送"的规定，我们将核心业务系统中单个个人客户所持借记卡张数、卡片状态、卡片情况进行汇总分析，再通过分析已筛选账户的交易情况，以发现并防范洗钱现象。

【分析建模】

1. 审计思路。首先从开户登记簿、借记卡信息主档中提取客户内码、卡号、开户日期、卡记录状态等基础信息，其次统计卡交易明细的情况，再次

统计客户统计开卡数、在用卡数、已销卡数、开始交易日期、最后交易日期、贷方总额、贷方笔数、借方总额、借方笔数等信息，最后将统计信息按持卡人大量办卡、频繁开户销户、资金分散汇入集中转出等条件进行分类汇总。

2. 数据准备。审计主要分析开户登记簿、借记卡信息主档、活期存款账户交易明细表、客户基本信息等表。

3. 审计过程：

步骤一：创建开卡登记簿临时表，通过开户登记簿与借记卡信息主档的卡号相等的关联条件，获得开户登记簿中卡号对应的账号。

参考语句：SELECT B. 基本账号 AS 账号，A. ［卡号/账号］AS 卡号，A. 户名，A. 客户内码，A. 开户日期，A. 开户柜员，A. 开户网点，A. 记录状态 INTO TMP_ 开卡登记簿 FROM 开户登记簿 A，借记卡信息主档 B WHERE A. 卡号 = B. ［卡号/账号］

步骤二：将活期存款账户交易明细表中账号等于 TMP_ 开卡登记簿中的账号的交易记录，创建到临时表"TMP_ 卡账号交易明细表"。

参考语句：SELECT A. 账号，A. 卡号，A. 户名，A. 客户内码，A. 开户日期，A. 开户柜员，A. 开户网点，A. 记录状态，B. 交易记账日期，B. 借贷标志，B. 交易金额，B. 余额，B. 对方账号 INTO TMP_ 卡账号交易明细表 FROM TMP_ 开卡登记簿 A，活期存款账户交易明细表 B WHERE A. 账号 = B. 账号

步骤三：按客户内码统计卡开户账号数、交易记账日期、最后交易日期、借方发生金额、借方发生笔数、贷方发生金额、贷方发生笔数的信息。

参考语句：SELECT 客户内码，MIN（交易记账日期）AS 开始交易日期，MAX（交易记账日期）AS 最后交易日期，CASE WHEN 借款标志 = '2' THEN SUM（交易金额）END AS 贷方总额，

CASE WHEN 借款标志 = '2' THEN COUNT（交易金额）END AS 贷方笔数，

CASE WHEN 借款标志 = '1' THEN SUM（交易金额）END AS 借方总额，

CASE WHEN 借款标志 = '1' THEN COUMt（交易金额）END AS 借方笔数，

INTO TMP_ 卡交易信息 FROM TMP_ 卡账号交易明细表 GROUP BY 客户内码

SELECT 客户内码, count（账号）AS 开卡数 INTO TMP_ 客户开卡数信息 from TMP_ 开卡登记簿 GROUP BY 客户内码

SELECT TMP_ 卡交易信息．客户内码, TMP_ 开卡登记簿．开卡数, TMP_ 卡交易信息．开始交易日期, TMP_ 卡交易信息．最后交易日期, TMP_ 卡交易信息．贷方总额, TMP_ 卡交易信息．贷方笔数, TMP_ 卡交易信息．借方总额, TMP_ 卡交易信息．借方笔数 INTO TMP_ 卡交易信息统计 from TMP_ 卡交易信息, TMP_ 开卡登记簿 WHERE TMP_ 卡交易信息．客户内码 = TMP_ 开卡登记簿．客户内码

步骤四：统计客户在用卡及已销卡数量信息，并入客户卡信息统计。

参考语句：SELECT TMP_ 开卡登记簿．客户内码, 客户基本信息．客户名称, count（＊）AS 已销卡数 INTO TMP_ 销卡笔数统计 FROM TMP_ 开卡登记簿, 客户基本信息

SELECT TMP_ 销卡笔数统计．客户名称, TMP_ 卡交易信息统计．客户内码, TMP_ 卡交易信息统计．开卡数, TMP_ 卡交易信息统计．开卡数 – TMP_ 销卡笔数统计．已销卡数 AS 在用卡数, TMP_ 销卡笔数统计．已销卡数, TMP_ 卡交易信息统计．开始交易日期, TMP_ 卡交易信息统计．最后交易日期, TMP_ 卡交易信息统计．贷方总额, TMP_ 卡交易信息统计．贷方笔数, TMP_ 卡交易信息统计．借方总额, TMP_ 卡交易信息统计．借方笔数 INTO 客户借记卡交易信息统计表 FROM TMP_ 卡交易信息统计, TMP_ 销卡笔数统计

步骤五：按客户办理 10 张以上借记卡为条件，生成持卡人大量办卡风险关注数据；按客户销卡数超 10 张，生成客户频繁开户、销户风险关注数据；按客户笔均贷入金额超 5 万元且贷入笔数超借出笔数的十倍为条件，生成资金分散汇入集中转出风险关注数据。

参考语句：SELECT top 50 客户名称, 客户内码, 开卡数, 在用卡数, 已销卡数, 开始交易日期, 最后交易日期, 贷方总额, 贷方笔数, 借方总额, 借方笔数 INTO 风险关注数据_ 客户一人办理 10 张以上借记卡 FROM 客户借记卡交易信息统计表 WHERE 开卡数 > = 10 ORDER BY 开卡数 DESC

SELECT top 50 客户名称, 客户内码, 开卡数, 在用卡数, 已销卡数,

开始交易日期，最后交易日期，贷方总额，贷方笔数，借方总额，借方笔数
INTO 风险关注数据_ 频繁开户销户 FROM 客户借记卡交易信息统计表
WHERE 已销卡数 > = 10 ORDER BY 已销卡数 DESC

SELECT 客户名称，客户内码，开卡数，在用卡数，已销卡数，开始交易日期，最后交易日期，贷方总额，贷方笔数，借方总额，借方笔数 INTO 风险关注数据_ 客户资金分散汇入集中转出 FROM 客户借记卡交易信息统计表 WHERE 贷方总额/贷方笔数 > = 50 000 AND 贷方笔数/借方笔数 > = 10

【案例分析】对拥有 3 张以上借记卡的客户卡间资金的流转使用情况，通过分析、判断和 OCR 系统查证，确定大额资金收付的款项来源、去向和性质是否符合交易的真实性；是否存在与客户身份、经营范围明显不符的资金进出，防范和杜绝洗钱等违法案件产生。

二、如何发现内部员工账户参与 POS 套现

【审计目标】根据《中国人民银行　中国银行业监督管理委员会　公安部　国家工商总局关于加强银行卡安全管理、预防和打击银行卡犯罪的通知》（银发〔2009〕142 号）中关于"加大防范信用卡套现的力度。中国银联应积极联合各成员机构，加大对信用卡套现商户的交易排查、协查处理、技术侦测和不良信息共享等工作力度，并不断完善有关预防和处理信用卡套现行为的行业规则，敦促各收单机构共同遵守。有关套现商户和其收单机构信息及时对收单机构的处理情况应及时向人民银行报告"的规定，我们在核心业务系统会计流水文件中将各卡交易历史进行分析、汇总，筛选出交易金额大、刷卡频繁，且刷卡日期透支日期大于 50 天以上的内部员工账户，从内部管理出发，控制 POS 违规套现行为。

【分析建模】

1. 审计思路：将开户信息登记簿与柜员信息表中柜员身份证信息进行比对，将比对结果为"1"的信用卡筛选出来，然后再调用上述已筛选出账户活期存款交易明细，将刷卡交易日期与还款日期进行比对，比对日期大于等于"50"天的，就存在套现嫌疑。

2. 数据准备：信用卡信息主档，信用卡账户主档，信用卡账户交易明细表，信用卡账户欠款明细表，客户基本信息，柜员信息文件等表。

3. 审计过程：

步骤一：创建信用卡信息表临时表，通过信用卡账户主档与信用卡账户主档的账号相等的关联条件，获得信用卡信息表。

参考语句：SELECT 信用卡信息主档．归属机构，信用卡账户主档．卡持人全名，信用卡账户主档．持卡人客户内码，信用卡账户主档．卡号，信用卡账户主档．账号，信用卡账户主档．信用透支额度，INTO TMP_ 信用卡信息表 FROM 信用卡信息主档，信用卡账户主档 WHERE 信用卡信息主档．账号 = 信用卡账户主档．账号

步骤二：统计账号的交易日期与还款日差大于等于 50 天的转账大额消费记录。

参考语句：SELECT 账号，交易记账日期，交易金额，原交易流水号，子交易流水号 from 信用卡账户交易明细表 INTO TMP_ 信用卡转账明细 where 借贷标志 = '1' AND 现转标志 = '2' and 交易金额 > = 1 000 group by 账号，交易记账日期

参考语句：SELECT 账号，交易记账日期，交易金额，尚欠交易透支金额，尚欠超额消费金额，原交易流水号，子交易流水号 INTO tMP_ 信用卡欠款明细 from 信用卡账户欠款明细表 where DATEDIFF（DAY，交易记账日期，交易账单日期） = >50 AND 交易金额 > = 1 000

SELECT A．账号，A．交易记账日期，B．交易账单日期，A．交易金额，B．尚欠交易透支金额 INTO TMP_ 信用卡超 50 天透支 FROM tMP_ 信用卡欠款明细 A，TMP_ 信用卡转账明细 B WHERE A．账号 = B．账号 AND A．交易记账日期 = B．交易记账日期 AND A．原交易流水号 = B．原交易流水号 AND A．子交易流水号 = B．子交易流水号

SELECT A．账号，A．交易记账日期，A．交易账单日期，A．交易金额，A．尚欠交易透支金额 TMP_ 信用卡超 50 天大额透支 FROM TMP_ 信用卡超 50 天透支 a，TMP_ 信用卡信息表 B WHERE A．交易金额 > = B．透支额度 *90% AND A．账号 = b．账号

步骤三：从表"TMP_ 信用卡超 50 天大额透支"中，列出同一客户信用卡超 50 天大额透支超 3 次的信用卡信息。

参考语句：SELECT A．账号，A．交易记账日期，A．交易账单日期，A．交易金额，A．尚欠交易透支金额 INTO 风险关注数据_ 信用卡超 50 天大额透

支 FROM TMP_ 信用卡超 50 天大额透支 WHERE 账号 IN（SElECT 账号 FROM TMP_ 信用卡超 50 天大额透支 GrOUP BY 账号 having count（＊）＞＝3）

步骤四：将"风险关注数据_ 信用卡超 50 天大额透支"信用卡持卡人信息与柜员信息文件进行比对，锁定内部员工存在套现嫌疑记录。

参考语句：SELECT A. 客户内码，B. 柜员姓名 from 客户基本信息 A，柜员信息文件 b INTO TMP_ 柜员内码信息 WHERE substring（A. 客户号，3，len（客户号）-3）= B. 身份证号码

SELECT B. 柜员姓名，A. 账号，A. 交易记账日期，A. 交易账单日期，A. 交易金额，A. 尚欠交易透支金额 INTO 风险关注数据_ 内部员工信用卡套现嫌疑 FROM 风险关注数据_ 信用卡超 50 天大额透支 A，TMP_ 柜员内码信息 B

【案例分析】根据一定时间段内，内部员工大额刷卡的汇总数、交易明细清单等信息，对交易清单中交易的真实性进行核查，排查是否存在刷卡套现行为。也可将审计核查范围扩大至全部刷卡用户，如金额特大或刷卡频率过高，且还款日期间隔长的客户，防范并控制 POS 机商户违规套现。

三、如何发现 ATM 清机/加钞后未进行试取

【审计目标】ATM 是银行为客户提供 24 小时自助服务的平台，客户可以方便地进行账户查询、取款、转账等业务。但由于使用 ATM 存在一定的安全风险，在很多纠纷中，银行不得不为自己的过失埋单，承担相应的责任，为减少不必要的声誉风险和资金损失，要求 ATM 加钞员在办理加钞业务后，应进行试取业务，检验 ATM 的性能，保证自动取款业务正常进行。

【分析建模】

1. 审计思路：通过将各个 ATM 的清/加钞流水过滤，与 ATM 交易明细表中加钞后第一笔取款业务信息比较，找出取款人为非加钞柜员。

2. 数据准备：ATM 交易明细表、ATM 虚拟柜员尾箱余额表、柜员信息文件、活期存款账户交易明细表。

3. 审计过程：

步骤一：通过对表"ATM 虚拟柜员尾箱余额表"的两次连读，确定ATM 的加钞日期。

参考语句：SELECT A. ATM 编号，A. ATM 虚拟柜员号，A. 当前余额，

A. 上次加钞日期 INTO TMP_ ATM 加钞记录日 FROM ATM 虚拟柜员尾箱余额表 A，ATM 虚拟柜员尾箱余额表 B WHERE A. 记录状态 = ' 1 ' AND B. 记录状态 = ' 1 ' AND A. ATM 编号 = B. ATM 编号 AND A. 交易日期 = B. 上次交钞日期

步骤二：确定 ATM 交易明细表中交易日期为上次加钞日的交易记录。

参考语句：SELECT ATM 编号，ATM 虚拟柜员号，交易日期，Max（交易余额）AS 加钞后余额 INTO TMP_ ATM 加钞余额 FrOM TMP_ ATM 加钞记录日 group BY ATM 编号，ATM 虚拟柜员号，交易日期

SELECT A. ATM 编号，A. ATM 虚拟柜员号，A. 交易日期，A. 原交易流水号，A. 子交易流水号，A. ATM 虚拟柜员号，A. 交易金额，B. 交易余额 INTO TMP_ ATM 加钞日交易 FROM ATM 交易明细表 A，TMP_ ATM 加钞记录 B WHERE A. 交易日期 = b. 上次加钞日期 AND A. ATM 编号 = B. ATM 编号 AND A. ATM 虚拟柜员号 = B. ATM 虚拟柜员号

步骤三：确定 ATM 交易明细表中加钞后的第一笔取款交易。

参考语句：SELECT A. ATM 编号，A. ATM 虚拟柜员号，A. 当前余额，A. 上次加钞日期，A. 最后更新时间戳 INTO TMP_ 加钞交易明细 FROM ATM 虚拟柜员尾箱余额表 A，TMP_ ATM 加钞余额 B

SELECT A. ATM 编号，A. ATM 虚拟柜员号，A. 交易日期，A. 原交易流水号，A. 子交易流水号，A. ATM 虚拟柜员号，B. 交易时间，B. 账号 IN-TO TMP_ ATM 活期交易流水 from TMP_ ATM 加钞日交易 A，活期存款账户交易明细表 B where A. 交易日期 = b. 交易记账日期 AND A. 原交易流水号 = b. 原交易流水号 AND A. 子交易流水号 = B. 交易流水号 AND B. 借贷标志 = ' 1 '

SELECT A. ATM 编号，A. ATM 虚拟柜员号，A. 交易日期，MIN（A. 交易时间）AS 交易时间 INTO TMP_ 加钞后最近时间 FROM TMP_ ATM 活期交易流水 A，TMP_ 加钞交易明细 B WHERE A. 交易记账日期 = B. 交易日期 AND A. 交易时间 < B. 交易时间 AND A. ATM 编号 = B. ATM 编号 AND A. ATM 虚拟柜员号 = B. ATM 虚拟柜员号 GROUP BY A. ATM 编号，A. ATM 虚拟柜员号，A. 交易日期

SELECT A. * INTO TMP_ 加钞后最近一笔交易明细 FROM TMP_ ATM 活期交易流水 A，TMP_ 加钞后最近时间 B WHERE A. ATM 编号 = B. ATM 编

号 AND A. ATM 虚拟柜员号 = B. ATM 虚拟柜员号 AND A. 交易时间 = B. 交易时间

步骤四：将加钞后最近一笔交易与加钞时间比对超 10 分钟或非柜员卡的交易为未及时进行试取。

参考语句：SELECT B. 卡号 inTO TMP_ 员工开卡 from 柜员信息文件 A，借记卡信息主档 B where substring（B. 客户号，3，len（B. 客户号）-3）= A. 身份证号码

SELECT A. ATM 编号，A. ATM 虚拟柜员号，A. 交易日期，A. 原交易流水号，A. 子交易流水号，A. ATM 虚拟柜员号，A. 交易时间，A. 账号 INTO 风险关注数据_ ATM 加钞后未及时进行试取 from TMP_ 加钞后最近一笔交易明细 A，TMP_ 加钞交易明细 B WHERE DATEdIFF（min，B. 最后更新时间戳，A. 交易时间）> 10 or A. 账号 not in（select 卡号 from TMP_ 员工开卡）

【案例分析】最近各种媒体报道的 ATM 取钞事故，不仅给银行资金带来了风险，同时也给存款人带来了损失。从某种意义上来看，银行人员在对 ATM 清机/加钞后，及时对机具进行正常测试，是很有必要的。

第十章　结算业务的计算机审计

第一节　结算业务主要风险点分析

一、结算主要业务介绍

结算，又称支付结算，是指单位、个人在社会经济活动中使用票据、信用卡和汇兑、托收承付、委托收款等结算方式进行货币给付及其资金清算的行为。

支付结算业务按实现的方式不同，可分为现金结算和转账结算。农村合作金融机构的支付结算业务主要包括票据业务（支票、银行汇票、银行本票和商业汇票）、电子汇划业务（普通贷记、普通借记、定期贷记、定期借记、系统内借记）、通存通兑业务（系统内通存通兑、跨行通存通兑）、委托收款业务、托收承付业务。

农村合作金融机构依托全省综合业务系统，实现系统内支付结算业务的处理及资金的实时清算。目前，主要有人民银行的现代化支付系统（包括大额实时支付系统、小额批量支付系统、支票影像交换系统和网银互联系统）、同城交换系统、境内外币支付系统和农信银资金清算中心有限公司的农信银业务支付系统等支付清算平台，实现跨行支付结算业务的处理及资金的清算。

大额实时支付系统（HVPS）逐笔实时发送支付指令，全额清算资金。主要处理规定金额起点以上的跨行贷记支付业务和跨行紧急小额贷记支付业务，其处理的支付结算种类包括电子汇兑、委托收款（划回）、托收承付（划回）、资金拆借以及债券交易的即时转账等。

小额批量支付系统（BEPS）7×24 小时不间断运行，批量发送支付指令，轧差净额清算资金。主要处理纸质凭证截留的跨行借记支付业务以及在规定金额以下的跨行小额贷记支付业务，其处理的支付结算种类包括：普通贷记（电子汇兑、委托收款划回、托收承付划回、国库贷记汇划等）；定期贷记（代付工资、保险金、养老金等）；实时贷记（个人客户跨行通存业务等）；普通借记（国库借记汇划、财政直接支付、财政授权支付、国债兑付划拨和支票截留业务等）；定期借记代收水、电、煤气等公用事业费、国库批量扣税等（注：定期借记可实现系统内的业务处理）；实时借记（个人、对公客户跨行通兑，银行本票、华东三省一市银行汇票实时解付业务等）。

支票影像交换系统处理跨行或跨联社（合作银行）的支票（票据）截留业务。

农信银业务支付系统逐笔实时发送支付指令，全额清算资金。处理的支付结算种类：农信银全国银行汇票、农信银实时电子汇兑（跨行）、农信银个人客户通存通兑（跨行）等。

支付结算业务基本操作风险控制点：

1. 办理支付结算业务遵循恪守信用，履约付款；谁的钱进谁的账，由谁支配；银行不垫款的原则。

2. 查询查复的原则是"有疑必查、有查必复、复必详尽、切实处理"。

3. 查复行收到查询信息，必须按照查询查复的要求认真查阅有关账册、凭证和资料，查清情况和原因，经会计主管或其授权的其他会计人员审核后，最迟不得超过下一个工作日上午给予查复。

4. 县级清算中心每天上午必须对辖内机构查询查复事项业务进行监控，对未作查复的查询事项，应督促被查询行及时查复。

5. 需进行查询查复的业务，其原录入柜员不得与该业务查询查复时的第一经办人混岗。

6. 查询查复业务中，客户申请办理的，应由客户填写查询查复书一式两联；经办机构主动发起的，若需通过人工方式办理查询或查复，应填写查询查复书一式两联，通过计算机系统办理的，无须填写查询查复书。

7. 受理非本行承兑的汇票贴现、质押时，应根据汇票内容，查询人员在系统中启动"发送查询查复"，输入"汇票的时间、号码、金额、承兑银行的名称、是否挂失止付、有无他行查询"等信息；或人工填制"银行承兑汇票业务查询书"，通过邮寄或传真的方式，向承兑行发出查询。

8. 承兑行收到查询行发来的电脑（或邮寄的，或同城提入的）查询信息，或柜面受理实地查询的，查复人员应抽出专夹保管的汇票卡片，比对汇票信息和查询信息是否一致，汇票是否已付款，是否已挂失止付，收到实物汇票的，还应审查汇票的真实性。经审查无误，启动"〔3312〕发送查询查复"交易，向查询行发送查复信息。通过邮寄、同城交换等非电脑发送信息方式回复的，查复人员应填制"结算业务查复书"一式两联，经会计主管或其授权的会计人员审签后，一联加盖结算专用章，寄、送或交换至查询行。

9. 电子汇划业务发起查询。客户主动发起查询时，由客户填写查询查复书一式两联，还须提供其有效身份证件及原汇款回单，若由他人代理的，还须提供代理人有效身份证件。经查询人员审查无误后，应于受理的当日，至迟于下一个法定工作日的上午，启动"发送查询查复"，向对方行发送查询。柜员对本行发送和接收的往账或来账有疑问的，经查询人员审查无误后，应于当日，至迟于下一个法定工作日上午，启动"发送查询查复"，向对方行发送查询。

10. 收到电子汇划业务查询。查复人员收到查询行的查询，打印查询书后，应在查明原因后，填写"查复书"。经会计人员及其授权的其他会计人员审查，于受理的当日，至迟于下一个法定工作日上午，启动"发送查询查复"，向对方行发送查复。收到的查询需转发至辖内其他机构的，柜员启动"汇划事务清分转发"交易，将收到的查询信息清分至目的机构。

（一）支票业务

支票是出票人签发的，委托办理支票存款业务的银行在见票时无条件支付确定的金额给收款人或者持票人的票据。支票分为现金支票、转账支票、普通支票和划线支票。

1. 现金支票业务操作风险控制点。

（1）申请支票取现应提交现金支票，若收款人为个人，还应提交收款人有效身份证件。

（2）柜员应审查支票是否是统一规定印制的凭证，是否真实，提示付款期限是否超过；支票的出票日期是否使用中文大写，书写是否规范；支票填明的收款人名称是否为该收款人，收款人是否在支票背面"收款人签章"处签章，其签章是否与收款人名称一致；收款人为个人的，提供的身份证件名称与支票的收款人信息是否相符；身份证件是否有效；出票人的签章是否符合规定，折角核对（或通过电子验印系统核对）是否与预留银行签章相符；使用支付密码的，其密码是否正确；支票的大小写金额是否一致；支票必须记载的事项是否齐全，出票金额、出票日期、收款人名称是否更改，其他记载事项的更改是否由原记载人签章证明；出票人账户是否有足够支付的款项。

（3）审查支票是否已办理挂失止付。

2. 转账支票业务操作风险控制点。

（1）持票人、出票人均在系统内开户。①出票人向付款行提交支票时，柜员除按上述现金支票业务的操作风险控制点第（2）点要求进行审核外，还应审查支票填写内容是否与进账单填写的内容一致，审查无误后，启动"支票账户转账录入"交易，录入支票信息。交易成功后，在支票背面打印交易信息。复核柜员审核录入柜员提交的支票及进账单内容无误后，启动"支票账户转账复核"交易，按支票信息进行复核。②持票人向付款行提交支票时，若持票人为个人，须提交个人有效身份证件，个人持出票人（或申请人）为单位的且一手或多手背书人为单位的转账支票，每笔金额超过5万元，还需出示相关的付款依据，或在支票用途栏上注明付款事由。柜员除按受理出票人提交支票时的规定审核外，还应审查持票人是否在支票背面签章；背书转让的背书是否连续，签章是否符合规定，背书使用粘单的是否按规定在粘接处签章，支票正面记载"不得转让"字样的，是否背书转让。③持票人向其开户行提交系统内他行社为付款行的支票时，比照前述持票人向付款行交票的审查事项进行审查。④出票人开户行受理同系统持票人开户行提出的票据时，比照前述柜面受理转账支票时的审查事项进行审查。

（2）持票人、出票人其中一方不在我行系统内开户。①在我行社开户的出票人提交票据时，比照前述持票人、出票人均在系统内开户时出票人向付款行提交支票的处理的审查事项进行审查。②在我行社开户的持票人提交票据时，比照前述持票人、出票人均在系统内开户时持票人向其开户行（系统内他行社为付款人）交票时的处理流程。

（二）银行汇票

银行汇票是出票行（社）签发的，由其在见票时按照实际结算金额无条件支付给收款人或者持票人的票据。银行汇票按使用区域的不同，分为省辖银行汇票、华东三省一市银行汇票、全国银行汇票，按是否存在代理关系，分为自签银行汇票和代签银行汇票。

1. 银行汇票签发操作风险控制点。

（1）客户申请办理银行汇票业务，应填写业务委托书（或结算业务申请书），折/卡户的应同时提交存折/卡，申请办理现金汇票的，应交付现金。

（2）受理行（社）柜员须审核填写的内容是否齐全、清晰；填写的大、小写金额是否一致；收款人名称、申请金额、申请日期是否更改，更改上述三项要素的不得受理；其他更改事项是否由申请人签章证明；委托书填明现金字样的，申请人和收款人是否均为个人，是否已填写代理付款行名称，人民银行另有规定的除外；交付的现金是否与委托书金额一致；申请人申请从客户账签发的，审核签章是否为预留印鉴；约定使用支付密码的，审核支付密码是否正确；申请人要求银行汇票不得转让的，是否在委托书备注栏内注明"不得转让"字样。

（3）银行汇票转签时，无权签发银行汇票的机构，受理客户汇票签发委托的，比照汇票成员行（社）进行审查、录入、复核，并在委托书上打印签发信息；将委托书第三联使用信封密封后，交申请人或指定专人陪同客户提交指定转签机构。

2. 银行汇票付款操作风险控制点。

（1）农信银全国汇票付款时，持票人向出票行或代理付款行申请办理汇票付款的，应提交第二、第三联汇票及一式三联的进账单。柜员应审查银行汇票第二、第三联是否真实、齐全，要素是否一致；银行汇票是否在提示付款期限内；出票的小写金额与大写的出票金额是否一致；银行汇票出票行（社）签章是否符合规定；持票人是否在本机构开户，是否在银行汇票背面"持票人向银行提示付款签章"处签章；银行汇票的实际结算金额大小写是否一致，是否在出票金额以内，与进账单所填金额是否一致，多余金额结计是否正确。若全额进账，必须在汇票的实际结算金额栏内填入全部金额，多余金额栏元位填写"0"；银行汇票必须记载事项是否齐全，出票金额、实际结算金额、出票日期、收款人名称以及密押是否更改，其他记载事项更改是否由原记载人签章证明；背书转让的银行汇票，其背书是否连续，签章是否符合规定，背书使用粘单的是否按规定在粘接处签章；银行汇票注明"不得转让"的，银行汇票是否背书转让；若持票人直接提示付款的，还应审查进账单上填写的收款人是否为提示付款的持票人。

（2）华东三省一市汇票付款时，代理付款行接到持票人交来的华东三省一市汇票和三联进账单（现金汇票支取现金时，填取款凭条）时，除按农信银全国汇票要求审核外，还应审查加盖的汇票专用章是否与印鉴相符、银行汇票专用章是否启用 12 位银行机构代码，未启用银行机构代码的，是否在票据号码下方记载银行机构代码。

3. 银行汇票退款和超期付款操作风险控制点。

（1）客户申请办理全国银行汇票退款，应提交全国银行汇票和要求退款的书面证明；若提交现金全国银行汇票直接退付现金的，客户还需填写取款凭条，同时需提交本人有效身份证件；因申请人缺少银行汇票第三联（解讫通知）要求退款的，还应出具解讫通知短缺的书面证明。

（2）出票行（社）柜员应审查是否属本行（社）签发的银行汇票，是否已挂失，与原专夹保管的汇票卡片核对是否相符；申请人为单位的，是否提交证明，提交的证明中是否注明汇票要素和退款原因；申请人为个人的，是否出具本人的有效身份证件，并复印留存备查。

（3）因持票人缺少解讫通知申请付款的，出票行（社）于银行汇票提示付款期满一个月后办理付款手续。

（4）华东三省一市汇票退款时，出票行（社）收到申请人提交的银行汇票、一式三联进账单（支付现金时，填写取款凭条）和书面说明要求退款的，除按上述要求审查外，还须审查汇票内容与进账单（或取款凭条）填写的内容是否一致。

（5）银行汇票超期付款时，出票行（社）柜员收到持票人提交的银行汇票、一式三联进账单（支付现金时，填写取款凭条）和书面说明请求付款时，应比照前述银行汇票退款的审查事项。

农信银全国汇票超期付款的，柜员必须先启动"［3421］全国汇票索权"交易，进行"超期付款索权"处理，待索权成功后，再比照前述进行汇票付款处理。

（三）银行本票

银行本票是银行签发的，承诺自己或代理付款行在见票时无条件支付确定的金额给收款人或者持票人的票据。

1. 银行本票的出票操作风险控制点。

（1）客户申请办理银行本票，应填写业务委托书（或结算业务申请书），申请签发转账本票的，折/卡户的应同时提交存折/卡；申请签发现金本票的，应交付现金。

（2）柜员受理申请人提交的业务申请书，应审核填写的内容是否齐全、准确、清晰；填写的大、小写金额是否一致；收款人名称、金额、申请日期是否更改，更改上述三项要素的不得受理；其他更改事项是否由申请人签章证明；委托书填明"现金"字样的，申请人和收款人是否均为个人，交付的现金是否与委托书金额一致；申请本票的款项从客户账转出的，应审核业务委托书上的签章是否与预留印鉴相符，或审核取款密码是否正确；约定使用支付密码的，审核支付密码是否正确；申请人要求不得转让的，是否在委托书备注栏内注明"不得转让"字样。

（3）申请人为个人的，同时将留存的身份证件复印件（或影印件）［申请人已开立个人结算账户且已留存身份证复印件（或影印件）的除外］作附件，银行本票卡片联由专人专夹保管。

2. 银行本票付款操作风险控制点。

（1）持票人向代理付款社（社）申请转账本票付款的，应提交转账银行本票和一式三联进账单，个人持票人还应提交身份证件。柜员应审核银行本票是否是按统一规定印制的凭证，本票是否真实；是否超过提示付款期限；持票人是否在本机构辖内网点开户；进账单填写内容是否与银行本票相符；出票行签章是否符合规定，加盖的本票专用章是否与印鉴相符；本票专用章是否启用 12 位银行机构代码；未启用银行机构代码的，是否在票据号码下方记载银行机构代码；是否填写密押，大、小写金额是否一致；必须记载事项是否齐全，出票金额、出票日期、收款人名称、本票密押是否更改，其他记载事项的更改是否由原记载人签章证明；持票人是否在本票背面"持票人向银行提示付款签章"处签章；背书转让的本票是否按规定的范围转让，其背书是否连续，签章是否符合规定，背书使用粘单的是否按规定在粘接处签章。持票人为个人的，应审查其提供的身份证件是否有效，是否在本票背面注明证件名称、号码和发证机关，委托他人提示付款的，还要审查被委托人的有效身份证件，若未在银行开立个人银行结算账户或活期储蓄存款账户的，以及单笔金额在 1 万元以上的，须留存复印件备查。

（2）持票人向代理付款行（社）申请现金本票付款的，应提交现金银行本票和取款凭条，以及持票人的有效身份证件。除比照转账本票审查事项外，还应审核本票上填写的申请人和收款人是否均为个人；收款人在本票背面"持票人向银行提示付款签章"处是否签章和注明身份证件名称、号码及发证机关，单笔金额 1 万元以上的还应将身份证复印件留存备查；收款人委托他人向代理付款行（社）提示付款的，必须查验收款人和被委托人的身份证件，收款人是否作委托收款背书，是否注明委托人和被委托人的身份证件名称、号码及发证机关，被委托人是否在"持票人向银行提示付款签章"处签章，并要求提交收款人和被委托人身份证件复印件留存备查；本票上的收款人名称与取款凭条上的名称是否相符。

（四）银行承兑汇票

银行承兑汇票是在承兑银行开立存款账户的存款人（承兑申请人）签发的，经承兑银行承兑，在指定日期无条件支付确定金额给收款人或持票人的票据。

1. 银行承兑汇票操作风险控制点。

（1）承兑时，柜员收到信贷部门提交的"银行承兑汇票申请书"、"银行承兑汇票审批书"、"银行承兑清单"、"银行承兑汇票承兑协议"及相关合同等资料和客户提交的空白凭证申购单，应审查出票人是否在本行（社）开立存款账户；提供质押担保的，质押物是否已经登记，并办妥入库手续；按规定交存保证金的，出票人是否已按承兑协议规定的比例足额存入；相关合同资料内容是否一致，签章是否齐全，是否经有权人审签；空白凭证申购单填写的内容是否完整，加盖的印章是否为预留印鉴。

（2）本行（社）承兑银行承兑汇票，到期系统自动扣收款项时，应在承兑汇票到期日前通知出票人存入汇票款项；银行承兑汇票到期日，系统自动在当日日初，按协议扣款（出票人存款户和保证金账户），并将款项转入承兑机构应解汇款账户。

（3）持票人未在到期日提示付款，承兑行（社）尚未支付汇票款项的，日终时根据出票人存款户余额再次扣款，并将款项转入承兑机构应解汇款账户。日终扣款时款项仍不足的，由承兑汇票协议签订机构作银行承兑汇票垫款。

（4）承兑行（社）收到持票人直接提交的汇票，应审查银行承兑汇票是否为本行承兑；与汇票卡片的号码和记载事项是否相符；是否已背书转让，背书转让的汇票其背书是否连续，签章是否符合规定，背书使用粘单的是否按规定在粘接处签章；承兑汇票正面记载"不得转让"字样的，是否存在背书转让；承兑汇票是否已挂失止付；承兑汇票是否已到期且已扣款；提交的进账单是否与承兑汇票记载的事项相符。

（5）收到承兑汇票委托收款凭证的，还应审查汇票背书是否连续、齐全；委托收款凭证的记载事项是否与汇票记载的事项相符。

（6）承兑机构应当定期检查已承兑汇票的到期时间，提前通知出票人存入汇票款项；按月轧打专夹保管的汇票卡片与银行承兑汇票登记簿中已承兑的笔数和承兑金额核对一致，并核对汇票号码等信息。

（五）电子汇划

电子汇划是指依托电子支付清算平台，实现系统内或跨系统的异地资金划转及资金清算业务。根据资金汇划方向的不同，可划分为贷记汇划和借记汇划，根据不同的业务特点，可划分为普通贷记、定期贷记、实时贷记和普通借记、定期借记、实时借记等基本业务种类。

普通贷记：主要包括电子汇兑、委托收款划回、托收承付划回、网银贷记支付、国库贷记汇划（缴税、费、非税收入；财政支付退回；国债兑付贷记划拨）等支付业务。普通贷记按资金清算的不同划分为跨系统普通贷记和系统内普通贷记。跨系统普通贷记业务是指付款行（社）向异地、同城跨系统的收款行主动发起付款业务，均可通过支付系统或农信银系统处理。农信银全国实时电子汇兑业务均逐笔、实时、全额清算资金；小额支付每笔金额在规定起点以下，批量处理支付业务，资金轧差净额清算。系统内普通贷记是指省内合作银行（信用社）间使用电汇凭证、业务委托书办理跨机构转账的电子支付业务。业务类型有卡折转账、支票账户转账、应解汇款跨机构转账、内部账跨机构转账。

普通借记业务：普通借记业务为收款人发起的借记付款人账户的业务，包括代理银行完成财政直接/授权支付后向国库申请清算资金、人民银行银行内部之间的划付业务等。普通借记业务由收款（清算）行发起，经由CCPC（同城业务）或NPC（异地业务）转发付款（清算）行；付款（清算）行对于收到的借记指令进行审核，在规定时间内返回处理回执；CCPC（或NPC）根据回执中同意支付的信息进行轧差处理，然后将回执信息转发收款（清算）行。普通借记支付业务主要包括国库借记汇划业务、支票截留业务以及中国人民银行规定的其他普通借记支付业务。

1. 电子汇划基本操作风险控制点。

（1）应根据内部控制的要求合理配备支付系统业务操作人员，做到录入、复核双人经办；对需查询或查复的该笔业务，原录入员和查询查复操作的第一经办人员不得混岗。

（2）付款行对发起的大额支付/农信银业务为"已清算"、小额支付业务为"已轧差"需要退回的，可通过支付系统或农信银系统发送退回请求。收款行收到退回请求，应在当日至迟下一个法定工作日上午发出退回应答。收款行未贷记收款人账户的，立即办理退回；已贷记收款人账户的，通知付款行由付款人与收款人自行协商解决。因发起行与接收行内部资金往来（如拆借等）需申请退回的，应与接收行协商解决。

2. 普通贷记往账操作风险控制点。

（1）客户申请办理跨系统普通贷记业务的，支票存款户应提交业务委托书一式三联；存折户应提交存折及一式三联电汇凭证；若是个人申请办理现金汇款的，提交一式三联电汇凭证和本人有效身份证件；内部资金汇划的，由会计主管或其授权的业务人员填写一式三联电汇凭证，并经单位负责人审签。

（2）客户提交的一式三联电汇凭证（或业务委托书）（本条以下简称汇兑凭证）等资料，柜员应审核汇兑凭证必须记载的各项内容是否齐全、正确；凭证的金额、委托日期、收款人名称是否更改；其他事项更改是否由原记载人签章证明；约定使用支付密码的，支付密码是否更改；大小写金额是否一致；委托日期是否为当日；汇款人和收款人在银行开立存款账户的，是否记载账号；汇款人账户内是否有足够支付的余额；汇款人有预留银行签章的，汇兑凭证上的签章是否与预留银行印鉴相符；约定使用支付密码的，审核支付密码是否正确；填明"现金"字样的汇款凭证，汇款人和收款人是否均为个人；汇款人是否在凭证上签章；客户提交的身份证件是否有效；汇款人未在本机构开户且金额 1 万元以上的，需留存身份证件复印件。

（3）系统内普通贷记往账，柜员受理客户或会计主管提交的一式三联电汇凭证（或业务委托书），参照跨系统普通贷记往账凭证审查要求进行审查。付款人已开立活期存款账户的，比照存折/卡账户转账、支票户跨机构转账流程处理；付款人未开立活期存款账户的，根据汇划凭证，启动"应解汇款收现"，应将款项存入应解汇款；经办行社将内部账资金汇划至系统内他行社的，比照内部账转账的处理流程，启动"内部账跨机构转账"交易办理。

3. 普通贷记来账和普通贷记退汇操作风险控制点。

（1）综合业务系统自动校验电子汇划来账信息，同一核算主体（合作银行/联社）内收款人账号、户名一致，账户状态不为销户、双冻，账户性质不为储蓄账户的来账，系统自动入账；否则系统自动挂账，柜员必须及时处理来账挂账业务。

（2）柜员启动"来账监控"交易查看挂账信息，若有来账业务，柜员启动"电子汇划往来清单打印"交易，打印来账挂账清单。经查明挂账原因后，对收款人账号、户名等不一致时无法入账的来账挂账，按规定向发起行发送查询信息，待回复后再处理，具体参见查询查复业务的处理。收款人户名信息为规范化简称或漏缺省/县并能够确定入账的来账挂账业务，作入账处理。

（3）柜员根据查复书和挂账清单，或根据会计启动"电子汇划来账录入"交易进行挂账处理。对可直接判别入账的来账，处理方式选择"判别入账"，处理成功后，经办柜员在单联式电子信息专用凭证上打印交易信息，柜员核对打印信息无误后，在电子专用凭证上加盖业务清讫章和挂账清单或查复书一并交复核员复核，复核柜员审核无误，启动"电子汇划来账确认"交易录入复核信息；收款人在辖内机构开户机构的来账，处理方式选择"清分转发"，将挂账信息清分至辖内目的联行机构；收款人在同一票据交换范围内他行开户的来账，处理方式选择"交换提出"。

（4）来账挂账入其他应付款或应解汇款后，经确认无法处理的，会计主管或其授权的其他会计人员填制办理退汇的特种转账凭证一联，交操作柜员。柜员审核凭证无误后，启动"电子汇划来账录入"交易办理退汇。交易成功后，在特种转账凭证背面打印交易信息；若为其他应付款退汇的，同时还应在单联式电子信息专用凭证上打印退汇的往账信息。柜员核对打印信息无误后，在特种转账凭证上加盖业务清讫章作柜员当日传票。若从应解汇款退汇的，打印的应解汇款入账通知书作附件；若从其他应付款退汇的，打印的单联式电子信息专用凭证作附件；若经查询查复后退汇的，查询查复书作附件。

（5）若汇出款项被汇入行退汇，退回款项挂账超过 2 年仍无法联系原汇款人退还款项的，按照不动户处理规则转入久悬未取款账户。

4. 普通借记业务操作风险控制点。

（1）客户申请办理普通借记业务时，应提交借记资金划收凭证及其他相关资料。收款行（社）柜员，除按支付结算办法规定要求审核外，还须审核收款人账号是否属客户账账号。

（2）综合业务系统对接收的普通借记回执自动校验收款行行名行号、收款人账号及户名等要素是否一致。若校验一致的，综合业务系统自动入账，并实时更新客户账；若校验不一致，综合业务系统自动挂账。来账挂账处理比照普通贷记来账流程操作。

（3）收到普通借记来账，付款行（社）柜员启动"［3300］来账监控"交易，查看收款行发送的"小额普通借记"业务信息，若有普通借记来账业务，柜员启动"［3843］电子汇划往来清单打印"交易，打印普通借记—普通借记来账待入账清单。在回执期限之前状态为"待入账"的借记来账，柜员逐笔审查或检查协议无误的，执行同意付款处理，在 T + N 日内启动"［3133］普通借记扣款确认"交易，对需要扣款的业务进行足额扣款。若协议不存在或借记业务信息有误的，执行拒绝付款处理。

5. 应解汇款业务操作风险控制点。

（1）对异地或同城汇入的现金应解汇款，单笔或单日累计取现金额超过20 万元（含）的，须按约定次日提取。未注明"现金"字样的应解汇款，应按国家有关现金管理的规定支取现金。

（2）以转账方式结算的，其款项可转入收款人指定个人结算账户，但应由收款人填写凭条。

（3）收款人办理支付时，应提交其有效身份证件，并在取款凭证上注明身份证件名称、号码、发证机关等。委托他人代为支取的，须交验代理人和收款人的有效身份证件，凭证上应摘录汇兑收款人和代理人的身份证件名称、号码、发证机关。

（4）应解汇款通过电子汇划、票据结算等处理后挂入应解汇款账户，电子汇划汇入的，启动"电子回单查询打印"打印应解汇款卡片联并专夹保管，其他票据结算后，应解汇款挂账卡片联专夹保管。

（5）应解汇款解付时，应由收款人提交其有效身份证件，说明应解汇款相应信息；柜员抽出专夹保管的回单联，与其说明内容核对相符并核实其身份后，启动"［3012］应解汇款解付"交易；交易成功后，在凭条上打印取款信息，若为转入个人结算账户的，应由收款人填写凭条，填明收款人账号、户名；取款凭条经客户签收后，加盖业务清讫章作传票，原专夹保管的卡片联、身份证件复印件作附件。

（六）通存通兑

通存通兑是指客户通过代理行（社）依托综合业务系统及各支付清算平台，对在开户行（社）开立的存款账户实时办理资金转账、现金存取和账户信息查询等业务。

通存通兑业务可划分为储蓄存款全省系统内通存通兑、对公存款全省系统内通存通兑、储蓄存款全国农信银成员行间的通存通兑、储蓄存款跨系统通存通兑。

1. 依托小额支付系统办理的跨行通存通兑操作风险控制点。

（1）发起小额支付跨行通存通兑业务，发起行行号统一使用交易机构所属县级清算中心小额支付系统 12 位行号。小额支付跨行通存通兑业务为非免填单业务。

（2）业务处理成功发现差错的，不得通过抹账及冲正处理，只能联系对方行及客户，并登记业务处理通话记录。

（3）客户申请开通小额支付系统跨行通兑业务时，客户应提交本人有效身份证件、存折（卡），并填写一式两联特殊业务申请书。柜员须审核该账户开户机构是否为本合作银行（农村信用社联合社）范围内的机构；账户类型是否为个人存款账户；账户名称是否与存折、有效身份证件名称一致，通过联网核查系统查询身份是否属实，身份证件复印件是否与原件一致，是否为本人办理；账户支取方式是否为凭密支取；申请书"申请人填写栏"内容填写是否真实、完整；是否根据协定的金额在"其他"栏注明"通兑业务每日累计金额上限"和注明"开通跨行通存通兑"字样；审核无误，柜员启动"跨行通存通兑业务维护"交易，根据系统提示录入业务开通信息。

（4）客户申请办理跨系统现金通存业务，应填写存款凭条，填明账号、户名、金额。存款单笔金额在 1 万元（含）以上的，应提交经办人的身份证件。柜员应审核存折/卡是否为他行存折/卡；存款凭条内容填写是否完整、正确；提供的身份证件是否合法、有效；客户填写的账号是否为他行的存款账号。审核单证并清点现金无误，柜员启动"跨行现金存款"交易，选择"小额支付"清算途径；依据存款凭条相关信息完整录入界面要素；客户办理跨行现金通兑业务的，应提交存折、卡、本人有效身份证件，同时填写取款凭条，填明账号、户名、金额。代理取款单笔金额在 5 万元（含）以上的，还应提交代理人的有效身份证件。

（5）客户申请办理实时转账业务，应提交存折/卡、转账凭条、转出账户存款人的身份证件等资料；柜员按现金通存通兑要求审核外，还须审核收款人、付款人其中一方是否为本省系统内开户的个人活期存款账户（存折或卡）。

（6）客户申请查询跨行账户信息的，应提交存折（卡）、本人有效身份证件，查询需向客户收费。柜员审核存折是否为他行存折；提供的有效身份证件是否合法、有效，是否为其本人。

2. 农信银全国通存通兑操作风险控制点。

（1）现金通存时，启动"跨行现金存款"交易，其他均比照系统内个人现金存款的流程处理。因超时未收到任何应答的，系统将自动发出冲正交易，待收到系统自动冲正应答后，柜员可将现金退还客户或重新发起存款业务交易。

（2）现金通兑时，启动"跨行现金取款"，其他均比照系统内个人现金取款的流程处理，但不打印存折。因超时未收到任何应答的，柜员不得将现金支付给客户，应通过"通存通兑登记簿查询"交易，查询该笔业务状态。待收到交易成功应答后，方可向客户支付现金。

（3）实时转账时，启动"跨行实时转账"，其他均比照系统内存折（卡）户转账的流程处理。

（4）客户申请查询跨省农村合作金融机构存款账户余额的，应提交异地农村信用社存折（卡）及本人有效身份证件。

（5）受理行（社）柜员当日发现全国农信银通存通兑业务差错的，必须经会计主管授权后由原柜员启动"农信银实时业务冲销"交易，对原业务进行冲销；冲销成功后，打印冲销交易凭证。冲销凭证经客户签字确认后，加盖业务清讫章作当日传票。若无法联系到客户，则须由受理行（社）提供错账冲正的书面材料（包括后续存款或取款补正的内容），并经会计主管、原业务经办柜员签字确认后作冲销凭证附件；经确认为跨省客户账存款类业务的差错，原柜员启动"跨行现金存款"交易或"跨行实时转账"交易，按凭证金额重新发起交易；经确认为跨省客户账取款类业务的差错，原柜员启动"农信银实时业务补正"交易，按凭证金额作取款补正；交易成功后，打印出存款凭证或取款补正凭证经客户签字后，加盖业务清讫章作当日传票。

（七）委托收款

委托收款是收款人委托银行向付款人收取款项的结算方式。单位和个人凭已承兑的商业汇票、债券、存单等付款人债务证明办理款项的结算，均可使用委托收款结算方式。委托收款在同城、异地都可使用，没有金额起点和最高限额。委托收款结算款项的划回，采用电子汇划或同城交换方式处理。

1. 收款人开户行（社）受理委托收款操作风险控制点。

（1）收款人向开户行（社）申请办理委托收款业务，应提交一式五联托收凭证及债务证明。

（2）柜员应审查托收凭证是否为统一规定格式的凭证；收款人是否在本行（社）范围内开户，第二联托收凭证上的签章是否符合规定；是否凭已承兑商业汇票、债券、存单等付款人债务证明办理委托收款；托收凭证上必须记载的事项是否齐全；委托收取商业汇票款项的，托收凭证上的付款人名称是否填写商业汇票的承兑人名称；托收凭证的金额、日期、收款人名称是否更改；更改其他记载事项的是否由原记载人签章证明；所附单证种类、数量、金额、号码与托收凭证记载的信息是否一致；委托银行收取银行承兑汇票款项，委托收款凭证付款人名称栏是否已填银行承兑汇票的承兑银行名称；贴现、转贴现银行收取商业汇票款项，委托收款凭证付款人名称栏是否已填商业承兑汇票的承兑人或银行承兑汇票的承兑银行名称，收款人名称是否为贴现银行；若债务证明为已承兑的商业汇票，除按商业汇票的审核要求进行审核外，还应审查是否按规定作成委托收款背书；若债务证明为法院票据权利证明，应审查是否与托收凭证上记载的事项一致。

（3）审查无误后，经办柜员启动"发出委托收款"交易，按托收凭证及其附件信息录入相关要素。

2. 付款人开户行（社）收到委托收款凭证操作风险控制点。

（1）收到收款人开户行寄来的第三、第四、第五联托收凭证及有关债务证明时，应审查托收凭证第三联是否加盖结算专用章；托收凭证债务凭证种类为银行承兑汇票的，与专夹保管的卡片及银行承兑汇票登记簿记录是否一致；若债务凭证种类为商业承兑汇票的，应查明已承兑的商业汇票是否挂失；债务凭证种类为法院出具的票据权利证明的，应与专夹保管的卡片及票据丧失登记簿信息核对是否一致。

（2）审核无误后，在第三、第五联托收凭证上填明收到日期，启动"收到委托收款"交易，根据系统提示录入托收凭证和债务证明上的信息。交易成功后，在业务凭证上打印登记信息。

（3）柜员核对打印信息无误后，在业务凭证上加盖业务清讫章作当日传票，在第三联托收凭证上摘录托收编号。付款人为单位时，柜员在托收凭证第五联上加盖"业务公章"交付款人，要求付款人在第三联托收凭证背面签收并注明签收日期。托收凭证第三、第四联及有关债务证明一并专夹保管。若须将债务证明交给付款人的，应同时由付款人签收。付款人为本行社的，应将第三、第四、第五联和债务证明专夹保管，根据付款时间要求分别进行后续处理。

（4）委托收款付款，柜员应于每天工作前启动"批量报表打印"交易，打印委托收款到期清单，根据清单作相应的处理。

（5）柜员按支付结算办法要求审核无误全额支付的，启动"委托收款付款录入"交易，输入托收编号，并根据收款行等信息选择相应的清算途径进行付款处理。交易成功，柜员审核打印信息无误后，在第三联托收凭证上加盖业务清讫章，在第四联上加盖柜员名章。若清算途径为"系统内"、"支付系统"、"农信银"的，将第三、第四两联托收凭证及债务证明交复核员复核。若清算途径为"交换提出"的，参照同城交换提出流程处理。复核柜员审核无误后，启动"委托收款付款复核"交易进行复核。复核成功后，清算途径为支付系统或农信银的，在第四联托收凭证背面打印交易信息。复核柜员审核打印信息无误后，在第四联托收凭证上加盖业务清讫章作复核员当日传票。第三联上加盖复核名章作原受理柜员当日传票，债务证明作附件。

若清算途径为系统内的，在第三联托收凭证上加盖复核员名章作经办柜员当日传票，第四联及债务证明作附件。

（6）付款人开户行（社）在办理划款时，付款人账户不足支付全部款项的，应在托收凭证上注明退回日期和"无款支付"字样，并填制四联"拒绝付款理由书"。拒绝付款理由书第一联加盖"业务公章"后退付款人。柜员启动"手工更新登记簿"交易，更新收到委托收款登记簿为"无款支付"状态。交易成功后，根据系统提示在业务凭证上打印更新委托收款登记信息。柜员审核打印信息无误后，在业务凭证上加盖业务清讫章作当日传票，第二联拒绝付款理由书和第三联托收凭证作附件。柜员在拒绝付款理由书第三联上加盖结算专用章后，连同拒绝付款理由书第四联及托收凭证第四、第五联和债务证明一并寄回收款人开户行。

（7）付款人开户行（社）在付款人签收日的次日起 3 天内，收到付款人填制的四联拒绝付款理由书及付款人持有的债务证明和第四、第五联托收凭证，经审查无误后，比照前述"单位付款时不足支付款项的处理"。

（8）付款行（社）在收到托收凭证和债务证明的当日，经审查不予付款的，应填制四联拒绝付款理由书，连同债务证明和第四、第五联托收凭证经审查无误后，比照前述"单位付款时不足支付款项的处理"。

3. 收款人开户行办理委托收款划回操作风险控制点。

（1）收款人开户行（社）（或收款行社）每天检查发出委托收款登记簿，以及汇划来账登记簿或同城交换提入登记簿等信息及时查询款项划回情况；已收到托收款项的，应抽取原留存的相对应的第二联托收凭证，填写款项收到日期；款项已划回，但未自动销记发出委托收款登记簿的，启动"手工更新登记簿"交易，销记该笔业务的托收登记信息；交易成功后，在业务凭证上打印销记托收登记信息；将业务凭证加盖业务清讫章作柜员当日传票，第二联托收凭证作其附件。打印客户电子回单加盖业务清讫章作收账通知。

划回款项时，已自动销记托收登记信息的，第二联托收凭证填写款项收到日期后，装入柜员当日传票之后。

（2）收款人开户行社（或收款行社）收到付款人开户行寄来的第三、第四联"拒绝付款理由书"，第四、第五联托收凭证和有关债务证明，柜员抽出专夹保管的托收凭证第二联，经核对无误后，在该联凭证备注栏注明"无款支付"字样；柜员启动"手工更新登记簿"交易，更新发出委托收款登记簿为"无款支付"状态；交易成功，在业务凭证上打印更新信息；柜员核对打印信息无误后，在业务凭证上加盖业务清讫章作柜员当日传票，第三联拒绝付款理由书和第二联托收凭证作附件。

将托收凭证第四联、拒绝付款理由书第四联及有关债务证明退给收款人，并要求收款人签收。

（3）除未付款理由为"拒绝付款"外，其他处理同前述"付款人无款支付的处理"。

（八）托收承付

托收承付是根据购销合同由收款人发货后委托银行向异地付款人收取款项，由付款人向银行承认付款的结算方式。托收承付结算按款项的划回，采用电子汇划或同城交换方式处理。

1. 收款人开户行（社）受理托收承付操作风险控制点。

（1）收款人向开户行（社）申请办理托收承付业务，应提交托收承付凭证和发运证件或其他符合托收承付结算的有关证明及其交易单证。

（2）柜员应审查收款单位是否经本行（社）审查批准同意；托收款项是否符合托收承付结算方式规定的范围、条件、金额起点，以及其他有关规定；托收凭证是否是人民银行统一规定格式的凭证，必须记载事项是否齐全；托收凭证的委托日期、收款人名称、托收金额是否更改；金额大小写是否一致；其他记载事项更改的是否由原记载人在更改处签章证明；第二联托收凭证上是否加盖预留银行印鉴。必要时，还应审验收付款人签订的购销合同；托收凭证记载的附件张数与所附单证的张数是否相符；收款人是否对同一付款人发货托收累计三次仍未收回货款；验货付款的，收款人是否在托收凭证上加盖明显的"验货付款"字样戳记；军品托收，是否有结算通知单和装有交易单证及发运证件的密封袋，密封袋上是否填明托收号码；托收凭证上是否填明结算通知单和密封袋的号码，或审查交易单证上是否填写保密代号；收款人是否有商品确已发运的证件（包括铁路、航运、公路等运输部门签发运单、运单副本和邮局包裹回执）或其他有关证件；托收凭证上是否欠缺记载"托收承付"字样、确定的金额、付款人名称及账号、收款人名称及账号、付款人开户银行名称、收款人开户银行名称、托收附寄单证张数或册数及合同名称和号码、委托日期、收款人签章。

若对因付款人无理拒绝付款的托收款项，需委托银行重办托收的，应填写四联重办托收理由书（格式由各行制定），将其中三联连同购销合同、有关证据和退回的原第四、第五联托收凭证及交易单证一并送交开户行。

（3）经审核无误后，柜员启动"发出托收承付"交易，按凭证信息录入相关要素。

（4）交易成功后，在业务凭证上打印托收业务处理记录单，在收费凭证上打印收费信息。

（5）柜员审核打印信息无误后，在业务凭证上加盖业务清讫章和柜员名章作当日传票，在"托收凭证"第二联摘录发出托收编号。其他凭证分下列情况处理：①首次办理托收的，托收凭证第一联加盖"凭证受理章"，对收款人向银行提交发运证件需要带回保管或自寄的，应在各联凭证和发运证件上加盖"已验发运证件"戳记，连同业务收费凭证交客户。托收凭证第二联专夹保管。托收凭证第三联加盖"结算专用章"，连同第四、第五联委托收款凭证有关债务证明，一并寄交付款人开户行。②重办托收的，应在第二联托收凭证上注明"重办"字样，将第一联重办托收理由书与第二联托收凭证一并专夹保管。两联重办托收理由书连同第四、第五联托收凭证、交易单证和有关证据一并寄付款人开户行。

（6）款项划回时，应将留存的托收承付第二联与相关来账登记簿、客户明细账进行核对。具体操作参照委托收款划回流程处理。

2. 付款人开户行（社）操作风险控制点。

（1）收到收款人开户银行寄来的邮划或电划第三、第四、第五联托收凭证及交易单证后，应审核付款人是否确在本行开户；付款人是否经本行批准可以办理托收承付的单位；所附单证张数或册数与凭证记载是否相符；第三联凭证上是否盖有收款人开户银行的结算专用章。

（2）审查无误后，柜员在凭证上填注收到日期和承付日期，启动"收到托收承付"交易，按凭证信息录入相关要素。

（3）交易成功后，根据系统提示在业务凭证上打印托收业务登记信息。

（4）柜员审核打印信息无误后，在托收承付第五联加盖业务公章，连同有关单据一并交付款人，并要求付款人在第三联托收凭证上签收。

（5）托收承付凭证第三、第四联专夹保管。对非属本行开户的托收凭证误寄本行的应代为转寄，并将情况通知收款人开户行。如不能肯定付款人开户行时，则退回原托收行。

（6）在承付期内收到付款人填制的四联全部或部分"拒绝付款理由书"（第二联加盖预留银行印鉴）及有关证明、单证时，应审查拒付理由是否符合规定。

（7）按支付结算办法及有关规定审核无误后，柜员启动"托收承付付款录入"交易。

（九）同城交换

同城交换是在同一票据交换区域内由当地人民银行统一组织实施和管理

的，通过交换票据方式办理各银行和金融机构之间的资金往来业务。同城交换依据业务处理内容划分为提出借方业务、提出贷方业务、提入借方业务、提入贷方业务。

1. 同城交换业务基本操作风险控制点。

（1）票据交换业务的各岗位要合理安排劳动组合，提出、提入票据必须换人复核，避免交换业务"一手清"。

（2）办理同城票据交换业务，要实行经办员、复核员、票据交换员岗位三分离制度。

（3）票据交换员不得参与交换账务处理及其电子支付信息生成，不得兼任同城票据交换查询查复，不得经管人民银行往来、同业往来等账务和空白重要凭证、会计业务印章。

（4）票据交换实行"先付后收，收妥抵用，银行不垫款"的原则；提出贷方票据、提出借方见票即付票据当时记账，提出借方收妥抵用票据隔场抵用。

2. 同城交换票据提出操作风险控制点。

（1）柜员受理客户提交的需提出交换的票据，审核无误后，客户回单联加盖"受理凭证专用章"退给客户。

（2）提出贷方票据、提出借方票据（他行票据见票即付）时，柜员启动客户账转账、内部账转账等相关交易，资金去向选择"交换提出"并录入交换信息。交易经复核在相关记账凭证上打印交易信息，在单联式业务凭证上打印交换提出确认信息。

（3）提出借方业务（收妥抵用）时，柜员启动"收妥抵用登记"交易并录入交换信息。交易成功后，根据系统提示在第二联进账单背面打印交易信息，在单联式业务凭证上打印交换提出确认信息。录入柜员核对打印信息无误后交确认柜员。

（4）确认柜员审核无误后柜员启动"交换提出确认"交易，复核并补充录入交换日期、场次和对方交换行（交换日期和场次可延后）。交易成功，柜员根据系统提示在确认凭证背面打印交易信息，在确认凭证正下方打印提出交换确认信息。

（5）有权切换机构指定柜员在规定切换时点启动"交换场次切换"交易，进行交换场次切换。若场次切换后因某种原因无法将交换票据及时提出的，应经有权人审签后进行交换场次更改。

（6）打印交换提出清单、报单后，柜员启动"交换数据转换"交易，系统自动汇总并显示提出交换信息，柜员核对系统显示的汇总数据信息与原始交换提出数据无误的，执行交易后导出数据，在外挂系统中读入交换数据。

（7）同城交换员根据柜员提交的提出原始票据、提出清单及提出汇总表进行审核，审查签章是否符合规定，核对汇总计数单、清单及所附借、贷方票据金额是否一致，逐笔勾对提出明细清单付款人账号、收款人账号、金额、交换行与提出原始票据是否一致。无误后，将提出票据、提出清单及提出汇总表或当地人民银行要求的提出交换资料，一并放入交换专用袋，提出交换。

（8）提出收妥抵用借方后，隔场未见退票的，柜员应抽出原提出交换时留存的第三联进账单或其他相关凭证。柜员启动"收妥抵用批量入账"交易，将原登记的收妥抵用记录转销入客户账。柜员启动"同城提入提出票据清单打印"交易打印批量入账清单，将原提出时留存的票据与清单核对是否相符。

3. 同城交换票据提入操作风险控制点。

（1）同城交换员审核提入借方票据和贷方票据加计金额，与所附清单合计数核对相符；逐笔勾对提入明细清单付款人账号、收款人账号、金额、交换行与提入票据凭证核对相符；提入借方、贷方票据与汇总凭证核对相符；轧出本场应收或应付金额与清算凭证核对相符。审核无误后办妥交接手续，将提入票据、提入票据明细清单、汇总凭证、资金清算凭证一并交录入柜员。录入柜员收到以上票据、单证，应审核提入票据明细清单和提入实物票据是否加盖"同城票据交换专用章"；提入票据填写的内容是否齐全、准确、清晰；票据上的日期、收付款人名称、账号、开户行、金额是否更改，大、小写金额填写是否一致；是否存在人民银行规定的退票事由。

（2）提入票据集中入账时，柜员启动"交换提入明细登记"交易，依据提入票据录入交换信息。交易成功经确认打印信息无误后，交确认柜员。

（3）清分目的机构票据入账时，目的机构柜员应审查凭证所记载内容是否齐全、准确、清晰，是否存在退票事由。柜员启动"来账监控"交易，监控未处理同城清分信息，或通过同城登记簿查询交易、交换提入提出清单打印交易，查询打印清分信息。核对实物票据与清分信息是否相符。柜员启动"交换提入单笔入账"交易复核确认。

（4）提入票据分散入账时提入中心的，中心柜员须启动"交换提入汇总登记"交易，按分散入账机构汇总登记交换提入票据。登记无误后，在业务凭证上打印汇总登记账务信息，同时打印差额报告单。审查打印信息无误后，将业务凭证加盖业务清讫章作当日传票；差额报告单加盖"业务公章"、登记员名章，连同提入的票据，传递至分散入账机构。

二、结算业务的内部控制

（一）《支付结算办法》涉及结算业务的相关规定

第十一条　票据和结算凭证上的签章，为签名、盖章或者签名加盖章。单位、银行在票据上的签章和单位在结算凭证上的签章，为该单位、银行的盖章加其法定代表人或其授权的代理人的签名或盖章。个人在票据和结算凭证上的签章，应为该个人本名的签名或盖章。

第十六条　单位、个人和银行办理支付结算必须遵守下列原则：

1. 恪守信用，履约付款；

2. 谁的钱进谁的账，由谁支配；

3. 银行不垫款。

第十八条　依法背书转让的票据，任何单位和个人不得冻结票据款项。但是法律另有规定的除外。

第二十七条　票据可以背书转让，但填明"现金"字样的银行汇票、银行本票和用于支取现金的支票不得背书转让。

第二十九条　票据背书转让时，由背书人在票据背面签章、记载被背书人名称和背书日期。背书未记载日期的，视为在票据到期日前背书。持票人委托银行收款或以票据质押的，除按上款规定记载背书外，还应在背书人栏记载"委托收款"或"质押"字样。

第三十条　票据出票人在票据正面记载"不得转让"字样的，票据不得转让。

第三十一条　票据被拒绝承兑、拒绝付款或者超过付款提示期限的，不得背书转让。

第三十二条　背书不得附有条件。背书附有条件的，所附条件不具有票据上的效力。

第三十三条　以背书转让的票据，背书应当连续。持票人以背书的连续，证明其票据权利。

第三十四条　票据的背书人应当在票据背面的背书栏依次背书。背书栏不敷背书的，可以使用统一格式的粘单，粘附于票据凭证上规定的粘接处。粘单上的第一记载人，应当在票据和粘单的粘接处签章。

第四十八条　已承兑的商业汇票、支票、填明"现金"字样和代理付款人的银行汇票以及填明"现金"字样的银行本票丧失，可以由失票人通知付款人或者代理付款人挂失止付。未填明"现金"字样和代理付款人的银行汇票以及未填明"现金"字样的银行本票丧失，不得挂失止付。

第五十七条　银行汇票的提示付款期限自出票日起1个月。持票人超过付款期限提示付款的，代理付款人不予受理。

第八十八条　商业汇票的提示付款期限，自汇票到期日起10日。持票人应在提示付款期限内通过开户银行委托收款或直接向付款人提示付款。对异地委托收款的，持票人可匡算邮程，提前通过开户银行委托收款。持票人超过提示付款期限提示付款的，持票人开户银行不予受理。

第一百零三条　银行本票的提示付款期限自出票日起最长不得超过2个月。持票人超过付款期限提示付款的，代理付款人不予受理。银行本票的代理付款人是代理出票银行审核支付银行本票款项的银行。

第一百二十二条　支票的出票人签发支票的金额不得超过付款时在付款人处实有的存款金额。禁止签发空头支票。

第一百二十六条　支票的提示付款期限自出票日起10日，但中国人民银行另有规定的除外。超过提示付款期限提示付款的，持票人开户银行不予受理，付款人不予付款。

第一百七十八条　汇款人对汇出银行已经汇出的款项可以申请退汇。对在汇入银行开立存款账户的收款人，由汇款人与收款人自行联系退汇；对未在汇入银行开立存款账户的收款人，汇款人应出具正式函件或本人身份证件以及原信、电汇回单，由汇出银行通知汇入银行，经汇入银行核实汇款确未支付，并将款项汇回汇出银行，方可办理退汇。

第一百七十九条　转汇银行不得受理汇款人或汇出银行对汇款的撤销或退汇。

第一百八十条　汇入银行对于收款人拒绝接受的汇款，应即办理退汇。汇入银行对于向收款人发出取款通知，经过 2 个月无法交付的汇款，应主动办理退汇。

第二百零七条　单位和个人办理支付结算，不准签发没有资金保证的票据或远期支票，套取银行信用；不准签发、取得和转让没有真实交易和债权债务的票据，套取银行和他人资金；不准无理拒绝付款，任意占用他人资金；不准违反规定开立和使用账户。

第二百零八条　银行办理支付结算，不准以任何理由压票、任意退票、截留挪用客户和他行资金；不准无理拒绝支付应由银行支付的票据款项，不准受理无理拒付、不扣少扣滞纳金；不准违章签发、承兑、贴现票据，套取银行资金；不准签发空头银行汇票、银行本票和办理空头汇款；不准在支付结算制度之外规定附加条件，影响汇路畅通；不准违反规定为单位和个人开立账户；不准拒绝受理、代理他行正常结算业务；不准放弃对企事业单位和个人违反结算纪律的制裁；不准逃避向人民银行转汇大额汇划款项。

(二)《商业银行内部控制指引》涉及资金和中间业务的相关规定

第五十七条　商业银行资金业务的组织结构应当体现权限等级和职责分离的原则，做到前台交易与后台结算分离、自营业务与代客业务分离、业务操作与风险监控分离，建立岗位之间的监督制约机制。

第八十六条　商业银行办理支付结算业务，应当根据有关法律规定的要求，对持票人提交的票据或结算凭证进行审查，并确认委托人收、付款指令的正确性和有效性，按指定的方式、时间和账户办理资金划转手续。

(三)《中华人民共和国票据法》涉及票据业务的相关规定

第八条　票据金额以中文大写和数码同时记载，二者必须一致，二者不一致的，票据无效。

第九条　票据上的记载事项必须符合本法的规定。票据金额、日期、收款人名称不得更改，更改的票据无效。对票据上的其他记载事项，原记载人可以更改，更改时应当由原记载人签章证明。

第十条　票据的签发、取得和转让，应当遵循诚实信用的原则，具有真实的交易关系和债权债务关系。

第八十七条　支票的出票人所签发的支票金额不得超过其付款时在付款人处实有的存款金额。

出票人签发的支票金额超过其付款时在付款人处实有的存款金额的，为空头支票。禁止签发空头支票。

第八十八条 支票的出票人不得签发与其预留本名的签名式样或者印鉴不符的支票。

第一百零二条 有下列票据欺诈行为之一的，依法追究刑事责任：

（一）伪造、变造票据的。

（二）故意使用伪造、变造的票据的。

（三）签发空头支票或者故意签发与其预留的本名签名式样或者印鉴不符的支票，骗取财物的。

（四）签发无可靠资金来源的汇票、本票，骗取资金的。

（五）汇票、本票的出票人在出票时作虚假记载，骗取财物的。

（六）冒用他人的票据，或者故意使用过期或者作废的票据，骗取财物的。

（七）付款人同出票人、持票人恶意串通，实施前六项所列行为之一的。

（四）《金融机构反洗钱规定》涉及结算业务的相关规定

第九条 金融机构应当按照规定建立和实施客户身份识别制度。

第十三条 金融机构在履行反洗钱义务过程中，发现涉嫌犯罪的，应当及时以书面形式向中国人民银行当地分支机构和当地公安机关报告。

第二十三条 经调查仍不能排除洗钱嫌疑的，应当立即向有管辖权的侦查机关报案。对客户要求将调查所涉及的账户资金转往境外的，金融机构应当立即向中国人民银行当地分支机构报告。经中国人民银行负责人批准，中国人民银行可以采取临时冻结措施，并以书面形式通知金融机构，金融机构接到通知后应当立即予以执行。

侦查机关接到报案后，认为需要继续冻结的，金融机构在接到侦查机关继续冻结的通知后，应当予以配合。侦查机关认为不需要继续冻结的，中国人民银行在接到侦查机关不需要继续冻结的通知后，应当立即以书面形式通知金融机构解除临时冻结。

临时冻结不得超过48小时。金融机构在按照中国人民银行的要求采取临时冻结措施后48小时内，未接到侦查机关继续冻结通知的，应当立即解除临时冻结。

三、结算业务的主要风险点

支付结算风险是银行在运用结算工具从事货币活动、资金清算过程中可能遭受的损失。农村合作金融机构结算风险主要有操作风险、信用风险、法律风险和流动性风险，主要表现在以下几个方面：内部员工内外勾结，利用代班接柜、掌管压数机之机，偷盖印章，签发银行汇票；内部员工伪造账证（如通过自制会计凭证或伪造及涂改凭证、篡改数字、空转账务，凭空捏造收付款人），盗用联行资金。票据交换员自制进账单、偷盖印章、空提票据，将资金转出提现；同城交换操作员人为更改收款人名称，将款项打入自己控制的账户。或通过暂收暂付科目，空挂账务，盗用银行资金；犯罪嫌疑人伪造、变造（如通过涂改、挖补等手段更改出票金额、收款人等）汇票、本票、支票、委托收款凭证、汇款凭证等银行结算凭证或者随附的单据、文件，骗取银行和企业资金；犯罪嫌疑人利用银行对银行汇票、本票签发审查不严，私刻企业预留银行印鉴，伪造银行汇票委托书或本票申请书，在银行柜面骗取银行签发汇票或本票；犯罪嫌疑人谎称帮助银行完成存款任务，以高息为诱饵骗取企业或个人存款，如犯罪嫌疑人偷取企业预留印鉴伪造票据实施诈骗；在客户个人办理存折时，偷办信用卡挂于该账号下，再实施诈骗；贴现、再贴现银行对票据所记载的事项审查不严、致使一些背书不连续、签章不完整（或无法人资格的子公司背书）、绝对记载事项不全、不得更改事项被更改、不得转让票据被转让以及超过提示付款有效期等有瑕疵的票据流入银行，使银行卷入票据纠纷；银行违规承兑、贴现商业汇票，倒逼银行信用放款；因受理有瑕疵或无效的票据，出票人提出异议、被付款银行拒付造成经济损失；违规签发银行重要凭证，套取联行资金或盗用银行资金。擅自签发空头银行汇票及汇划凭证；与企业相互串通，违规签发无资金保证的空头银行汇票、套取系统内或占用银行资金。

分析形成案件和操作风险的主要原因，主要表现为查询查复流于形式或查询重复单人作业；未遵循"先付后收，收妥抵用，银行不垫款"的原则；重要空白凭证保管和使用不规范；印鉴和影像管理不严；会计人员随意制作银行内部凭证；对结算凭证要素和内容审查、复核不严；不相容岗位未分离；暂收暂付款、汇出汇款科目挂账监督不严；印、押（压数机）、证未分管；联行和内部账核对流于形式并缺乏监督；结算操作人员越权操作；故意放松承兑条件；怠于会计事后监督；等等。

在全面了解综合业务系统对结算业务核算的基础上，根据结算业务可能存在的风险以及电子数据的特点，利用计算机来识别结算业务的各个风险点，然后进行重点延伸。本书主要针对查询查复、支票业务、银行汇票等可利用计算机审计手段发现违规线索的情况进行风险分析，介绍其主要风险点。

（一）查询查复

1. 查询查复混岗操作管理风险测试。主要风险点是收到汇票业务、银行承兑汇票业务、电子汇划业务等提入或收款行发来的查询业务，原该业务录入柜员与查复岗混岗，无法构筑内部员工伪造变造票据盗用银行和客户资金的第二道防线。

2. 电子汇划、全国支票未经查复办理入账风险测试。主要风险点是电子汇划借记来账或通过人民银行全国支票影像交换系统将支票影像信息传递至出票人开户行（提入行）进行提示付款，提入行返回付款回执后自动入账失败后的挂账，因账号户名不符等原因无法入账的，提出行向提入行发起查询，但未经回复先行办理入账，存在串户的操作风险。

3. 查复不及时管理测试。主要风险点是对于结算业务查复，查复经办人收到查询后，自收到查询信息的当日至迟下一个工作日上午未及时回复或未回复，给对方行正常结算造成影响。

（二）支票业务

1. 现金支票未收妥抵用风险测试。主要风险点是现金支票业务先记贷后记借，事后发现单位或个人结算账户余额不足，再实行抹账或错账冲正，甚至用"其他应收款"科目垫付或空库因空头支票而引起的透支款项。

2. 签发空头支票风险测试。主要风险点是支票签发日期（出票日期）客户存款账户余额不足，柜面拒付且无处罚记录（有业务不成功信息），在签发支票次日或几天内出票人补充进账后，持票人再次办理取款手续。或柜面违反"先付后收、收妥抵用"规定，形成结算垫款，使出票人以空头支票套取银行信用形成可能。

3. 账户销户支票未交回风险测试。主要风险点是支票户撤销结算账户尚有未交回的支票。犯罪嫌疑人利用开户单位注销账户时应收回作废的支票，加盖伪造印鉴，对外出具假支票，套取银行信用。

（三）银行汇票

1. 压低存款可疑异常变动测试。主要风险点是为压低存款基数或贷款规模，弄虚作假，在会计期末将部分客户存款硬性调入其他科目反映。在月末或年末，经常性申请签发大额省辖银行汇票、华东三省一市银行汇票、全国银行汇票，隔 1 ~ 2 天（月初、年初）再找各种借口办理退票。

2. 克隆汇票风险测试。主要风险点是付款行克隆汇票解付后，再次收到付款行申请解付被拒付或发生垫款情况。

3. 挂失汇票异常变动测试。主要风险点是付款行受理出票人已挂失汇票后，收到收款行申请解付信息，解挂后办理解付手续。可能存在犯罪嫌疑人套取银行资金或出票人和持票人串通套取银行资金的风险。

4. 有查询记录银行汇票提前退款风险测试。主要风险点是出票银行对于代理付款银行曾查询过的银行汇票，出票人要求办理退款，结算人员未要求在汇票提示付款期满后办理退款。犯罪嫌疑人利用票款解付时间间隙克隆汇票套取银行资金。

（四）银行本票

1. 银行现金本票入账风险测试。主要风险点是代理付款行（社）收到现金本票付款时，本票上的收款人名称与取款凭条上的名称不一致，存在串户或错误入账的结算风险。

2. 银行本票资金长期挂账风险测试。主要风险点是银行本票自出票日起超过 2 年无法付款的，未按规定转入营业外收入，给犯罪嫌疑人挪用票款提供便利。

3. 银行本票付款期风险测试。主要风险点是银行本票持票人票据遗失、疏忽或持票人出现变故，未能及时提示付款，在正常期限内未办理挂失支付，给犯罪嫌疑人冒领票款提供便利。

4. 向非自然人签发现金银行本票风险测试。主要风险点是受理单位签发的现金银行本票时，为犯罪嫌疑人挪用、转移公款和其他违法犯罪提供便利。

（五）银行承兑汇票

1. 贷款作为敞口银行承兑汇票保证金风险测试（主要风险点略，与其他章节重复）。

2. 银行承兑汇票贴现逾期未解付风险测试。主要风险点是经贴现的银行

农村合作金融机构
计算机审计

承兑汇票，付款期限超过承兑期限仍未申请解付，给农村合作金融机构造成利息损失。

（六）电子汇划

1. 内部账非正常挂账异常变动测试。主要风险点是结算人员盗支内部账——其他应付款或结算暂付、结算暂收，通过跨系统普通贷记往账，将款项划至犯罪嫌疑人账户。

2. 判别入账异常变动测试。主要风险点是结算人员办理普通贷记来账，对综合业务系统自动校验电子汇划来账信息并自动挂账的，在收款人账号不一致，或账户状态为销户、双冻，或户名不一致时，仍采取"判别入账"，存在串户等资金损失风险。

3. 普通贷记退款长期挂账风险测试。主要风险点是普通贷记业务汇出款项被汇入行退汇后，退回款挂账超过2年仍未转入久悬未取款账户，为挪用、转移、截留客户结算资金，或内部不法分子进行其他非法活动提供便利。

（七）通存通兑

1. 系统内通存成功后抹账异常变动测试。主要风险点是储蓄存款全省系统内通存通兑、对公存款全省系统内通存通兑业务中，先经客户授权通存成功后，又应客户申请办理业务抹账，存在客户利用银行信用骗取收款人信任达成某项交易，骗取收款人财物，使农村合作金融机构面临收款人投诉的法律风险。

2. 系统内办理跨行社对账单和回单打印风险测试。主要风险点是系统内办理跨行社对账单和回单打印风险测试不利于存款保密。

3. 系统内单位结算账户跨行社通兑异常变动测试。主要风险点是犯罪嫌疑人利用本系统单位通存通兑业务单日累计取现和单笔转账额度系统无法控制（现金超5万元、转账超50万元，系统仅提示"是否继续"）弊端，通过单日多笔大额取现或转账，为盗取客户资金或转移非法资金提供便利。

（八）同城交换

1. 同城交换清算资金透支风险测试。主要风险点是在同城交换轧差与清算中，因流动性不足或未备足人民银行准备金（交换清算资金），账户出现透支，导致清算垫款透支罚款。

276

2. 批量入账收妥抵用风险测试。主要风险点是收妥抵用批量入账，提出机构对收妥抵用的提出票据，不能确定该场数据在人民银行已清算对账完毕和对方行是否退票前办理收妥抵用批量入账，未隔日收妥抵用，事后对方行提出异议拒付退票，造成结算垫款。

第二节　结算业务审计模型的设计

支付结算风险是银行在运用结算工具从事货币活动、资金清算过程中可能遭受的损失。由于结算业务往往存在跨系统信息不对称、综合业务电子信息收集不全面等条件的限制，目前结算业务的风险点同样存在不能全部通过计算机手段识别的局限性。在结算业务的模型设计中，我们设计了同城交换票据收妥抵用提前入账测试、查询查复混岗操作管理测试、判别入账异常变动测试、系统内单位结算账户跨行社通兑异常变动测试、账户销户支票未交回风险测试等模型，以抛砖引玉，逐步扩展支付结算业务审计模型的外延与内涵。

一、同城交换票据收妥抵用提前入账测试模型设计

审计模型分析思路：《浙江省农村合作金融机构综合业务系统操作规程（试行）》第十节第二条规定："（三）提出收妥抵用借方票据后的入账。1. 提出收妥抵用借方后，隔场未见退票的，柜员应抽出原提出交换时留存的第三联进账单或其他相关凭证。2. 柜员启动"［3625］收妥抵用批量入账"交易，将原登记的收妥抵用记录转销入客户账"。我们可以根据交换场次及客户入账时间判断，柜员是否对收妥抵用提前入账。根据目前农村合作金融机构同城交换业务，交换场次为二场的，入账日期应为提出交换日期下一工作日的上午，交换场次为一场的，入账时间应为提出交换日期下午。

审计模型设计方法：

步骤一：通过查询"同城票据交换提出登记簿"，列出所有收妥抵用提出同城票据的提出机构号、提出交换日期、交换场次、凭证号码、录入时间、是否收妥抵用、金额、本行账号、本行账户名称、对方行行名、对方账户名称，形成同城票据收妥抵用中间表。

步骤二：通过实际业务的核实，发现收妥抵用批量入账的记录特点是在"活期存款账户交易明细表"中，交易渠道是柜面但无柜员流水和对方账号，故通过查询"活期存款账户交易明细表"，列出所有的柜员交易但无柜员流水和对方账号的记录，形成同城交换票据收妥抵用入账中间表。

步骤三：对上述两中间表按交易记账日期、账号、交易金额、凭证号码关联，同时判断入账时间与交换场次的关联（第二场次的批量入账时间不得为下一工作日的上午 10 点之前，第一场次的批量入账时间不得为当天下午 3 点之前），形成同城交换票据收妥抵用提前入账可疑表。

审计模型数据来源：同城票据交换提出登记簿；活期存款账户交易明细表。

二、查询查复混岗操作管理测试模型设计

审计模型分析思路：《浙江省农村合作金融机构综合业务系统操作规程（试行）》第五章第一节第四条规定"查询查复……5. 需进行查询查复的业务，其原录入柜员不得与该业务的查询查复时的第一经办人混岗"。我们可以将大额支付系统的往账录入经办人与该笔业务的查复经办人进行关联。

审计模型设计方法：

步骤一：将"大额往来账登记簿"与"查询查复登记簿"进行关联，以前表的交易序号、录入员分别与后表的原交易序号、操作员相同为条件，建立"大额往账查询查复混岗中间表"。

步骤二：将"大额往账查询查复混岗中间表"与"柜员信息文件"以柜员号相同为条件进行关联，形成数据可疑表。

审计模型数据来源：大额往来账登记簿；查询查复登记簿；柜员信息文件。

三、判别入账异常变动测试模型设计

审计模型分析思路：《浙江省农村合作金融机构综合业务系统操作规程（试行）》第五章第六节第二条规定，"（五）普通贷记来账处理流程……2. 经查明挂账原因后，区分下列情况进行处理：（1）收款人账号、户名等不一致时无法入账的来账挂账，按规定向发起行发送查询信息，待回复后再处理。具体参见查询查复业务的处理。（2）收款人户名信息为规范化简称或漏

缺省/县并能够确定入账的来账挂账业务，作入账处理。"

审计模型设计方法：

步骤一：将"大额往来账登记簿"中为判别入账、资金去向为客户账且收款人账号与入账账号不一致的记录挑选出，形成"判别入账账号不一致中间表"。

步骤二：将"大额往来账登记簿"中为判别入账、资金去向为客户账或清分转发，并与"活期存款账户主档文件"关联，形成"账户名称不一致中间表"。

步骤三：将"大额往来账登记簿"中为判别入账、资金去向为内部账或应解汇款，并与"内部销账登记簿"关联，形成"判别入账挂账名称不一致中间表"。

步骤四：将上面三张中间表合并，并与"查询查复登记簿"进行关联，挑选出未经查询、或经查询但未查复或在查复之前入账交易记录。

审计模型数据来源：大额往来账登记簿；活期存款账户主档文件；借记卡信息主档；内部销账登记簿；查询查复登记簿。

四、系统内单位结算账户跨行社通兑异常变动测试模型设计

审计模型分析思路：《关于开办单位结算账户系统内省级通兑业务的通知》第十一条规定，"单位结算账户当日累计取现已超过5万元的（含5万元，包括正在办理的取现业务），当日不得继续办理跨行社通兑取现业务，代理机构和客户另有约定的除外"；第十二条规定，"……单位结算账户跨行社通兑转账业务单笔不得超过50万元（含）"。

审计模型设计方法：

步骤一：从"活期存款账户交易明细表"中筛选出交易机构与归属机构不一致的单位结算账户取款交易记录，形成"单位结算账户通兑交易明细中间表"。

步骤二：将"单位结算账户通兑交易明细中间表"中现金交易按日汇总统计，筛选累计交易金额大于5万元的账号及交易日期，形成"单位结算账户现金通兑中间表"。

步骤三：将"单位结算账户通兑交易明细中间表"和"单位结算账户现金通兑中间表"关联，形成"单位结算账户现金通兑明细表中间表"。

步骤四：将"单位结算账户通兑交易明细中间表"中转账金额超过 50 万元（含）的交易记录筛选，形成"单位结算账户转账通兑明细中间表"。

步骤五：将"单位结算账户现金通兑明细表中间表"和"单位结算账户转账通兑明细中间表"两表合并，并与"活期存款账户主档"关联，形成可疑风险表。

审计模型数据来源：活期存款账户交易明细表；活期存款账户主档。

五、账户销户支票未交回风险测试模型设计

审计模型分析思路：主要风险点是支票户撤销结算账户尚有未交回的支票。犯罪嫌疑人利用开户单位注销账户时应收回作废的支票，将其加盖伪造印鉴，对外出具假支票，套取银行信用。

审计模型设计方法：

步骤一：通过查询"活期存款账户主档"，列出所有已销户且为支票户的所有记录，形成"已销对公支票户中间表"。

步骤二：将"已销对公支票户中间表"与"活期存款客户凭证明细表"以账户为条件关联，形成已销支票户尚有未注销清单。

审计模型数据来源：活期存款账户主档；活期存款客户凭证明细表。

第三节　应用实例

一、怎样发现同城票据交换提前批量入账

【审计目标】近年来，提出机构对收妥抵用的提出票据，不能确定该场数据在人民银行已清算对账完毕和对方行是否在退票前办理收妥抵用批量入账，未隔日收妥抵用，事后对方行提出异议拒付退票，造成结算垫款。通过同城票据提出登记簿与活期存款账户入账对比分析，发现结算柜员是否存在将收妥抵用资金提前入账的行为。

【分析建模】

1. 审计思路。《浙江省农村合作金融机构综合业务系统操作规程（试行）》第十节第二条规定，"（三）提出收妥抵用借方票据后的入账。1. 提出

收妥抵用借方后，隔场未见退票的，柜员应抽出原提出交换时留存的第三联进账单或其他相关凭证。2. 柜员启动"收妥抵用批量入账"交易，将原登记的收妥抵用记录转销入客户账。"

2. 数据准备：同城票据交换提出登记簿；活期存款账户交易明细表。

3. 审计过程：

步骤一：通过查询"同城票据交换提出登记簿"，列出所有收妥抵用提出同城票据的提出机构号、提出交换日期、交换场次、凭证号码、录入时间、是否收妥抵用、金额、本行账号、本行账户名称、对方行行名、对方账户名称，形成同城票据收妥抵用中间表。

参考语句：SELECT 提出机构号，提出交换日期，交换场次，凭证号码，录入时间，是否收妥抵用，金额，本行账号，本行账户名称，对方行行名，对方账户名称 INTO 同城票据收妥抵用中间表 FROM 同城票据交换提出登记簿 WHERE 是否收妥抵用 = 1

步骤二：通过实际业务的核实，发现收妥抵用批量入账的记录特点是在"活期存款账户交易明细表"中，交易渠道是柜面但无柜员流水和对方账号，故通过查询"活期存款账户交易明细表"，列出所有的柜员交易但无柜员流水和对方账号的记录，形成同城交换票据收妥抵用入账中间表。

参考语句：SELECT 账号，交易记账日期，交易时间，凭证号码，交易金额，交易余额 INTO 同城交换票据收妥抵用入账中间表 FROM 活期存款账户交易明细表 WHERE 交易渠道 = 'TE' AND LEN（对方账号）= 0 AND 柜员流水号 = 0

步骤三：对上述两中间表按交易记账日期、账号、交易金额、凭证号码关联，同时判断入账时间与交换场次的关联（第二场次的批量入账时间不得为下一工作日的上午 10 点之前，第一场次的批量入账时间不得为当天下午 3 点之前），形成同城交换票据收妥抵用提前入账可疑表。

参考语句：SELECT A. *，B. 交易记账日期，B. 交易时间，交易余额 INTO 同城交换票据收妥抵用提前入账可疑表 FROM 同城票据收妥抵用中间表 A，同城交换票据收妥抵用入账中间表 B WHERE A. 金额 = B. 交易金额 AND A. 本行账号 = B. 账号 AND A. 凭证号码 = B. 凭证号码 AND（（A. 交换场次 = 2 AND SUBSTRING（B. 交易时间，12，2）< 10 AND 提出交换日期 = 交易记账日期 – 1）OR（A. 交换场次 = 1 AND SUBSTRING（B. 交易时

间，12，2）＜15 AND 提出交换日期＝交易记账日期）OR（A. 交换场次＝2 AND 提出交换日期＝交易记账日期））ORDER BY 提出机构号，提出交换日期

【案例分析】建立分析模型的关键点是结合电子数据的特点和规律，掌握业务的流程和可能存在的问题的最主要特征。在本案例中，由于农村合作金融机构票据的提出与入账时间之间是有一定的关系的，入账时间过早，则可能会由于对方银行退票使得农村合作金融机构为客户垫款。因此，只要以同城交易资金入账与票据提出时间入手，抓住主要特征，利用相关语句、表、字段等建立分析模型，可以比较容易地发现异常进而揭露问题。

二、如何发现系统内单位结算账户跨行社通兑异常变动情况

【审计目标】新的核心业务系统上线后，单位结算账户实行了通兑业务，为客户办理通兑业务提供了方便，但同时也对资金的监测控制形成了一些困难。由于核心业务系统对通兑金额没有设置计算机控制，综合柜员超限额办理单位结算账户通兑业务。通过对单位结算账户交易明细分析，将当日累计超过 5 万元（不含）的现金通兑业务以及单位超 50 万元（含）的转账通兑业务筛选出来。

【分析建模】

1. 审计思路。《关于开办单位结算账户系统内省级通兑业务的通知》第十一条规定，"单位结算账户当日累计取现已超过 5 万元的（含 5 万元，包括正在办理的取现业务），当日不得继续办理跨行社通兑取现业务，代理机构和客户另有约定的除外"；第十二条规定，"……单位结算账户跨行社通兑转账业务单笔不得超过 50 万元（含）"。

2. 数据准备：活期存款账户交易明细表；活期存款账户主档。

3. 审计过程：

步骤一：从"活期存款账户交易明细表"中筛选出交易机构与归属机构不一致的单位结算账户取款交易记录，形成"单位结算账户通兑交易明细中间表"。

参考语句：SELECT 账号，交易记账日期，交易金额，交易余额，交易机构，归属机构，交易柜员，柜员流水号，现转标志 INTO 单位结算账户通兑交易明细中间表 FROM 活期存款账户交易明细表 WHERE 交易机构＜＞归属

机构 AND SUBSTRING（账号，1，3）＝201 AND 借贷标志＝1 AND SUB-STRING（交易机构，4，3）＜＞'000'AND 交易渠道＝'TE'AND 柜员流水号＞0

步骤二：将"单位结算账户通兑交易明细中间表"中现金交易按日汇总统计，筛选出累计交易金额大于5万元的账号及交易日期，形成"单位结算账户现金通兑中间表"。

参考语句：SELECT 账号，交易记账日期，SUM（交易金额）AS 累计通兑 INTO 单位结算账户现金通兑中间表 FROM 单位结算账户通兑交易明细中间表 WHERE 现转标志＝1 GROUP BY 账号，交易记账日期 HAVING SUM（交易金额）＞50 000

步骤三：将"单位结算账户通兑交易明细中间表"和"单位结算账户现金通兑中间表"关联，并与"单位结算账户通兑交易明细中间表"中转账金额超过50万元（含）的交易记录合并，形成"单位结算账户通兑超限明细表中间表"。

参考语句：SELECT A.＊INTO 单位结算账户通兑超限明细表中间表 FROM 单位结算账户通兑交易明细中间表 A，单位结算账户现金通兑中间表 B WHERE A. 账号＝B. 账号 AND A. 交易记账日期＝B. 交易记账日期 AND A. 现转标志＝1 UNION SELECT 账号，交易记账日期，交易金额，交易余额，交易机构，归属机构，交易柜员，柜员流水号，现转标志 FROM 单位结算账户通兑交易明细中间表 WHERE 交易金额＞＝500 000 AND 现转标志＝2

步骤四：将"单位结算账户通兑超限明细表中间表"与"活期存款账户主档"关联，形成可疑风险表。

参考语句：SELECT A. 账号，B. 账户全名，交易记账日期，交易金额，交易余额，交易机构，A. 归属机构，交易柜员，柜员流水号，现转标志 INTO 单位结算账户跨行社通兑异常变动表 FROM 单位结算账户通兑超限明细表中间表 A，活期存款账户主档 B WHERE A. 账号＝B. 账号 ORDER BY A. 账号，交易记账日期

【案例分析】农村合作金融机构对单位通存通兑业务单日累计取现和单笔转账额度系统无法控制，单位结算账户单日多笔大额通兑取现或转账，不利于开户机构对其资金使用的监控。通过对单位结算账户通兑业务的分析，抓住主要特征利用相关语句、表、字段等建立分析模型，可以比较容易发现

异常进而揭露问题。

三、如何发现账户销户支票未交回情况

【审计目标】客户有可能利用开户单位注销账户时应收回作废的支票，将其加盖伪造印鉴，对外出具假支票，套取银行信用。通过对已销支票的分析，发现其是否存在未注销收回的支票。

【分析建模】

1. 审计思路。《人民币银行结算账户管理办法》第五十四条规定："存款人撤销银行结算账户，必须与开户银行核对银行结算账户存款余额，交回各种重要空白票据及结算凭证和开户登记证，银行核对无误后方可办理销户手续。存款人未按规定交回各种重要空白票据及结算凭证的，应出具有关证明，造成损失的，由其自行承担。"

2. 数据准备：活期存款账户主档；活期存款客户凭证明细表。

3. 审计过程：

步骤一：通过查询"活期存款账户主档"，列出所有已销户且为支票户的所有记录，形成"已销对公支票户中间表"。

参考语句：SELECT 账号，账户全名，账户性质，开户日期，归属网点，销户日期 INTO 已销支票户明细中间表 FROM 活期存款账户主档 WHERE 存单折类型＝2 AND 记录状态＜＞9AND 销户日期＜＞18991231

步骤二：将"已销对公支票户中间表"与"活期存款客户凭证明细表"以账户为条件关联，形成已销支票户尚有未注销清单。

参考语句：SELECT A. ＊，B. 凭证种类，凭证起始号，凭证终止号，支票张数，发出日期，凭证记录状态，凭证状态 FROM 已销支票户明细中间表 A，活期存款客户凭证明细表 BWHERE A. 账号＝B. 账号 ORDER BY 归属网点，账号

【案例分析】农村合作金融机构中对存在有未注销重要空白票据及结算凭证的结算账户的销户未进行系统控制。因此，通过从已销户的单位结算账户的重要空白票据及结算凭证的使用情况入手，抓住主要特征利用相关语句、表、字段等建立分析模型，可以比较容易地发现异常进而揭露问题。

第十一章 网上银行的计算机审计

第一节 网上银行主要风险点分析

一、网上银行业务概述

随着社会经济的不断发展，银行的结算渠道不断拓宽，电子银行越来越受到客户的认可和推崇。电子银行是指商业银行等银行业金融机构利用面向社会公众开放的通信通道或开放型公众网络，以及银行为特定自助服务设施或客户建立的专用网络，向客户提供的银行服务，主要包括网上银行、电话银行及手机银行。近年来，电话银行和手机银行虽然取得了一些发展，但是受系统和网络等客观条件的制约，还不被大多数客户所接受。随着互联网的普及，网上银行业务近年来获得了长足的发展。

网上银行又称网络银行、在线银行，是银行利用计算机网络技术，通过计算机网络向客户提供信息服务和金融交易服务。具体是指利用互联网技术，通过互联网站点向客户提供开户、销户、查询、对账、转账、信贷、网上证券、投资理财等银行提供的各种形式的服务项目，使客户可以足不出户就能够安全便捷地管理活期和定期存款、支票、信用卡及个人投资等。可以说，网上银行是银行在互联网上的虚拟柜台。网上银行又称为"3A银行"，因为它能够在任何时间、地点、以任何方式为客户提供金融服务。根据网上银行服务主体的不同，当前网上银行业务主要分为个人网上银行和企业网上银行两大类。

网上银行作为依托高科技的金融机构，与传统银行相比，具有明显的优势。

（一）虚拟性和开放性

网上银行没有人和物，即没有营业场和柜台工作人员，有的只是与国际互联网连接的服务器，配备相关的交易方案，顾客只要与国际互联网连接，就可以进入网络银行选择所需的服务。它的出现，使金融交易形态发生根本性的变化，即从"真实型"转变为"虚拟型"。同时，网上银行是借开放式的网络对客户提供金融服务的，与传统的银行相比，网络银行更具有开放性的优势。

（二）实现了电子化、无纸化操作

随着作为网上银行支付工具的电子钱包、智能信用卡等电子货币的出现，以及电子票据支付等业务的开通，银行的支付工具从传统的纸张化向电子化发展，现金在网络银行的出现大大减少，银行与客户的面对面操作通过计算机实现人机无纸化操作。

（三）降低经营成本，提高经济效益

网上银行既不必像银行营业网点那样供暖、照明，也不必为那么多的员工支付工资，更不必打印账单文件等。网上银行能使金融机构以更低的成本提供服务，同样，客户也会从中受惠——以更低廉的价格获得更优质的服务。同时，网上银行摒弃了银行由网点前台承接业务开始的传统服务流程，把银行的业务直接在互联网上推出，可以与大量客户同时进行银行服务，且客户的等待时间大大减少，操作简便易行。并且，国际互联网范围广阔，通过网上银行就可以让全国甚至是全球的网络使用者存取使用，比新建同样业务量的营业网点节省大量的投资，从而极大地降低银行的经营成本，提高服务效率。

（四）不受时间、空间、方式的限制

在网上客户与银行间进行业务操作时，每一笔业务的操作均通过客户的计算机与银行之间自动进行。银行可以向客户提供全天候、大范围、跨地区、跨国界的实时金融交易服务，在任何时候、任何地方，以快捷的互联网络为客户提服务。近几年来，随着我国计算机技术的发展和通信环境的不断改善，以及人们在消费观念上的转变和上网人数的剧增，国内已初步形成一个网络应用市场。国内各家金融机构也因时而动，加大了对网络应用的投入，相继开通了网上的支付业务，对网上银行进行积极探索。电话查询、转

账、网上汇款、缴费、银证通、外汇买卖、集团理财、网上支付结算代理等服务项目已为越来越多的客户所接受。

二、网上银行的内部控制

(一)《巴塞尔新资本协议》对电子银行(网上银行)的相关规定

原则1:银行确保对所有电子银行交易进行明确的审计跟踪。

通过互联网提供金融服务,如果内部控制措施不能适应电子银行环境,那么银行执行内控和进行明确的审计跟踪就会变得愈发困难。银行不仅必须确保在高度自动化的环境中进行有效内部控制,而且必须确认这些控制措施受到独立审计,特别是对于所有关键的电子银行事件和各种应用系统。如果银行对其电子银行业务不能进行明确的审计跟踪,那么银行的内部控制环境就可能被弱化,因为有关电子银行业务交易的全部,至少是多数记录和证据采用了电子化的形式。在确定哪些方面需要进行明确的审计跟踪时,应该考虑以下电子银行交易的类型:

1. 客户账户的开立、修改或注销;

2. 与财务结果相关的一切交易;

3. 对客户超过某一限度的一切授权;

4. 任何对于系统进入权利或特权的授予、修改或撤销。

原则2:银行应该采取适当的措施,对关键的电子银行业务信息进行保密。保密措施应该与传输或数据库中所储存信息的敏感性相适应。

保密就是要保证银行对关键信息的独占性,其他人未经授权无法查看或使用这些关键信息。误用或未经授权而公开披露这些信息,可能给银行带来声誉和法律方面的风险。电子银行的出现,使得银行的安全问题更加突出,因为通过公共网络传输的信息或是数据库中存储的信息,可能被未经授权者或不当的人获取,或者信息被使用的方式违反了客户提供信息时的意愿,这些都会增加银行的风险。此外,银行越来越多地使用服务供应商,也增加了银行关键数据泄密的可能性。为了做好对电子银行关键信息的保密工作,银行需要确保:

1. 银行的保密数据和记录,只有经过适当授权和身份认证的个人、代理或系统才能获取;

2. 银行的保密数据,在通过公共、私人或内部网络传输过程中,应确保其安全，避免被未经授权者偷看或修改；

3. 因业务外包而获得银行数据的第三方，也应当遵守银行数据使用和保护的有关标准和控制措施；

4. 对所有获得保密数据的行为必须记入日志，并尽可能地确保这些日志不被撤销。

原则 3：银行应该确保其网站提供了足够的信息，可以使潜在客户在进行电子银行业务交易之前，清楚地了解银行的身份和银行的监管状况。

为了尽量减少国内外电子银行业务所带来的法律和声誉风险，银行必须在其网站上提供充足的信息，允许客户在进行电子银行业务交易之前，清楚地了解银行的身份和监管状况。

对所有获取保密数据的行为都须记入日志，并且尽力确保这些日志不被篡改。加强法律和声誉风险管理。各国对客户及其隐私保护的具体条例和法律不尽相同，但是在信息披露、保护客户数据和保证业务持续可用性方面，银行通常都有明确的责任，使得客户在进行电子银行业务时达到与传统银行业务相似的满意程度。

银行在其网站上应该提供的信息包括：

1. 银行的名称和总行（和当地分支机构）的地点；

2. 负责监管银行总行的主要银行监管当局的名称；

3. 涉及服务问题、投诉、怀疑账户误用等情况时，客户联系银行的客户服务中心的方式；

4. 客户如何进入和使用有关的消费者投诉方案或客户投诉受理系统，诸如客户应该如何获取对于相关的国家补偿或存款保险涵盖范围以及所能提供的保护程度等信息，或者如何链接到提供此类信息的网站；

5. 其他有关的或各国要求提供的信息。

原则 4：银行应该采取适当的措施，确保遵守所在国银行提供电子银行产品和服务方面的有关客户隐私权的规定。

对客户信息保密是银行的重要责任。误用或未经授权公开披露应该保密的客户数据，会给银行带来法律和声誉风险。为了较好地解决对客户信息的保密问题，银行应该作出合理努力，确保：

1. 银行的客户隐私政策和标准考虑必须符合所在国银行提供电子银行产品和服务的一切有关隐私权方面的条例和法律；

2. 让客户了解银行的隐私权政策，以及使用电子银行产品和服务相关的隐私权问题；

3. 客户可以拒绝允许银行与第三方共享用于交叉营销目的的任何信息，包括客户的个人需要、兴趣、财务状况或银行业务活动；

4. 客户数据的使用，不能超越客户允许的范围，也不能超越客户已作出的授权范围；

5. 第三方因业务外包而获得客户数据时，应该符合出包银行有关客户数据使用的各种标准。

原则5：银行应该拥有有效的能力、业务连续性和应急计划程序，以确保电子银行系统和服务的连续可用性。

为了防范业务、法律和声誉风险，银行必须按照客户意愿连续及时地为客户提供电子银行服务。为了实现这一目标，银行必须有能力从主源（即内部银行系统和应用系统）或次源（即服务供应商的系统或应用系统）为终端用户提供电子银行服务。确保体系的正常运转也取决于应急支持系统缓释拒绝服务的攻击（或其他可能造成业务中断的事件）的能力。

确保电子银行系统及其应用程序的正常运转的挑战是相当大的，因为交易需求可能会很高，在高峰时期情况更是如此。另外，客户对于缩短交易处理周期时间和维持连续可用性有较高的期望（每周7天，每天24小时），这种期望也增加了稳健能力、业务连续性和应急计划的重要性。为了向客户提供他们期望的连续的电子银行服务，银行需要确保：

1. 根据电子商务的总体市场动力和对客户接受电子银行产品和服务的预测比率，对当前的电子银行系统能力和未来的可扩展性进行分析；

2. 对电子银行业务交易处理能力要进行评估、压力测试以及定期检查；

3. 对关键的电子银行处理和传送系统，要制订适当的业务连续和应急计划，并且定期进行测试。

原则6：银行应该制订适当的突发事件反应计划。以管理、控制和尽量减少意外事件造成的各种难题。意外事件是指阻碍电子银行业务系统运作以及阻碍提供服务的事件，包括内部和外部攻击。

有效的突发事件反应机制非常重要，它可以最大限度地减少意外事件造成的操作风险、法律风险和声誉风险。意外事件是指影响电子银行业务系统运作和提供服务的事件，包括内部和外部攻击。银行应该制订适当的突发事件反应计划，包括通信战略、确保业务连续、控制声誉风险、限定电子银行服务中断所造成的责任，这种中断包括因业务外包系统和操作造成的服务中断。为了确保对不能预见的突发事件作出有效反应，银行应该制订：

1. 突发事件反应计划，处理各种情况下各个业务和各个地方的电子银行系统和服务的恢复工作。情形分析应该考虑风险发生的可能性及其对银行的影响。外包给第三方服务供应商的电子银行系统应该是这些计划中不可或缺的部分。

2. 及时识别突发事件或危机，评估其严重性以及控制因服务中断而造成的声誉风险。

3. 通信战略，以便较好地处理因安全事故、网络攻击和电子银行系统失败而造成的外部市场和媒体问题。

4. 清晰的处理程序，以便发生严重安全事故或业务中断事件时，能及时上报有关监管当局。

5. 突发事件反应工作组。工作组应该有权根据情况采取紧急行动，并且在分析突发事件侦察、反应系统方面训练有素，能够对事件所造成的结果作出解释。

6. 包括内部和业务外包操作在内的一连串明确的指令，以确保按照突发事件的大小迅速采取适当的行动。此外，应该制定逐级上报和内部通信步骤，包括在必要时向董事会进行汇报。

7. 一套程序，用以确保及时、适当地通知一切有关的外部各方（包括银行客户、交易对象和媒体），告知重大的电子银行业务中断和业务恢复情况。

8. 一套程序，用以收集和保存法院证据，帮助对电子银行突发事件进行适当的事后调查分析，以及帮助起诉各种攻击者。

（二）《电子银行业务管理办法》对电子银行（网上银行）的相关规定

第三十七条 金融机构应当保障电子银行运营设施设备，以及安全控制设施设备的安全，对电子银行的重要设施设备和数据，采取适当的保护措施。

（一）有形场所的物理安全控制，必须符合国家有关法律法规和安全标准的要求，对尚没有统一安全标准的有形场所的安全控制，金融机构应确保其制定的安全制度有效地覆盖可能面临的主要风险；

（二）以开放型网络为媒介的电子银行系统，应合理设置和使用防火墙、防病毒软件等安全产品与技术，确保电子银行有足够的反攻击能力、防病毒能力和入侵防护能力；

（三）对重要设施设备的接触、检查、维修和应急处理，应有明确的权限界定、责任划分和操作流程，并建立日志文件管理制度，如实记录并妥善保管相关记录；

（四）对重要技术参数，应严格控制接触权限，并建立相应的技术参数调整与变更机制，并保证在更换关键人员后，能够有效防止有关技术参数的泄露；

（五）对电子银行管理的关键岗位和关键人员，应实行轮岗和强制性休假制度，建立严格的内部监督管理制度。

第三十八条 金融机构应采用适当的加密技术和措施，保证电子交易数据传输的安全性与保密性，以及所传输交易数据的完整性、真实性和不可否认性。金融机构采用的数据加密技术应符合国家有关规定，并根据电子银行业务的安全性需要和科技信息技术的发展，定期检查和评估所使用的加密技术和算法的强度，对加密方式进行适时调整。

第三十九条 金融机构应当与客户签订电子银行服务协议或合同，明确双方的权利与义务。在电子银行服务协议中，金融机构应向客户充分揭示利用电子银行进行交易可能面临的风险，金融机构已经采取的风险控制措施和客户应采取的风险控制措施，以及相关风险的责任承担。

第四十条 金融机构应采取适当的措施和采用适当的技术，识别与验证使用电子银行服务客户的真实、有效身份，并应依照与客户签订的有关协议对客户作业权限、资金转移或交易限额等实施有效管理。

第四十一条 金融机构应当建立相应的机制，搜索、监测和处理假冒或有意设置类似于金融机构的电话、网站、短信号码等信息骗取客户资料的活动。金融机构发现假冒电子银行的非法活动后，应向公安部门报案，并向中国银监会报告。同时，金融机构应及时在其网站、电话语音提示系统或短信平台上，提醒客户注意。

第四十二条 金融机构应尽可能使用统一的电子银行服务电话、域名、短信号码等，并应在与客户签订的协议中明确客户启动电子银行业务的合法途径、意外事件的处理办法，以及联系方式等。已实现数据集中处理的银行业金融机构开展网上银行类业务，总行（公司）与其分支机构应使用统一的域名；未实现数据集中处理的银行业金融机构开展网上银行类业务时，应由总行（公司）设置统一的接入站点，在其主页内设置其分支机构网站链接。

第四十三条 金融机构应建立电子银行入侵侦测与入侵保护系统，实时监控电子银行的运行情况，定期对电子银行系统进行漏洞扫描，并建立对非法入侵的甄别、处理和报告机制。

第四十四条 金融机构开展电子银行业务，需要对客户信息和交易信息等使用电子签名或电子认证时，应遵照国家有关法律法规的规定。金融机构使用第三方认证系统，应对第三方认证机构进行定期评估，保证有关认证安全可靠和具有公信力。

第四十五条 金融机构应定期评估可供客户使用的电子银行资源充足情况，采取必要的措施保障线路接入通畅，保证客户对电子银行服务的可用性。

第四十六条 金融机构应制定电子银行业务连续性计划，保证电子银行业务的连续正常运营。金融机构电子银行业务连续性计划应充分考虑第三方服务供应商对业务连续性的影响，并应采取适当的预防措施。

第四十七条 金融机构应制定电子银行应急计划和事故处理预案，并定期对这些计划和预案进行测试，以管理、控制和减少意外事件造成的危害。

第四十八条 金融机构应定期对电子银行关键设备和系统进行检测，并详细记录检测情况。

第四十九条 金融机构应明确电子银行管理、运营等各个环节的主要权限、职责和相互监督方式，有效隔离电子银行应用系统、验证系统、业务处理系统和数据库管理系统之间的风险。

（三）《商业银行内部控制指引》对电子银行（网上银行）的相关规定

第一百一十八条 商业银行应当明确计算机信息系统开发人员、管理人员与操作人员的岗位职责，做到岗位之间的相互制约，各岗位之间不得相互兼任。

各级机构应当配备计算机安全管理人员，明确计算机安全管理人员的职责。

第一百二十二条 商业银行应当建立和健全网络管理系统，有效地管理网络的安全、故障、性能、配置等，并对接入国际互联网实施有效的安全管理。

第一百二十三条　商业银行应当对计算机信息系统实施有效的用户管理和密码（口令）管理，对用户的创建、变更、删除，用户口令的长度、时效等均应当有严格的控制。员工之间严禁转让计算机信息系统的用户名或权限卡，员工离岗后应当及时更换密码和密码信息。

第一百二十四条　商业银行应当对计算机信息系统的接入建立适当的授权程序，并对接入后的操作进行安全控制。输入计算机信息系统的数据应当核对无误，数据的修改应当经过批准并建立日志。

第一百二十五条　商业银行应当及时更新系统安全设置、病毒代码库、攻击特征码、软件补丁程序等，通过认证、加密、内容过滤、入侵监测等技术手段，不断完善安全控制措施，确保计算机信息系统的安全。

第一百二十九条　商业银行的电子银行服务应当具备客户身份识别、安全认证等功能，防止发生泄密事件，确保交易安全。

三、网上银行的主要风险点

由于网上银行突破了传统银行的经营模式，特别是地域和时间上的限制，业务以数字化形式在线进行，银行与客户之间的往来不受时间和地理的限制，总体来看，当前各个银行网银业务的主要风险来源于外部即客户的警惕性不高，操作不当。从实际操作来看，很多不法分子通过建立钓鱼网站，诱骗客户登录或以打电话、发短信等方式，诱骗客户进行所谓的动态口令升级，获取客户的用户名、登录密码、动态口令等信息后盗取客户资金。随着互联网技术的普及，以及人们计算机技术的提高，甚至发生了金融机构的网银系统动态口令被劫持导致客户资金损失的案件。作为中小金融企业的农村合作金融机构，更要通过内部控制来防范操作风险，切实提高网上银行的风险管控能力。结合当前实际，网上银行的风险主要表现在以下几个方面：

1. 电子银行业务管理人员岗位设置、职责分工不明确，未严格执行岗位分离和权限制约。计算机机房管理、设备管理、管理人员和操作人员未坚持"三员"分离制，混岗越权操作。

2. 网上银行注册行机构、人员变动未严格按照制度规定履行相关手续，执行报批报备程序。

3. 银行证书制作人员与空白证书介质保管人员混岗操作。

4. 网上银行系统管理员、操作员未在各自的权限范围内操作，录入员与审核员操作未分离，没有严格落实双人制证制度。

5. 银行证书未纳入重要空白凭证进行管理，日终后未统一入库（箱）保管。

6. 未按照规定建立银行证书制作、领用、发放登记管理制度。

7. 申请银行证书未填写"操作人员申请表"，未经过有权人审批，签章不齐全。

8. 网上银行管理员、操作员未按规定进行密码修改，用他人证书进行操作。

9. 注册网上银行系统管理员、操作员变更时，未履行变更申请手续，申请部门签章不够规范。

10. 注册网银业务设备未按要求配备到位，不符合专机专用要求，机器未安装有防火墙及防病毒软件，安装游戏等与业务无关的软件。

11. 未设置专人岗位负责客户资料审核工作，未严格按照"三核对"原则审核客户资料，存在虚假注册情况。

12. 未严格执行对辖内企业客户注册申请进行统一审批制度。

13. 企业客户证书未严格履行双人制证、双人发放制度。

14. 已制成的企业客户证书当日未领取时，未进行证书出入登记管理。

15. 违背"谁的钱进谁的账"原则，导致客户利用网上银行便捷快速的特点从事洗钱、诈骗等违法活动。

16. 柜员违规开办本人的网上银行申请、变更和注销等各类业务。

17. 未设置单笔或当日网上银行转账限额，为洗钱、诈骗等违法犯罪活动创造有利条件。

18. 违规为客户保管客户证书。

19. 信贷人员违规为他人或企业客户办理代办网上银行申请、变更和注销等各类业务。

第二节　网上银行审计模型的设计

由于网上银行相对于传统银行，是完全依赖于互联网的无形的电子银行，实际是完全的"虚拟银行"，它只有一个办公地址，没有分支机构，也没有营业网点，采用国际互联网等高科技的网上银行有相当的科技含量，同时又具备了最大限度的开放性。从目前而言，计算机审计技术难以对网上银行的风险点进行全面覆盖，我们仅能通过加强内部控制来进行网上银行的风险控制审计，如通过建立网上银行不相容岗位设置风险模型设计，柜员办理本人或代理他人办理网上银行业务风险模型设计，查找单操作用户的企业网银用户风险模型设计，通过网银进行大额可疑交易涉嫌洗钱风险模型设计，信贷资金通过网上银行转入信贷人员账户等风险模型设计。

一、网上银行不相容岗位设置风险模型设计

审计模型分析思路：根据《商业银行内部控制指引》第一百一十八条有关"商业银行应当明确计算机信息系统开发人员、管理人员与操作人员的岗位职责，做到岗位之间的相互制约，各岗位之间不得相互兼任。各级机构应当配备计算机安全管理人员，明确计算机安全管理人员的职责"和《电子银行业务管理办法》第三十七条第（五）款有关："对电子银行管理的关键岗位和关键人员，应实行轮岗和强制性休假制度，建立严格的内部监督管理制度"的规定，我们通过综合业务核心系统客户号唯一性的特点来实现对网上银行不相容岗位设置的风险检测。

审计模型设计方法：

步骤一：从被审计单位调取其网上银行的各岗位人员的岗位设置电子文档，将电子文档处理后导入分析数据库，选取字段柜员姓名、柜员号、身份证号、岗位名称、岗位代码、功能菜单，生成审计数据源表"网上银行柜员岗位功能菜单"。

步骤二：根据相关网上银行内部控制管理的要求，从功能菜单说明表中选取字段为岗位名称、岗位代码、不相容岗位代码，设置出"网上银行不相容岗位表"；再结合功能菜单与不相容功能，形成"网上银行不相容功能菜单表"。

步骤三：先将"网上银行柜员岗位功能菜单"按柜员号、岗位名称分组，以一名柜员、一个岗位、一条记录，形成一名柜员对多条记录的"网上银行柜员岗位明细"。再将"网上银行柜员岗位功能明细"与"网上银行不相容岗位表"相连，条件为同一柜员的岗位在"网上银行不相容岗位表"

中一条记录中的两个岗位同时成立，形成审计中间表"网上银行不相容岗位未分离表"。

步骤四：先将"网上银行柜员岗位功能菜单"按柜员号、功能菜单分组，以一名柜员、一个菜单、一条记录，形成一名柜员对多条记录的"网上银行柜员菜单明细"。再将"网上银行柜员菜单明细"与"网上银行不相容功能菜单表"相连，条件为同一柜员的菜单在"网上银行不相容功能菜单表"中一条记录中的两个菜单同时成立，形成审计中间表"网上银行同一柜员功能菜单存在风险"。

步骤五：将审计中间表"网上银行不相容岗位未分离表"与"网上银行同一柜员功能菜单存在风险"记录作现场核查，调阅相关资料。

审计模型数据来源有网上银行柜员岗位功能菜单、网上银行不相容岗位表、网上银行不相容功能菜单表、功能菜单说明表、柜员信息文件。

二、柜员办理本人或代理他人办理网上银行业务风险模型设计

审计模型分析思路：

1. 由于农村合作金融机构每个员工的柜员号具有唯一性的特点，因此只要调取所有柜员的网上银行开户记录，就能发现柜员办理本人或代理他人办理网上银行的违规记录。

2. 随着网上银行业务的快速发展，部分银行会将网上银行开户数作为一个重要的考核指标。因此通过综合统计分析系统提取某些月份的开户数据，与上年同期或前几个月份相比较，重点了解季度末月份的开户数。一般情况下，如分析数据发现某月开户数比以前开户数增长数倍的，且开户集中在某个月的某几天，日开户数相较为以前月份日均开户数的数十倍，则很可能发生批量开户的情形。

审计模型设计方法：

步骤一：从"网上银行开户登记簿"选取字段机构号、开户日期、交易流水号、账号、开户柜员、客户号第四位至末位作身份证号码，形成审计临时表"网上银行开户表"。

步骤二：从"柜员信息文件"筛选实体柜员且未注销的信息，选取字段柜员号、身份证号，形成审计临时表"柜员身份证信息"，筛选条件为实体标志为"1"并且注销标志不为"9"。

步骤三：将"网上银行开户表"与"柜员身份证信息"相关联，条件为"网上银行开户表"的开户柜员与"柜员身份证信息"的柜员号相等，并且"网上银行开户表"的身份证号与"柜员身份证信息"的身份证号相等，形成审计中间表"柜员办理本人网上银行"并现场核查取证。

步骤四：将"网上银行开户表"按柜员号、开户日期、记录数作为开户数、最大流水号与最小流水号差，形成审计临时表"柜员办理网上银行工作日开户数"。根据每个柜员当天开户数最多、交易流水连续的业务，形成审计中间表"代理他人办理网上银行业务风险表"，再对风险表进行现场核查，调阅相关资料。

审计模型数据来源有网上银行开户登记簿、柜员信息文件等。

三、通过网银进行大额可疑交易涉嫌洗钱风险模型设计

审计模型分析思路：通过对网上银行企业付款业务数据进行排查，抽取某一时间段的数据（一般最少需某行连续 3 个月的数据量），利用数据库排查企业网上银行交易的发生额，对在某一天某一时段（重点关注为每月下旬）内通过在两个账户或数个账户间频繁交易，且交易金额较大的进行筛选。账户一般特征为户名较为相近（可能是企业的上下级单位或关联公司），同时以相同金额的大笔资金在账户间频繁交易，则很可能发生虚假交易的情形。

审计模型设计方法：

步骤一：从"活期存款账户交易明细表"中筛选交易标志为网上转账交易，交易金额大于 20 万元，借贷标志为贷方的交易，交易时间在审计期间内，选取字段交易账号、交易时间、交易金额、对方账号，形成审计临时表"网银大额转出交易表"。

步骤二：将"网银大额转出交易表"按交易账号进行分类汇总，取累计交易金额前 20 位的账户，并将该 20 户分别与网上银行开户登记簿以交易账号相同相关联，形成字段为账号、账户全称、累计交易金额的审计中间表"网银大额转出最大 20 户"。同时将该 20 户对应的"网银大额转出交易表"明细进行核查分析成因，检查是否涉嫌洗钱的交易。

审计模型数据来源有网上银行开户登记簿、活期存款账户交易明细表等。

四、信贷资金通过网上银行转入信贷人员账户风险模型设计

审计模型分析思路：通过网上银行，客户可以享受到方便、快捷、高效的全方位服务，任何需要的时候使用网络银行的服务，不受时间、地域的限制。在方便客户的同时，由于全部交易电子化，使得银行柜台及监控设备无法监督到交易客户的实体信息，所以通过网上银行转账交易容易成为内部人员违法违规操纵客户信贷资金的主要通道。我们可以通过设计模型来发现，信贷资金转入客户账后，通过网上银行转入信贷人员账户的交易。

审计模型设计方法：

步骤一：从柜员信息文件筛选信贷人员信息，条件为信贷员标志为"1"，选取字段柜员姓名、柜员号、身份证号，形成审计临时表"信贷人员身份信息表"。

步骤二：将审计临时表"信贷人员身份信息表"与"活期存款账户主档"相关联，条件为身份证号相同、柜员姓名与账户全名相同，选取字段有账号、柜员姓名、身份证号，形成"信贷人员开户信息表"。

步骤三：将活期存款账户交易明细表中交易渠道为网银交易，并且对方账号属于"信贷人员开户信息表"中的账号，选取字段账号、交易日期、交易金额、对方账号、柜员姓名，形成审计临时表"通过网银转入信贷人员账户表"。

步骤四：将"活期存款账户交易明细表"与"贷款分户明细文件"相关联，筛选贷款发放后10天内的交易明细，条件为贷款分户明细文件的对方账号等于活期存款账户交易明表的交易账号，形成审计临时表—"贷款后十天资金转入账号表"。

步骤五：将审计临时表"贷款后十天资金转入账号表"与审计临时表"通过网银转入信贷人员账户表"相同交易的明细确定为审计中间表"贷款资金通过网银转入信贷人员排查表"，再调取相关贷款档案、交易凭证来排查信贷人员的交易。

审计模型数据来源有柜员信息文件、活期存款账户主档、活期存款账户交易明细表、贷款分户明细文件、普通贷款分户文件等。

五、查找单操作用户的企业网银用户风险模型设计

审计模型分析思路：根据《关于加强企业网上银行用户管理的通知》关

于"一、谨慎开立单用户客户及设立单人操作的授权模式……对于已开立单用户的企业，各行社应及时联系企业相关人员前往原企业网上银行开户网点办理新增用户并修改为多人操作的授权模式"的规定，通过对核心业务系统数据分析，从网银企业用户信息表中，以企业客户号为条件，统计出针对单一企业设置的操作员个数，筛选出只有一个操作员的单用户客户。

审计模型设计方法：

步骤一：通过网银企业用户信息表，将企业的操作用户权限整理分列，形成单位用户列表。

步骤二：对单位用户列表中，以企业客户号为统计条件，统计只有一个用户的企业客户号，形成企业单用户名单。

步骤三：以企业单用户名单中客户号为条件，与单位用户列表进行关联，形成企业网银单用户表。

审计模型数据来源有网银企业用户信息表。

第三节　应用实例

一、怎样发现网上银行操作员兼任不相容岗位

【审计目标】根据《商业银行内部控制指引》第一百一十八条有关"商业银行应当明确计算机信息系统开发人员、管理人员与操作人员的岗位职责，做到岗位之间的相互制约，各岗位之间不得相互兼任。各级机构应当配备计算机安全管理人员，明确计算机安全管理人员的职责"和《电子银行业务管理办法》第三十七条第（五）款关于"对电子银行管理的关键岗位和关键人员，应实行轮岗和强制性休假制度，建立严格的内部监督管理制度"的规定，我们可以通过综合业务核心系统客户号唯一性且实行终身制的这一特点，来实现对网上银行不相容岗位设置风险检测。

【分析建模】

1. 审计思路。根据内部控制的需要，网上银行许多岗位之间需要相互制约，不得相互兼任，按岗位名称与不相容岗位形成审计数据源表"网上银行不相容岗位表"，按功能菜单与不相容功能菜单形成审计数据源表"网上银

行不相容功能菜单表"。将柜员的岗位及功能菜单与两表相并，能发现网上银行操作员兼任不相容岗位。

2. 数据准备。子岗位说明表；网上银行不相容岗位表；网上银行不相容功能菜单表；功能菜单说明表；柜员信息文件；等等。

3. 审计过程：

步骤一：将柜员信息文件与子岗位说明相关联，按岗位标志所在位数的标志与子岗位表说明表相关联，选取字段柜员姓名、柜员号、身份证号、岗位名称、岗位代码、岗位名称，形成一个柜员对多条岗位记录的审计临时表——"网上银行柜员子岗位明细"；将柜员信息文件与功能菜单说明表相并，形成审计临时表"网上银行柜员岗位功能菜单"。

SQL 查询语句（参考）：SELECT 柜员姓名，柜员号，身份证号，岗位名称，岗位代码，B. 子岗位名称 INTO 网上银行柜员岗位功能菜单 FROM 柜员信息文件 A，子岗位说明表 B WHERE A. 状态＜＞'9'AND SUBSTRING（A. 子岗位标志，CAST（IN，B. 岗位标志），1）='1'

SELECT 柜员姓名，柜员号，身份证号，岗位名称、岗位代码、B. 菜单名称 INTO 网上银行柜员岗位功能菜单 FROM 柜员信息文件 A，功能菜单说明表 B WHERE A. 状态＜＞'9'AND SUBSTRING（A. 功能菜单标志，CAST（IN，B. 菜单编号），1）='1'

步骤二：从功能菜单说明表，根据相关网上银行内部控制管理的要求，选取字段岗位名称、岗位代码、不相容岗位代码，设置出"网上银行不相容岗位表"；选取字段功能菜单、不相容功能，形成"网上银行不相容功能菜单表"。

步骤三：先将"网上银行柜员岗位功能菜单"按柜员号、岗位名称分组以一个柜员、一个岗位、一条记录，形成一个柜员对多条记录的"网上银行柜员岗位明细"。再将"网上银行柜员岗位功能明细"与"网上银行不相容岗位表"相连，条件为同一柜员的岗位在"网上银行不相容岗位表"中一条记录中的两个岗位同时成立，形成审计中间表"网上银行不相容岗位未分离表"。

SQL 查询语句（参考）：SELECT A. 柜员姓名，A. 岗位名单 AS 岗位 1，C. 岗位名称 AS 岗位 2 INTO 网上银行不相容岗位未分离表 FROM 网上银行柜员岗位明细 A，网上银行不相容岗位表联 B，网上银行柜员岗位功能菜单

C WHERE A. 岗位名称 = B. 岗位名称 AND C. 岗位名称 = B. 岗位名称 AND A. 柜员号 = C. 柜员号

步骤四：先将"网上银行柜员岗位功能菜单"按柜员号、功能菜单分组，以一个柜员、一个菜单、一条记录，形成一个柜员对多条记录的"网上银行柜员菜单明细"。再将"网上银行柜员菜单明细"与"网上银行不相容功能菜单表"相关联，条件为同一柜员的菜单在"网上银行不相容功能菜单表"中一条记录中的两个菜单同时成立，形成审计中间表"网上银行同一柜员功能菜单存在风险"。

SQL 查询语句（参考）：SELECT A. 柜员姓名，A. 菜单名称 AS 功能菜单1，C. 菜单名称 AS 功能菜单2 INTO 网上银行不相容岗位未分离表 FROM 网上银行柜员岗位功能菜单 A，网上银行不相容岗位表 B，网上银行柜员岗位功能菜单 C WHERE A. 岗位名称 = B. 岗位名称 AND C. 岗位名称 = B. 岗位名称 AND A. 柜员号 = C. 柜员号

步骤五：将审计中间表"网上银行不相容岗位未分离表"与"网上银行同一柜员功能菜单存在风险"记录作现场核查，调阅相关资料。

【案例分析】建立分析模型的关键点是相关制度要求将制度化要求的信息实现电子化，形成电子信息，再按电子数据的特点和规律，对现在电子数据进行分类比对，得出电子数据信息的主要特征。在本案例中，通过建立网上不相容岗位表、网上银行不相容功能菜单表，形成关键点审计信息，再通过柜员岗位明细—不相容岗位—柜员岗位明细之间的搭建信息，确定不相容岗位、不相容功能菜单集于某个柜员的信息。

二、怎样发现通过网上银行将信贷资金转入信贷人员账户的违规问题

【审计目标】《农村合作金融机构工作人员从业行为的若干规定》第三条规定："农村合作金融机构工作人员应当忠实履行职责，不得从事或参与下列活动：……（六）出借个人或者近亲属的个人结算账户用于他人的资金交易……（九）借用、占用客户贷款资金或者操纵客户账内资金"。我们可以通过设计模型来发现，信贷资金到客户账后，通过网上银行转入信贷人员账户的交易。

【分析建模】

1. 审计思路。近年来，随着投资需求的不断增长，信贷资金与日俱增，

银行的信贷需求越来越旺盛，资金周转速度越来越快，贷款资金转入员工账户机会越来越多，有以下几种方式：一是银行的内部员工参与到投资领域，有些银行员工利用手头权力，为了能筹集到资金，跟贷款户协商搭车贷款。例如一个贷款户本身只需要资金30万元，却贷款60万元给客户，然后30万元转入信贷员本人账户为自己所用。二是有些员工违规操作，冒用客户名字，进行发放贷款，将贷款资金转入员工账户。三是有些员工利用平时跟贷款户建立的关系，由于自己资金周转的需要，跟贷款户商量好，让借款人贷款出来的资金通过网银转入其个人账户，临时周转几天。由于信贷资金转入员工账户机会越多，产生的信贷风险越大，通过计算机辅助审计模型，对贷款后某个时期内贷款资金的去向跟踪，及时发现这类违规现象的发生。

2. 数据准备。审计主要分析柜员信息文件、活期存款账户主档、活期存款账户交易明细表等。

3. 审计过程。审计模型设计方法：

步骤一：从柜员信息文件中筛选信贷人员信息，条件为信贷员标志为"1"，选取字段柜员姓名、柜员号、身份证号，形成审计临时表"信贷人员身份信息表"。

SQL 查询语句（参考）：SELECT 柜员姓名，柜员号，CASE WHEN LEN（身份证号）＝15 THEN 身份证号 ELSE SUBSTRING（身份证号，1，6）+' 19'+SUBSTRING（身份证号，7，9）END AS 身份证号 INTO 贷款人员身份信息表 FROM 柜员信息文件 WHERE 客户经理标志 = '1' AND 记录状态 ＜＞'9'

步骤二：将审计临时表"信贷人员身份信息表"与"活期存款账户主档"相关联，条件为身份证号相同、柜员姓名与账户全名相同，选取字段有账号、柜员姓名、身份证号，形成"信贷人员开户信息表"。

SQL 查询语句（参考）：SELECT A. 账号，B. 柜员姓名，B. 身份证号，A. 开户日期 INTO 信贷人员开户信息表 FROM 活期存款账户主档 A，信贷人员身份信息表 B WHERE REPLACE（A. 账户全名，'，''）= REPLACE（A. 柜员姓名，'，''）AND CASE WHEN LEN（A. 开户证件号码）= 15 THEN 开户证件号码 ELSE SUBSTRING（开户证件号码，1，6）+' 19' + SUBSTRING（开户证件号码，7，9）END = B. 身份证号

步骤三：将"活期存款账户交易明细表"中交易渠道为网银交易，并且

对方账号属于"信贷人员开户信息表"中的账号，选取字段账号、交易日期、交易金额、对方账号、柜员姓名，形成审计临时表"通过网银转入信贷人员账户表"。

SQL 查询语句（参考）：SELECT A. 账号，A. 交易日期，A. 交易金额，A. 对方账号，B. 柜员姓名，A. 交易金额，A. 交易时间，A. 交易流水号 FROM 活期存款账户交易明细表 A，信贷人员开户信息表 B WHERE A. 账号 = B. 账号 AND A. 交易渠道 = 'IE' AND A. 摘要代码 = '2305' AND A. 交易码 = '720130'

步骤四：将"活期存款账户交易明细表"与"贷款分户明细文件"相并，筛选贷款发放后 10 天内的交易明细，条件为贷款分户明细文件的对方账号等于活期存款账户交易明表的交易账号，形成审计临时表"贷款后十天资金转入账号表"。

SQL 查询语句（参考）：SELECT B. 柜员姓名，A. 账号，A. 交易记账日期，A. 交易金额，A. 交易时间，A. 对方账号，A. 交易流水号，B. 贷款账号，B. 交易日期 AS 贷款发放日期 INTO 贷款后十天资金转入账号表 FROM 活期存款账户交易明细表 A，贷款分户明细文件 B WHERE DATEDIFF（DAY，B. 交易记账日期，A 交易日期） <= 10 AND DATEDIFF（DAY，B. 交易记账日期，A 交易日期） >= 0 AND A. 账号 = B. 账号

步骤五：将审计临时表"贷款后十天资金转入账号表"与审计临时表"通过网银转入信贷人员账户表"相同交易的明细确定为审计中间表"贷款资金通过网银转入信贷人员排查表"，再调取相关贷款档案、交易凭证来排查信贷人员的交易。

SQL 查询语句（参考）：SELECT A. 账号 AS 信贷员账号，B. 柜员姓名 AS 柜员姓名，A. 交易日期，A. 交易金额，A. 对方账号 AS 贷款资金转入账号，A. 交易金额，A. 交易时间，A. 交易流水号，C. 客户名称 AS 借款人名称，B. 贷款发放日期 FROM 贷款后十天资金转入账号表 A，通过网银转入信贷人员账户表 B，普通贷款分户文件 C WHERE A. 交易流水号 = B. 交易流水号 AND A. 交易记账日期 = B. 交易记账日期 AND A. 账号 = B. 对方账号 AND B. 账号 = A. 对方账号 AND C. 贷款账号 = B. 贷款账号

【案例分析】建立分析模型的重点为结合资金流向电子数据的特点和规律，精确锁定资金去向。在本案例中，从信贷人员的个人账户交易的监督着

手，对通过网银流入信贷人员的账户进行监测，再通过发放贷款后贷款资金的跟踪，对两个信息进行匹配能够精确定位，再通过进一步审查信贷档案，及约见当事人面谈，来了解事实的缘由。

三、怎么发现通过网上银行进行洗钱的活动

【审计目标】按照人民银行有关大额交易和可疑交易的认定标准，建立甄别异常账户和异常交易的数据模型，在商业银行海量交易数据中进行分析和挖掘，从而发现异常账户和异常交易，并综合考虑商业银行的客户信息，通过审计人员的职业判断确定重点核查网上银行交易的相关账户和业务，以实现对通过网上银行交易进行洗钱等违法活动的精确打击。

【分析建模】

1. 审计思路。洗钱是一种有规律的犯罪活动，具有一些普遍的特征，这些特征通过可疑的账户和交易体现出来。洗钱人员在洗钱过程中往往会想方设法隐藏自己的身份和资金的来源，如使用虚假的企业资料、个人身份开立的账户进行洗钱活动。同时，洗钱持续的时间通常也很短。为发现通过网上银行交易实施洗钱的活动，需要对网上银行洗钱的特征进行量化，然后建立相应的审计模型对交易数据进行筛选，最后对选出来的账户和交易进行综合并作出职业判断。

2. 数据准备。审计主要分析活期存款账户主档、活期存款账户交易明细表、客户信息表等。

3. 审计过程。模型设计方法：

步骤一：总体统计账户规模。从活期存账户主档中选取字段开户证件号码统一为15位的身份证号，账号形成审计中间表"客户开户信息表"，通过对活期存款账户交易明细，按照"客户开户信息表"的身份证号、客户号、统计账户累计借方交易金额、累计贷方交易金额、累计借方笔数、账户余额等，选取累计借方交易金额大、借方交易笔数多的为关注特征。

SQL 查询语句（参考）：SELECT 客户名称，CASE WHEN LEN（开户证件号码）= 15 THEN 开户证件号码 ELSE SUBSTRING（开户证件号码，1，6）+ ' 19 ' + SUBSTRING（开户证件号码，9，9）END AS 身份证号，账号 INTO 客户开户信息 FROM 活期存款账户主档

SELECT B. 身份证号，CASE WHEN A. 借款标志 = ' 2 ' THEN SUM

（A. 交易金额）ELSE 0 END AS 累计借方交易金额，CASE WHEN A. 借款标志 = ' 2' THEN 1 ELSE 0 END AS 累计借方交易笔数，CASE WHEN A. 借款标志 = ' 1' THEN SUM （A. 交易金额）ELSE 0 END AS 累计贷方交易金额 INTO 多笔资金转入大额转出可疑交易表 FROM 活期存款账户交易明细表 A，客户开户信息 B WHERE A. 账号 = B. 账号 GROUP BY B. 身份证号 HAVING ON CASE WHEN A. 借款标志 = ' 2' THEN 1 ELSE 0 END > = 50 AND CASE WHEN A. 借款标志 = ' 2' THEN SUM （A. 交易金额）ELSE 0 END > = 100 000 AND CASE WHEN A. 借款标志 = ' 1' THEN SUM （A. 交易金额）ELSE 0 END > = 100 000 ORDER BY 累计贷方交易金额 DESC

步骤二：确定特殊交易，分析可疑账户特征。洗钱的最终环节往往是将法人客户资金转入个人账户或提现，如今电子银行发展迅猛，特别要注意利用网上银行频繁使用代付交易的法人账户。数据特征上，可以考虑采用代付交易金额、付款交易金额指标进行规划。

SQL 查询语句（参考）：SELECT 账号，CASE WHEN A. 借款标志 = ' 2' THEN SUM （A. 交易金额）ELSE 0 END AS 累计借方交易金额，CASE WHEN A. 借款标志 = ' 2' THEN 1 ELSE 0 END AS 累计借方交易笔数，CASE WHEN A. 借款标志 = ' 1' THEN SUM （A. 交易金额）ELSE 0 END AS 累计贷方交易金额 INTO 网上银行大额多笔转入可疑交易表 FROM 活期存款账户交易明细表 A WHERE A. 交易金额 > = 30 000 AND A. 交易渠道 = ' IE' AND A. 摘要代码 = ' 2305' AND A. 交易码 = ' 720130' GROUP BY 账号 HAVING ON CASE WHEN A. 借款标志 = ' 2' THEN 1 ELSE 0 END > 20

步骤三：精确分析账户特征，对网上交易的账户和交易明细进行量化。一是对可疑交易进行量化。中国人民银行《金融机构反洗钱规定》和《人民币大额和可疑支付交易报告管理办法》、《金融机构大额和可疑外汇资金交易报告管理办法》中对可能是洗钱活动大额和可疑交易特征进行了描述，如"个人银行结算账户之间以及个人银行结算账户与单位银行结算账户之间金额20万元以上的款项划转"、"金额20万元以上的单笔现金收付"和"个人银行结算账户短期内累计100万元以上现金收付"等特征。审计人员应通过数据库语言刻画这些特征，建立相应的模型对银行交易数据进行分析。二是对可疑账户进行量化。由于洗钱活动的主要目的是将非法资金和所得转移到银行，并通过银行迅速转移。目的决定手段，可疑账户必然在短期内集中大量流进流出资金，而不会沉淀在银行系统内。因此审计人员应重点关注那些短期内资金流入和流出基本相等、资金量比较大、发生笔数比较多的账户。通过量化这些特征，并结合相应的职业判断，建立相应的模型对银行交易数据进行检索。三是综合分析。审计人员要对检索出来的可疑账户和可疑交易进行综合分析，其中最为关键的是判断资金的名义用途和实际用途是否相符，同时根据这些账户的开户资料、注册资料、个人资料以及资金来源和去向，进一步判断、核实这些账户是否真正涉嫌洗钱。

SQL 查询语句（参考）：SELECT A. 客户号，B. 账号 INTO 网上银行可疑交易账户表 FROM 多笔资金转入大额转出可疑交易表 A，网上银行大额多笔转入可疑交易表 B，客户开户信息 C WHERE A. 客户号 ＝ C. 客户号 AND B. 账号 ＝ C. 账号 SELECT B. 客户号，A. 账号，A. 交易记账日期，A. 交易金额，A. 交易余额，A. 对方账号网上银行可疑交易账户明细表 FROM 活期存款账户交易明细表 A，网上银行可疑交易账户表 B WHERE A. 账号 ＝ B. 账号 AND B. 交易金额 ＞ ＝ 30 000

步骤四：延伸调查核实，发现问题线索。在综合分析的基础上，有的放矢，通过审计延伸等方法进行取证核实，以发现重要的审计线索。

【案例分析】建立分析模型的重点为通过对数据的不同特征进行分析，将按不同的特征规律得出的结果进行再匹配，将复杂的信息通过多次交汇后，形成可疑信息。本案例将从不同的角度来分析活期存款账户交易明细表，得出通过网上银行洗钱的可疑交易信息，再进行综合分析，取证核实。

四、查找单操作用户的企业网银用户

【审计目标】根据《关于加强企业网上银行用户管理的通知》关于"一、谨慎开立单用户客户及设立单人操作的授权模式……对于已开立单用户的企业，各行社应及时联系企业相关人员前往原企业网上银行开户网点办理新增用户并修改为多人操作的授权模式"的规定，通过对核心业务系统数据分析，筛选出开立单用户企业网银业务数据。

【分析建模】

1. 审计思路。在网银企业用户信息表中，以企业客户号为条件，统计出针对单一企业设置的操作员个数，筛选出只有一个操作员的单用户客户。

2. 数据准备：网银企业用户信息表。

3. 审计步骤。

步骤一：通过网银企业用户信息表，将企业的操作用户权限整理分列，形成单位用户列表。

SELECT RTRIM（A. 用户所属企业客户号）AS 客户号，RTRIM（B. ［客户名称（中文）]）AS 单位名称，A. 用户编号，A. 姓名，A. 证件号码 AS 身份证号，A. 手机号码，用户权限 =

CASE WHEN SUBSTRING（A. 用户权限，1，1）= ' 1 ' THEN '录入' ELSE" END + '/' +

CASE WHEN SUBSTRING（A. 用户权限，2，1）= ' 1 ' THEN '复核' ELSE" END + '/' +

CASE WHEN SUBSTRING（A. 用户权限，3，1）= ' 1 ' THEN '发送' ELSE" END + '/' +

CASE WHEN SUBSTRING（A. 用户权限，4，1）= ' 1 ' THEN '管理' ELSE" END + '/' +

CASE WHEN SUBSTRING（A. 用户权限，5，1）= ' 1 ' THEN '强制授权' ELSE" END

INTO 单位用户列表

FROM 网银企业用户信息表

步骤二：对单位用户列表中，以企业客户号为统计条件，统计只有一个用户的企业客户号，形成企业单用户名单。

SELECT 客户号，COUNT（*）AS 用户数

INTO 企业单用户名单

FROM 单位用户列表

GROUP BY 客户号

HAVING COUNT（*）=1

步骤三：以企业单用户名单中客户号为条件，与单位用户列表进行关联，形成企业网银单用户表。

SELECT *

INTO 企业网银单用户表

FROM 单位用户列表

WHERE 客户号 IN（SELECT 客户号 FROM 企业单用户名单）

【案例分析】通过对企业网银单用户表进行综合分析，筛选出企业单用户客户。对于已开立单用户的企业，各行联系企业相关人员前往原企业网上银行开户网点办理新增用户并修改为多人操作的授权模式。通过检查，有效防止网银企业用户的道德风险、操作风险、资金风险，同时也减少行社操作风险、声誉风险等。

第十二章 国际结算业务的计算机审计

第一节 国际结算业务主要风险点分析

一、国际结算业务概述

国际结算业务是指金融机构为国际政府、法人和自然人办理的货币收支、资金清算、外汇存贷款、资金融通和业务代理等国际金融业务的总称。

国际结算是各国间清偿债权和债务的货币收付行为，是以货币收付来清偿国与国之间因经济文化交流、政策性事务性的交流所产生的债权债务。国际结算的目的是以有效的方式和手段来实现各国间以货币表现的债权债务的清偿。

国际结算业务基本规定：

（一）业务受理原则

1. 审查客户办理国际业务的资格。本着"了解你的客户，了解你客户的业务"的原则，严格遵照中国人民银行、国家外汇管理局的有关规定受理各项业务。

2. 对首次办理国际业务的客户，应要求其提交工商营业执照、组织机构代码证、对外贸易经营者备案登记表、法人身份证等相关资料，柜员登录外汇账户信息交互平台，核查企业是否已在外汇局备案。

3. 国际业务部门在受理业务时应要求客户提出书面委托。各类委托书或申请书，应使用规定或认可的格式，明确各自的权利和义务，使之成为委托与被委托关系的正式契约。

4. 应以客户为单位建立客户档案，并根据业务发展情况及时更新档案内容。

.（二）业务处理原则

1. 按照国家法律和国际惯例办理业务。外汇管理局及有关部门公布的有关法令、法规、条例以及内部通知是办理国际业务的国内法律准则与依据。国际商会制定的《跟单信用证统一惯例》（UCP600）、《托收统一规则》、《跟单信用证项下银行间偿付统一规则》、《国际标准银行实务（ISBP）》、《见索即付保函统一规则》是办理国际业务的国际准则与依据。

2. 按照客户委托和指示办理业务，为客户保密。处理各项业务时应按照客户的书面委托指示行事，如不能执行指示，应及时向客户作出说明。

3. 按照相关规定办理业务。国际结算业务收费，汇率适用及外汇资金头寸事宜，代理行政策以及各项业务的会计核算手续、会计科目的使用和金融机构间的合作事宜按照银行有关规定执行。

4. 国际结算各项业务处理须设立经办、复核岗位，同时视业务金额及风险的大小设立授权岗。

5. 对通过国际业务系统处理的各项业务，应保证系统信息和实际业务发生情况一致，真实地反映业务处理全过程。

6. 办理业务应遵照及时处理的原则，不得无故拖延、积压，对于业务查询应遵循"有询必查、有查必复"的原则。

二、国际结算业务分类介绍

（一）进口信用证业务基本介绍

进口信用证是银行应国内进口商的申请，向国外出口商出具的一种付款承诺，承诺提交的单据在符合信用证所规定的各项条款时，向出口商履行付款责任。

银行可开立的信用证种类包括：远期信用证、可转让信用证、背对背信用证、循环信用证及备用信用证等。

基本操作流程：

1. 进口商向银行提出开证申请，填写"开证申请书"。

2. 进口商提供近期财务报表、营业执照、进出口合同、进口许可证、登记证明等材料。

3. 单据到达后，若发现单据之间或单据与信用证间存在不一致的地方，进口商应及时作出接受或不接受单据的决定。

4. 单据到达后，若符合信用证规定，进口商应及时向银行付款。

（二）进口押汇的基本介绍

进口押汇，是进出口双方签订买卖合同之后，进口方请求进口地某个银行（一般为自己的往来银行）向出口方开立保证付款文件，大多数为信用证。

基本操作流程：

1. 出口单据到达后，开证申请人提出办理进口押汇的要求，并填写"进口押汇申请书"。

2. 开证申请人向银行提供近期财务报表、进口合同、开证申请书等材料。

3. 开证申请人向银行出具信托收据，并在必要时提供保证金等担保措施。

4. 上述手续办妥后，银行向开证申请人发放进口押汇款。

（三）提货担保的基本介绍

提货担保是指进口商开出信用证后，有时因航程过短，货比单据先到，为了能及时提货用于生产销售并免付高额滞仓费，客户可要求银行为其开出提货担保书，交承运人先行提货，待正本提单收到后向承运人换回提货担保书的一种担保业务。

基本操作流程：

1. 开证申请人（进口商）向银行（开证行）提出办理提货担保业务的申请，并填写"提货担保申请书"。

2. 开证申请人向银行提供近期财务报表、提单复印件等材料，必要时提供保证金等担保措施。

3. 办妥上述事宜后，银行向签发提单的承运人或其代理人出具提货担保书。

4. 担保提货后，一旦收到所需单据，立即凭正本提单到提货所在地将银行担保书换回并退还银行。

（四）进口代收的基本介绍

进口代收是指银行根据出口方银行（托收行）的委托，向进口商（付款人）提示单据，并要求其凭单付款或承兑，并将收到的款项支付给托收行。

基本操作流程：

1. 进口商在银行通知来单情况后，及时办理赎单手续。

2. 进口商向银行提供进出口合同、营业执照等证明材料。

3. 办理购汇、付汇手续。

（五）出口信用证的基本介绍

出口信用证指出口商所在地银行收到开证行开来的信用证后，为出口商提供的包括来证通知、接单、审单、寄单、索汇等一系列服务。

出口信用证业务的内容包括：审核出口来证和信用证修改的真实性，并通知国内出口商；转让及异地转证；审核出口商交来的货运单据和寄单；在客户提出需求时办理议付、押汇、贴现等贸易融资；人民币远期售汇；查询、催收、追短付款、追收利息、补寄单据等；考核进口商信用。

基本操作流程：

1. 出口商向银行交单后，若发现单据之间或单据与信用证间存在不一致的地方，应及时进行更换或修改。

2. 收到国外付款后，及时根据国家外汇管理政策办理结汇。

（六）出口押汇的基本介绍

出口押汇是指企业（信用证受益人）在向银行提交信用证项下单据议付时，银行（议付行）根据企业的申请，凭企业提交的全套单证相符的单据作为质押进行审核，审核无误后，参照票面金额将款项垫付给企业，然后向开证行寄单索汇，并向企业收取押汇利息和银行费用并保留追索权的一种短期出口融资业务。

基本操作流程：

1. 出口商根据业务需要向业务银行提出押汇申请，银行审批同意后，与出口商签订"出口押汇总质押书"。

2. 每次出货后，出口商填写"出口押汇申请书"，向银行提出融资申请，并将信用证或贸易合同要求的所有单据提交银行。

3. 银行审核相关单据并向出口商发放押汇款。

4. 银行对外寄单索汇。

5. 收汇后归还出口押汇。

（七）福费廷的基本介绍

福费廷即包买票据，是指为改善出口商现金流和财务报表的无追索权融资方式，包买商从出口商那里无追索地购买已经承兑的，并通常由进口商所在地银行担保的远期汇票或本票的业务。

基本操作流程：

1. 签订进出口合同与福费廷合同，同时进口商申请银行担保。

2. 出口商发货，并将单据和汇票寄给进口商。

3. 进口商将自己承兑的汇票或开立的本票交给银行要求担保。银行同意担保后，担保函和承兑后的汇票或本票由担保行寄给出口商。

4. 出口商将全套出口单据（物权凭证）交给包买商，并提供进出口合同、营业执照、近期财务报表等材料。

5. 收到开证行有效承兑后，包买商扣除利息及相关费用后贴现票据，无追索权地将款项支付给出口商。

6. 包买商将包买票据经过担保行同意向进口商提示付款。

7. 进口商付款给担保行，担保行扣除费用后把剩余货款交给包买商。

（八）出口托收的基本介绍

出口托收是指出口商出运货物后，将出口项下的商业票据或金融票据交给银行，委托银行通过进口地银行向进口商收取货款。

基本操作流程：

1. 出口商填写"出口托收申请书"。

2. 出口商提供出口单据及进出口合同、营业执照等材料。

3. 款项到达后，出口商根据外汇管理政策及时办理结汇手续。

（九）出口托收押汇的基本介绍

出口托收押汇是指采用托收结算方式的出口商在提交单据，委托银行代向进口商收取款项的同时，要求托收行先预支部分或全部货款，待托收款项收妥后归还银行垫款的融资方式。

基本操作流程同第（八）项。

（十）出口保理的基本介绍

出口保理是指保理商（通常是银行或银行附属机构）对采用赊销等信用方式出口商品或提供服务的出口商在受让其应收账款的基础上，提供信用担保、货款催收、销售分类账管理以及贸易融资等金融服务。

出口保理按照保理商是否承担买方的信用风险划分，分为无追索权保理和有追索权保理；按照是否需要融资划分，分为融资性保理和非融资性保理；按买断与否划分，分为买断型保理和非买断型保理。

基本操作流程：

1. 出口商向出口保理商申请办理出口保理业务，提供出口保理商要求的资料。

2. 出口保理商审核同意后，与出口商签订出口保理协议。

3. 出口商将进口商的有关情况及交易资料提交给出口保理商。

4. 出口保理商将资料整理后转送进口商所在国内的经选定的进口保理商。

5. 进口保理商对进口商的资信进行调查和评估，确定进口商的信用额度，并将调查结果及可提供信用额度的建议通知出口保理商。

6. 出口保理商转通知出口商，如果该进口商资信可靠，则出口保理商对进出口双方间的交易加以确认。

7. 进出口双方签订以保理方式结算的贸易合同。

8. 出口商按合同规定备货装运后，将发票及有关货运单据交给出口保理商。

9. 出口保理商按出口商要求，预付其一般不超过 80% 的货款或采用买断票据的形式，即按票面金额扣除利息等各项费用后，将货款余额无追索权地付给出口商。

10. 出口保理商随即将发票及单据转寄给进口保理商，后者入账，进行财务管理及负责催收货款。

11. 发票、汇票到期后，进口商按票面金额付款给进口保理商（如果进口商在发票到期日 90 天后仍未付款，进口保理商做担保付款）。

12. 进口保理商扣除服务费后将余下货款划付给出口保理商。

13. 出口保理商在扣除预付货款、佣金、银行转账及其他费用后，将余款交给出口商；如果是买断的，则结账即可。

三、国际结算业务的内部控制

随着经济一体化和金融全球化的进程加快，特别是我国加入世界贸易组织后国际贸易的蓬勃发展，我国银行业的外汇业务日渐增多，经营外汇业务已成为农村合作金融机构业务经营的重要组成部分。因此，必须加强国际结算业务的内部控制，建立、健全国际结算业务的各项制度，通过强化外币结算账户管理、严格执行国家外汇管理政策、防范和减少货款风险、提高外汇资产质量和营运效益等手段，来达到农村合作金融机构的国际结算业务的稳健、可持续发展。

当前，农村合作金融机构办理国际结算业务的内部控制制度主要包括以下方面：

1. 外汇业务分级授权规定；
2. 结汇、售汇业务授权管理办法；
3. 外汇财务管理办法；
4. 外汇会计管理办法；
5. 境外代理行建立和管理办法；
6. 外汇业务印章及空白凭证管理办法；
7. 外汇资金拆借管理办法；
8. 汇出汇款业务管理办法；
9. 汇入汇款业务管理办法；
10. 进口信用证业务管理办法；
11. 出口信用证业务管理办法；
12. 进口跟单代收业务管理办法；
13. 出口跟单托收业务管理办法；
14. 外币光票托收业务管理办法；
15. 资信调查、咨询、见证业务办法；
16. 对公外汇账户管理办法；
17. 外汇储蓄业务管理办法；
18. 外币存贷款利率管理办法；
19. 汇率风险管理办法；
20. 外汇市场资金交易管理办法；
21. 福费廷业务管理办法；
22. 外汇贷款管理办法；
23. 贸易融资业务管理办法；

24. 结售汇业务会计核算办法；

25. 结售汇业务内控制度；

26. 结售汇统计管理办法；

27. 收付汇和结售汇业务管理办法；

28. 个人结售汇业务管理办法；

29. 结售汇业务单证管理办法；

30. 结售汇业务统计报告办法；

31. 结售汇综合头寸管理办法；

32. 结售汇业务会计科目和核算办法；

33. 大额和可疑外汇交易报告管理办法；

34. 账户行建立和管理暂行办法；

35. 外汇业务档案管理办法；

36. SWIFT 系统管理办法；

37. 结售汇业务内部审计制度和从业人员岗位责任制度；

38. 外汇会计操作规程；

39. 外币现金出纳业务操作规程；

40. 结售汇业务操作规程；

41. 外币兑换业务操作规程；

42. 国际收支申报操作规程；

43. 国际贸易融资业务操作规程；

44. 结汇、售汇及付汇统一操作规程；

45. 外汇业务反洗钱操作规程。

四、国际结算业务主要风险点及控制措施

（一）进口信用证

1. 开证受理。

（1）主要风险点：开证申请人不具备开证资格。

风险类别：客户、产品及业务操作。

控制措施：对开证申请人的准入资格进行审查，包括：对开证申请人的进口经营权及对外付汇资格进行审查，提供外汇局、商务部等部门要求的进口许可证明及对外付汇证明材料。加强业务人员对外汇局、商务部等部门有

关进口及对外付汇规定、进口信用证信贷政策、进口信用证规程的学习。

（2）主要风险点：提供虚假资料，贸易背景不真实。

风险类别：外部欺诈。

控制措施：提供农村合作金融机构所要求的全套开证资料，对开证资料上的印鉴进行核对，对贸易背景真实性进行调查。

（3）主要风险点：开证资料不全。

风险类别：客户、产品及业务操作。

控制措施：提供农村合作金融机构所要求的开证资料；使用农村合作金融机构统一版本的开证申请书、开证承诺书及相关担保合同；对因客观原因暂时无法提供的资料，要求开证申请人出具保函。

（4）主要风险点：资料填写不全有误。

风险类别：客户、产品及业务操作。

控制措施：建立审查制度。

（5）主要风险点：未及时受理客户申请。

风险类别：执行、交割及流程管理。

控制措施：明确业务受理程序，建立岗位责任制。

2. 开证调查。

（1）主要风险点：无贸易背景开证。

风险类别：外部欺诈。

控制措施：对贸易背景真实性进行调查，对受益人资信进行调查，对下游企业情况进行调查。

（2）主要风险点：对开证申请人的付款能力出现重大判断错误。

风险类别：客户、产品及业务操作。

控制措施：对开证申请人的经营、财务和资信情况进行调查，加强行业风险和商品风险分析，多层核查与复核，加强贸易融资调查人员培训。

（3）主要风险点：对担保人（抵押物或质押物）担保能力（价值）的评估出现错误。

风险类别：客户、产品及业务操作。

控制措施：建立科学合理的担保能力测算系统，借助外部评估机构对抵（质）押物价值进行评定，多层核查与复核。

（4）主要风险点：调查内容不充分。

风险类别：客户、产品及业务操作。

控制措施：明确规定调查内容，对调查人的调查进行核查与复核。

（5）主要风险点：调查报告不实。

风险类别：内部欺诈。

控制措施：业务检查、内部审计等；对调查报告进行复核，明确调查人、调查负责人等相关人员的责任。

3. 开证审查。

（1）主要风险点：审查不全面。

风险类别：客户、产品及业务操作。

控制措施：明确主审查人的审查内容；审查负责人复审。

（2）主要风险点：审查效率不高。

风险类别：执行、交割及流程管理。

控制措施：明确工作时限、建立后备审查人制度。

（3）主要风险点：审查失败，未能发现开证调查中存在的重大问题或漏洞。

风险类别：客户、产品及业务操作。

控制措施：实行主审查人制度，定期培训或考核。

4. 开证审批。

（1）主要风险点：越权审批。

风险类别：内部欺诈。

控制措施：严格的授权与转授权。

（2）主要风险点：超客户信用额度审批。

风险类别：客户、产品及业务操作。

控制措施：严格的授信控制。

（3）主要风险点：未按规定提交报审资料。

风险类别：执行交割及流程管理。

控制措施：明确报审资料的要求。

（4）主要风险点：未按规定报送相关部门审批。

风险类别：执行交割及流程管理。

控制措施：明确审批流程。

（5）主要风险点：审批效率不高。

风险类别：执行交割及流程管理。

控制措施：明确工作时限，建立后备审批人制度。

5. 保证金缴存。

（1）主要风险点：入账差错。

风险类别：执行交割及流程管理。

控制措施：信贷部门及时向会计结算部门提交有关凭证、多层复核。

（2）主要风险点：汇率波动。

风险类别：客户、产品及业务操作。

控制措施：落实更多的保证金，加强汇率风险分析。

6. 对外开证（修改信用证）。

（1）主要风险点：信用证条款对开证行明显不利或不符合国际惯例。

风险类别：客户、产品及业务操作。

控制措施：加强对国际业务人员进口信用证业务的培训。

（2）主要风险点：结算系统录入错误。

风险类别：客户、产品及业务操作。

控制措施：多层复核。

（3）主要风险点：报文对外发送不及时或报文被拒未及时发现和补救。

风险类别：执行、交割及流程管理。

控制措施：明确工作时限（包括限时查询 ACK）。

7. 开证后管理。

（1）主要风险点：未按规定进行开证后检查。

风险类别：客户、产品及业务操作。

控制措施：明确开证后检查的内容与要求，开证后检查复核与审定制度，明确开证后检查责任。

（2）主要风险点：开证申请人付款能力出现问题。

风险类别：客户、产品及业务操作。

控制措施：加强对开证申请人的经营、财务和资信情况的监控，加强对担保人（抵质押物）担保能力（价值）的核查，建立风险预警信号。

8. 信用证修改。

主要风险点：与开证申请、开证调查、开证审查、开证审批相同。

风险类别：客户、产品及业务操作。

控制措施：与开证申请、开证调查、开证审查、开证审批相同。

9. 到单处理。

（1）主要风险点：单据处理不及时、不准确。

风险类别：执行、交割及流程管理。

控制措施：明确工作时限、建立签收制度，明确责任。

（2）主要风险点：未能审核出单据的不符之处；丧失拒付的机会和付款与否的主动权，并由此与客户产生纠纷。

风险类别：执行、交割及流程管理。

控制措施：加强对国际业务人员进口信用证业务尤其是国际惯例的学习与培训，多层复核。

（3）主要风险点：不符理由不成立，错误拒付，引起国际纠纷，影响农村合作金融机构声誉，承担由此产生的迟付罚息。

风险类别：执行、交割及流程管理。

控制措施：加强对国际业务人员进口信用证业务尤其是国际惯例的学习和培训，多层复核。

（4）主要风险点：未收到开证申请人书面意见，明确同意接受单据（付款或承兑承诺），即就对其释放单据。

风险类别：执行、交割及流程管理。

控制措施：加强业务人员对信用证操作流程的认识和风险意识，建立责任追究制。

（5）主要风险点：提供虚假单据。

风险类别：外部欺诈。

控制措施：必要情况下通过代理行查询单据情况，通过相关官方网站如国际船籍社和海关等部门对货物到港情况和单据真实情况进行调查。

（6）主要风险点：单据在签收后交客户前丢失。

风险类别：执行、交割及流程管理。

控制措施：建立完善的文件交接流程和相应的管理制度。

10. 对外付款（承兑）或拒付。

（1）主要风险点：对外付汇不符合外汇管理规定。

风险类别：客户、产品及业务操作。

控制措施：提供外汇局、商务部等部门要求的对外付汇材料，加强对业务人员关于外汇局对外付汇有关规定的培训。

（2）主要风险点：漏付款（承兑）承担罚息。

风险类别：客户、产品及业务操作。

控制措施：建立客户催讨制度，多层核查与复核。

（3）主要风险点：汇路（或付款、承兑报文）出现错误。

风险类别：客户、产品及业务操作。

控制措施：多层复核。

（4）主要风险点：核销申报出现问题。

风险类别：客户、产品及业务操作。

控制措施：多层核查与复核，建立责任追究制，加强对业务人员关于外汇局对外付汇有关规定的培训。

（5）主要风险点：未及时对外拒付，未收到单位的书面意见，又未在5个工作日内对外拒付而使农村合作金融机构不得不承担付款责任，甚至发生垫款。

风险类别：客户、产品及业务操作。

控制措施：建立专门台账由责任人跟踪处理制度；催促客户提交拒付确认书，必要情况下开证行独立对外拒付。

（6）主要风险点：未按国际惯例缮制拒付电文，导致拒付无效。

风险类别：客户、产品及业务操作。

控制措施：加强对国际业务人员进口信用证国际惯例的培训，多层复核。

11. 信用证撤销。

主要风险点：未按规定撤销信用证，在信用证仍有效或可能仍有效的情况下，不恰当地撤销信用证并恢复客户的额度。并可能不恰当地退回保证金，使农村合作金融机构承担额外风险或有付款责任。

风险类别：客户、产品及业务操作。

控制措施：明确信用证撤销制度多层复核。

12. 信用证档案管理。

主要风险点：信用证档案移交不及时。

风险类别：执行、交割及流程管理。

控制措施：业务人员及时移交信用证档案，加强事后监督管理。

13. 系统支持。

（1）主要风险点：主机失败。

风险类别：业务中断和系统失败。

控制措施：实施应急程序。

（2）主要风险点：系统间数据返传失败或出现错误。

风险类别：业务中断和系统失败。

控制措施：建立次日数据返传情况检查制度，实施应急方案。

（二）进口押汇（包括进口信用证和进口代收项下押汇）

1. 客户申请。

（1）主要风险点：提供虚假资料。

风险类别：外部欺诈。

控制措施：提供农村合作金融机构所要求的完备资料，对资料的真实性进行审查，对申请人应具备的基本条件进行审查。

（2）主要风险点：押汇申请人的信用等级不符合在农村合作金融机构办理进口押汇的客户等级要求，不具备主体资格。

风险类别：客户、产品及业务操作。

控制措施：对押汇申请人的信用等级进行严格审查。

2. 业务调查。

（1）主要风险点：对押汇申请人的基本情况、财务状况、经营管理状况、信誉状况、贸易背景等内容调查不充分。

风险类别：客户、产品及业务操作。

控制措施：明确规定调查内容，加强对调查人员培训和实行上岗资格认证，加强行业风险分析，对调查人的调查进行核查和复核。

（2）主要风险点：对押汇申请人的还款能力、保证金及保证金缺口部分的担保未作相应落实。

风险类别：客户、产品及业务操作。

控制措施：法律审查、多层核查与复核。

（3）主要风险点：调查报告不实。

风险类别：内部欺诈。

控制措施：业务检查、内部审计等；对调查报告进行复核，明确调查人、调查负责人等相关人员的责任。

（4）主要风险点：系统录入错误。

风险类别：执行、交割及流程管理。

控制措施：对录入系统的资料进行复核。

3. 业务审查。

（1）主要风险点：对进口押汇业务所涉及的外汇管理政策、国际惯例、信用证条款、单据表面真实性审查不严密。

风险类别：客户、产品及业务操作。

控制措施：明确业务分工；明确审查内容和审查要求；对初审结果进行复审。

（2）主要风险点：审查人对调查人提交的调查报告审查不全面。

风险类别：客户、产品及业务操作。

控制措施：明确主审查人的审查内容，审查负责人复审。

（3）主要风险点：审查效率不高。

风险类别：执行、交割及流程管理。

控制措施：明确工作时限。

（4）主要风险点：审查失败，未能发现押汇业务调查中存在的重大问题或漏洞。

风险类别：客户、产品及业务操作。

控制措施：实行主审人制度；定期培训和考核。

（5）主要风险点：未按规定送相关部门进行辅助审查。

风险类别：执行、交割及流程管理。

控制措施：明确辅助审查的要求和程序。

4. 业务审批。

（1）主要风险点：越权审批。

风险类别：内部欺诈。

控制措施：严格的授权和转授权系统控制。

（2）主要风险点：超客户信用额度审批。

风险类别：客户、产品及业务操作。

控制措施：严格的授信控制。

（3）主要风险点：分拆审批。

风险类别：内部欺诈。

控制措施：严禁分拆审批，加强信贷监测与检查。

5. 押汇发放。

（1）主要风险点：进口押汇协议书、信托收据、进口押汇申请书存在瑕疵。

风险类别：执行、交割及流程管理。

控制措施：使用统一的格式文本，并对内容的填写认真核查。

（2）主要风险点：系统录入错误。

风险类别：执行、交割及流程管理。

控制措施：复核与监测。

（3）主要风险点：会计核算差错。

风险类别：执行、交割及流程管理。

控制措施：明确进口押汇及时向会计核算部门提交有关凭证。

（4）主要风险点：未落实审批条件发放进口押汇款。

风险类别：执行、交割及流程管理。

控制措施：调查人落实审批书中的前提条件系统控制；审批中的前提条件未落实的情况下，不予发放。

6. 进口押汇业务的贷管理。

（1）主要风险点：未按规定的检查内容和时间间隔进行贷后检查。

风险类别：执行、交割及流程管理。

控制措施：明确贷后检查的内容与要求，贷后检查复核与审定制度；明确贷后检查责任。

（2）主要风险点：押汇申请人拖逃押汇本息。

风险类别：外部欺诈。

控制措施：提示还款，催收、法律手段清收；加强对重点客户的监控。

（3）主要风险点：违规核销进口押汇款。

风险类别：内部欺诈。

控制措施：加强不良贷款管理，明确核销的条件和程序。

（4）主要风险点：进口押汇资料归档不全，归档不及时，档案丢失。

风险类别：执行、交割及流程管理。

控制措施：明确档案管理制度。

7. 系统支持。

主要风险点：系统失败。

风险类别：业务中断和系统失败。

控制措施：实施应急程序。

（三）提货担保

1. 提货担保（包括提单背书）。

（1）主要风险点：提供虚假资料。

风险类别：外部欺诈。

控制措施：提供农村合作金融机构所要求的完备资料；对资料的真实性进行审查；对申请人应具备的基本条件进行审查。

（2）主要风险点：未及时受理客户申请。

风险类别：执行、交割及流程管理。

控制措施：明确业务受理流程，建立岗位责任制。

2. 业务调查。

（1）主要风险点：对申请人基本情况、财务状况，以及经营管理状况、信誉状况、贸易背景等内容调查不充分。

风险类别：客户、产品及业务操作。

控制措施：明确规定调查内容，加强调查人员培训和实行上岗资格认证；对调查人的调查情况进行核查与复核。

（2）主要风险点：对提供担保业务的保证金或保证金缺口部分的担保未作相应落实。

风险类别：客户、产品及业务操作。

控制措施：法律审查、多层核查与复核。

（3）主要风险点：调查报告不实。

风险类别：内部欺诈。

控制措施：业务检查、内部审计等；对调查报告进行复核，明确调查人、调查负责人等相关人员的责任。

（4）主要风险点：系统录入错误。

风险类别：执行、交割及流程管理。

控制措施：对录入系统的资料进行复核。

3. 业务审查。

（1）主要风险点：对提货担保业务所涉及的外汇管理政策、国际惯例、信用证条款、单据的完整性及表面真实性审查不严密。

风险类别：客户、产品及业务操作。

控制措施：明确业务分工，明确审查内容和审查要求，对初审结果进行复审。

（2）主要风险点：审查人对调查人提交的资料审查不全面。

风险类别：客户、产品及业务操作。

控制措施：明确主审查人的审查内容，审查负责人复审。

（3）主要风险点：审查效率不高。

风险类别：执行、交割及流程管理。

控制措施：明确工作时限。

（4）主要风险点：审查未能发现提货担保业务调查中存在的重大问题或漏洞。

风险类别：客户、产品及业务操作。

控制措施：实行主审查人制度，定期培训和考核。

（5）主要风险点：未按规定报送相关部门进行辅助审查。

风险类别：执行、交割及流程管理。

控制措施：明确辅助审查的要求和程序。

4. 业务审批。

（1）主要风险点：越权审批。

风险类别：内部欺诈。

控制措施：严格的授权与转授权系统控制。

（2）主要风险点：超客户信用额度审批。

风险类别：客户、产品及业务操作。

控制措施：严格的授信控制。

（3）主要风险点：分拆审批。

风险类别：内部欺诈。

控制措施：严禁分拆审批，加强信贷监测与检查。

5. 签发提货担保书或办理提单背书。

（1）主要风险点：提货担保（提单背书）申请书、提货担保书存在瑕疵。

风险类别：执行、交割及流程管理。

控制措施：使用统一的格式文本，并对内容的填写认真核查。

（2）主要风险点：会计核算差错。

风险类别：执行、交割及流程管理。

控制措施：明确提货担保业务的核算科目，业务受理部门及时向会计核算部门提交有关凭证。

（3）主要风险点：未落实审批条件签发提货担保书或办理提单背书。

风险类别：执行、交割及流程管理。

控制措施：调查人落实审批书中的前提条件系统控制，在审批书中的前提条件未落实的情况下，不予签发。

6. 提货担保业务的后续管理。

（1）主要风险点：在规定时间内未收到客户归还的提货担保书，未作跟踪查询。

风险类别：客户、产品及业务操作。

控制措施：明确后续业务的处理要求，制定后续业务检查管理规定。

（2）主要风险点：开证申请人逾期未归还提货担保书。

风险类别：外部欺诈。

控制措施：进行归还催讨；加强对重点客户的监控，停止办理提货担保业务。

（3）主要风险点：提货担保资料归档不全、归档不及时、档案丢失。

风险类别：执行、交割及流程管理。

控制措施：明确档案管理制度。

（四）进口代收

1. 代收单据审核和处理。

（1）主要风险点：未根据代收面函的要求处理业务。

风险类别：客户、产品及业务操作。

控制措施：加强对国际业务人员进口代收国际惯例的培训，多层复核。

（2）主要风险点：未能审核出代收面函上不利的条款并及时作出反应。

风险类别：客户、产品及业务操作。

控制措施：加强对国际业务人员进口代收国际惯例的培训。

（3）主要风险点：未能审核出禁止或不支持受理的业务类型并及时对外、对客户作出明示，卷入纠纷。

风险类别：客户、产品及业务操作。

控制措施：加强对国际业务人员进口代收国际惯例的培训及进口代收操作规程的学习，多层复核。

（4）主要风险点：内部单据交接出现问题，单据丢失。

风险类别：执行、交割及流程管理。

控制措施：明确档案管理制度，明确内部单据交接制度建立责任追究制度。

2. 对外付款（承兑）。

（1）主要风险点：付款人不具备对外付汇的资格。

风险类别：客户、产品及业务操作。

控制措施：对付款人的对外付汇资格进行审查，提供外汇局要求的对外付汇材料；加强对业务人员关于外汇局对外汇有关规定的培训。

（2）主要风险点：漏付款（承兑）。

风险类别：客户、产品及业务操作。

控制措施：多层核查和复核。

（3）主要风险点：迟付款（承兑）。

风险类别：客户、产品及业务操作。

控制措施：业务部门及时向会计结算部门提交付款（承兑）凭证，多层核查与复核。

（4）主要风险点：汇路（或付款、承兑报文）出现错误。

风险类别：客户、产品及业务操作。

控制措施：多层复核。

3. 代收档案管理。

主要风险点：代收档案移交不及时。

风险类别：执行、交割及流程管理。

控制措施：业务人员及时移交代收档案，加强事后监管。

4. 系统支持。

主要风险点：主机失败。

风险类别：业务中断和系统失败。

控制措施：实施应急方案。

（五）出口信用证

1. 印、押核实。

（1）主要风险点：通知虚假信用证给客户。

风险类别：内部欺诈。

控制措施：业务检查、内部审计等；建立双人临柜（经办和复核）制度，适用于每个操作环节。

（2）主要风险点：通知未加核实的信用证给客户而未加说明导致纠纷。

风险类别：客户、产品及业务操作。

控制措施：建立岗位责任制度，适用于每个操作环节。

2. 条款审查。

（1）主要风险点：接受条款对农村合作金融机构不利的信用证。

风险类别：客户、产品及业务操作。

控制措施：建立岗位责任制度，适用于每个操作环节。

（2）主要风险点：接受其中含有明显不符合我国法律或带有歧视性条款的信用证。

风险类别：客户、产品及业务操作。

控制措施：熟悉和了解我国法律的基本知识和外汇管理政策。

（3）主要风险点：接受不适用 UCP600 或具有陷阱条款的信用证。

风险类别：客户、产品及业务操作。

控制措施：熟悉掌握相关的国际惯例，加强国际结算人员培训。

3. 信用证通知（以上均包括信用证修改保兑、偿付授权等）。

（1）主要风险点：未及时通知客户。

风险类别：客户、产品及业务操作。

控制措施：明确业务处理的时限和程序。

（2）主要风险点：被通知客户非信用证受益人。

风险类别：客户、产品及业务操作。

控制措施：身份审查（留下身份证等相关信息），要求客户留下联系人和联系方式。

（3）主要风险点：农村合作金融机构已通知客户，但客户声称未收到。

风险类别：执行、交割及流程管理。

控制措施：建立完善的文件交接手续。

4. 信用证撤销。

（1）主要风险点：撤销在农村合作金融机构尚有融资余额的信用证，导致农村合作金融机构融资产生风险。

风险类别：客户、产品及业务操作。

控制措施：加强与信贷管理、支行、会计结算等相关部门的沟通联系。

（2）主要风险点：未经开证或客户同意擅自撤销信用证，引发纠纷。

风险类别：执行、交割及流程管理。

控制措施：只受理农村合作金融机构通知的信用证的撤销，要求提供开证行或客户同意撤证的书面委托书和意见。

5. 信用证项下单据处理（包括审单、寄单、换单、退单）。

（1）主要风险点：副本交单引发纠纷。

风险类别：客户、产品及业务操作。

控制措施：凭信用证正本交单；特殊情况下的副本交单须要求客户提供担保函；副本交单不得加注背批条款。

（2）主要风险点：非全套信用证及其修改件交单造成单证实际不符。

风险类别：客户、产品及业务操作。

控制措施：如为农村合作金融机构通知的信用证，应根据农村合作金融机构留底副本认真查验，并进行表面合理性审查；非农村合作金融机构通知的信用证，在不能确认的情况下，需要求客户提供担保函。

（3）主要风险点：不符合单据寄单索汇。

风险类别：客户、产品及业务操作。

控制措施：提高审单质量，建立审单记录制度，保留好与对方银行完整的电信记录；要求客户提供担保函。

（4）主要风险点：换单时由于单据金额减少导致农村合作金融机构融资产生风险。

风险类别：客户、产品及业务操作。

控制措施：加强与信贷管理部门、支行等相关部门的沟通联系。

（5）主要风险点：单据遗失。

风险类别：执行、交割及流程管理。

控制措施：建立完善的文件交接手续。

6. 信用证项下收汇。

（1）主要风险点：开证行无理拒付。

风险类别：客户、产品及业务操作。

控制措施：及时告知客户，采取措施；配合客户并加紧催收。

（2）主要风险点：开证行迟付。

风险类别：客户、产品及业务操作。

控制措施：及时催收。

（3）主要风险点：收汇款项未入指定账户。

风险类别：客户、产品及业务操作。

控制措施：索汇指示和路径必须明确具体。

（4）主要风险点：不符合单据索汇直接将偿付行汇入款项入客户账，但开证行拒付引发纠纷。

风险类别：执行、交割及流程管理。

控制措施：得到开证行的授权后方可索偿；直接索偿的必须得到开证行确认后方可入客户账；如客户要求，需提供担保函。

（5）主要风险点：收到付款通知书但未收到款项。

风险类别：执行、交割及流程管理。

控制措施：及时向开证行查询。

（6）主要风险点：未及时解付客户。

风险类别：执行、交割及流程管理。

控制措施：明确业务处理的时限和程序。

（7）主要风险点：转让信用证下款项入错第一或第二受益人账户造成纠纷。

风险类别：执行、交割及流程管理。

控制措施：尽可能通过业务流程控制减少业务差错。

（8）主要风险点：会计核算差错。

风险类别：执行、交割及流程管理。

控制措施：明确款项的核算科目。

（9）主要风险点：未按外汇局要求进行国际收支申报、结汇、外汇账户补录等，受到外汇局处罚。

风险类别：执行、交割及流程管理。

控制措施：熟悉掌握外汇管理政策。

7. 出口信用证档案管理。

主要风险点：档案遗失。

风险类别：执行、交割及流程管理。

控制措施：明确档案管理制度。

8. 系统支持。

主要风险点：系统中断。

风险类别：业务中断和系统失败。

控制措施：实施应急程序。

（六）出口押汇

1. 客户申请。

主要风险点：未提交出口押汇、贴现业务协议。

风险类别：客户、产品及业务操作。

控制措施：明确规定业务办理必须与农村合作金融机构签订出口押汇、贴现业务协议。

2. 业务审核。

（1）主要风险点：信用证存在不利条款。

风险类别：客户、产品及业务操作。

控制措施：明确出口押汇项下信用证条款审核要求，由单证业务专业人员审核。

（2）主要风险点：信用证项下单据不符。

风险类别：客户、产品及业务操作。

控制措施：根据国际惯例严格审核单据，出口押汇业务项下单据须经开证行接受方可办理。

（3）主要风险点：承兑电文无效。

风险类别：客户、产品及业务操作。

控制措施：明确规定可接受的有效电文形式，承兑电文确认由经理级复核。

（4）主要风险点：未及时出具单证审核意见。

风险类别：执行、交割及流程管理。

控制措施：建立岗位责任制，明确业务办理时效。

3. 押汇入账。

（1）主要风险点：系统外操作。

风险类别：内部欺诈。

控制措施：严禁出口押汇、贴现业务在结算系统外操作。

（2）主要风险点：系统录入错误。

风险类别：执行、交割及流程管理。

控制措施：复核与监督。

（3）主要风险点：会计核算差错。

风险类别：执行、交割及流程管理。

按制措施：明确出口押汇核算科目复核与监督。

（4）主要风险点：利率、费率优惠未经审批或超权限。

风险类别：执行、交割及流程管理。

控制措施：经有关领导审批，明确部门及审批人权限，严禁超越权限审批。

（5）主要风险点：预扣费用、利息不足。

风险类别：执行、交割及流程管理。

控制措施：复核与监督与系统控制。

4. 到期收汇。

（1）主要风险点：收汇后未及时归还押汇款。

风险类别：执行、交割及流程管理。

控制措施：系统控制。

（2）主要风险点：核销联出具错误。

风险类别：执行、交割及流程管理。

控制措施：明确出口押汇收汇后方能出具核销联。

（3）主要风险点：账户信息补录遗漏或错误。

风险类别：执行、交割及流程管理。

控制措施：系统控制。

（4）主要风险点：押汇单据被国外拒收。

风险类别：执行、交割及流程管理。

控制措施：到期无法正常收汇，根据协议向客户追索。

（5）主要风险点：逾期未收汇。

风险类别：执行、交割及流程管理。

控制措施：根据押汇协议向客户追索。

5. 押汇管理。

（1）主要风险点：出口押汇逾期比例超过 0.5%。

风险类别：执行、交割及流程管理。

控制措施：定期检查严格控制；对于无法归还押汇的企业，立即停止一切贸易融资业务。

（2）主要风险点：档案丢失。

风险类别：执行、交割及流程管理。

控制措施：明确档案管理制度。

6. 系统支持。

（1）主要风险点：系统失败。

风险类别：业务中断和系统失败。

控制措施：实施应急程序。

（七）福费廷

1. 客户申请。

主要风险点：未与农村合作金融机构签订款项让渡函。

风险类别：客户、产品及业务操作。

控制措施：明确规定业务办理必须提交款项让渡函。

2. 业务审核。

（1）主要风险点：信用证存在不利条款。

风险类别：客户、产品及业务操作。

控制措施：由单证业务专业人员审核并出具意见，明确福费廷业务信用证条款审核要求。

（2）主要风险点：承兑电文无效。

风险类别：客户、产品及业务操作。

控制措施：明确规定可接受的有效电文形式，承兑电文复核需经理级复核。

（3）主要风险点：无效报价。

风险类别：客户、产品及业务操作。

控制措施：双方有效确认。

3. 福费廷入账。

（1）主要风险点：系统外操作。

风险类别：内部敲诈。

控制措施：严禁福费廷业务在系统外办理。

（2）主要风险点：系统录入错误。

风险类别：执行、交割及流程管理。

控制措施：复核与监督。

（3）主要风险点：会计核算差错。

风险类别：执行、交割及流程管理。

控制措施：明确福费廷核算科目，复核与监督。

（4）主要风险点：利率、费率优惠未经审批或超权限。

风险类别：执行、交割及流程管理。

控制措施：有关部门审批；明确部门审批权限，严禁超权限审批。

（5）主要风险点：预扣费用、利息不足。

风险类别：执行、交割及流程管理。

控制措施：复核与监督；系统控制。

（6）主要风险点：核销联出具错误。

风险类别：执行、交割及流程管理。

控制措施：复核与监督。

4. 到期收汇。

（1）主要风险点：收汇后未及时归还福费廷款项。

风险类别：执行、交割及流程管理。

控制措施：系统控制。

（2）主要风险点：账户信息补录遗漏或错误。

风险类别：执行、交割及流程管理。

控制措施：系统控制。

（3）主要风险点：逾期未收汇。

风险类别：执行、交割及流程管理。

控制措施：积极催收查询，根据国际惯例据理力争，并要求支付利息。

5. 贷后管理。

主要风险点：档案丢失。

风险类别：执行、交割及流程管理。

控制措施：明确档案管理制度。

6. 系统支持。

主要风险点：结算系统失败。

风险类别：业务中断和系统失败。

控制措施：实施应急程序。

（八）出口托收

1. 客户申请。

（1）主要风险点：未及时受理客户申请。

风险类别：执行、交割及流程管理

控制措施：明确业务处理的时限和程序，建立岗位责任制度。

（2）主要风险点：客户不具备业务操作。

风险类别：客户、产品及业务操作。

控制措施：提供农村合作金融机构所要求的完备资料，对资料的真实性进行审查，对借款人应具备的基本条件进行审查。

（3）主要风险点：业务不合规。

风险类别：客户、产品及业务操作。

控制措施：熟悉和了解我国法律的基本知识和外汇管理政策。

2. 出口托收项下单据处理（包括审单、寄单、换单、退单）。

（1）主要风险点：单据不符。

风险类别：客户、产品及业务操作。

控制措施：提高审单质量。

（2）主要风险点：单据不符合国际惯例。

风险类别：客户、产品及业务操作。

控制措施：熟悉掌握国际惯例，加强培训。

（3）主要风险点：单据中有些内容给农村合作金融机构带来风险。

风险类别：客户、产品及业务操作。

控制措施：要求更改，否则不予受理；提高审单质量。

（4）主要风险点：单据遗失。

风险类别：执行、交割及流程管理。

控制措施：建立完善的文件交接手续。

（5）主要风险点：未征得客户同意，改变代收行导致纠纷。

风险类别：执行、交割及流程管理。

控制措施：需根据客户委托书确定代收银行，若需更改，必须征得客户同意。

3. 出口托收项下收汇。

（1）主要风险点：收汇款项未入指定账户。

风险类别：执行、交割及流程管理。

控制措施：索汇指示和路径必须明确具体。

（2）主要风险点：收到付款通知书但未收到款项。

风险类别：执行、交割及流程管理。

控制措施：及时向代收行查询。

（3）主要风险点：未按托收指示处理造成收汇风险。

风险类别：客户、产品及业务操作。

控制措施：配合客户并加紧催收。

（4）主要风险点：未及时解付给客户。

风险类别：执行、交割及流程管理。

控制措施：明确业务处理的时限和程序。

（5）主要风险点：会计核算差错。

风险类别：客户、产品及业务操作。

控制措施：明确核算科目；结算部门及时向会计核算部门提交有关凭证。

（6）主要风险点：未按外汇局要求进行国际收支申报、结汇、外汇账户补录等，受到外汇局处罚。

风险类别：执行、交割及流程管理。

控制措施：熟悉掌握外汇管理政策。

（7）主要风险点：未进行反洗钱申报造成不良后果。

风险类别：执行、交割及流程管理。

控制措施：熟悉掌握外汇管理政策。

4. 出口托收档案管理。

主要风险点：档案遗失。

风险类别：执行、交割及流程管理。

控制措施：明确档案管理制度。

5. 系统支持。

主要风险点：系统失败。

风险类别：业务中断和系统失败。

控制措施：实施应急程序。

（九）出口托收押汇

1. 客户申请。

主要风险点：未提交出口押汇、贴现业务协议。

风险类别：客户、产品及业务操作。

控制措施：明确规定业务办理必须与农村合作金融机构签订出口押汇、贴现业务协议。

2. 业务审核。

（1）主要风险点：出口托收项下单据不一致。

风险类别：客户、产品及业务操作。

控制措施：由单据业务专业人员审核，出口托收项下办理押汇的单据审核实行双复核或经理级复核。

（2）主要风险点：未及时出具代收行及单据审核意见。

风险类别：执行、交割及流程管理。

控制措施：建立岗位责任制，明确业务办理时效。

3. 押汇入账。

（1）主要风险点：融资比例、融资期限有误。

风险类别：执行、交割及流程管理。

控制措施：根据客户信用等级确定正确的融资比例，融资期限为合理收汇日期，最长不得超过 180 天。

（2）主要风险点：系统外操作。

风险类别：内部欺诈。

控制措施：严禁出口押汇、贴现业务在结算系统操作。

（3）主要风险点：系统录入错误。

风险类别：执行、交割及流程管理。

控制措施：复核与监督。

（4）主要风险点：会计核算差错。

风险类别：执行、交割及流程管理。

控制措施：明确出口押汇核算科目，复核与监督。

（5）主要风险点：利率、费率优惠未经审批或超权限。

风险类别：执行、交割及流程管理。

控制措施：经有关部门审批；明确部门权限，严禁超权限审批。

（6）主要风险点：预扣费用、利息不足。

风险类别：执行、交割及流程管理。

控制措施：复核与监督，系统控制。

4. 到期收汇。

（1）主要风险点：收汇后未及时归还押汇款。

风险类别：执行、交割及流程管理。

控制措施：系统控制。

（2）主要风险点：托收单据出现拒付、退单、减额。

风险类别：执行、交割及流程管理。

控制措施：及时通知有关部门，采取有效手段向客户追索。

（3）主要风险点：到期未收汇。

风险类别：执行、交割及流程管理。

控制措施：及时查询、催收，根据押汇协议向客户追索。

（4）主要风险点：核销联出具错误。

风险类别：执行、交割及流程管理。

控制措施：明确出口押汇收汇后方能出具核销联。

（5）主要风险点：账户信息补录遗漏或错误。

风险类别：执行、交割及流程管理。

控制措施：系统控制。

5. 贷后管理。

（1）主要风险点：出口押汇逾期超7天且客户未能及时偿还。

风险类别：执行、交割及流程管理。

控制措施：转为不良，停止该客户所有贸易融资业务并追索罚息；及时通知有关部门，采取有效手段保全农村合作金融机构资金。

（2）主要风险点：客户资信恶化，国内外市场信息异常。

风险类别：执行、交割及流程管理。

控制措施：随时了解发展动态，及时采取防范补救措施。

（3）主要风险点：档案丢失。

风险类别：执行、交割及流程管理。

控制措施：明确档案管理制度。

6. 系统支持。

主要风险点：系统失败。

风险类别：业务中断和系统失败。

控制措施：实施应急程序。

（十）出口保理

1. 客户申请。

（1）主要风险点：贸易背景不真实。

风险类别：外部欺诈。

控制措施：要求企业提供完备的资料；审查贸易背景的真实性。

（2）主要风险点：出口企业不具备主体资格。

风险类别：客户、产品及业务操作。

控制措施：审查出口企业基本条件。

2. 联系进口保理商。

（1）主要风险点：进口保理商不具备主体资格。

风险类别：客户、产品及业务操作。

控制措施：进口保理商与农村合作金融机构签订正式保理协议。

（2）主要风险点：业务操作不符合 FCI 规则。

风险类别：客户、产品及业务操作。

控制措施：根据 FCI 规则操作。

3. 依据进口保理商核定的额度与出口商核定出口保理额度。

主要风险点：为出口商核定的出口保理额度超出农村合作金融机构应承担的责任范围。

风险类别：客户、产品及业务操作。

控制措施：农村合作金融机构核定的出口保理额度不得高于进口保理商核定的额度。

4. 签订保理协议。

主要风险点：保理协议存在瑕疵。

风险类别：执行、交割及流程管理。

控制措施：使用统一的协议格式，并对协议内容认真核查。

5. 单寄进口商并告知进口保理商。

（1）主要风险点：贸易背景不真实。

风险类别：外部欺诈。

控制措施：要求出口商将全套正本单据交农村合作金融机构转寄进口商；要求出口商提供相关贸易合同，审查贸易背景的真实性。

（2）主要风险点：未及时告知进口保理商转让应收账款相关信息。

风险类别：客户、产品及业务操作。

控制措施：根据 FCI 规则操作。

6. 业务审批。

（1）主要风险点：越权审批。

风险类别：内部欺诈。

控制措施：严格的授权与转授权，系统控制。

（2）主要风险点：超客户授信额度、进口保理商额度审批。

风险类别：客户、产品及业务操作。

控制措施：严格的授信控制。

7. 融资发放。

（1）主要风险点：为申请办理非融资型保理业务的客户发放融资。

风险类别：执行、交割及流程管理。

控制措施：区别客户申请办理出口保理业务的类型，根据业务管理办法的规定为客户提供融资。

（2）主要风险点：发放融资金额、比例不符合规定。

风险类别：执行、交割及流程管理。

控制措施：在出口保理额度内为企业提供不超过发票金额80%的融资。

（3）主要风险点：会计核算差错。

风险类别：执行、交割及流程管理。

控制措施：明确相关核算科目，贷款部门及时向会计核算部门提交有关凭证。

（4）主要风险点：未落实业务审批条件发放融资。

风险类别：执行、交割及流程管理。

控制措施：调查人落实审批书中的前提条件。

（5）主要风险点：系统录入错误。

风险类别：执行、交割及流程管理。

控制措施：复核与监督。

8. 贷后管理。

（1）主要风险点：未按规定进行应收账款管理。

风险类别：客户、产品及业务操作。

控制措施：定期与进口保理商联络，了解应收账款信息。

（2）主要风险点：进口商由于财务或资信原因到期不能付款。

风险类别：外部欺诈。

控制措施：及时联络进口保理商进行赔付。

（3）主要风险点：进口保理商未在应收账款到期后90天内付款。

风险类别：外部欺诈。

控制措施：区别出口保理业务类型，向出口商赔付。

（4）主要风险点：由于欺诈、贸易纠纷等非财务因素，进口商到期不付款。

风险类别：外部欺诈。

控制措施：向出口商进行追索，实施应急程序。

9. 外汇交易。

（1）主要风险点：业务处理系统操作不当。

风险类别：执行交割及流程管理。

控制措施：加强系统操作权管理，加强操作复核，加强系统操作培训。

（2）主要风险点：与交易对手超额交易。

风险类别：客户、产品及业务操作。

控制措施：交易前在风险控制系统中仔细检查交易对手额度，一旦超额度及时上报。

（3）主要风险点：日常操作失误。

风险类别：执行交割及流程管理。

控制措施：提高风险意识，仔细核对每笔交易，减少操作失误。

第二节　国际结算业务模型的设计

由于国际结算业务的制度较多且变化较快，所衍生的业务种类和单证样式也较多，因此，国际结算业务的风险点识别目前还不能全部通过计算机手段实现，特别是书面单证要素的完整性和准确性，需利用影像技术和其他相关学科的知识来不断完善。对国际结算业务审计模型的设计主要是根据目前可能以计算机手段实现的对国际结算业务风险进行测试来设计审计模型。

一、外汇个人账户的非法结汇

审计模型分析思路：根据《个人外汇管理办法实施细则》第二十九条关于"本人外汇结算账户与外汇储蓄账户间资金可以划转，但外汇储蓄账户向外汇结算账户的划款限于划款当日的对外支付，不得划转后结汇"的规定，我们可以根据外汇储蓄账户划入的外汇结算账户的资金来源来确定银行或个人有无进行非法结汇。

审计模型设计方法：

步骤一：从当日的会计业务流水表中提取所有从本人外汇储蓄账户转入外汇结算账户的流水，形成"外汇储蓄转结算临时流水表"。

步骤二：将"外汇储蓄转结算临时流水表"中的流水与结汇流水表中的记录和外汇结算账户中的余额与结汇金额进行比较，确定有无从外汇储蓄账户划入外汇结算账户而直接结汇的情况。

审计模型数据来源：会计业务流水表；结汇流水表。

二、贷款专户资金账户的余额是否超过规定金额

审计模型分析思路：根据《境内外汇账户管理规定》（银发〔1997〕416 号）第三十二条关于"境内机构可以根据贷款协议中规定的用途使用贷款专户资金，不需经外汇局批准。还贷专户的资金余额不得超过最近两期偿还本息总额，支出应当逐笔报外汇局审批"的规定，我们可以将外汇结算贷款专户的存款余额与检查日之前两期的贷款本息和进行比较，来确定该贷款专户资金的余额是否存在超过规定额度的违规情况。

审计模型设计方法：

步骤一：从"活期存款账户主档"表中找出经常项目外汇结算账户中的账户性质为"资本项目还贷专户"的所有记录。

步骤二：根据产生的资本项目还贷专户的账户账号，从"活期账户交易明细文件"表中确定该账户前两期的还贷本息和。

步骤三：根据该账户的还贷本息和，从"活期存款余额主档"表中确定

检查日时点的账户余额是否超过上两期的归还贷款的本息和（当然也可以从存款积数表中取相应积数，来确定某一时段内该账户的余额是否超过上两期的本息和）。

审计模型数据来源：活期存款账户主档；活期存款余额主档；活期账户交易明细文件。

三、经常项目下非经营性结汇超年度总额的结汇资金流向是否合规

审计模型分析思路：《个人外汇管理办法实施细则》第十一条规定："境外个人经常项目下非经营性结汇超过年度总额的，凭本人有效身份证件及以下证明材料在银行办理：（一）房租类支出：房屋管理部门登记的房屋租赁合同、发票或支付通知；（二）生活消费类支出：合同或发票；（三）就医、学习等支出：境内医院（学校）收费证明；（四）其他：相关证明及支付凭证。上述结汇单笔等值5万美元以上的，应将结汇所得人民币资金直接划转至交易对方的境内人民币账户。"我们可以根据经常项目下非经营性结汇单笔等值超过5万美元以上的会计流水，查找是否存在结汇后的人民币未使用转账方式。

审计模型设计方法：

步骤一：根据"活期存款账户主档"提取出相应的经常项目下非经营性账户记录。

步骤二：通过筛选出来的账号，结合"活期存款交易明细文件"的流水和"汇率明细表"中的汇率，确定当日交易大于5万元人民币且摘要栏为"非经营性结汇"后的流水之后第一笔为现金支取方式的流水。

审计模型数据来源：活期存款账户主档；活期存款交易明细文件；汇率明细表。

第三节 应用实例

一、未按规定收取进口信用证开证保证金

【审计目标】为了使开证行能控制进口信用证申请人的授信额度内的风

险，降低操作中的风险，开证行应按规定，要求申请人在规定限度内按最大金额缴存保证金。

【分析建模】

1. 审计思路。根据《××合作银行外汇业务会计操作细则》第二十七条有关"支行向相关部门申请对开证申请人办理授信额度，国际业务部建立台账，……若开证申请书规定金额可在一定幅度内增减，所收取保证金和所占额度应按信用证的最大金额落实"的规定，我们可以根据办理进口信用证时的相关信息，查找对应保证金金额，来确定保证金的收取是否符合规定。

2. 数据准备。会计业务流水表，保证金业务登记簿。

3. 审计过程：

步骤一：从业务流水表提取进口信用证的流水。

步骤二：根据进口信用证的流水日期和机构确定当日该机构的保证金账户的流水。

步骤三：通过流水比较，确定是否存在未按规定收取保证金的情况。

参考 SQL 语句：

SELECT 交易日期，机构号，交易柜员，流水号，账号，币种，交易金额，户名，借贷标志，摘要栏 INTO 信用证交易临时流水表 FROM 业务流水表 WHER 业务类型＝'进口信用证'AND 交易状态＝'正常'AND 交易日期 BETWEEN 日期 1 AND 日期 2

SELECT A. 机构号，A. 户名，A. 交易金额，A. 摘要栏，A. 交易日期，B. 实收保证金金额，A. 交易金额＊B. 保证金比例 AS 应收保证金金额 FROM 信用证交易临时流水表 A，保证金业务登记簿 B WHERE A. 账号＝B. 账号 AND A. 机构号＝B. 交易机构 AND A. 币种＝B. 币种 UNION

SELECT A. 机构号，A. 户名，A. 交易金额，A. 摘要栏，A. 交易日期，NULL，NULL FROM 信用证交易临时流水表 LEFT JOIN 保证金业务登记簿 ON 信用证交易临时流水表 . 账号＝保证金业务登记簿 . 账号 WHERE 信用证交易临时流水表 . 机构号＝保证金业务登记簿 . 交易机构 AND 信用证交易临时流水表 . 币种＝保证金业务登记簿 . 币种

【案例分析】2008 年 10 月 22 日，××合作银行为某贸易有限公司开立即期进口信用证 DCYZBK0800096，金额为 USD 35 330.35（±10%），出账通知书中保证金比例为 20%，保证金金额为 USD7 066.07（USD35 330.35＊

20% = USD7 066.07）。

二、未及时处理超期限的应解汇款业务

【审计目标】根据应解汇款的性质，应解汇款科目下核算的资金均属于待划转的临时性过渡资金，用于核算此类资金的分户不属于银行结算账户，仅仅是为了方便未在本行开立银行结算账户的单位和个人的款项划转，而进行过渡性会计账务核算的内部会计核算账户，同存款人因结算需要主动到银行申请开立的临时存款账户具有本质区别。目前，一些银行将其作为临时存款账户使用，通过其办理资金收付是违反该科目核算和账户管理规定的，容易产生账外经营和内部作案等违法违规行为，应予以纠正。

【分析建模】

1. 审计思路：根据《××合作银行外汇业务会计操作细则》第四十二条有关"经查询后，因收款人名称、账户不符而无法解付的汇入款，超过一个月，应主动与代理行联系退汇事宜"的规定，超过一个月的无法解付的汇入款应该及时进行清理，以防范违反科目核算和账户管理规定的，产生账外经营和内部作案等违法违规行为。

2. 数据准备：应解汇款登记簿。

3. 审计过程：

步骤一：从应解汇款登记簿中提取尚未解付的记录。

步骤二：根据应解汇款登记簿中的登记日期，提取超过 2 个月的记录。

参考 SQL 语句：SELECT 登记日期，登记机构，户名，账号，登记金额，登记柜员，币种 FROM 应解汇款登记簿 WHERE DATEDIFF（DAY，登记日期，当日工作日）>60 AND 挂账状态 = '正常未销'

【案例分析】2009 年 4 月 29 日，××合作银行应解汇款收入 2 笔，金额分别是 USD 49 990.00、USD 48 084.00，至 2009 年 11 月，尚未处理。

三、信用证垫款审计

【审计目标】一些银行外汇流动资金存量下降，外汇业务无法正常开展，银行经营出现亏损。一些银行为了不影响资金使用，逃避外汇监管，减少购付汇审批手续，将外汇垫款转为人民币贷款，这样从表面上看信用证为按时承付未发生垫款，实际上是转嫁到了人民币贷款上。这很容易给个别不法企

业和不法分子提供骗购外汇的可乘之机，最终将导致国家外汇储备的流失。

【分析建模】

1. 审计思路：通过对客户基本信息、信用证开立明细和信用证来单的数据进行处理和分析，关注海运、空运等货运提单为空值的数据信息，确定有虚构信用证贸易背景的可疑交易。通过对信用证垫款信息、企业借款凭证的数据进行处理和分析，关注客户贷款日期与信用证付款日期相差较小的交易数据，确定利用新增贷款掩盖信用证垫款的可疑交易数据。

2. 数据准备：客户基本信息表；信用证开立表；信用证来单表；普通贷款分户文件。

3. 审计过程：

步骤一：客户基本信息表与信用证开立表以客户内码为条件关联，建立客户名及信用证号明细表。

参考 SQL 语句：SELECT A. 客户名称，A. 客户号，A. 客户内码，B. 信用证号 INTO 客户名及信用证号明细表 FROM 客户基本信息表 A，信用证开立表 B WHERE A. 客户内码 = B. 客户内码

步骤二：客户名及信用证号明细表与信用证来单表以信用证号为条件关联，建立信用证垫款表。

参考 SQL 语句：SELECT A. *，B. 付款日期，B. 垫款金额 INTO 信用证垫款表 FROM 客户名及信用证号明细表 A，信用证来单表 B WHERE A. 信用证号 = B. 信用证号 AND LEN（提单）= 0

步骤三：借款日期与信用证付款日期相差 3 天的条件，建立信用证垫款贷款表。

参考 SQL 语句：SELECT B. *，A. 贷款账号，A. 贷款日期，A. 贷款日期 INTO 信用社垫款贷款表 FROM 普通贷款分户文件 A，信用社垫款表 B WHERE DATEDIFF（DD，B. 付款日期，A. 贷款日期）BETWEEN 0 AND 3

【案例分析】通过分析，以信用证垫款记录为线索，查找贷款日期与信用证付款日期相接近的数据，建立分析模型。重点关注开证银行向企业发放新增贷款，揭示银行业务内部控制的薄弱环节和风险点。

第十三章 财务收支的计算机审计

第一节 财务收支主要风险点分析

一、财务收支主要内容介绍

农村合作金融机构财务收支是指在从事各项业务活动中，为筹集、使用、分配资金而进行的收支活动。财务收支涉及的全部经济活动，是经济业务活动的货币、价值形式的反映。财务收支的内容包括资产、负债、收入与费用、所有者权益等内容。

（一）资产

农村合作金融机构的资产是指过去交易或者事项形成的、由农村合作金融机构拥有或者控制的、预期会给农村合作金融机构带来经济利益的资源。

1. 固定资产。固定资产是指农村合作金融机构为提供劳务、出租或经营管理而持有的，使用寿命超过一个会计年度的有形资产。使用寿命，是指使用固定资产的预计期间，或者该固定资产所能生产产品或提供劳务的数量。符合规定条件的已出租建筑物作为投资性房地产核算，能够单独计价的土地使用权作为无形资产核算。

固定资产同时满足与该固定资产有关的经济利益很可能流入农村合作金融机构，以及该固定资产的成本能够可靠地计量时才能予以确认。

固定资产管理操作风险控制点（以下内容引自农村金融系统基本会计政策和财务管理办法关于固定资产的相关规定）：

（1）固定资产的各组成部分具有不同使用寿命或者以不同的方式为农村金融提供经济利益，适用不同折旧率或折旧方法的，应分别将各组成部分确认为单项固定资产。与固定资产有关的后续支出，符合固定资产确认条件的，如固定资产改良支出，计入固定资产成本，同时将被替换部分的账面价值扣除；不符合确认条件的，如修理费用等，在发生时计入当期损益。

（2）固定资产按成本进行初始计量。

①外购固定资产，以购买价款、相关税费、使固定资产达到预定可使用状态前所发生的可归属于该资产的运输费、装卸费、安装费和专业人员服务费等作为入账价值。购置计算机硬件所附带的、未单独计价的软件计入固定资产成本。

以一笔款项购入多项没有单独标价的固定资产，应按各项固定资产公允价值比例对总成本进行分配，分别确定各项固定资产的成本。

外购房屋建筑物支付的价款无法在地上建筑物与土地使用权之间分配的，应确认为一项固定资产。

购买价款超过正常信用条件延期支付，实质上具有融资性质的，固定资产的成本以购买价款的现值为基础确定。实际支付的价款与购买价款的现值之间的差额，除应予资本化的以外，在信用期间内计入当期损益。

②自行建造的固定资产，按建造该项资产达到预定可使用状态前所发生的必要支出，如建筑及安装工程支出、装修支出、设备费用及相关税金等，作为入账价值。

已达到预定可使用状态但尚未办理竣工决算手续的，应先按估计价值作为固定资产入账价值，并计提折旧，待确定实际价值后再进行调整，但不需调整原已计提的折旧额。

③投资者投入的固定资产，按投资合同或协议约定的价值作为入账价值，但合同或协议约定价值不公允的除外。

④在原有固定资产基础上进行改、扩建的，按原固定资产的账面价值，加上由于改建、扩建而使该项资产达到预定可使用状态前发生的支出，减去改建、扩建过程中发生的变价收入，作为入账价值。

⑤经批准将抵债资产转为自用的固定资产，以抵债资产的账面价值作为入账价值；出租的建筑物转为自用的，以投资性房地产账面价值作为固定资产的入账价值。

⑥接受捐赠的固定资产，按以下规定确定入账价值。

捐赠方提供了有关凭据的，按凭据上标明的金额加上应支付的相关税费，作为入账价值；

捐赠方没有提供有关凭据的，按以下顺序确定其入账价值：同类或类似固定资产存在活跃市场的，按同类或类似固定资产的市场价格估计的金额，加上应支付的相关税费，作为入账价值；同类或类似固定资产不存在活跃市场的，按接受捐赠固定资产的预计未来现金流量现值，作为入账价值。

若接受捐赠旧固定资产，按依据上述方法确定的新固定资产价值，减去按该项资产新旧程度估计的价值损耗后的余额，作为入账价值。

⑦盘盈的固定资产，按以下规定确定入账价值：若同类或类似固定资产存在活跃市场的，按同类或类似固定资产的市场价格，减去按该项资产的新旧程度估计的价值损耗后的余额，作为入账价值；若同类或类似固定资产不存在活跃市场的，按该项固定资产的预计未来现金流量现值，作为入账价值。

⑧融资租赁租入的固定资产，以租赁期开始日租赁资产公允价值与最低租赁付款额现值两者中较低者作为租入固定资产的入账价值。在租赁谈判和签订租赁合同过程中发生的可归属于租赁项目的手续费、律师费、差旅费、印花税等初始直接费用，计入租入固定资产价值。

（3）农村合作金融机构应对所有固定资产计提折旧，但是，已提足折旧仍继续使用的固定资产除外。农村合作金融机构固定资产折旧一般采用年限平均法，分单项固定资产按月计提，提取的折旧计入当期损益。固定资产折旧采用备抵法核算。折旧应根据月初固定资产应计折旧额计算。当月新增加的固定资产，从投入使用月份的次月起计入应计折旧额；当月减少的固定资产，当月仍计提折旧，从下月起不再计提折旧。

因更新改造、装修等原因而调整固定资产价值的，应根据调整后价值以及预计尚可使用年限和净残值计提折旧。

接受捐赠的固定资产，应按确定的固定资产入账价值、预计尚可使用年限和净残值计提折旧。

固定资产发生的装修费用，符合固定资产确认条件的，应在两次装修期间、剩余租赁期与固定资产剩余使用寿命三者中较短的期间内计提折旧。

已计提减值准备的固定资产，应扣除已计提的固定资产减值准备累计金额。

经营性租出固定资产（不含已出租的建筑物）取得的租金，应在租赁期内的各个期间按直线法确认为当期损益，所发生的初始直接费用确认为当期损益。或有租金应在实际发生时确认为当期损益。

初始直接费用是指租赁双方在租赁谈判和签订租赁合同过程中发生的、可归属于租赁项目的相关费用，主要包括手续费、律师费、差旅费、印花税等。

（4）固定资产处于处置状态或该固定资产预期通过使用或处置不能产生经济利益的应予以终止确认。终止确认的固定资产，区分不同情况分别进行如下处理：

①出售、转让、报废固定资产或发生固定资产毁损，应将处置收入扣除账面价值和相关税费后的金额计入当期损益。固定资产的账面价值是固定资产成本扣减累计折旧、累计减值准备后的金额。

②持有待售的固定资产，应调整该项固定资产的预计净残值，使预计净残值能够反映其公允价值减去处置费用后的金额；但不得超过符合持有待售条件时该项固定资产的原账面价值，原账面价值高于预计净残值的差额，作为资产减值损失计入当期损益。

③自用建筑物停止自用转为出租的，应将转换前固定资产的账面价值转为投资性房地产的入账价值。

④固定资产盘亏造成的损失计入当期损益。

（5）在建工程在同时满足与该资产有关的经济利益很可能流入农村合作金融机构和该资产的成本能够可靠地计量时，才能予以确认。

（6）在建工程按成本进行初始计量。

①自营工程按直接材料、直接工资、直接机械施工以及所分摊的工程施工管理费等作为入账价值。

②出包工程按应支付的工程价款以及所应分摊的工程管理费等作为入账价值。

③设备安装工程按所安装设备的原价、工程安装费用、工程运转支出以及分摊的工程管理费等作为入账价值。

④为在建工程准备的各种物资，以实际支付的购买价款、相关税费等作为在建工程的入账价值。

在建工程已达到预定可使用状态但尚未办理竣工决算手续的，应自达到预定可使用状态之日起，根据工程预算、造价或者工程实际成本等，按估计的价值转入固定资产。

（7）固定资产修理费用等后续支出，应当直接计入当期损益，固定资产更新改造等后续支出，应当计入固定资产账面价值。修理支出达到固定资产原值 50% 以上且通过修理后有关资产的经济使用寿命延长 2 年以上的，应确认为固定资产改良支出。

（8）农村合作金融机构固定资产账面价值和在建工程账面价值之和占净资产的比重不得超过 40%，固定资产购建应纳入综合发展计划，编制年度预算。达到规定标准的固定资产购建，应事先申报立项，按审批权限逐级申报审批。经批复同意购建的，房屋及建筑物购建必须自批准之日起一年内实施，运输工具、电子设备等其他固定资产购建必须在年度内实施。规定期限内未实施购建的，应重新履行报批程序。

（9）固定资产年度购建计划不得擅自突破，已审批项目不得擅自变更。如需追加计划、投资或变更，应事先报有权管理机构批准。

（10）在建工程批复后一般不予追加，如因特殊原因，需追加面积和投资的，必须事先以正式文件逐级向有权审批单位申报，详细说明需追加理由，未经批准一律不得自行扩大投资和面积。

（11）单项金额在 5 万元以上或批量金额在 20 万元以上的物品，原则上应采用招标方式进行集中采购。电视监控工程、计算机设备等，必须在确定的有资质的厂商中选购。

（12）固定资产购置分为集中购置与零星购置，对集中采购的固定资产，可由上级主管部门负责进行招投标、商务谈判、签订合同、组织订货；零星购置时由实物使用部门和实物管理部门共同购置，购货发票必须经实物使用部门和实物管理部门签字后方可入账。

2. 无形资产。无形资产是指农村合作金融机构拥有或控制的没有实物形态的可辨认非货币性资产，包括专利权、非专利技术、商标权、著作权、特许权、土地使用权等。无形资产同时满足与该无形资产有关的经济利益很可能流入和该无形资产的成本能够可靠地计量时才能予以确认。能够单独计价入账的土地使用权，作为无形资产核算。

无形资产管理操作风险控制点（以下内容引自农村金融系统基本会计政策关于无形资产的相关规定）：

（1）除下列情形外，农村合作金融机构无形资产项目的支出，均应于发生时计入当期损益：

①符合企业会计准则规定的确认条件、构成无形资产成本的部分；

②非同一控制下企业合并取得的、不能单独确认为无形资产、构成购买日确认的商誉的部分。

（2）农村合作金融机构内部研究开发项目的支出，应区分研究阶段支出和开发阶段支出。

研究阶段发生的支出，如可行性研究、审批立项、需求编写审定等，应于发生时计入当期损益；开发阶段的支出，不满足以下条件的，计入当期损益。同时满足以下条件的，开发阶段支出确认为无形资产：

①完成该无形资产以使其能够使用或出售在技术上具有可行性；

②具有完成该无形资产并使用或出售的意图；

③无形资产产生经济利益的方式，包括能够证明运用该无形资产生产的产品存在市场或无形资产自身存在市场；无形资产将在内部使用的，应证明其有用性；

④有足够的技术、财务资源和其他资源支持，以完成该无形资产的开发，并有能力使用或出售该无形资产；

⑤归属于该无形资产开发阶段的支出能够可靠地计量。直接发生的研究开发支出，包括研发人员工资、材料费以及相关设备折旧费等，应单独核算。同时从事多项研究开发活动的，所发生的支出应按合理标准在各项研究开发活动之间进行分配，无法合理分配的，应计入当期损益。

（3）已作为无形资产确认的、正在进行中的研究开发项目，发生的后续支出符合上述确认条件的，应计入无形资产成本；不满足上述条件的，应在发生时计入当期损益。

（4）农村合作金融机构自创的商誉，以及内部产生的品牌、报刊名等，不确认为无形资产。

（5）无形资产按成本进行初始计量。

①外购无形资产，按购买价款、相关税费以及直接归属于该项资产预定用途所发生的其他支出作为入账价值。

②投资者投入的无形资产，按投资合同或协议约定的价值作为入账价值，但合同或协议约定价值不公允的除外。

③企业合并中取得的无形资产，按其在购买日的公允价值作为入账

价值。

④接受捐赠的无形资产，捐赠方提供了有关凭据的，按凭据上标明的金额加上应支付的相关税费作为入账价值；捐赠方没有提供有关凭据的，同类或类似无形资产存在活跃市场的，按同类或类似无形资产的市场价格估计的金额，加上应支付的相关税费作为实际成本，同类或类似无形资产不存在活跃市场的，按该接受捐赠的无形资产的预计未来现金流量现值作为实际成本。

⑤用于赚取租金的土地使用权开始自用，应将转换前投资性房地产的账面价值作为转换后无形资产的入账价值。

⑥自行开发建造的建筑物，相关的土地使用权和建筑物应分别进行处理。外购土地及建筑物支付的价款应在建筑物与土地使用权之间进行分配；难以合理分配的，应全部作为固定资产。

(6) 农村合作金融机构应于取得无形资产时分析判断其使用寿命。来源于合同性权利或其他法定权利的无形资产，其使用寿命不应超过合同性权利或其他法定权利的期限；若合同性权利或其他法定权利能够在到期时因续约等延续，且有证据表明企业续约不需要付出大额成本，续约期应计入使用寿命。

合同或法律没有规定使用寿命的，应综合各方面情况，聘请相关专家进行论证，或与同行业的情况进行比较，以及参考历史经验等，确定无形资产为农村合作金融机构带来未来经济的期限。

经过上述努力仍无法合理确定无形资产为农村合作金融机构带来经济利益期限的，将其作为使用寿命不确定的无形资产。

(7) 使用寿命有限的无形资产，其应摊销金额应在使用寿命内系统合理地摊销。无形资产应自可供使用时起，至不再作为无形资产确认时止的使用寿命内按月平均摊销，摊销金额计入当期损益。无形资产摊销采用备抵法核算。使用寿命不确定的无形资产不摊销。

(8) 无形资产的应摊销金额为其成本扣除预计残值后的金额。已计提减值准备的无形资产，还应扣除已计提的无形资产减值准备累计金额。使用寿命有限的无形资产，其残值应视为零，但下列情况除外：

①有第三方承诺在无形资产使用寿命结束时购买该无形资产；

②可根据活跃市场得到预计残值信息，且该市场在无形资产使用寿命结

束时很可能存在。

对于使用寿命有限的无形资产，至少应于每年年度终了对使用寿命及摊销方法进行复核。无形资产的使用寿命及摊销方法与以前估计不同的，应改变摊销期限和摊销方法。

对于使用寿命不确定的无形资产，应按期对使用寿命进行复核，若有证据表明无形资产的使用寿命是有限的，应估计其使用寿命，并按规定处理。

（9）经营性租入无形资产所支付的租金，应在租赁期内按直线法摊销确认为费用，所发生的初始直接费用确认为当期损益。或有租金应在实际发生时确认为当期损益。

经营性租出无形资产（不含已出租的土地使用权）取得的租金，应在租赁期内按直线法确认为当期收益，所发生的初始直接费用确认为当期损益。或有租金应在实际发生时确认为当期损益。

（10）无形资产满足以下条件之一的，应予以终止确认：

①该无形资产处于处置状态或因用途发生变化等原因不符合无形资产确认条件；

②该无形资产预期不能产生经济利益。

出售无形资产，应将所得价款与该无形资产的账面价值之间的差额计入当期损益。发生相关税费的，直接计入当期损益。农村合作金融机构若改变土地使用权的用途，将其用于出租或作为增值目的时，应将无形资产的账面价值转入投资性房地产。无形资产预期不能带来经济利益的应将该无形资产的账面价值予以转销。

3. 抵债资产。抵债资产是指农村合作金融机构依法行使债权或担保物权而受偿于债务人、担保人或第三人的实物资产或财产权利。抵债资产包括房屋及建筑物、土地使用权、运输工具、机器设备和权利凭证等。

抵债资产管理操作风险控制点（以下内容引自农村金融系统基本会计政策关于抵债资产的相关规定）：

（1）抵债资产于取得日进行初始确认。抵债资产取得日是指以物抵债协议生效日或记载抵债内容的法律文书生效日。有履行期限的，履行期限届满日为抵债资产取得日。

（2）抵债资产按公允价值进行初始计量。按抵债资产的入账价值，转销已被抵债资产（贷款、投资等资产）的本金、应收利息等，差额计入当期损益。已计提的资产减值准备按偿还比例予以转回。由农村合作金融机构承担的取得抵债资产的相关税费计入抵债资产初始确认金额。

（3）抵债资产在待处置期间不计提折旧或摊销；在保管过程中发生的费用计入当期损益；在处置时限内临时性出租所取得的租金在租赁期限内计入当期损益。

（4）抵债资产处置、转为自用或者预计不能从其处置中取得经济利益时，应终止确认。在抵债资产处置之前发生盘亏或毁损的，将账面价值扣除过失人或第三方赔偿后的金额计入当期损益。出售、转让、报废抵债资产或者发生抵债资产毁损，将处置收入扣除其账面价值和相关税费后的金额计入当期损益。抵债资产出售、转让所得价款超过抵债资产账面价值和处置费用部分，确认为当期损益。抵债资产经批准转为自用资产时，应终止确认，以抵债资产账面价值作为相应自用资产的初始确认金额。

4. 其他资产。其他资产包括农村合作金融机构拥有或控制的除固定资产、无形资产、投资性房地产和抵债资产之外的资产。包括现金、存放中央银行款项、存放同业款项、拆出资金、买入返售金融资产、贷款和垫款、股权投资、债券投资、长期待摊费用等其他资产。

现金包括业务现金和业务周转金。

存放中央银行款项是指农村合作金融机构因缴存存款准备金、资金清算等需要存放于中国人民银行的各类款项。

存放同业款项是指农村合作金融机构因资金清算、赚取利息等目的存放系统内或银行、非银行金融机构的款项。

拆出资金是指农村合作金融机构拆放给系统内或银行、非银行金融机构的款项。

买入返售金融资产是指农村合作金融机构按协议约定先买入，再按固定价格返售的债券、贷款、票据等金融资产所融出的资金。

贷款和垫款包括贷款、信用卡透支、贴现、垫款、贸易融资等。

股权投资包括以公允价值计量且其变动计入当期损益的股权投资、可供出售股权投资和长期股权投资。

债券投资根据持有意图和能力的不同，划分为以公允价值计量且其变动计入当期损益的债券投资、持有至到期债券投资、应收款项类债券投资、可供出售债券投资。

第十三章
|||||||||||||||| 财务收支的计算机审计 ||||||||

长期待摊费用是指实际已支出、应由本期和以后各期负担的费用。

其他资产管理操作风险控制点（以下内容引自农村金融系统基本会计政策的相关规定）：

（1）确系无法归还的现金长款，履行既定审批手续后作为利得计入当期收益；确系无法追回的短款，履行既定审批手续并扣除责任人及第三方赔付金额后，计入当期损失。

（2）存放中央银行款项采用实际利率法，按摊余成本进行后续计量。结息日，按存放中央银行款项账面余额和规定利率结计应收利息。资产负债表日，按存放中央银行款项摊余成本和名义利率（视同实际利率）计算确认应计收利息和利息收入。

（3）存放同业款项采用实际利率法，按摊余成本进行后续计量。结息日，按存放同业款项账面余额和约定利率结计应收利息。资产负债表日，按存放同业款项摊余成本和名义利率（视同实际利率）计算确认应计收利息和利息收入。

（4）拆出资金采用实际利率法，按摊余成本进行后续计量。结息日，按拆出资金账面余额和约定利率结计应收利息。资产负债表日，按拆出资金摊余成本和名义利率（视同实际利率）计算确认应计收利息和利息收入。

（5）买入返售金融资产初始确认时，买入返售金融资产按实际支付的款项进行计量，相关交易费用若符合重要性，应计入初始确认金额。资产负债表日，按买入返售金融资产摊余成本和名义利率（视同实际利率）计算确认应计收利息和利息收入。

（6）贷款和贸易融资在实际发放时按实际发放金额进行初始确认，相关交易费用若符合重要性，应计入初始确认金额。信用卡透支和垫款在实际发生时按实际发生金额进行初始确认；贴现在实际发生时，按票面或合同金额确认贴现资产面值，按票面或合同金额与实际支付金额之间的差额，确认贴现利息调整；贷款和垫款采用实际利率法，按摊余成本进行后续计量。结息日，按贷款、贸易融资、垫款账面余额和约定利率结计应收利息。资产负债表日，按贷款、信用卡透支、贴现、垫款、贸易融资等资产摊余成本和实际利率计算确认应计收利息和利息收入。

（7）以公允价值计量且其变动计入当期损益的股权投资按公允价值进行初始计量和后续计量，相关交易费用直接计入当期损益；所支付价款中包含的已宣告发放的现金股利单独作为应收股利；在持有期间收到被投资单位宣告发放的现金股利，确认为投资收益。

（8）债券投资处置时按如下规定：

以公允价值计量且其变动计入当期损益的债券投资的公允价值与初始入账金额之间的差额确认为投资收益，同时调整公允价值变动损益。

持有至到期债券投资、贷款和应收款项债券投资按取得的价款与该债券投资账面价值之间的差额，确认为当期损益。

处置可供出售债券投资时，取得的价款与原直接计入所有者权益的公允价值变动累计额对应处置部分的金额，其与该金融资产账面价值之间的差额，确认为投资收益。

（9）以经营租赁方式租入的固定资产发生的改良支出，应予以资本化，作为长期待摊费用，合理进行摊销。

（10）初始确认时，长期待摊费用以实际支付的金额进行计量。长期待摊费用在摊销期限内按月摊销，计入相关费用项目。长期待摊费用的摊销期限根据合同或协议期限与受益期限孰短的原则确定。有合同、协议期限而没有受益期的，按合同、协议期限摊销；没有合同、协议期限但受益期限明确或能合理预测的，按受益期限摊销。

（二）负债

农村合作金融机构负债是指过去的交易或者事项形成的、预期会导致经济利益流出企业的现时义务。现时义务是指企业在现行条件下已承担的义务。未来发生的交易或者事项形成的义务，不属于现时义务，不应当确认为负债。

农村合作金融机构负债包括交易性金融负债、其他金融负债和非金融负债。

其他金融负债主要包括融资性负债、存款、应付利息、应付股利、其他应付款、应付债券等。

融资性负债主要包括向中央银行借款、同业及其他金融机构存放款、拆入资金、卖出回购金融资产款。

非金融负债包括应付职工薪酬、应交税费、预计负债、递延所得税负债以及其他负债中的递延收益等。递延收益是指应在以后受益期内分期确认的各项收入，按实际发生时的金额入账，在受益期内分期确认损益。

负债管理操作风险控制点（以下内容引自农村金融系统基本会计政策关于负债的相关规定）：

（1）交易性金融负债按公允价值进行初始计量和后续计量，相关交易费用计入当期损益；公允价值变动形成的利得或损失计入当期损益。交易性金融负债出售时，实际支付的金额与交易性金融负债账面价值的差额计入当期损益。

（2）初始确认时，其他金融负债按实际发生金额（公允价值）进行计量，相关交易费用若符合重要性，应计入初始确认金额。发行债券时，按票面金额确认应付债券面值，按票面金额与实际收到金额之间的差额，确认应付债券利息调整。

（3）其他金融负债采用实际利率法，按摊余成本进行后续计量。结息日，按融资性负债、存款账面余额和约定利率结计应付利息。资产负债表日，按融资性负债、存款摊余成本和名义利率（视同实际利率）计算确认应计付利息和利息支出。

分期付息、一次还本的债券应于结息日，按应付债券面值和票面利率结计应付利息，于资产负债表日按应付债券摊余成本和实际利率计算确认应计付利息和利息支出。

一次还本付息的债券应于资产负债表日，按应付债券面值和票面利率计算确认应计付利息，按应付债券摊余成本和实际利率计算确认利息支出。

（4）融资性负债在农村合作金融机构履行还款义务后终止确认；存款在支取、转存或出现其他表明农村合作金融机构还款义务解除的事项时终止确认；应付债券在农村合作金融机构还本付息或赎回后终止确认。

终止确认融资性负债和存款的账面价值与实际支付金额、转存存款等支付对价的差额计入当期损益。

终止确认应付债券的账面价值与实际支付金额之间的差额计入当期损益。

（5）融资租入固定资产应付租赁费的处理。在租赁期开始日，农村合作金融机构应将租赁开始日租赁资产公允价值与最低租赁付款额现值两者中较低者作为租入资产的入账价值，将最低租赁付款额作为长期应付款的入账价值，其差额作为未确认融资费用。

（6）农村合作金融机构在租赁谈判和签订租赁合同过程中发生的，可归属于租赁项目的手续费、律师费、差旅费、印花税等初始直接费用，应计入租入资产价值。在计算最低租赁付款额的现值时，能够取得出租人租赁内含利率的，应采用租赁内含利率作为折现率；否则，应采用租赁合同规定的利率作为折现率。无法取得出租人的租赁内含利率且租赁合同没有规定利率的，应采用同期银行贷款利率作为折现率。

（7）或有租金应在实际发生时计入当期损益。

（8）应付职工薪酬、应交税费按应支付金额入账，实际支付时终止确认。

（三）收入、费用

1. 收入。收入是指农村合作金融机构在日常经营活动中因让渡资产使用权和提供金融服务等形成的，导致所有者权益增加的，与所有者投入资本无关的经济利益的总流入。收入主要包括利息收入、金融机构往来收入、手续费及佣金收入和其他业务收入等。

收入管理操作风险控制点（以下内容引自农村金融系统基本会计政策和财务管理办法有关收入的相关规定）：

（1）农村合作金融机构提供金融服务在同一报告期内开始并完成的，应在金融服务完成时确认手续费及佣金收入，确认的金额为合同或协议总金额。逐项办理、逐笔收取手续费及佣金收入的，在交易完成时按实际收取或扣收的金额确认收入；需多次操作且存在一定时间间隔的手续费及佣金收入，若后续交易的直接支出较小，则视同在收取或扣收款项时交易完成。

（2）农村合作金融机构提供金融服务开始和完成分属不同报告期，且在资产负债表日能够可靠估计提供服务结果的，应在资产负债表日按完工百分比法确认手续费及佣金收入。

（3）长期为客户提供重复金融服务收取的手续费及佣金收入，若一次性收取若干期且金额较大的，收取的款项在相关劳务活动发生时分期确认收入；若分期收取的，在合同约定的收款日期确认收入。

（4）各项贷款应按照企业会计准则的规定计算利息收入和应收利息。对转入表外科目核算的应收未收利息，应按照有关规定进行严格管理。不得少计漏计、少收漏收，不得将贷款与存款等不同业务在同一账户内轧差处理。

（5）农村合作金融机构应按照规定的范围、标准和费率收取各项手续费，并将手续费收入全部纳入账内核算。不得将手续费收入存放在其他单位，或者以任何理由坐收坐支。

（6）投资收益、汇兑收益及其他营业收入，应严格按照财务会计制度的规定，及时、准确、完整地入账。对收回已经核销的呆账，应按照有关规定纳入账内核算。不得以少计漏计等方式截留、转移收入。

（7）农村合作金融机构在经营各项业务所获得的回扣、佣金等收入一律纳入账内核算，不得隐匿或者转移、私存私放、坐收坐支、私自用于个人福利。不得侵占国家和企业资产、私揽业务获取账外收入。

2. 费用。费用是指企业在日常活动中发生的，会导致所有者权益减少的，与向所有者分配利润无关的经济利益的总流出。农村合作金融机构的费用包括成本、业务及管理费用和所得税费用等。

（1）成本。成本是指农村合作金融机构在业务经营活动中发生的可直接归属于某项产品或劳务的支出。成本主要包括利息支出、金融企业往来利息支出、手续费及佣金支出、营业税金及附加和其他业务支出等。成本管理操作风险控制点：

①资产负债表日，按负债的摊余成本、存续期间和实际利率计算确认利息支出及金融机构往来支出。

②手续费及佣金支出在实际发生时按实际发生金额确认。

③营业税金及附加按规定分期计算确认。

（2）业务及管理费用。业务及管理费用是指农村合作金融机构在业务经营及管理活动中发生的不直接归属于产品或劳务的支出。业务及管理费用包括经营管理费用、工资性支出（不含直接计入资产成本的职工薪酬）、折旧及摊销费用。工资性支出，又称职工薪酬，是指各农村合作金融机构为获得职工提供的服务而给予各种形式的报酬以及其他相关支出。业务及管理费用风险控制点：

①业务及管理费用在实际发生时按实际发生金额确认。

②除因解除与职工的劳动关系给予的补偿外，农村合作金融机构应在职工提供服务的会计期间，将职工薪酬计入当期费用，并将尚未支付的确认为负债。

对于在职工提供服务的会计期末以后一年以上到期的应付职工薪酬，应选择合理的折现率，以应付职工薪酬折现后金额，计入相关资产成本或当期费用；应付职工薪酬金额与其折现后金额相差不大的，也可以未折现金额计入相关资产成本或当期费用。

③以外购商品作为非货币性福利提供给职工的，应按该商品的成本和相关税费，根据受益对象计入相关资产成本或当期费用，同时确认应付职工薪酬。

无偿向职工提供住房等资产使用的，应根据受益对象，将住房每期应计提的折旧计入相关资产成本或费用。租赁住房等资产供职工无偿使用的，应根据受益对象，将每期应付的租金计入相关资产成本或费用。

难以认定受益对象的非货币性福利，直接计入业务及管理费。

④农村合作金融机构应在有关负债结算前的每个资产负债表日以及结算日，对负债的公允价值重新计量，其变动计入当期损益。

（3）所得税费用。农村合作金融机构一定期间的所得税费用包括当期所得税费用和递延所得税费用。所得税费用风险控制点：

①资产负债表日，对于当期和以前期间形成的当期所得税负债（或资产），应按税法规定计算的预期应交纳（或返还）的所得税金额计量。

②农村合作金融机构应于资产负债表日，分析比较资产、负债账面价值与其计税基础，两者之间存在应纳税暂时性差异或可抵扣暂时性差异的，应按规定确认递延所得税负债或递延所得税资产。企业合并等特殊交易或事项中取得的资产和负债，应于购买日比较其入账价值与计税基础，按规定计算确认相关的递延所得税资产或递延所得税负债。

当期和以前期间应交未交的所得税确认为负债；已支付的所得税超过应支付的部分确认为资产。

③对于能够结转以后年度的可抵扣亏损和税款抵减，应以很可能获得用来抵扣可抵扣亏损和税款抵减的未来应纳税所得额为限，确认相应的递延所得税资产。

（四）所有者权益

所有者权益是指资产扣除负债后由所有者享有的剩余权益。所有者权益的来源包括所有者投入的资本、直接计入所有者权益的利得和损失、留存收益等。农村合作金融机构的所有者权益由实收资本、资本公积和其他所有者权益等构成。

1. 实收资本。实收资本是指投资者投入农村合作金融机构资本中形成法定资本的价值。实收资本风险控制点：

（1）农村合作金融机构收到投资者投入的资本时，应按其在注册资本中所占的份额确认为实收资本（股本金，下同，略），差额部分作为资本溢价，计入资本公积。

（2）农村合作金融机构实收资本分为法人股、自然人股、员工股及其他实收资本。各类实收资本的增加、减少及附带权利变更、废除、终止时应及时核算反映。

（3）通过直接吸收投资方式筹集权益资金的，应履行内部决策程序和必要的报批手续。筹资方案经高级管理层拟订，报经董（理）事会批准后，提交股东（社员）代表大会表决。若需履行外部报批手续，则应报相关部门核准。

（4）农村合作金融机构设立时，股东（社员）的首次出资、变更注册资本及实收资本，必须经依法设立的验资机构验资并出具验资证明。必须明确资本总额和各投资者认缴金额，在获准工商登记（即正式成立）后，应依据验资证明向投资者出具出资证明书等凭证，以此为依据确定投资者的合法权益，并界定其应承担的责任。

（5）投资者必须足额认缴股本金，除法律、法规以及农村合作金融机构章程规定的转让或者减少资本外，在持续经营期间，投资者不得抽逃资本。

（6）股金账户发生相关业务时，对应的活期存款账因故提前销户的，其原对应股金账户发生业务时，相应资金应记入"其他应付款"，此账户中该资金的支付，原该活期存款账户开户单位续存的，应凭该单位拥有合法支配权的证明和股金证办理；该单位已注销的，应凭该单位原全体股东签章后的其拥有合法支配权的证明和股金证办理。

（7）股金账户可以冻结，但不允许扣划或止付。冻结时，应先冻结投资股，再冻结资格股。股金可以用做质押时，资格股和投资股同时质押，但不得接受本农村合作金融机构股金证作为质押标的。

（8）经审查同意投资农村合作金融机构的自然人、法人、员工，前来办理约定出资金额缴存的，应提交投资人与农村合作金融机构签署的"股金认购协议书"。同时，存折（或卡）户应提交存折（或卡）和一式三联进账单；支票户应提交转账支票和一式三联进账单；用现金方式缴存的，应提交现金缴款单。进账单和现金缴款单上应写明资格股和投资股金额。自然人认购人、法人认购人的法定代表人、员工认购人亲自办理的，应出具本人身份证件；委托他人办理的，还应出具书面"授权委托书"，并同时出具委托人和代理人的身份证件。身份证件复印件应留存；农村合作金融机构增加投资股，以增加注册资本的，应比照前述新股入股的处理流程。

（9）农村合作金融机构股东持有的股金，经董（理）事会同意，并按规定办理登记手续后，可依法转让、继承和赠与。股金被质押或冻结的，不得转让、继承、赠与以及退股。

（10）股权转让后，应向转出方收回股金证；转让至新股东的，应向新股东签发股金证，并修改股东名册中股东及其出资额的记录。

（11）原持股股东申请转让股本金的，应向董（理）事会提交股金转让的书面申请，经董（理）事会同意后，转让人与受让人签订转让协议。股金管理部门提交"股金转让通知书"、"股本转让协议"、"董（理）事会同意股权转让决议书"；会计主管审查转让人和受让人的身份证件，转让人或受让人为法人的，法定代表人或单位负责人直接办理时，出具法定代表人或单位负责人的身份证件；授权他人办理时，应出具其法定代表人或单位负责人的授权书及其身份证件，以及被授权人的身份证件。交易成功后，打印凭条、转让人和受让人的股金证。全额转让时，应收回自动销户的转让方股金证；交易柜员核对打印信息无误后，将凭条交转让方确认并签字；经审查签字信息无误后，将凭条加盖"业务清讫章"作当日传票，全额销户的股金证、转让协议、董（理）事会决议等资料的复印件作附件，其原件另行装订永久保管。新开户的股金证交股金管理部门审核后加盖行政公章后交新股东。

（12）继承人申请继承原股东股本金的，应提供法定的有效继承书面资料，经董（理）事会同意，由股金管理部门提交"股金继承通知书"、"董（理）事会同意股权转让决议书"；会计主管应查审继承人的身份证件；其他处理比照股金转让的处理流程。

（13）捐赠股东与受赠人签订捐赠协议后，应向董（理）事会提交股金赠与的书面申请和赠与协议，经董（理）事会同意，由股金管理部门提交"股金赠与通知书"、"股本金捐赠协议"、董（理）事会决议；会计主管应审查捐赠股东和受赠人的身份证件；其他处理比照股金转让的处理流程。

（14）自然人或员工股退股应转入股东本人的活期存款账户，或转入其他应付款；法人股退股资金只能转入该法人的活期账户或其他应付款；退股后，应收回并注销原股东的股金证，注销股东名册相应记录。

（15）农村合作金融机构在对自然人股东和员工股东进行现金分红时，代其扣除分红所得应缴的个人所得税。法人股东所得的现金分红应缴的所得税由法人股东自行处理。对股本溢价形成的资本公积转增股本金时，无须缴纳所得税，除此之外的其他资本公积转增股本金时，应征收个人所得税。

（16）分配现金红利时，红利直接转入其活期存款账户。因故无法入其活期存款账户的，红利转入应付款科目（股金账户暂挂）。

（17）新入股当年，应根据入股日至年终日的实际入股天数分红。

（18）股金证的挂失申请可由股东本人或委托他人办理，但解除挂失或挂失期满办理补开，必须由股东本人办理。

2. 资本公积。资本公积指农村合作金融机构收到投资者的超出注册资本（股本）所占份额的投资，以及直接计入所有者权益的利得和损失等。主要包括资本溢价、原制度资本公积转入、国家扶持资金、资产价值变动准备、资产评估增值、股权投资准备和套期递延准备等。

其中资产价值变动准备是指农村合作金融机构可供出售金融资产因公允价值变动引起的资本公积变动；股权投资准备是指农村合作金融机构权益法核算的长期股权投资因被投资单位除净损益外的所有者权益项目变动而产生的资本公积变动。资本公积管理操作风险控制点：

（1）直接用于转增资本的资本公积（包括资本溢价以及原制度资本公积转入）必须符合相关程序。

（2）资产价值变动准备和股权投资准备等其他资本公积不可以直接用于转增资本。

3. 其他所有者权益。其他所有者权益包括一般风险准备、盈余公积、未分配利润。

一般风险准备指农村合作金融机构按一定比例从净利润中提取的、用于弥补尚未识别的可能性损失的准备。

盈余公积指农村合作金融机构从净利润中提取的以及国家扶持形成的积累资金。主要包括法定盈余公积和任意盈余公积。法定盈余公积是指农村合作金融机构按法定比例从净利润中提取的盈余公积。任意盈余公积是指农村合作金融机构按章程规定或股东（社员）代表大会决议比例从净利润中提取的盈余公积。

未分配利润是指农村合作金融机构留待分配的结存利润。

其他所有者权益风险控制点：

（1）农村合作金融机构按有关规定和程序将未分配利润、盈余公积、资本公积转增资本时，按转增金额增加实收资本，相应减少未分配利润、盈余公积、资本公积。

（2）资本溢价按投资者投入的资本在扣除交易费用后超过其在注册资本中所占份额的部分入账；其他项目应按实际发生金额入账。

（3）一般风险准备不得用于分红、转增资本。

（4）法定盈余公积金按照本年实现净利润的10%提取，法定盈余公积累计额已达注册资本的50%时可不再提取。

（5）经股东（社员）代表大会决议，并履行必要的审批程序，农村合作金融机构可用法定盈余公积金和任意盈余公积金弥补亏损或者转增资本。法定盈余公积金转增资本时，所留存的该项公积金不得少于转增前注册资本的25%。

（6）缴纳所得税后的净利润，除国家另有规定者外，按下列顺序进行分配：

①弥补以前年度亏损。

②提取法定盈余公积金。经计算有本年累计盈利的，按本年净利润抵减年初累计亏损后的余额，计提10%的法定公积金。累计提取的公积金总额达到注册资本50%以后，可不再提取。

③提取一般准备金。一般准备金余额原则上不低于年末承担风险和损失资产余额的1.5%，目前尚未达到的，可在规定的年限内分年到位，用于弥补尚未识别的可能性损失，但不得用于分红、转增资本①。

④提取任意盈余公积金。任意盈余公积金按章程的规定提取，章程没有规定的，按股东（社员）代表大会的决议提取。

⑤向投资者分配利润。各农村合作金融机构在向投资者分配利润时，应充分考虑农村合作金融机构盈余的稳定性、投资机会、债务需要和举债能力等因素，尤其是发放现金股利，需要重点考虑本单位现金流量状况。

---

① 根据《金融企业准备金计提管理办法》（财金〔2012〕20号）第六条规定，"一般准备余额原则上不低于期末风险资产余额的1.5%"，第十九条规定，"金融企业一般准备占风险资产期末余额的比例，难于一次性达到1.5%的，可以分年到位，原则上不得超过5年"。

（7）资本充足率低于8%或核心资本充足率低于4%的农村合作金融机构，原则上当年不得向投资者分配利润。

（五）财务管理系统

财务管理系统为独立于综合业务系统，并与综合业务系统实时联机的业务处理系统，通过该系统实现对外业务经营和对内财务管理的分账处理，采用"全行一本账、费用集中报账"的运行模式，即各农村合作金融机构（以下简称总行）在系统中只设立一家机构，总行、支行均作为部门存在于系统中，总行负责对支行上报费用的审核、款项划拨、资金管理、账务处理、预算控制、固定资产管理、与综合业务系统的对账、会计档案整理等，支行负责费用报销单据的录入、小额备用金的管理、低值易耗品的管理等。

财务管理系统操作风险控制点：

1. 各农村合作金融机构只开立一个经费存款账户，农村合作金融机构应加强对该账户印章的保管和使用，在日常业务办理中，遵循不相容岗位相分离的原则，并做好定期对账工作。

2. 各支行日常小额费用报销采用备用金制度。对于差旅费、购买零星办公用品、业务往来招待等日常小额费用，用备用金先予垫付；房屋租金、人员工资等转账业务由总行统一办理。

3. 对支行领用的支票进行限额管理，支行支付后，在办理费用报销时，需在费用报销单中填写所领用的支票类型和票据号，总行在审核记账的同时予以核销。

4. 支行填制费用报销单后，应将原始凭证附在费用报销单后，并按规定整理后，传送至总行，由总行进行后续业务处理。财务管理系统记账凭证等业务单据由总行进行收集、整理和归档。

5. 农村合作金融机构可通过财务预算对部门费用进行控制，包括刚性控制和弹性控制两种模式。

6. 财务管理系统与综合业务系统通过科目对照表设置的对应关系进行对账，双方余额应保持一致。当财务管理系统科目和综合业务系统账户中某一方发生变化时，农村合作金融机构系统管理员需在科目对照表进行维护。

7. 财务管理系统资产管理的范围包括投资性房地产、固定资产、无形资产、长期待摊费用和低值易耗品。

8. 支行报账员负责本支行费用报账工作，承担费用报销单录入、原始单据整理和上交工作；支行资产管理员负责本支行低值易耗品的管理，可由报账员兼任；按一名记账人员管理10~15家支行的标准配备总行记账员，承担费用核算、账务处理、支行单据核对、系统档案整理等工作；审核员负责凭证的审核工作，可由总行记账员承担，不同部门的记账人员，需相互进行交叉审核，确保费用核算的及时、准确，有效防范风险；总行资产管理员负责全行固定资产、投资性房地产、无形资产、长期待摊费用及总行本级低值易耗品的管理，可由总行记账员兼任；预算管理员负责全行预算编制、预算控制、预算调整事项，可由机构管理员或总行记账员兼任。

9. 财务管理系统操作人员的增减变动，必须报总行财务部门备案，并统一由农村合作金融机构系统管理员在系统内进行变更处理；各级操作员必须在规定的权限内操作，不得进行与业务无关的其他操作；不同操作人员不得同时登录同一台计算机及利用切换界面进行业务操作。

10. 登录系统时，必须使用本人操作员号和密码，严禁盗用他人密码登录或由他人代为登录；登录密码仅限本人使用，操作员之间应做到互相保密，并定期更换（系统设定为一个月）；操作员在业务操作结束或临时离岗时，应及时退出，严禁操作机处于无人挂网状态。

11. 各农村合作金融机构应设置专职或兼职出纳一名，由非临柜人员担任，负责经费现金收付工作，如遇休息或换岗、调离的，应及时办理交接手续；经费账户财务专用章与负责人印鉴章需分人保管；经费账户发生资金收支应及时在财务管理系统中记账，确保经费账户与财务管理系统"银行存款"科目余额保持一致。

12. 总行记账员要逐日整理记账凭证，并进行检查核实，做到证、账、表、款一致；规范记账凭证录入程序，做到要素齐全、记录完整，记账员打印出记账凭证并附在费用报销单等原始凭证前，审核员在审核无误后，需加盖私章，并在系统中进行审核操作。也可由审核员在系统中审核通过并经记账员记账完成后，再打印出相关凭证附在费用报销单等原始凭证前；费用单据须符合财税法规制度，并由经办人和审批人签字后，方可办理报销手续，对不合法或手续不全的单据，支行报账员和总行记账员有权拒绝受理；经费账户使用的重要空白凭证包括转账支票、现金支票、业务委托书等，重要空白凭证由专人负责保管使用，如遇休息、换岗或调离的，需及时办理交接手续，并由财会部门负责人或主办会计监交。

二、财务收支管理的内部控制

（一）《金融企业财务规则》涉及财务收支管理的相关规定

第十条 从事商业银行业务的金融企业，资本充足率不得低于8%，核心资本充足率不得低于4%。

第十一条 从事银行业务的金融企业，应按规定交存存款准备金，留足备付金。

第十二条 金融企业对计提减值准备的资产，应当落实监管责任。对能够收回或者继续使用的，应当收回或者使用；对已经损失的，应当按照规定的程序核销；对已经核销的，应当实行账销案存管理。

第十六条 金融企业依法受托发放贷款、经营衍生产品、进行证券期货交易、买卖黄金、管理资产以及开展其他业务，应当与自营业务分开管理，按照合同约定分配收益、承担责任，不得挪用客户资金，不得转嫁经营风险。

第十七条 金融企业对外提供担保应当符合法律、行政法规的规定，根据被担保对象的资信及偿债能力，采取相应的风险控制措施，并设立备查账簿登记，及时跟踪监督。金融企业提供除主营担保业务范围以外的担保，应当由股东（大）会或者董事会决议；为金融企业投资者或者实际控制人提供担保的，应当由股东（大）会决议。

第十九条 金融企业设立分支机构，应当按照规定拨付与分支机构经营规模相适应的营运资金，并不得超过规定的限额。

第二十条 金融企业筹集资本金，应当聘请会计师事务所验资。办理工商登记后，应当向投资者出具出资证明书。

第二十一条 金融企业筹集的资本金，在持续经营期间，投资者除依法进行转让外，不得以任何方式抽走。金融企业在筹集资本金活动中，投资者缴付的出资额超出资本金的差额（包括发行股票的溢价净收入），计入资本公积。经投资者决议后，资本公积用于转增资本金。

第二十三条 金融企业取得国家投资、财政补助等财政资金，区别以下情况处理：（一）属于国家直接投资的，按照国家有关规定增加国家资本金或者资本公积。（二）属于投资补助的，增加资本公积或者资本金。国家拨款时对权属有规定的，按规定执行。没有规定的，由全体投资者共同享有。

（三）属于贷款贴息、专项经费补助的，作为收益处理。（四）属于弥补亏损、救助损失或者其他用途的，作为收益处理。（五）属于政府转贷、偿还性资助的，作为负债管理。

第二十八条 收取抵债资产应当按照规定确定接收价格，核实产权。保管抵债资产应当按照安全、完整、有效的原则，及时进行账务处理，定期检查、账实核对。处置抵债资产应当按照公开、透明的原则，聘请资产评估机构评估作价。一般采用公开拍卖的方式进行处置。采用其他方式的，应当引入竞争机制选择抵债资产买受人。抵债资产不得转为自用。因客观条件需要转为自用的，应当履行规定的程序后，纳入相应的资产进行管理。

第二十九条 金融企业应当按照内部财务管理制度规定，定期清查核实各类固定资产，落实使用和管理责任。

已交付使用而未办理竣工决算的在建工程项目，应当比照固定资产进行管理。

金融企业固定资产账面价值和在建工程账面价值之和占净资产的比重，从事银行业务的最高不得超过40％。

第三十二条 金融企业的成本费用支出应当按照国家规定纳入账内核算，不得违反规定进行调整。

第三十五条 金融企业的业务宣传费、委托代办手续费、防预费、业务招待费一律按规定据实列支，不得预提。

第三十八条 金融企业根据有关法律、法规和政策的规定，为职工缴纳的基本医疗保险、基本养老保险、失业保险和工伤保险等社会保险费用，应当据实列入成本（费用）。

参加基本医疗保险、基本养老保险且按时足额缴费的金融企业，具有持续盈利能力和支付能力的，可以根据有关法律、法规的规定，为职工建立补充医疗保险和补充养老保险（企业年金）制度，相关费用应当按照国家有关规定列支。

第三十九条 金融企业为职工缴纳住房公积金以及职工住房货币化分配的处理，按照国家有关规定执行。

工会经费按照国家规定的比例提取，拨交工会使用。

职工教育经费按照国家规定的比例提取，用于职工教育和职业培训。

第四十条 金融企业应当依法缴纳行政事业性收费、政府性基金以及使用或者占用国有资源的费用等。

金融企业有权拒绝没有法律、法规和规章依据，或者超过法律、法规和规章规定范围和标准的收费。

第四十一条 金融企业根据经营情况支付必要的佣金、手续费等支出，应当签订合同，明确支出标准和执行责任。除对个人代理人外，不得以现金支付。

第四十二条 金融企业经营业务范围内的各项收入和其他营业收入、营业外收入，应当在依法设置的会计账簿上按照国家有关规定统一登记、核算，不得存放其他单位，或者以任何理由坐支。

投资者、经营者及其他职工履行本单位职务所得收入，包括业务收入以及对方给予的佣金、手续费等，全部属于金融企业，应当纳入账内核算，不得隐匿、转移、私存私放、坐支或者擅自用于职工福利。

第四十三条 金融企业发生年度亏损的，可以用下一年度的税前利润弥补；下一年度的税前利润不足以弥补的，可以逐年延续弥补；延续弥补期超过法定税前弥补期限的，可以用缴纳所得税后的利润弥补。

第四十四条 金融企业本年实现净利润（减弥补亏损，下同），应当按照提取法定盈余公积金、提取一般（风险）准备金、向投资者分配利润的顺序进行分配。法律、行政法规另有规定的从其规定。

法定盈余公积金按照本年实现净利润的10%提取，法定盈余公积金累计达到注册资本的50%时，可不再提取。

从事银行业务的，应当于每年年终根据承担风险和损失的资产余额的一定比例提取一般准备金，用于弥补尚未识别的可能性损失；从事其他业务的，应当按照国家有关规定从本年实现净利润中提取风险准备金，用于补偿风险损失。

以前年度未分配的利润，并入本年实现净利润向投资者分配。其中，股份有限公司按照下列顺序分配：（一）支付优先股股利；（二）提取任意盈余公积金；（三）支付普通股股利；（四）转作资本（股本）。

资本充足率、偿付能力充足率、净资本负债率未达到有关法律、行政法规规定标准的，不得向投资者分配利润。

任意盈余公积金按照公司章程或者股东（大）会决议提取和使用。

经股东（大）会决议，金融企业可以用法定盈余公积金和任意盈余公积金弥补亏损或者转增资本。法定盈余公积金转为资本时，所留存的该项公积金不得少于转增前金融企业注册资本的25%。

第四十五条 金融企业根据有关法律、法规的规定，经股东（大）会决议，可以对经营者和核心技术人员、核心管理人员实行股权激励。

经营者及其他职工以劳动、技术、管理等要素参与收益分配的，分配办法应当符合有关法律、法规和政策的规定，经股东（大）会决议后，区别以下情况处理：（一）取得股权的，与其他投资者一同分配利润；（二）没有取得股权的，在相关业务实现的利润限额和分配标准内，从当期费用中列支。

第五十八条 金融企业报送的年度财务会计报告应当经会计师事务所审计。金融企业不得编制和对外提供虚假的或者隐瞒重要事实的财务信息。金融企业负责人对本企业财务信息的真实性、完整性负责。

（二）《企业会计准则——基本准则》涉及财务收支管理的相关规定

第九条 企业应当以权责发生制为基础进行会计确认、计量和报告。

第十二条 企业应当以实际发生的交易或者事项为依据进行会计确认、计量和报告，如实反映符合确认和计量要求的各项会计要素及其他相关信息，保证会计信息真实可靠、内容完整。

第十六条 企业应当按照交易或者事项的经济实质进行会计确认、计量和报告，不应仅以交易或者事项的法律形式为依据。

第十八条 企业对交易或者事项进行会计确认、计量和报告应当保持应有的谨慎，不应高估资产或者收益、低估负债或者费用。

第十九条 企业对于已经发生的交易或者事项，应当及时进行会计确认、计量和报告，不得提前或者延后。

第三十一条 收入只有在经济利益很可能流入从而导致企业资产增加或者负债减少、且经济利益的流入额能够可靠计量时才能予以确认。

第三十四条 费用只有在经济利益很可能流出从而导致企业资产减少或者负债增加、且经济利益的流出额能够可靠计量时才能予以确认。

第四十三条 企业在对会计要素进行计量时，一般应当采用历史成本，采用重置成本、可变现净值、现值、公允价值计量的，应当保证所确定的会计要素金额能够取得并可靠计量。

（三）《企业会计准则第 2 号——长期股权投资》涉及股权投资管理的相关规定

第四条　除企业合并形成的长期股权投资以外，其他方式取得的长期股权投资，应当按照下列规定确定其初始投资成本：（一）以支付现金取得的长期股权投资，应当按照实际支付的购买价款作为初始投资成本。初始投资成本包括与取得长期股权投资直接相关的费用、税金及其他必要支出；……（三）投资者投入的长期股权投资，应当按照投资合同或协议约定的价值作为初始投资成本，但合同或协议约定价值不公允的除外……

第五条　投资企业对子公司的长期股权投资，应当采用本准则规定的成本法核算，编制合并财务报表时按照权益法进行调整。

第七条　采用成本法核算的长期股权投资应当按照初始投资成本计价。追加或收回投资应当调整长期股权投资的成本。

第十二条　投资企业在确认应享有被投资单位净损益的份额时，应当以取得投资时被投资单位各项可辨认资产等的公允价值为基础，对被投资单位的净利润进行调整后确认。

被投资单位采用的会计政策及会计期间与投资企业不一致的，应当按照投资企业的会计政策及会计期间对被投资单位的财务报表进行调整，并据以确认投资损益。

（四）《企业财务通则》涉及财务收支管理的相关规定

第六条　企业应当依法纳税。企业财务处理与税收法律、行政法规规定不一致的，纳税时应当依法进行调整。

第九条　企业应当建立财务决策制度，明确决策规则、程序、权限和责任等。法律、行政法规规定应当通过职工（代表）大会审议或者听取职工、相关组织意见的财务事项，依照其规定执行。

企业应当建立财务决策回避制度。对投资者、经营者个人与企业利益有冲突的财务决策事项，相关投资者、经营者应当回避。

第十六条　企业应当执行国家有关资本管理制度，在获准工商登记后 30 日内，依据验资报告等向投资者出具出资证明书，确定投资者的合法权益。

企业筹集的实收资本，在持续经营期间可以由投资者依照法律、行政法规以及企业章程的规定转让或者减少，投资者不得抽逃或者变相抽回出资。

除《公司法》等有关法律、行政法规另有规定外，企业不得回购本企业发行的股份。企业依法回购股份，应当符合有关条件和财务处理办法，并经投资者决议。

第十七条 对投资者实际缴付的出资超出注册资本的差额（包括股票溢价），企业应当作为资本公积管理。

经投资者审议决定后，资本公积用于转增资本。国家另有规定的，从其规定。

第十八条 企业从税后利润中提取的盈余公积包括法定公积金和任意公积金，可以用于弥补企业亏损或者转增资本。法定公积金转增资本后留存企业的部分，以不少于转增前注册资本的25%为限。

第十九条 企业增加实收资本或者以资本公积、盈余公积转增实收资本，由投资者履行财务决策程序后，办理相关财务事项和工商变更登记。

第二十条 企业取得的各类财政资金，区分以下情况处理：

（一）属于国家直接投资、资本注入的，按照国家有关规定增加国家资本或者国有资本公积。

（二）属于投资补助的，增加资本公积或者实收资本。国家拨款时对权属有规定的，按规定执行；没有规定的，由全体投资者共同享有。

（三）属于贷款贴息、专项经费补助的，作为企业收益处理。

（四）属于政府转贷、偿还性资助的，作为企业负债管理。

（五）属于弥补亏损、救助损失或者其他用途的，作为企业收益处理。

第二十五条 企业选择供货商以及实施大宗采购，可以采取招标等方式进行。

第二十六条 企业在建工程项目交付使用后，应当在一个年度内办理竣工决算。

第二十八条 无形资产出现转让、租赁、质押、授权经营、连锁经营、对外投资等情形时，企业应当签订书面合同，明确双方的权利义务，合理确定交易价格。

第三十条 企业从事期货、期权、证券、外汇交易等业务或者委托其他机构理财，不得影响主营业务的正常开展，并应当签订书面合同，建立交易报告制度，定期对账，控制风险。

第三十一条 企业从事代理业务，应当严格履行合同，实行代理业务与自营业务分账管理，不得挪用客户资金、互相转嫁经营风险。

第三十二条 企业应当建立各项资产损失或者减值准备管理制度。各项资产损失或者减值准备的计提标准，一经选用，不得随意变更。企业在制定计提标准时可以征询中介机构、有关专家的意见。

对计提损失或者减值准备后的资产，企业应当落实监管责任。能够收回或者继续使用以及没有证据证明实际损失的资产，不得核销。

第三十三条 企业发生的资产损失，应当及时予以核实、查清责任，追偿损失，按照规定程序处理。

企业重组中清查出的资产损失，经批准后依次冲减未分配利润、盈余公积、资本公积和实收资本。

第三十五条 企业发生关联交易的，应当遵守国家有关规定，按照独立企业之间的交易计价结算。投资者或者经营者不得利用关联交易非法转移企业经济利益或者操纵关联企业的利润。

第四十六条 企业不得承担属于个人的下列支出：

（一）娱乐、健身、旅游、招待、购物、馈赠等支出。

（二）购买商业保险、证券、股权、收藏品等支出。

（三）个人行为导致的罚款、赔偿等支出。

（四）购买住房、支付物业管理费等支出。

（五）应由个人承担的其他支出。

第四十九条 企业发生的年度经营亏损，依照税法的规定弥补。税法规定年限内的税前利润不足弥补的，用以后年度的税后利润弥补，或者经投资者审议后用盈余公积弥补。

三、财务收支管理的主要风险点

农村合作金融机构财务收支管理风险主要有市场风险、操作风险、法律风险、声誉风险，并可能引发信用风险和流动性风险，主要表现在以下几个方面：

1. 财务管理体制不规范，民主性不强，有关重大财务事项未经民主管理组织研究决定，同时未定期向最高权力机构（如董事会或股东大会）报告财务状况。

2. 未按规定编制全年财务收支计划或财务收支计划编制不全面、不合理，从而造成被动经营或发展目的不明确。

3. 违规吸纳股金、增（转增）资或随意提高职工股金分红比例。

4. 固定资产购建和报废核算不合规，超权限购置或不按规定公开处置固定资产，或收受贿赂损害集体利益。

5. 固定资产出售、清理收入以及租赁收入没有按规定纳入账内核算，形成"小金库"或引发贪污犯罪。

6. 低值易耗品的购买、管理、使用不合规，账实不相符，造成资产流失。

7. 各类计提不准确，或未遵循权责发生制原则人为调节利润。

8. 手续费收入管理不严密，未收取或未按规定全额入账。

9. 虚列成本、虚开发票，扩大费用开支，形成"账外账"、"小金库"。

10. 税收法规执行不准确，造成罚没款支出增加，加重了经营负担。

在全面了解综合业务系统对财务收支核算的基础上，根据财务收支可能存在的风险以及电子数据的特点，利用计算机来识别财务收支的各个风险点，然后进行重点延伸。本书主要针对资产负债管理、收入费用管理和股金管理等可利用计算机审计手段发现违规线索的情况进行风险分析，介绍其主要风险点。

（一）资产负债管理

1. 固定资产比例风险测试。主要风险点是农村合作金融机构固定资产过度扩张或违反国家固定资产投资资本金比例规定，固定资产账面价值和在建工程账面价值之和占净资产的比重超过40%，固定资产投资比例过大，不仅增加了投资成本，扩大了投资风险，同时也不利于银行内部资产结构的合理调整。

2. 在建工程未转固定资产风险测试。主要风险点是已达到交付使用而未办理竣工决算的在建工程项目未及时作固定资产管理，造成少提折旧、虚增利润，使农村合作金融机构多缴了企业所得税，同时，存在未缴或偷逃房产税的税务风险。

3. 在其他应收款垫支固定资产风险测试。主要风险点是农村合作金融机构在固定资产购建中违反申报立项和逐级审批制度，先斩后奏，在其他应收款垫付购置土地款、房屋、建房等固定资产，固定资产购建缺乏计划性、逃避监督，甚至造成资产损失。

4. 暂付款及内部手工账异常变动测试。主要风险点是农村合作金融机构内部员工盗取本单位资金，通过"其他应收款"空转资金划入某个人账户，或将内部储蓄手工账资金转入某个人账户提现，并通过内部储蓄手工账转出资金填补暂付款等方式"拆东墙、补西墙"，以掩盖犯罪事实。

5. 内部账透支设置风险测试。主要风险点是农村合作金融机构在各类应付款（如 2241 其他应付款、2211 应付职工薪酬、2231 应付利息、2232 应付股利、2502 应付债券、2701 长期应付款）账户设置可透支限额，或将零户中原已撤销的网点储蓄存款手工账（含总部零户账）设置为可透支，未设置相应的止损点或为犯罪嫌疑人利用内部账户盗取资金提供便利。

（二）收入费用管理

1. 年末在其他应收款垫支费用风险测试。主要风险点是农村合作金融机构未根据权责发生制规定，因年度费用严重超支，年末在其他应收款垫支手续费、顾问费、诉讼费、工资、奖金、风险补偿金等费用，以逃避费用比例管理。

2. 年末在其他应付款暂收收入风险测试。主要风险点是农村合作金融机构未根据权责发生制规定，年末通过其他应付款暂收贷款利息、手续费、顾问费等收入，人为调节年度收入，以应付上级考核分配，或将上述暂收资金冲减、垫付其他科目资金。

3. 坐收坐支异常变动测试。主要风险点是农村合作金融机构为掩盖年度费用超支，违反财务管理规定，冲减营业费用或应收未收利息，坐支其他应付款中核算的手续费、顾问费、利息收入等。一方面未经过正常内部控制制度监管而支付，在财务上容易产生道德风险；另一方面因不开发票，偷税漏税，存在税务风险。

4. 虚假发票风险测试。主要风险点是农村合作金融机构违反据实列支费用的规定开具虚假发票，或大额具备指定支付对象条件的费用采取现金支付方式，以牟取私利或引发其他道德风险。

5. 营业费用支出异常变动测试。主要风险点是农村合作金融机构的分支机构经营管理费用较上年（期）同期异常变动增幅过大，在"业务宣传费"、"业务招待费"、"广告费"、"公杂费"、"水电费"、"会议费"等三级费用科目变相列支费用，引发道德风险。

6. 营业外支出异常变动测试。主要风险点是农村合作金融机构为掩盖年度费用严重超支，年末在营业外科目核算营业费用（如招待费、诉讼费等），以逃避费用比例管理。

7. 财务管理系统维护差错风险测试。主要风险点是农村金融分支机构在费用报账过程中未对财务管理系统进行实时维护，造成综合业务系统"经费账户"与财务管理系统"银行存款"账户余额不一致，实际经费支出大于财务管理系统核定金额，导致费用无法控制的操作风险。经费账户的借贷发生额与财务管理系统经费收支明细不匹配，可能存在利用该账户核算了非经费类资金收支问题，有坐收坐支风险隐患。

8. 年金管理异常变动测试。主要风险点是农村合作金融机构应由个人自负的年金（按单位承担部分的 20%）全部由单位列入成本，增加了单位成本。

9. 贷款复息设置风险测试。主要风险点是农村合作金融机构信贷管理人员通过信贷管理系统设置贷款复息利率时，将复息利率定为零，造成少收或未收贷款复息的损失风险。

10. 手工支付存款利息异常变动测试。主要风险点是农村合作金融机构在支付客户存款（如协定存款等）时，违反公平竞争原则，未按合同约定利率支付利息，通过手工追加利息支出，变相提高存款利率，增加了筹资成本，存在合规风险。

11. 手工调整存贷款结数风险测试。主要风险点是农村合作金融机构工作人员人为调整存贷款结数，故意增加存款结数或减少贷款结数，损公肥私，给农村合作金融机构造成资产损失。

12. 手工调整贷款利率异常变动测试。主要风险点是农村合作金融机构在成功办理贷款且贷款资金到账以后，通过手工降低贷款利率，为自己、亲属或客户减少利息支出，损害农村金融利益。

（三）股金管理

1. 贷款资金入股风险测试。主要风险点是农村合作金融机构自然人（含内部员工）或非自然人股东利用筹资机构贷款资金入股，将本属于入股方自身承担的资金风险转嫁给农村合作金融机构（贷款人）。

2. 股金分红账户信息风险测试。主要风险点是股金红利入账账户名称、身份证号码与股东信息不一致，可能因不正确入账或账户开户信息瑕疵给农村合作金融机构带来法律风险。

3. 代扣股金分红个人所得税风险测试。主要风险点是农村合作金融机构在对自然人股东和员工股东分配红利（或转增资本）时，未代扣20%的个人所得税，或将分红资金（含应代扣个人所得税）整体进行资本转增而形成税务风险。

4. 现金分红长期挂账风险测试。主要风险点是农村合作金融机构分配股东现金红利时，红利因故未能转入活期存款账户，在应付款科目（股金账户暂挂）长期连续挂账，为内部员工挪用资金提供便利。

第二节　财务收支审计模型的设计

农村合作金融机构财务风险是指对经营活动中各项资金和财务收支不合理而承担的风险。财务业务的风险点识别，目前主要是通过现场检查各类资料实现，并不能全部通过计算机手段实现，需要以后在审计实践中不断扩充。以下列举的财务风险审计模型，主要是根据目前农村金融财务收支数据信息基础，提出计算机分析、测试风险的模型设计思路。

一、人为调整利息支出风险测试模型设计

审计模型分析思路：《中华人民共和国商业银行法》第三十一条规定："商业银行应当按照中国人民银行规定的存款利率的上下限，确定存款利率，并予以公告"；第四十七条规定："商业银行不得违反规定提高或者降低利率以及采用其他不正当手段，吸收存款，发放贷款。"《金融违法行为处罚办法》第十五条规定："金融机构办理存款业务，不得有下列行为：（一）擅自提高利率或者变相提高利率，吸收存款"。利息支出是指银行以负债形式筹集的各类资金（不包括金融机构往来资金），按规定的适用利率分档次提取应付利息。利息支出业务分为两个阶段，即计提应付利息和实际支付。在实际业务办理中，利息支出一般为系统自动核算相应账户的利息，并从相应的计提应利息中支出。而人为调整利息支出，往往是人为计算账户利息并通过面向传票手工输入办理取得。我们可以在系统中查询是否有通过内部账人为办理利息支出的记录，来得到是否变相提高存款利率。

审计模型设计方法：

步骤一：在"内部账明细文件"中，列出所有以手工方式列出的利息支

出，并与"表内分户文件"以账号关联，形成"手工支取利息中间表"。利息支出的内部账号第9位至第12位数字为"5211"，手工方式支出利息一般是通过面向传票输入。

步骤二："手工支取利息中间表"与"活期存款账户交易明细表"以交易记账日期、交易柜员、柜员流水号进行关联，查询出手工支取利息的入账情况，并形成"手工利息入账中间表"。

步骤三："手工利息入账中间表"与"活期存款账户主档"以入账账号关联，并按交易机构、账号、交易记账日期排序，形成"人为调整利息支取风险表"。

审计模型数据来源：活期存款账户交易明细表；活期存款账户主档；内部账明细文件；表内分户文件。

二、结算手续费收入不合规风险测试模型设计

审计模型分析思路：《中华人民共和国商业银行法》第五十条规定："商业银行办理业务，提供服务，按照中国人民银行的规定收取手续费。"手续费及佣金收入是指公司为客户办理各种业务收取的手续费及佣金收入。在实际业务办理中，由于业务办理与业务产生的收入并不通过银行业务系统进行联动，故柜员在办理业务中，有可能存在错收、漏收手续费。现以挂失业务为例，设计挂失业务手续费收入不合规风险测试模型。

审计模型设计方法：

步骤一：在"事故登记簿_挂失登记簿"中，按网点及日期统计出同一网点一天办理书面挂失业务的笔数，形成"挂失业务中间表"。由于口头挂失业务不收手续费用，故只统计书面挂失业务。

步骤二：在"内部账明细文件"中，以交易记账日期、交易行机构号为条件统计出同一网点一天挂失手续费收入，形成"挂失业务手续费收入中间表"。挂失业务手续费账号第9位至第14位数字为"511145"。

步骤三：以上两中间表以交易记账日期与机构号进行关联，判断得出挂失笔数与挂失手续费收入不一致记录，形成"挂失手续费收入不规范表"。

审计模型数据来源：事故登记簿_挂失登记簿；内部账明细文件。

三、手工调整贷款利率风险模型设计

审计模型分析思路：《商业银行内部控制指引》第四十四条规定："商

业银行应当制定统一的各类授信品种的管理办法，明确规定各项业务的办理条件，包括选项标准、期限、利率、收费、担保、审批权限、申报资料、贷后管理、内部处理程序等具体内容。"在实际业务操作中，基层信贷人员有权对贷款借据信息进行修改，包括修改贷款利率。故可能存在信贷人员人为修改贷款利率，导致贷款执行的利率与实际借款合同签订的利率不一致，从而少收或多收贷款利息。

审计模型设计方法：

步骤一：在"普通贷款分户文件"中，找出借据执行利率与正常执行利率不一致短期贷款的记录，形成"执行利率与借据利率不一致中间表"。短期贷款的利率一般为不调整或按年调整，故在贷款期限内，贷款利率不会调整。

步骤二：在"分段计息文件"中，以"执行利率与借据利率不一致中间表"中的贷款账号相匹配，找出利息调整的时间，形成"利率修改时间表"。一般来说，在贷款期限内无利率调整，则执行利率调整日期为签订借据日期。

审计模型数据来源：普通贷款分户文件；分段计息文件。

四、金融机构股东利用贷款资金入股风险模型设计

审计模型分析思路：《关于规范向农村合作金融机构入股的若干意见》第（十）条规定："农村合作金融机构社员（股东）必须以自有资金入股，不得以金融机构贷款入股。"《贷款通则》第二十条规定，"不得用贷款从事股本权益性投资，国家另有规定的除外"。在实际业务操作中，由于信贷人员与柜台人员的沟通不足，导致一部分信贷资金进入银行资本金。

审计模型设计方法：

1. 在活期存款账户交易明细表中，以金融机构验资户账号为条件，生成特定验资账户交易明细表。

2. 将特定验资账户交易明细表、普通贷款分户文件、贷款分户明细文件进行关联，以交易日期、交易时间为条件，生成选定股东贷款及存款账户交易明细表，表中加入账号、交易机构、交易柜员、柜员流水号、借贷标志、交易金额、交易余额、对方账号、客户名称、发放日期、到期日期、发放金额、信贷员、贷款用途、结算账号等字段。在股东贷款及存款账户交易明细

表中，以结算对方账号、结算借贷标志为条件，生成股东账户贷款入账表，表中加入股东姓名、贷款金额、贷款发放后余额、贷款发放前余额等字段。

3. 在股东验资户贷款及存款账户交易明细表中，以结算借贷标志、结算对方账号、交易时间为条件，生成贷款发放后借方发生额和贷款发放后贷方发生额，表中加入股东姓名、借方发生额、贷方发生额等字段。

4. 在股东验资户贷款及存款账户交易明细表中，以结算交易时间、交易时间为条件，生成入股资金交易金额，表中加入股东姓名、入股资金交易金额等字段。

5. 将股东验资账户贷款入账表、贷款发放后借方发生额、贷款发放后贷方发生额、入股资金交易金额进行关联，以贷款发放前余额、贷方发生额、入股资金交易金额为条件，生成股东账户交易汇总表，表中加入股东姓名、贷款金额、贷款发放后余额、贷款发放前余额、贷方发生额、借方发生额、入股资金交易金额、贷款资金入股等字段。

6. 在股东验资户贷款及存款账户交易明细表中，以股东账户交易汇总表中股东姓名为条件，生成可疑贷款资金入验资账户明细表，并以股东姓名、结算交易时间为条件进行排序。

审计模型数据来源：活期存款账户交易明细表；普通贷款分户文件；贷款明细文件。

五、金融资产重分类不正确风险模型设计

审计模型分析思路：《金融工具确认和计量暂行规定（试行）》（财会〔2005〕14 号）第三十条规定："企业在初始确认时将某金融资产或某金融负债划分为交易类，或将某金融资产划分为贷款和应收款项后，不能重分类为其他类金融资产或金融负债；其他类金融资产或金融负债也不能重分类为交易类金融资产或金融负债，或贷款和应收款项。"通过内部账明细查询，在金融资产入账后，对于发生的借方业务或冲账业务，除销账外，均筛选出来进行分析比对。

步骤一：从"内部账明细文件"中将交易性金融资产、可供出售金融资产、持有至到期投资交易明细列出，形成"金融资产交易明细中间表"。以上三类金融资产账号第 9 位到第 12 位分别含有"1431"、"1441"、"1451"。

步骤二：将"金融资产交易明细中间表"与"金融资产交易明细中间

表"以柜员流水号进行关联，并且交易类型不全为正常交易，形成"金融资产调整中间表"。

步骤三：将"金融资产调整中间表"与"内部账明细文件"以及"表内分户账文件"按交易记账日期及账号进行关联，形成"违规调整金融资产性质表"。

审计模型数据来源：内部账明细文件；表内分户账文件。

六、通过内部账交易查找银行是否存在账外账

审计模型分析思路：根据《中华人民共和国会计法》第十六条关于"各单位发生的各项经济业务事项应当在依法设置的会计账簿上统一登记、核算，不得违反本办法和国家统一的会计制度的规定私设会计账簿登记、核算"的规定以及损益真实性审计要点"是否存在任意调整账表、虚增虚减盈利或亏损的行为；有无隐瞒、截留收入、形成账外账等的行为；各项开支是否真实，有无虚增虚减支出而调节损益的现象"的相关要求，重点关注内部账年底大额计提的费用（薪酬）转到账外的情况。我们通过核心业务系统，重点关注在本行开户的，贷方入账的对方科目将计提的费用转到账外进行管理的账户，并对其交易明细进行检查判断，确定该账户是否为账外账户。

审计模型设计方法：

对账外账户进行分析，账户资金来源往往通过从内部账结转转入，重点关注年底计提大额费用或薪酬形式结转交易，并对交易进行跟踪，确定可疑账外账户。并结合现场审计，确定账户性质。

步骤一：对活期存款账户交易明细表进行分析，筛选出活期存款账户中对方账号为计提类科目相关科目的交易明细，建立内部资金直接转至客户账明细。

步骤二：列出上述客户存款账户，与活期存款账户主档进行关联、排列，列出账户全名，并剔除重复记录。

步骤三：将筛选出的客户账与活期存款账户交易明细表关联，形成客户账交易明细表，并对交易明细进行检查判断，确定该账户是否为账外账户。

审计模型数据来源：表内分户文件；活期存款账户主档；活期存款账户交易明细表。

第三节　应用实例

一、怎样发现人为调整利息支出问题

【审计目标】近年来，由于银行业业务竞争的加剧，一些银行机构为了完成存款指标等方面的任务，违规高息揽储，在正常利息支出的情况，再额外支出一部分利息。通过对内部账明细的查询，发现非正常的利息支出。

【分析建模】

1. 审计思路。《中华人民共和国商业银行法》第三十一条规定："商业银行应当按照中国人民银行规定的存款利率的上下限，确定存款利率，并予以公告"；第四十七条规定："商业银行不得违反规定提高或者降低利率以及采用其他不正当手段，吸收存款，发放贷款。"《金融违法行为处罚办法》第十五条规定："金融机构办理存款业务，不得有下列行为：（一）擅自提高利率或者变相提高利率，吸收存款"。

2. 数据准备：活期存款账户交易明细表；活期存款账户主档；内部账明细文件；表内分户文件。

3. 审计过程：

步骤一：在"内部账明细文件"中，列出所有交易账号第 9 位至第 12 位数字为"5211"且通过面向传票输入的交易记录，并与"表内分户文件"以账号关联，形成"手工支取利息中间表"。

参考语句：SELECT 交易账号，交易记账日期，柜员流水号，传票套号，发生额，余额，交易行机构号，交易时间，摘要 INTO 手工支取利息中间表 FROM 内部账明细文件 WHERE SUBSTRING（A. 交易账号，9，4）＝'5211' AND 传票套号＞0

步骤二："手工支取利息中间表"与"活期存款账户交易明细表"以交易记账日期、交易柜员、柜员流水号进行关联，查询出手工支取利息的入账情况，并形成"手工利息入账中间表"。

参考语句：SELECT A. ＊，B. 账号，B. 交易金额，B. 柜员流水号 INTO 手工利息入账中间表 FROM 手工支取利息中间表 A，活期存款账户交易

明细表 B WHERE SUBSTRING（A. 柜员流水号，1，7）＝B. 交易柜员 AND
A. 交易记账日期＝B. 交易记账日期 AND SUBSTRING（A. 柜员流水号，8，
4）＝B. 柜员流水号

步骤三：将"手工利息入账中间表"与"活期存款账户主档"按账号
关联，并按交易机构、账号、交易记账日期排序，形成"人为调整利息支取
风险表"。

参考语句：SELECT 户名，A. ＊ INTO 人为调整利息支取风险表 FROM
人为调整利息支取风险表 A，表内分户账文件 B WHERE A. 交易账号＝B.
账号 ORDER BY A. 交易账号，A. 交易记账日期，A. 交易时间

【案例分析】建立分析模型的关键点是结合电子数据的特点和规律，掌
握业务的流程和可能存在的问题的最主要特征。在本案例中，由于农村合作
金融机构的各项利息支出均通过系统自动核算，而人为调节利息支出则需通
过自制传票录入。只要从利息支出的科目以及途径入手，抓住主要特征，利
用相关语句、表、字段等建立分析模型，可以比较容易发现异常进而揭露
问题。

二、怎样发现少收挂失业务手续费问题

【审计目标】在实际业务办理中，办理书面挂失业务，需向客户收取挂
失手续费，由于挂失业务与手续费收取不为系统联动控制，存在向客户办理
书面挂失业务但未收取手续费的风险隐患。

【分析建模】

1. 审计思路。《中华人民共和国商业银行法》第五十条规定："商业银
行办理业务，提供服务，按照规定收取手续费。"

2. 数据准备：事故登记簿_ 挂失登记簿；内部账明细文件。

3. 审计过程：

步骤一：在"事故登记簿_ 挂失登记簿"中，按网点及日期统计出办理
书面挂失业务的笔数。由于口头挂失业务不收手续费用，故只统计书面挂失
业务。

参考语句：SELECT 机构号，挂失日期，COUNT（＊）AS 笔数 INTO 网
点一天办理挂失笔数 FROM 事故登记簿_ 挂失登记簿 WHERE SUBSTRING
（挂失序号，1，2）＝15 GROUP BY 机构号，挂失日期

步骤二：在"内部账明细文件"中，挂失业务手续费账号第9位至14位数字为"511145"，按交易记账日期，交易行机构号统计出挂失手续费收入。

参考语句：SELECT 交易行机构号，交易记账日期，SUM（交易金额）AS 挂失手续费总额 INTO 网点一天办理挂失手续费总额 WHERE SUBSTRING（交易账号，9，6）=511145 GROUP BY 交易行机构号，交易记账日期

步骤三：以上两中间表以交易记账日期与机构号进行关联，判断得出挂失笔数与挂失手续费收入不一致记录，形成"挂失手续费收入不规范表"。

参考语句：SELECT 机构号，挂失日期，笔数，挂失手续费总额 INTO 挂失手续费收入不规范表 FROM 网点一天办理挂失笔数 A，网点一天办理挂失手续费总额 B WHERE 机构号 = 交易行机构号 AND 挂失日期 = 交易记账日期 AND 笔数 * 10 > 挂失手续费总额

【案例分析】在办理挂失业务的同时，需要同时收取一笔手续费。由于在农村合作金融机构业务系统中办理挂失业务无法产生流水号，且对于收费项目也不通过系统进行联动。通过对同一网点一天之内办理的挂失业务与收取的手续费收入相比，从而找出手续费收取不合规的风险点。

三、怎样发现违规调整金融资产性质问题

【审计目标】对于金融资产来说，除持有至到期投资重分类为可供出售金融资产外，其余金融资产均不能相互转换形式。通过内部账明细查询，在金融资产入账后，对于发生的借方业务或冲账业务，除销账外，均筛选出来进行分析比对。

【分析建模】

1. 审计思路。《金融工具确认和计量暂行规定（试行）》（财会〔2005〕14 号）第三十条规定"企业在初始确认时将某金融资产或某金融负债划分为交易类，或将某金融资产划分为贷款和应收款项后，不能重分类为其他类金融资产或金融负债；其他类金融资产或金融负债也不能重分类为交易类金融资产或金融负债，或贷款和应收款项。"

2. 数据准备：活期存款账户交易明细表；活期存款账户主档；内部账明细文件；表内分户文件。

3. 审计过程：

步骤一：列出"内部账明细文件"中账号第9位到第12位含有

"1431"、"1441"、"1451"的所有内部账明细记录，形成"金融资产交易明细中间表"。

参考语句：SELECT 交易账号，交易记账日期，柜员流水号，传票套号，红蓝字标志，借贷标志，发生额，余额，摘要，记账员 INTO 金融资产交易明细中间表 FROM 内部账明细文件 WHERE SUBSTRING（交易账号，9，4）= ' 1431 ' OR SUBSTRING（交易账号，9，4）= ' 1441 ' OR SUBSTRING（交易账号，9，4）= ' 1451 ' ORDER BY 交易账号，交易记账日期，交易时间

步骤二：将"金融资产交易明细中间表"与"金融资产交易明细中间表"以柜员流水号进行关联，形成"金融资产调整中间表"。

参考语句：SELECT DISTINCT A. * INTO 金融资产调整中间表 FROM 金融资产交易明细中间表 A，金融资产交易明细中间表 BWHERE A. 交易记账日期 = B. 交易记账日期 AND A. 柜员流水号 = B. 柜员流水号 AND A. 记账员 < > ' 999AUTO ' AND A. 交易账号 < > B. 交易账号 AND A. 红蓝字标志 < > B. 红蓝字标志 AND SUBSTRING（A. 交易账号，9，4）< > SUB-STRING（B. 交易账号，9，4）ORDER BY A. 交易记账日期，A. 柜员流水号

步骤三：将"金融资产调整中间表"与"内部账明细文件"及"内部账明细文件"按交易记账日期及账号进行关联，形成"违规调整金融资产性质表"。

参考语句：SELECT DISTINCT 户名，B. 交易账号，B. 交易记账日期，B. 柜员流水号，B. 传票套号，B. 红蓝字标志，B. 借贷标志，B. 发生额，B. 余额，B. 摘要，B. 记账员 INTO 违规调整金融资产性质表 FROM 金融资产调整中间表 A，内部账明细文件 B，表内分户账文件 C WHERE A. 交易记账日期 = B. 交易记账日期 AND A. 柜员流水号 = B. 柜员流水号 AND B. 交易账号 = C. 账号 ORDER BY B. 交易记账日期，B. 柜员流水号

【案例分析】不同类别的金融资产会计处理方法有很大的差异，金融资产的不同归类会对企业利润产生不同的影响，也给农村合作金融机构利用金融资产归类调节利润提供了空间。农村合作金融机构管理层很有可能为了自身利益及自己的经营业绩，利用金融资产归类调节利润及相关指标。在利益的驱使下，有可能会通过金融资产归类来调节企业利润及相关会计指标，使

会计信息质量大打折扣，不利于会计信息使用作出正确的决策。通过内部账明细查询，比对各金融资产的借方发生额，找出同时变动的金融资产双方，进一步查看是否违规进行金融资产调整。

四、怎样发现人为调低贷款执行利率的情况

【审计目标】目前我国的商业银行盈利的最主要手段仍旧是存贷利息差。商业银行通过控制利息收入和利息支出的差额，以便适应银行的经营目标。利差是银行利润的主要来源，而利差的敏感性或波动性，则构成了银行的风险，利差的大小及其变化决定了银行的风险，利差的大小及其变化决定了银行总的风险收益状况。贷款利率的高低直接决定着银行的利润，因而影响着银行的经济利益。浙江农信系统金融机构在人民银行规定利率水平内根据各自市场的情况，设置各种贷款产品的利率，各分支机构依据总部的授权办理各类贷款业务。以保障浙江农信系统金融机构的利益，正确执行贷款利率政策，纠正各分支机构信贷利率执行过程中存在的违规降低贷款利率的行为，促进浙江农信系统各金融机构安全、持续、稳健运行。

【分析建模】

1. 审计思路。2009 年，审计组在对某农村合作银行支行行长进行经济责任审计时，发现某一笔贷款存在借款执行利率与综合业务系统执行利率不一致的现象，经查询该笔贷款经审批发放之后，信贷人员通过贷款单笔利率调整违规将该笔贷款调低。违规调低、降低贷款利率，少收或漏收利息，有机会给信贷人员舞弊的空间，将所产生的非法收益，如利息差价、收取回扣、手续费等违规、违法行为。

2. 数据准备：普通贷款分户文件；贷款分段利息文件。

3. 审计过程：

步骤一：通过查询普通贷款分户文件，列出审计期间内所有贷款执行利率小于借据执行利率的贷款情况，形成审计中间表"贷款执行利率低于借款利率"。

SQL 查询语句（参考）：SELECT 机构号，信贷员，客户名称，客户号，发放日期，到期日期，发放金额，贷款余额，贷款账号，正常执行利率，借据执行利率，INTO "TMP_ 贷款执行利率低于借款利率" FROM 普通贷款分户文件 WHERE 发放日期 > = @审计开始日期

ALTER TABLE TMP_ 贷款执行利率低于借款利率 ADD COLUMN 调整日期 DATETIME

步骤二：查询贷款分段利息文件中，所有有利率调整的贷款的分段利息文件，形成临时表"TMP_ 贷款利息调低明细"，再根据临时表的结果，计算出贷款调整的日期，形成临时表"TMP_ 贷款利率调低日期"。

SQL 查询语句（参考）：SELECT 贷款账号，MIN（动户日期）AS 动户日期，当前执行利率 INTO TMP_ 贷款利息调整_ MIN FROM TMP_ 贷款利息调低明细 GROUP BY 贷款账号，当前执行利率

SELECT 贷款账号，MAX（动户日期）AS 动户日期，当前执行利率 INTO TMP_ 贷款利息调整_ MAX FROM TMP_ 贷款利息调低明细 GROUP BY 贷款账号，当前执行利率

SELECT A. 贷款账号，A. 动户日期 AS 调整日期 INTO TMP_ 贷款利率调低日期 FROM TMP_ 贷款利息调整_ MIN A，TMP_ 贷款利息调整_ MAX WHERE A. 当前执行利率 < > B. 当前执行利率 AND A. 贷款账号 = B. 贷款账号 AND A. 动户日期 = B. 动户日期

将审计中间表"贷款执行利率低于借款利率"与审计临时表"TMP_ 贷款利率调低日期"相并，条件为贷款账号相等，将"TMP_ 贷款利率调低日期"中的动户日期更新为审计中间表"贷款执行利率低于借款利率"调整日期；再将审计中间表结果通过事后监督系统和信贷档案进行核实，能发现信贷人员违规调整贷款利率的事实。

SQL 查询语句（参考）：UPDATE 贷款执行利率低于借款利率 SET 贷款执行利率低于借款利率. 调整日期 = TMP_ 贷款利率调低日期. 动户日期 FROM 贷款执行利率低于借款利率，TMP_ 贷款利率调低日期 WHERE 贷款执行利率低于借款利率. 贷款账号 = TMP_ 贷款利率调低日期. 贷款账号

【案例分析】建立分析模型的关键点是通过对同一张表中相同要素多次的分类组合，形成不同的结果，再将得到的结果相并，得到所需要的结果信息。在本案例中，从贷款发放后正常执行利率与借据执行利率不一致着手，通过对贷款分段利息文件的分类组合，得到贷款执行利率准确的调整日期。审计人员再根据审计中间表信息，通过凭证等证明材料进行查实，通过科技手段公开违规行为结果信息，用科技来震慑违规操作。对整个单位所有员工进行教育，做到只要有违规行为就能被发现，违规成本高，并及时对违规人

员予以处罚。可以避免内部员工再有自我安慰的侥幸心理，有效降低信贷人员的道德风险。

五、通过内部账交易查找银行是否存在账外账

【审计目标】农村合作金融机构设"账外账"，原因是多方面的：一是隐匿收入，达到偷税漏税的目的；二是"花钱方便"。用账外资金支付一些不正当支出，可以避免财务监督。部分农村合作金融机构为了以权谋私，或者支付制度规定的正常财务支出所不允许的款项，私设账外账。资产长期置于账外，脱离有效监管，违反了《中华人民共和国会计法》的规定，造成会计信息失真和资产的流失。我们通过损益真实性审计，严查账外账。

【分析建模】

1. 审计思路。根据《中华人民共和国会计法》第十六条关于"各单位发生的各项经济业务事项应当在依法设置的会计账簿上统一登记、核算，不得违反本办法和国家统一的会计制度的规定私设会计账簿登记、核算"的规定以及损益真实性审计要点"是否存在任意调整账表、虚增虚减盈利或亏损的行为；有无隐瞒、截留收入、形成账外账等的行为；各项开支是否真实，有无虚增虚减支出而调节损益的现象"的相关要求，重点关注内部账年底大额计提的费用（薪酬）转到账外的情况。我们通过核心业务系统，重点关注在本行开户的，贷方入账的对方科目将计提的费用转到账外进行管理的账户，并对其交易明细进行检查判断，确定该账户是否为账外账户。

2. 数据准备。审计主要分析表内分户文件、活期存款账户主档、活期存款账户交易明细表等。

3. 审计过程：

步骤一：对活期存款账户交易明细表进行分析，筛选出活期存款账户中对方账号为计提类相关科目的交易明细，建立内部资金直接转至客户账明细。

参考语句：SELECT A. 对方账号，B. 户名，A. 交易账号，A. 交易记账日期，A. 交易金额，A. 借贷标志，A. 交易柜员

INTO 内部资金直接转至客户账明细

FROM 活期存款账户交易明细表 A，表内分户文件 B

WHERE A. 对方账号 = B. 账号 AND（SUBSRING（对方账号，9，

4）＝'2622'OR SUBSRING（对方账号，9，4）＝'2621'）

AND A. 交易金额＞＝500 000 AND 借贷标志＝2

步骤二：将上述客户存款账户与活期存款账户主档进行关联、排列，列出账户全名，并剔除重复记录。

SELECT DISTINCT 账户全名，A. 账号

INTO 可疑账外账户

FROM 内部资金直接转至客户账明细 A，活期存款账户主档 B

WHERE A. 账号＝B. 账号

步骤三：将筛选出的客户账与活期存款账户交易明细表关联，形成客户账交易明细表，并对交易明细进行检查判断，确定该账户是否为账外账户。

参考语句：SELECT A. 交易账号，B. 账户全名，A. 交易记账日期，A. 交易金额，A. 借贷标志，A. 对方账号，A. 交易柜员，A. 柜员流水号，A. 摘要

INTO 客户账交易明细表

FROM 活期存款账户交易明细表 A，可疑账外账户 B

WHERE A. 交易账号＝B. 交易账号

ORDER BY A. 账号，A. 交易时间

【案例分析】通过对账外账户作分析，发现账户资金来源往往通过从内部账结转转入，重点关注年底计提大额费用或薪酬形式结转交易，并对交易进行跟踪，确定可疑账外账户。同时结合现场审计，确定账户性质。

附录一

国际审计准则第 16 号

——计算机辅助审计技术

一、引言

1. 正如国《际审计准则第 15 号》所指出的，在电子数据环境下，审计的总体目标和范围没有改变。但是，在电子数据处理环境中，审计程序的应用可能要求审计人员考虑使用计算机作为审计的工具；这方面的各种计算机使用技术即称之为计算机辅助审计技术。

2.《国际审计准则第 15 号》讨论了如下一些计算机辅助审计技术：

输入文档资料和可见审计线索的缺乏可能要求在符合性测试和实质性测试程序应用时采用计算机辅助审计技术；

利用计算机辅助审计技术可能改善审计程序的效果和效率。

3. 本准则的目的在于为计算机辅助审计技术的应用提供指南。它适用于所有涉及任何类型和大小的计算机的利用计算机辅助审计技术的场合。关于小型商用计算机环境的特别考虑，在第 24 条中予以讨论。

二、计算机辅助审计技术说明

4. 本准则只说明两种普遍应用的计算机辅助审计技术：用于审计目的的审计软件和测试数据。但是本准则提供的指南也适用于所有类型的计算机辅助审计技术。

审计软件

5. 审计软件由审计人员使用的计算机程序构成，作为其审计程序的一部分，用来处理被审单位会计系统的重要审计数据。它可能由程序包、为特定目的而编制的程序和实用程序组成。无论程序的来源如何，审计人员应在使用之前证实其对于审计目的的有效性。

程序包是用来执行数据处理功能的通用计算机程序，其功能包括读取计算机文件、选择信息、完成运算、建立数据文件以及以审计人员规定的格式打印报告。

为特定目的而编制的程序是为在特殊环境下完成审计任务而设计的计算机程序。这些程序可以由审计人员、被审单位或审计人员委托的外部程序设计人员编制。在某些情况下，审计人员可以利用被审单位的程序或将其略加修改加以利用，这样可能比开发单独的程序更为有效。

实用程序是被审单位使用的、用来完成一般的数据处理功能的一组程序。例如排序、建立和打印文件等程序。这些程序一般并非为审计目的而设计的，因此，可能不具有诸如自动合计记录数或生成控制总数等功能。

测试数据

6. 测试数据技术是在实施审计程序时通过向被审单位计算机系统输入数据（如业务样本），并将计算机处理结果与预先确定的结果进行比较的方法。其用途举例如下：

测试数据用于测试计算机程序的特别的控制，如联机口令和数据存取控制；

从以前处理的业务中选择部分业务，或由审计人员设计模拟的业务，用于测试被审单位计算机系统的特别的功能特征。一般将这些业务与被审单位的正常业务分开进行处理；

将测试数据用于整个测试程序，通过建立一个虚拟单位（例如一个部门或职工），并在正常业务处理过程中将测试业务归入该虚拟单位。

三、计算机辅助审计技术利用

7. 计算机辅助审计技术可以被用于完成各种审计程序，包括：

业务和金额的细节测试，例如，利用审计软件测试计算机文件中的所有或部分业务；

分析检查程序，例如，利用审计软件鉴别非正常的波动或项目；

一般控制的符合性测试，例如，利用测试数据来测试程序资料室的存取手续；

应用控制的符合性测试，例如，利用测试数据测试程序化控制的功能。

四、利用计算机辅助审计技术时应注意的问题

8. 在编制审计计划时，审计人员应考虑将手工审计技术与计算机辅助审计技术适当地结合起来。在决定是否采用计算机辅助审计技术时，应考虑的因素包括：

审计人员的计算机知识、技能和经验；

是否可取得计算机辅助审计技术及适当的计算机设施；

手工测试是否可行；

效果与效率；

时间因素。

审计人员的计算机知识、技能和经验

9. 《国际审计准则第 15 号》讨论了在电子数据处理环境下实施审计以及在向其助手委派工作或利用其他审计人员及专家的工作时应具备的技巧和能力。特别重要的是，审计人员应当在计划、实施和利用其所采用的特定的计算机辅助审计技术的结果等方面具有充分的知识。所需要的知识水平应视所采用的计算机辅助审计技术和被审单位会计系统的特征和其复杂程度而定。因此，审计人员应当认识到，在某些环境下利用计算机辅助审计技术可能比在其他环境下要求具有更多的计算机知识和技能。是否可取得计算机辅助审计技术及合适的计算机设施。

10. 审计人员应当考虑是否可以取得计算机审计技术、合适的计算机设施及必需的电算化会计系统及其文件。当利用被审单位的计算机不经济或不切实际时，审计人员可以计划利用其他的计算机设施。例如，由于审计人员的程序包与被审单位的计算机不兼容时，审计人员应当对计算机设施能按本准则第 18~21 条所述加以控制进行合理的预期。

11. 可以要求被审单位的人员在方便的时候提供处理设施，在诸如将程序装入被审单位系统和运行等工作中提供帮助，按审计人员要求的格式提供数据文件的复制品。

手工测试是否可行

12. 许多电算化会计系统在执行处理时不提供可见的证据，在这种情况

下，审计人员进行手工测试是不切实际的，在会计处理的不同阶段都可能发生缺乏可见证据的情况。例如，在发货单联机输入的情况下，可能并不保留输入文档资料。另外，有些业务，如折扣和利息的计算等，可能由计算机程序自动执行，不保留单个业务的可见的授权记录。

通过计算机处理的业务可能不产生可见的审计线索。发货通知单和供货发票可能由计算机程序自动匹配。另外，程序化控制手段，如检验顾客赊销限额，只在出现例外的情况下才给出可见的证据。在这种情况下，对于是否全部业务都已经过处理可能没有可见的证据。

输出报告可能并非系统给出。此外，打印的报告可能只包含汇总会计数，而有关的细节则保存在机内文件中。

效果与效率

13. 通过采用计算机辅助审计技术，可以改善审计程序取得和评价审计证据的效果和效率。例如：

利用计算机可以对某些业务在同等费用情况下进行更有效的检查，可以检查全部或大量的业务，而采用其他技术则只能就较少的一部分业务进行检查；

应用分析检查程序，可利用计算机对业务和金额细节进行检查并打印非正常项目的报告，取得远较手工方法更高的效率；

利用计算机辅助审计技术进行广泛的实质性测试要比单纯依赖控制和符合性测试更为有效。

14. 可能需要由审计人员考虑的与效率有关的事项，包括：

计划、设计、执行和评价计算机辅助审计技术的时间安排；

技术检查和援助工作所需的时间；

表格的设计与打印（如确认表）；

输入数据的键入与核对；

机时。

在评价计算机辅助审计技术的效果和效率时，审计人员可以考虑应用计算机辅助审计技术的生命周期。计算机辅助审计技术的初次计划、设计和开发常常使以后各期的审计受益。

时间

15. 某些计算机文件，如详细业务文件，往往只保留较短的一段时间，当审计人员需要时，可能得不到机读形式的数据。因此审计人员必须对所要检查的数据的保留作出安排，或者为了取得这些数据而改变其时间安排。

16. 在执行审计的可利用时间有限的情况下，审计人员可以计划采用计算机辅助审计技术，因为这样可比其他方法更好地满足其时间要求。

五、计算机辅助审计技术的应用

17. 审计人员应用计算机辅助审计技术的主要步骤如下：

（a）确定应用计算机辅助审计技术的目标；

（b）确定被审单位文件的内容和可接触性；

（c）确定进行测试的业务类型；

（d）确定对数据的执行过程；

（e）确定输出要求；

（f）确定参与计算机辅助审计技术的设计和应用的审计人员和计算机专业人员；

（g）精确估计成本和收益；

（h）保证计算机辅助审计技术的应用保持适当的控制和文档记录；

（i）行政事务的安排，包括必要的技能和计算机设施；

（j）实施计算机辅助审计技术；

（k）评价其结果。

控制计算机辅助审计技术的应用

18. 计算机辅助审计技术的使用应保持在审计人员的控制之下，以为其应用符合审计目标和计算机辅助审计技术的详细规范提供合理的保证。控制计算机辅助审计技术应用的具体程序，将依具体的应用而定。在建立审计控制过程中，审计人员应考虑到如下需要：

（a）批准技术规范，并对涉及计算机辅助审计技术的应用的工作进行技术检查；

（b）检查被审单位的一般控制，这将有助于保持计算机辅助审计技术的完整性。例如，程序修改和计算机文件存取的控制，当这些控制难以依赖以保证计算机辅助审计技术的完整性时，审计人员可以考虑在另外的计算机设施上采用计算机辅助审计技术进行处理；

（c）在审计过程中，审计人员应保证输出具有适当的完整性。

19. 由审计人员进行的对审计软件应用的控制，应包括：

（a）参与计算机程序的设计和测试；

（b）检查程序编码，保证其与详细的程序规范相一致；

（c）要求被审单位的计算机人员检查操作系统指令，为软件在被审单位计算机上运行提供保证；

（d）在对主要的数据文件进行处理之前，先将程序在小型的测试文件上运行；

（e）保证使用正确的文件，例如，检查外部证据，如用户保存的控制总数等；

（f）取得审计软件具有计划中规定的功能的证据，例如，检查输出与控制信息；

（g）制定适当的安全措施为被审单位的数据文件提供安全保证。

在计算机辅助审计技术运行期间，没有必要要求审计人员亲临现场以保证控制。但是，审计人员亲临现场能够提供实际上的便利，例如，能够控制输出的发送并保证错误的及时改正，如使用了错误的输入文件。

20. 由审计人员进行的对测试数据应用的控制，应包括：

（a）控制跨越几个数据处理周期的测试数据的提交顺序；

（b）在提交主要的审计测试数据之前，进行只包括少量测试数据的测试运行；

（c）对单项业务及其总额预计测试数据的输出结果并与实际测试数据输出结果相比较；

（d）证实处理测试数据的程序是该程序的最新在用版本；

（e）对处理测试数据的程序经被审单位在整个审计适用期间内使用的程序取得合理的保证。

21. 采用计算机辅助审计技术时，审计人员可以要求被审单位具有广泛的计算机知识的人员的合作。在此情况下，审计人员应当对被审单位人员不会不适当地影响计算机辅助审计技术的测试结果提供合理的保证。

文档记录

22. 计算机辅助审计技术的工作底稿及其保存程序的标准应与整个审计一致。为了便于与使用计算机辅助审计技术相关的技术底稿的保存，可以将其与其他工作底稿分开保存。

23. 工作底稿中应当包括说明计算机辅助审计技术应用的充分的文档记录，例如，

（a）计划

采用计算机辅助审计技术的目标；

采用的具体的计算机辅助审计技术方法；

实施的控制；

人员组成、时间安排和成本估算。

（b）实施

计算机辅助审计技术的准备与测试的程序和控制；

采用计算机辅助审计技术完成的测试的细节；

输入、处理和输出的细节；

与被审单位会计系统有关的技术信息，如计算机文件结构。

（c）审计证据

提供的输出；

对输出所进行的审计工作的说明；

审计结论。

（d）其他

对被审单位管理人员的建议。

此外，对未来年度采用计算机辅助审计技术的建议做文档记录可能是有益的。

六、小型系统计算机环境中计算机辅助审计技术的应用

24. 本准则中所述的一般原则也适用于小型系统计算机环境。然而，在此环境下，应对以下各方面予以特别的考虑：

（a）一般控制的水平可能使审计人员较少地依赖内部控制系统。这将导致：

更加强调业务细节和金额的测试以及分析检查手段，这可能会提高某些计算机辅助审计技术的效果，特别是审计软件；

应用保证计算机辅助审计技术发挥适当功能和被审单位数据有效性的审计手段。

（b）如果数据处理量较小，手工方法可能更为有效。

（c）审计人员可能无法从被审单位得到足够的技术帮助，导致计算机辅助审计技术无法应用。

（d）某些审计软件包不能在小型计算机上运行，这就限制了审计人员对计算机辅助审计技术的选择。然而，可以将被审单位的数据文件复制并在另外的合适的计算机上处理。

附录二

利用数据挖掘工具创新
内部审计技术研究

课题组成员：姚玉沿　郑建华（执笔）　龚跃辉　徐庆国　章　翀　林
刚
施　晟

【内容摘要】　经营管理信息化、交易数据集中化、机构网点虚拟化和
凭证资料影像化对内部审计提出新的更高的要求，计算机审计系统利用计算
机审计人员的经验和计算机查询技术相结合的方法对被审计单位的数据进行
审计，发现其中的异常情况，取得了一定的成效，但在审计分析模型的运用
过程中，我们发现随着业务流程、产品和技术的创新，审计人员的经验和业
务技能进入了"尾随"状态，审计模型相对于数据滞后，审计经验无法运
用，面对海量数据无从下手。明显感觉到可发现的审计线索少了，问题越来
越隐蔽了。利用数据挖掘工具对海量数据进行发掘式审计具有开拓性的意
义，是现代审计技术方法的重大突破，也是信息技术发展的必然结果，更是
创新内部审计技术的重要研究方向。为此，我们课题组开始了长达一年的数
据挖掘技术研究工作。为了更好地实现课题研究的目标，我们借鉴了国内外
审计理论实务研究的成果，提出新的有效数据分析方法——数据挖掘技术，
本着"边审计、边研究、审计与研究相结合"的原则，利用数据挖掘技术，
在缺乏审计经验的情况下对海量数据进行特征挖掘，从数据库中提取隐含
的、未知的和潜在的有用信息，帮助审计人员进行数据分析，发现异常信
息，提高审计工作质量和效率；并重点介绍了在内部审计实务运用中利用数
据挖掘技术的主要方法，如通过运用关联规则发现技术揭示关键属性、通过
异常点分析确定内部审计重点，运用分聚类预测技术制订审计计划等，探索

400

将风险导向审计与数据挖掘技术相结合，以风险导向审计技术为主线，以数据挖掘为具体方法，在审计计划、准备、实施和报告阶段创新审计技术、方法和手段，为进一步推广计算机审计提供理论基础和技术支持。

关键词：数据挖掘　创新　审计技术　研究

浙江农信系统业务具有涵盖面广、内控程序多、经营管理信息化、交易数据集中化、机构网点虚拟化和凭证资料影像化的特点，无纸化交易导致审计线索难以把握；虚拟化交易导致内部控制评价重点转移；信息化管理导致现代审计方式改变。此外，计算机审计软件多是利用计算机审计人员的经验和计算机查询技术相结合的方法对被审计单位的数据进行审计，发现其中的异常情况，但随着数据审计的深入发展，我们明显感觉到可发现的审计线索少了，问题越来越隐蔽了。同时，在审计报告阶段，由于评价指标主观化、权重选择经验化，对审计对象评价也有失偏颇。探索将风险导向审计与数据挖掘技术相结合，以风险导向审计技术为主线，以数据挖掘为具体方法，创新审计技术的方法及手段，为进一步推广计算机审计提供理论基础和技术支持，是全省农村合作金融机构审计人员当前面临的一个重要课题。

一、数据挖掘技术在内部审计实务运用的重要意义

数据挖掘（Data Mining）是从大量的、不完全的、有噪声的、模糊的、随机的实际应用数据中提取隐含在其中的、人们事先不明确但又潜在有用的信息和知识的过程（见图1）。其他类型的数据分析，如查询分析、多维分析等，一般是根据已知的知识去提取符合条件的数据并获取相关的信息，而数据挖掘则是在知识未知或不明确的前提下去发现知识、挖掘信息。数据挖掘是信息时代背景下发展起来的新兴技术，利用数据挖掘技术可以在缺乏审计经验的情况下对海量数据进行特征挖掘，从数据库中提取隐含的、未知的和潜在的有用信息，帮助审计人员进行数据分析，以便发现异常信息，是提高审计工作质效的重要工具。如何有效地将数据转化为信息，进而得出审计知识，成为审计理论和实践的前沿问题。利用数据挖掘工具对海量数据进行发掘式审计具有开拓性的意义，是现代审计技术方法的重大突破，也是信息技术发展的必然结果，更是创新内部审计技术的重要研究方向。

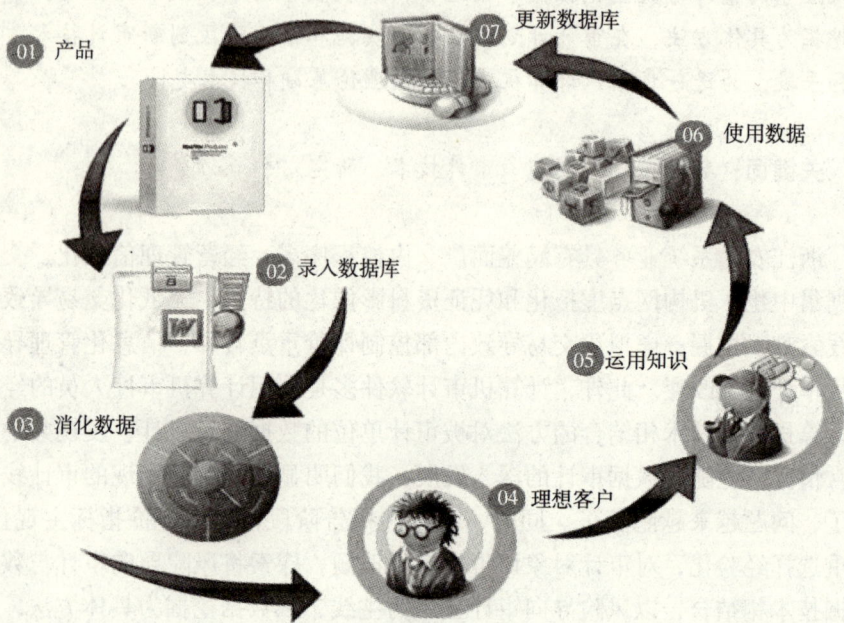

图1 数据挖掘的过程

（一）利用数据挖掘技术可以推进审计创新转型

内部审计的价值在于对重大风险进行前瞻性的研究和预警。数据挖掘作为审计线索特征发现的有效手段，能够从大量数据型和非数据型数据中揭示隐藏的、未知的或验证已知的规律性的问题，在大型数据库中寻找预测性信息，迅速直接由数据本身来得出结论。能促进内部审计由事后查处与事中控制、事前预防并重，逐渐向事前预防、事中控制为主转变。同时，将改变传统手工审计中一对一低效率的审计模式。也将改变常规计算机辅助审计过程中过度依赖审计经验所形成的既定数据模型的审计方式，通过对海量数据的分析，提前对未知风险进行成功预警，及时向经营管理层提出整体解决方案，做到事前预防、事中控制和事后监督有机结合，努力把各种违法违规行为消灭在萌芽状态，有效提升审计的附加值。

（二）利用数据挖掘技术可以快速形成审计思路

数据挖掘发现的知识经过解释和评估，就可以形成明确的审计思路。我们知道，构建审计分析模型的一个重要先决条件是有明确的审计思路，而审计思路的正确与否也关系到构建的审计分析模型是否准确有效。从审计业务角度看，数据挖掘就是根据事先明确的审计目标，对被审计单位的大量业务数据进行分析，揭示其中潜在的逻辑关系和规律，进而得出明确且有效的审计思路的过程。数据挖掘作为一个知识发现的过程，不受审计人员主观因素的影响，使审计思路的客观性得以保障，利用数据挖掘技术发现的知识可快速形成审计思路，并据此构建审计分析模型。例如，通过对浙江农信系统一人（或一个公司）给多位借款人担保的历史数据进行数据挖掘，可以发现"一人担保十户以上且借款资金流入担保人账户的贷款、担保额度、资金流向、担保人资信等属性之间的联系"这类的知识，以此为基础，构建相应的审计分析模型并运用到被审计行社的担保贷款审计中，审计人员可以快速确定审计重点。

（三）利用数据挖掘技术可以不断创新审计手段

数据挖掘工具可以在无审计经验可循之处发掘海量数据中的异常，在原有审计经验的基础上预言未来风险趋势等。目前应用的审计工具和审计程序多是利用审计人员的经验和计算机查询技术相结合的方法进行处理，但审计人员的经验和知识是"有限的"，随着业务流程、产品和技术的创新，审计人员的经验和业务技能进入了"尾随"状态，审计模型相对于数据滞后，审计经验无法运用，面对海量数据无从下手。传统的审计方法往往依附于系统的内部控制，而内部控制常常在遭遇风险后才被一步步完善，而数据挖掘工具的应用使得内部审计能够快速跟上金融业务、服务创新的脚步，甚至在风险发生前就能够形成对这一风险数据分类的统计和分析。通过数据挖掘技术，对电子数据高效、准确地进行统计、分析，提高对风险的预测能力，为及时防范和化解风险提供科学的依据，同时，还可以为领导决策提供及时的审计信息，最大限度地发挥内部审计在管理层决策过程中的服务作用。

二、数据挖掘在国内外审计理论实务研究中的状况

（一）数据挖掘在审计理论与实践结合方面的研究

1. 易仁萍等所著的《基于数据挖掘的审计模型框架》（2003）一文。其在我国较早提出探讨审计框架下的数据挖掘技术的应用，将整个工作流程框架定义为数据预处理，规则学习模块、规则库的数据更新，以及审计系统的训练与测试。文章提出基于该框架利用数据挖掘技术对原始审计数据进行初

步的数据清洗并进行挖掘，形成可疑数据并对可疑数据进行审计。该框架的实现可为现代化审计提供新的方法和思路，同时还可克服传统的手工审计手段已不能适应审计工作需求的缺陷，也可为解决审计系统的动态维护提供便利，因而有利于提高审计质量，降低审计风险。本文只是指出了数据挖掘技术的应用方向和审计框架，并没有具体说明审计和数据挖掘的结合方法和方式。

2. 易仁萍、陈耿等的《数据挖掘技术及其在审计风险管理中的应用》。其借鉴数据挖掘在其他行业领域的成功，将 DM 引入审计风险管理。较为详细地陈述了数据挖掘的分类及算法，按照审计风险管理的一般模式，提出 DM 在审计风险管理中的应用，在理论和逻辑上论证了这种结合的可行性和实践性，特别强调了离群点发现在审计风险发现中的作用，但是依然只是停留在了理论证明阶段，没有例证出这种应用的操作性。

3. 陈丹萍（2005）作了信息环境下现代审计技术的探索研究。文章在分析信息技术发展对审计方法影响的基础上，提出应利用实时在线审计方式及数据挖掘技术对大量原始数据进行审查和分析，以提高审计工作效率，降低审计风险，保证审计质量。

4. 胡荣、陈月昆的《数据挖掘——现代审计处理数据的新方法》（2004）一文，其借鉴数据挖掘技术在商务决策、知识库、医学等方面的成功应用经验，针对现代审计海量数据的特点，提出了 DM 审计应用过程模型，较为清晰地指明数据挖掘同审计工作的互动关联及工作流程，并尝试性地提出关联分析和聚类分析这两种常用数据挖掘方法在审计中的实践性。举出的例子有一定的代表性，但缺乏实际数据的支持，仅是理论和逻辑上的探讨。

5. 陈耿等著的《审计知识工程》中，将工程思维引入了审计领域，综合采用工程技术方法（数学建模、智能计算、仿真模拟等）设计、开发和实施新型的审计服务，创造性地解决审计问题。是由工程技术（数据库技术、人工智能）、这些技术的理论方法（计算机理论、系统工程理论）及它们的理论基础（审计理论、数学）和哲学层面的科学所组成的新兴学科。本研究系统地介绍了各种数据挖掘技术的理论基础、算法模型，是关于数据挖掘审计应用很好的理论支持。

（二）数据挖掘在审计应用实务方面的研究状况

1. 朱文博《数据挖掘技术在银行监管工作中的应用》（2007）文中，明确指出了银行监管数据挖掘的实施步骤，通过借鉴国外银行的成功经验，阐明数据挖掘技术在数据分析中的应用，并以某市信用社 1998—2005 年不良贷款额与贷款余额两者之间的定量关系为依据进行数据挖掘，从设定对象、目标，到具体实施，最后总结分析给出了一个完整的应用案例。尽管这是一个银行监管的例子，但与审计工作有很强的相似性，能被应用到审计工作的许多方面，是很不错的应用案例尝试。但由于数据量较小，方法更多以金融统计方法为主，并没有显示出数据挖掘多方面的可用空间。

2. 美国 Mellon 银行自 1995 年开始与 IBM 合作，重点研究一种称为数据智能挖掘者（Intelligent Miner for Data）的多平台数据挖掘工具，这给 Mellon 银行乃至美国银行业带来了深刻的影响。Mellon 银行将这个数据挖掘工具运用于市场营销和客户关系管理、风险管理、业务过程再设计，其中的风险管理更注重于对信用卡市场风险的监控，比如通过数据智能挖掘者构建信用卡损耗模型来预测未来几个月有哪些客户会停止使用 Mellon 银行的信用卡而转向竞争对手，从而采取有效措施来挽留这些客户。

3. Tamctal 应用 k 邻近判别数据挖掘分类法对商业银行信用风险进行分析，从流动性、盈利性和资本质量等角度选取 19 个变量指标，并对样本进行分类，经比较其结果不如神经网络模型精确；Desaietal 将神经网络分类挖掘算法引入银行风险评估，利用得到的 3 000 个观察数据进行分析；此外，西方发达国家银行也开发了许多有实用价值的数据挖掘模型。3P Morgen 银行开发了 CreditMetrics 模型，瑞士信贷第一波士顿开发了 CreditRisk 模型等。

总的来说，数据分析的重要性已经被学术界接受，但是作为一种有效的值得信赖的方法没有被普遍接受，数据挖掘作为其中之一，在其他商业、医学领域已经得到了很大程度的发展，但是在金融审计中明显缺乏。从以上研究中看出，对于数据挖掘在审计领域的应用已被广泛接受，但是无论在研究的对象还是研究的深度上都还需要广大研究者作出努力。数据挖掘所采用的理念、方法、工具都是形成于 20 世纪。在审计应用领域，目前只有一个基本的概念框架和局部的应用，没有深入整个审计风险识别的全过程。

三、数据挖掘技术在内部审计实务运用的主要方法

无论是银行经营中存在的金融风险，还是银行自身为了某种目的而有意进行舞弊，最终都会在业务交易和会计记录中表现出与众不同的信息，这种

信息就是差异信号。审计的过程就是不断地发现和识别差异、纠正差异的过程。数据挖掘的核心是从大量的经济活动和交易中，识别出与正常经济活动和交易不一致的异常交易和现象，通过界定差异标准、定义差异内容、识别差异数据、分析差异原因，最后判断出差异与风险的关系。按照数据差异理论，数据差异不一定形成风险，但风险存在于各类差异数据和交易中。

数据挖掘技术在审计实务运用的主要方法包括关联规则发现、离群点挖掘、孤立点检测、分类和预测、聚类分析、异常点检测等。数据挖掘技术应用于审计领域，是基于发现差异数据的特点。正确地利用这一手段，可以在审计信息系统中发现海量数据的差异特征和规律，挖掘出审计人员所需要的信息并转化为有用的知识。

（一）运用关联规则发现技术揭示关键属性

关联分析技术是从操作数据库的所有细节或事务中抽取频繁出现的模式，进而总结出一组事件或条目与其他事件或条目的相互联系，简单地说是发现因果关系。关联规则挖掘是数据挖掘中最活跃的研究方向之一，它是被首先提出的 KDD 研究课题，反映了大量数据项目与集中项目之间有趣的关联或者相关联系。在对财务或业务数据的审计中，同类或不同类会计科目及数据项之间可能存在某种对应关系，利用关联分析方法来查找、分析，可发现一些隐藏的经济活动，挖掘出数据的各个属性间可能的相互影响，这些挖掘出来的关联规则，可以用来丰富审计知识库，为审计人员的后续审计工作提供参考。运用关联规则提取数据之间的关联特征，可以有效分析安全事件间的相关性，提高审计风险报警的准确率。利用关联规则判断被审计单位重点业务间的关联情况，引导发现问题的关联规则，揭示关键属性，帮助审计人员确定审计重点。如可以利用关联规则的算法对贷款资金的流向进行跟踪，将任务描述为贷款发放的时间和金额与资金使用的时间和金额相近、资金转出单位为担保公司或关联企业等；将结构描述为贷款发放与资金转出的时间差少于 10 天，转出金额占贷款金额的 80% ~ 120% 。通过分析后找出符合上述任务与结构的数据，并对这些数据作进一步的跟踪分析，发现有价值的相关信息和关联规则，可以帮助确定审计风险，进行审计决策，实现对贷款资金流向的监控。通过信贷资金流向担保人、内部员工、保证金、第三方存管账户存在的关联，发现贷款用途的合法性和真实性审查不严，进而查出信贷资金被挪用流入保证金账户和证券市场及被挪移用作承兑汇票保证金，借冒名贷款等问题。

(二) 通过异常点分析确定内部审计重点

在真实性审计和合法性审计中，异常数据可能意味着欺诈行为。异常点（Outliers）分析是数据挖掘中的一个重要研究方面。可以从大量审计数据对象中挖掘少量具有异常行为模式的数据对象，即给定一个含有 N 个数据或对象的集合，K 个预期的离群点的数目，发现前 K 个与剩余的数据相比是显著相异的、异常的或不一致的对象的过程。面对复杂的业务组合、海量的数据、高度集中的系统，异常点分析是准确揭露舞弊行为，快速识别可疑交易，有效控制审计风险，确定审计重点，实现审计目标的重要途径。很多情况下，这些审计数据对象较之正常行为模式包含了更多审计人员感兴趣的信息，可以及时定位风险关注数据。如商业银行系统中因移植误差、输入错误或程序设计错误而造成系统中存在不规则客户号的信息，如定义证件种类字段为 3 位，但证件种类为空或小于 3 位的记录；证件种类为身份证，但身份证号号码不为 15 位或 18 位的记录；不同贷款客户的客户联系电话信息相同；等等。另外，也可以运用异常点分析挖掘违规问题线索。对那些数据源中包含内在特性和业务不符合逻辑的异常数据进行分析，从它们与其他正常数据明显不同或不一致的异常点着手，从数据中提取异常的业务模式和管理模式行为，快速定位可疑数据，提高审计的准确性和审计效率。如从普通贷款分户账中提取发放贷款金额少于 500 元的业务数据，在进行有效的预处理后，发现主要是某商业银行为完成"走千家、访万户，增户扩面"的任务，虚假发放 500 元以下的贷款 599 笔。还可以从数据源中提取与众不同的数据，判断这些数据是随机偏差，还是不同的机制原因。对数据分析时，设定一定的偏离标准后进行异常点分析，如内部员工一人开立 10 张以上的卡，与 10 个以上的贷款客户有资金交易，账户累计交易额在 1 亿元以上。贷款执行利率的偏离标准为高于基准利率的 50% 或低于基准利率的 −10%。再对偏离正常值的数据进行查找，在识别出非正常数据之后，进一步揭示非正常数据的含义，即为什么这个数据是非正常数据？它与其他正常数据到底有什么不同？通过采用异常点检测算法，可以发现异常审计数据或异常发生频率等，并对异常数据产生的原因进行分析，最终可以发现一些内部控制的薄弱环节和可能隐藏的违规行为，从而提出有针对性的审计建议。如提取个别内部员工账户与客户资金交易频繁，账户交易额巨大，且存在一人控制多个账户或多张借记卡的数据。分析其中44户内部员工账户累计交易额大于1亿元和3户累计交易金额达5亿元以上的账户。验证核查后，揭示出部分金融从业人员的违规行为：为客户向银行还贷介绍社会中介进行民间融资、充当客户向民间融资的担保人；出资参与民间高利借贷，或在融资性担保机构兼职，或帮助担保公司、典当行等中介机构高息揽储，或委托社会中介机构贴息为银行揽存，或违规放贷、骗取信贷资金用于民间借贷牟取不当利益；与社会上从事资金借贷、经营地下钱庄或其他融资活动的人员往来较多、关系密切等的不良行为和违规线索。利用辅助审计软件对贷款执行利率过高或过低的情况进行数据分析；对非营业时间进行柜面业务操作的情况进行数据分析等；排查虚存0.01～1元的方式激活客户的银行卡的异常数据，发现违规虚假卡激活行为；排查内部员工单人开卡数超十张的异常数据，从而发现为完成开卡考核任务，违规虚开卡的交易等。

（三）运用分聚类预测技术制订审计计划

从某种意义上说，审计的计划制订就是确定被审计单位与审计业务，可以通过分类和预测技术，挖掘风险特征、选择审计对象。分类的目的就是找出一个分类函数或分类模型（分类器），该模型能把数据库中的数据项映射到给定类别中的某一个。分类和回归都可用于预测，不同的是，分类的输出是离散的类别值，而回归的输出则是连续数值。要构造分类器，需要有一个训练样本数据集作为输入，训练集中每个元组的类别已知。分类挖掘算法可以对已有的分类进行归纳，即从训练样本数据中学习，从而建立分类模型。再根据已知的分类规则，预测未知数据实例的类别。同时，基于聚类分析的入侵，检测系统通常建立一个检测模型，即从审计数据中抽象概括出系统正常行为或异常行为模式，以此作为检测入侵的依据。数据聚类通过将审计资料数据中较接近的划归一类，根据不同的数据特征，将物理的或抽象的对象分成几个群体。在同一群体内，对象之间具有较高的相似性，而在不同群体之间相似性则较低。聚类是无监督的分类，一组记录根据某些预先定义的尺度呈现类似的特性，将它们进行聚类，可被用来进行一般的分析，或检测局外的情况。在风险导向审计中，可以考虑按照重要性原则，利用聚类分析，将贷款按不同类型进行分类分析，如按借款人所处区域、借款人所处行业、借款人年龄段等分别进行分类分析，由此可以找出贷款的潜在风险结构，重点关注重大项目和异常变动项目，用聚类预测技术将具有相似特征的交易分组，从中可以发现重大的审计差异，通过对这些重大审计差异的分析，识别其中机构存在的重大问题和金融风险，找出特征数据，缩小抽取样本的数量，并在此基础上对所辖机构进行风险评估，集中力量抓大项目，集中精力解决突出问题，加大对问题多的重点业务和风险高的重点机构的审计资源投入，从而实现全面审计，突出重点。

四、数据挖掘技术在创新审计技术方法中的运用研究

在浙江农信系统近年来的计算机审计技术运用中，查询分析和多维分析得到了广泛应用，审计人员可依据历史案例、业务处理逻辑以及审计经验等建立审计分析模型。通过将审计人员的思路转换为分析模型，对电子数据进行分析。在分析过程中，通常是先对被审计单位可能的违法违规行为作一个假设，即已知某些违法违规行为的特征表现，列举出这些特征，然后通过电子数据来验证假设，寻找符合特征的数据。在这种查询式数据分析方式下，发现个案方面可取得一定的成效，但对审计对象整体的风险情况则缺乏全面的把握，不能满足我们内部审计转型升级和审计项目发展的需要。交易数据集中化后，形成包含大量业务数据和交易痕迹以及各方面经营管理数据的数据仓库，要从海量数据中快速有效地发现其中蕴涵的规律和特点，挖掘审计线索，发现可疑数据，获取审计证据，发表审计意见，就必须运用数据挖掘技术来创新内部审计的思路和方法，通过对大量原始数据的审查和分析，寻找数据特征，构建审计模型，来提高审计质效和降低审计风险。

传统的审计方式通过抽取样本来对银行业务进行抽样审查，如果违规操作的业务作为样本被抽取出来，就会被发现，反之，则会瞒天过海，成为风险隐患，给银行的运营埋下一颗定时炸弹。而通过数据挖掘技术来创新内部审计技术，改抽样审查为海量数据筛查，可以实现不放过任何一笔可疑交易数据，最大限度地防范操作风险。下面笔者结合内部审计的计划、准备、实施和报告四个阶段，就如何运用数据挖掘技术创新审计技术方法进行探讨。

（一）审计计划阶段

审计计划阶段就是审计部门对辖内机构、部门进行审计监督的统筹安排阶段。需要根据审计对象的内外部情况，建立风险评估模型，分析审计对象的总体情况和风险分布，并确定审计事项。在此阶段，一般选用聚类分析、回归分析来对审计对象进行预测和分类，降低评价者主观因素对模型评估结

果的影响。如在制订审计总体方案和规划时，对被审计单位进行分类和预测，了解被审计单位及其环境。用数据挖掘的分类技术从省农信联社的数据仓库中提取以前年度各法人机构的财务报表、分析经营指标完成情况、相关风险指标等。借鉴《巴塞尔新资本协议》、监管要求以及评级机构的评级指标，将风险划分为信用风险、流动性风险、市场风险、操作风险、政策性风险等，并对每种风险设定一系列指标，通过对这些指标的分析，为评估经营总体风险提供科学、有效的依据。通过风险综合评分，将浙江农信系统法人机构划分为正常、关注、问题、危机四类，并结合风险类别的评分和具体风险指标的评分的指标值，分析不同风险类别和风险指标对总体风险的贡献度，进而确定重点的分支机构和业务。根据指标预测风险管理水平、内部控制情况，找出业务处理过程中潜在的风险与薄弱环节所在，按风险的大小来指导内部审计资源的有效配置。

（二）审计准备阶段

审计准备阶段最重要的工作是编制审计方案，审计方案应当围绕审计目标，根据重要性原则，确定审计的范围和重点。数据挖掘作为一种先进的信息技术，能够帮助审计人员在较短的时间里筛选出原先并不明显的代表性样本，增强样本的代表性，一定程度上降低了审计风险，而且审计效率显著提高。可以将数据挖掘技术引入到审计抽样中，利用数据挖掘技术改进审计抽样算法，提高审计抽样算法的实用性和效率性。比如通过聚类分析，找出特征数据，缩小抽取样本数量；利用关联规则分析，判断被审计单位重点业务间的关联情况，帮助审计人员确定审计重点。如对资金业务进行专项审计，可以按资金业务品种列出各期限的资金业务，判断资金运用期限结构的关系，分析是否存在资产与负债的期限错配的现象。按银行间债券品种分析判断国债、央行票据、金融债、AAA企业债等的潜在规律，并将非上述品种列入审计方案，下一步进行扩展和延伸审计，重点分析。如对温州企业资金链断裂三种类型进行分析，跑路企业家中80%以上涉及民间借贷且规模巨大，企业将其中大部分资金用于炒楼和对外放贷，导致"资本空心化"的问题，在制订审计方案时，就可以重点关注小企业参与企业间多头借贷（即小企业与3家以上的企业发生资金借贷，可能存在一些小企业将贷款资金用于民间借贷，赚取利差，而未用于生产经营）、小企业对房地产行业进行借贷（通过对小企业从房地产公司收到的利息来判别是否存在资金借贷交易。可能存在一些小企业将贷款资金用于出借给房地产公司赚取利息）、小企业贷款客户还款资金来源于民间借贷（一家小企业不能从银行等金融机构得到低利贷款而只能从民间借高息资金，也同样意味着企业不是银行的优质客户）的数据，通过上述数据挖掘分析，让银行信贷资金远离钱炒钱、房产投机，流入健康经济体里。

（三）审计实施阶段

审计实施是将审计工作方案付诸实施、取得审计证据的阶段，是审计全过程的最主要阶段。内部审计人员在被审计对象现场采取实质性测试、面谈等方式，审计与审计事项有关的资料、文件和数据。审计人员如何面对复杂的业务组合、海量的数据、高度集中的系统，如何从审计重点中分析和识别出可疑交易，并在有效控制审计风险的基础上实现审计目标，是一个亟待解决的问题。可以通过数据挖掘中的异常点分析等发现审计线索。如对某行社的担保贷款数据进行分析发现，根据该地区的特点，一般一户担保5户以内的属正常现象，通过对所担保贷款数据进行分组，除担保公司外，凡一户担保10户以上，现有贷款余额的，属明显偏离理论值，将这些一个担保超10户的所有交易按对外担保10户以上、100户以内和对外担保100户以上的数据批量筛选出来，作为异常数据进行重点审计和现场验证核查，发现一人担保超10户的共有7 208户，累计对外担保141 542笔，对外担保金额达300.84亿元。一人对外担保100户以上的共有44户，其中最大的一户担保公司对外担保人数达1 012户，担保金额达11 100万元。最大个人对外担保人数达777户，最大个人担保额达5 870万元。从而提出要防范担保数额过大、户数过多，以及存在不能履行担保的信用风险问题。

（四）审计报告阶段

在审计报告阶段，审计人员除了对审计证据和工作底稿进行分析、归纳和总结，撰写审计报告，督促问题的整改落实外，一项重要的工作就是对检查的思路和方法进行总结，建立同类问题的审计分析模型，并应用于同类型的审计对象。如利用数据挖掘技术，对贷款偿还风险相关的因素，如贷款利率、贷款期限、负债率、客户收入水平、信用历史、所在地区、客户年龄、贷款用途等进行相关性分析，找出不同影响偿还贷款的属性因素，据此进行贷款发放政策的调整，这样不但可以防范风险，也许还可以发掘曾经被拒绝的潜在优质客户。同样，也可以在对其他审计对象的审计中，按照客户属性，抽取最可能违约的客户进行重点检查。同时，不断总结数据挖掘中发现的信息系统控制薄弱问题，提出利用计算机系统的刚性控制，努力取得技术部门的支持，将关键控制点植入核心业务系统中。如对审计发现内部员工办理自己的业务，向有不良信用记录的借款人、担保人发放贷款，信贷资金进入股市、转存保证金、流入担保人账户和内部员工账户等风险点，可以提示科技部门把内部控制与风险管理的要求嵌入信息系统建设中，增强 IT 系统对内部控制的支持力度，实现"人控"与"机控"的有机结合。

在信息化环境下，浙江农信系统审计部门将风险导向审计与数据挖掘技术相结合，以风险导向审计技术为主线，以数据挖掘为具体方法，创新内部审计技术的实践与探索，为进一步推广计算机审计提供理论基础和技术支持，在金融风险控制中，也取得了意想不到的效果。

参 考 文 献

［1］姚世新：《农村合作金融机构内部控制》，北京，中国金融出版社，2008。

［2］姚世新：《农村合作金融机构经济责任审计》，北京，中国金融出版社，2009。

［3］刘汝焯等：《审计分析模型算法》北京，清华大学出版社，2006。

［4］姜建清等：《商业银行非现场审计》，北京，中国金融出版社，2010。

［5］袁野等：《商业银行计算机审计方法体系研究》，北京，中国时代经济出版社，2011。

［6］易仁萍、陈耿、杨明、孙志辉：《数据挖掘技术及其在审计风险管理中的应用》，载《审计与经济研究》，2003（1）。

［7］易仁萍、王昊、朱玉全：《基于数据挖掘的审计模型框架》，载《中国审计》，2003（3）。

［8］胡容、陈月昆：《数据挖掘——现代审计处理数据的新方法》，载《中国审计》，2004（7）。

［9］陈伟、刘思峰、邱广华：《计算机审计中一种基于孤立点检测的数据处理方法》，载《商业研究》，2006（17）。

［10］胡荣、陈月昆：《数据挖掘——现代审计处理数据的新方法》，载《计算机审计》，2004（7）。

［11］余效明：《商业银行风险审计研究》，北京，中国时代经济出版社，2009。

［12］国家863计划审计署课题组：《计算机审计数据采集与处理技术研

究报告》，北京，清华大学出版社，2006。

[13] 刘家义：《树立科学审计理念 发挥审计监督"免疫系统"功能》，载《求是》，2009（10）。

[14] 谢力群：《计算机审计应用案例与实用技术》，北京，中国时代经济出版社，2009。

[15] 刘汝焯：《计算机审计技术和方法》，北京，清华大学出版社，2006。

[16] 乔鹏、李湘蓉：《会计信息系统》，北京，清华大学出版社，2006。

[17] 王青等：《AO 2008 实用手册》，北京，清华大学出版社，2008。

[18] 刘汝焯等：《审计线索的特征发现》，北京，清华大学出版社，2009。

[19] 张初础：《银行业计算机辅助审计的技术方法》，上海，立信会计出版社，2009。